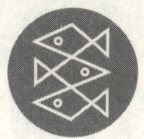

W0191004

Vieles, was noch vor wenigen Jahren als mondän galt wie z. B. das Rauchen, wird in unserer heutigen Kultur als schmutziges, gesundheitsgefährdendes Ärgernis thematisiert. Früher wurden solche Praktiken kulturell aufgehoben, indem man sie in einen Rahmen des »Heiligen« stellte. Gegen dieses »Heilige« macht nun eine Vernunft Front, die sich als »rein« versteht und die Welt entzaubern möchte.

Robert Pfaller studierte Philosophie in Wien und Berlin und lehrt nach Gastprofessuren in Chicago, Berlin, Zürich und Straßburg nun Philosophie an der Universität für angewandte Kunst in Wien. Zuletzt ist von ihm erschienen ›Die Illusionen der anderen. Über das Lustprinzip in der Kultur‹.

Unsere Adressen im Internet: www.fischerverlage.de
www.hochschule.fischerverlage.de

Robert Pfaller

DAS SCHMUTZIGE HEILIGE UND DIE REINE VERNUNFT
Symptome der Gegenwartskultur

Fischer Taschenbuch Verlag

MIX
Papier aus verantwor-
tungsvollen Quellen
FSC® C019821

3. Auflage: Oktober 2010

Veröffentlicht im Fischer Taschenbuch Verlag,
einem Unternehmen der S. Fischer Verlag GmbH,
Frankfurt am Main, Oktober 2008

© 2008 Fischer Taschenbuch Verlag in der
S. Fischer Verlag GmbH, Frankfurt am Main
Satz: Pinkuin Satz und Datentechnik, Berlin
Druck und Bindung: Druckerei C.H.Beck, Nördlingen
Printed in Germany
ISBN 978-3-596-17729-5

»Dirt is matter in the wrong place.«

Englisches Sprichwort (zitiert nach Freud [1908b]: 28)

»Es ist oft leichter, eine Wahrheit zu entdecken, als ihr den richtigen Platz zuzuweisen.«

Ferdinand de Saussure (1967: 79)

»Es versteht sich, daß dieser fleischlose Geist nur in seiner Einbildung Geist hat.«

Karl Marx, Friedrich Engels ([1845]: 7)

Inhalt

IV. Ein Hauch von Welt

Einleitung

1.

Beim Wiedersehen von bestimmten Filmen, die heute, etwa 40 Jahre nach ihrer Entstehung, in besonderer Weise reizvoll und glamourös erscheinen, fällt eine Sache merkwürdig auf. So stellt sich zum Beispiel in Bezug auf »Die Reifeprüfung«* von Mike Nichols die Frage, ob dieser Film heute ebenso gut gedreht werden könnte wie damals 1967. Gut, es mag der legendäre, von Dustin Hoffman gelenkte (und in unnachahmlicher Weise bestiegene) Alfa Spider »Osso di sepia« fehlen, für den es heute, in einer zugleich überdesignten und glanzlos gewordenen automobilen Angebotspalette vielleicht kein adäquates Pendant mehr gibt, nicht einmal von Alfa Romeo. Auch der Musik von Simon und Garfunkel ist wohl nicht leicht Paroli zu bieten; wenngleich Gruppen wie die »Kings of Convenience« da möglicherweise doch einiges zustande brächten.

Aber die Schwierigkeit ist grundlegender. Sie betrifft das Verhältnis der *story* zum Ende des Films. Was heute unmöglich erscheint, ist vor allem die Idee, dass ein Film, der davon erzählt, wie ein junger Mann erst mit einer älteren Frau ein Verhältnis hat und dann doch mit deren Tochter durchbrennt, die inzwischen allerdings von einem anderen Mann ein Kind erwartet – dass ein solcher Film ein *happy end* hat. Einem heutigen Publikum wäre das Motiv wohl kaum nahezubringen, dass dieses Ende mit der Flucht des liebenden Paares aus den familiären Bahnen bzw. Banden und Verstrickungen – nach allem, was vorher war – ein glückliches Ende sein könnte.

Möglicherweise wäre das Motiv, dass die Braut vom anderen Mann schwanger ist, angesichts der gesellschaftlichen Gewöhnung

---

* Die Anmerkungen stehen am Ende des Buches ab Seite 297

an sogenannte »Patchworkfamilien« gegenwärtig gar kein großes Hindernis mehr (wohingegen die beiderseitigen Vorgeschichten des finalen Paares damals offenbar im Sinn einer Symmetrie, als eine Art Gleichgewicht des Schreckens, als »schauderhafte Reziprozität« im Sinn Nestroys, wahrgenommen wurden). Die eigenwillige innerfamiliäre Reihenbildung in der Objektwahl des von Dustin Hoffman gespielten Benjamin Braddock jedoch, der von Mrs. Robinson zu deren Tochter Elaine wechselt, würde heute unmöglich geschluckt werden. Ein spontaner Affekt müsste wohl sofort und heftig dagegen auffahren und Begründungen aus postfeministischer oder postmoderner, konsensmoralischer Sicht zu seiner Rationalisierung hinter sich auftürmen. Würde dieser Film also heute gedreht, dann wäre sein Schluss kein *happy end*; seine ganze komödiantische Heiterkeit wäre damit dahin. Übrig bliebe allenfalls ein trockenes Stück Provokation oder ein traurig moralisierendes Lehrstück darüber, wie man es im Leben lieber nicht machen sollte.

2.

Kulturtheorie betreiben heißt auch, eine Bestandsaufnahme der *Unmöglichkeiten* einer bestimmten Kultur entwickeln; das heißt: erkennen, welche Produkte sie nicht nur zufällig gerade nicht hervorbringt, sondern prinzipiell nicht hervorbringen kann (ähnlich wie jeder *native speaker* mit Sicherheit angeben kann, welche künstlich gebildeten Sätze keine möglichen Sätze seiner Muttersprache sind).[2]

Von dem noch sehr harmlosen Beispiel des »Graduate« ausgehend, erschließt sich eine ganze Phalanx von Filmen der späten 60er-, 70er- und frühen 80er-Jahre, die in der Kultur der Gegenwart auf keinen Fall mehr denkbar wären. Auch damals waren sie zwar umstritten und wurden zeitweise verboten; aber sie wurden immerhin – mit Aussicht auf ein interessiertes Publikum – produziert. Heute dagegen fände sich wohl kein Produzent mehr für »Das große Fressen«, »Der letzte Tango in Paris«, »The Wild Bunch«, »Herzflimmern«, »Ausgerechnet ihr Stiefvater«, »Trio Infernal«, »Female

Trouble«, »La città delle donne« oder »Themroc« – um nur einige wenige zu nennen.[3]

Welche Schlüsse lassen sich daraus ziehen, dass unsere Kultur solche Produkte nicht mehr herstellen und rezipieren kann? Woher rühren diese Unmöglichkeiten? Leben wir nicht im Gefühl einer explosiven Kulturentwicklung sowie einer unaufhaltsamen Kommerzialisierung der Unterhaltungsbranche, die, zusammen mit einer umfassenden gesellschaftspolitischen Liberalisierung, immer weitere kreative Entfaltung ermöglicht und immer neue, vielfältigere und ausgefallenere Reize hervorbringt? Ist unsere heutige Kultur nicht weitaus toleranter, z. B. in Bezug auf Homosexualität oder Abtreibung, als die der 70er-Jahre, und ist sie nicht längst abgebrühter dank allem, was man im Fernsehen, im Internet oder auf Snuff-Videos inzwischen sehen konnte? Wieso treten dann aber Verluste auf, und nicht nur Zugewinne? Ist es um unsere Liberalität und Freiheit etwa nicht so großzügig bestellt, wie wir spontan gern annehmen?

3.

Wenn man versucht, die Dinge, die unserer Kultur gleichsam unter der Hand unmöglich geworden sind, anhand von gemeinsamen Merkmalen zu charakterisieren, so fällt zunächst auf, dass diese Dinge von dieser Kultur selbst häufig unter dem Vorzeichen des Abscheus, als schmutzig, erfahren werden. Im Fernsehen der 2000er-Jahre zeigt sich das zum Beispiel an dem Umstand, dass das Verbrechen in neueren Krimiserien zunehmend zum Gegenstand der Kriminaltechniker – und nicht mehr der ermittelnden Kommissare oder Detektive – wird. In diesen Serien, deren Namen meist mit der Bezeichnung »C.S.I.« (für »Crime Scene Investigation«) beginnen, sehen wir Naturwissenschaftler am Werk, die mit Spezialgeräten nach verblassten Blutflecken und anderen untrüglichen Spuren suchen, um am Ende immer eindeutig einen Schuldigen zu überführen.

Diese Herangehensweise unterscheidet sich markant von der seit den 70er-Jahren des 20. Jahrhunderts in westlichen Gesellschaften weitverbreiteten Auffassung des Verbrechens als sozialem Tatbestand (entsprechend dem Gedanken, dass der Verbrecher nur durch die Gesellschaft kriminell wird);[4] auf kultureller Ebene entsprach dem die Wiederentdeckung der Kriminalromane von Dashiell Hammett und Raymond Chandler sowie die Renaissance des *film noir* der 40er- und 50er-Jahre. Dort war eine subtile Kenntnis des Verbrechens *als Struktur* entwickelt worden. Dadurch trat in diesem Genre die Bedeutung des klassischen *Whodunit* weitgehend in den Hintergrund: der arme Wicht, der den Finger am Abzug hatte, war oft schon nach kurzer Zeit identifiziert; damit fing die Geschichte aber erst richtig an. Jede weitere Erkenntnis jedoch war nicht gefahrlos, allein durch wissenschaftliche Untersuchung zu bekommen. Vielmehr erforderte das Erkennen ein Involviertsein durch Handeln. Dementsprechend wurden Polizeikommissare, Detektive und Kriminelle – insbesondere in den Filmen Jean-Pierre Melvilles – als Angehörige ein und desselben Milieus dargestellt, deren Praktiken einander oft bis ins Detail glichen. Sogar in die traditionell von einem affirmativen, blütenweiß integren Bild der Polizei beherrschten deutschen Krimiserien drang immerhin – zumindest in »Tatort« – gelegentlich das Motiv der notwendig teilweise illegalen und z. B. auf unerlaubtem Eindringen in Wohnungen oder Nötigung von Informanten beruhenden Ermittlungsarbeit (wenn auch niemals, wie im französischen Krimi, z. B. das der Bestechlichkeit der Polizeikräfte) ein. Im Gegenzug zu diesem ernüchterten Bild der Gesetzeshüter entstand die Möglichkeit, Ehrenkodices sowie Eleganzformen aufseiten der Kriminellen wahrzunehmen: ein Gefängnisinsasse zum Beispiel, der beim Ausbruchsversuch in Melvilles »Le deuxième souffle« von der Mauer stürzt, vermeidet dabei noch jeden Schrei, um seine Fluchtgenossen nicht zu verraten. In Melvilles Romantisierung von melodramatischer Ausweglosigkeit konnten die ethische Haltung eines Lino Ventura (in »Le deuxième souffle«) und Jean-Paul Belmondo (in »Le doulos«) sowie der Glamour – zum Beispiel die Sorgfalt bei der Behandlung der Hutkrempe – aufseiten des »eiskalten Engels« Alain Delon (»Le samourai«) zutage treten.

Von dieser kulturellen und epistemologischen Formation zeigt sich die heutige Alltagskultur, für die »C.S.I.« symptomatisch ist, weit entfernt. Professionalität, Ganovenehre und Glamour des Verbrechens sind hier unbekannte Größen, und die Komplexität und Relativität der Schuldfrage wird als müßige, gleichsam geisteswissenschaftliche Spekulation verworfen; stattdessen wird mit der vorgeblichen Eindeutigkeit naturwissenschaftlich generierter Fakten aufgefahren. »Das Blut lügt nicht«, sagen die fröhlichen Wissenschaftler von »C.S.I.« gerne. All ihr Positivismus aber hält sie keineswegs davon ab, eine äußerst bedeutungsvolle Miene aufzusetzen, mit der sie die Verdächtigen mustern und die Schuldigen strafen: auffälligerweise moralisieren sie umso mehr, je »objektiver«, faktenbezogener sie operieren. Denn die interessierte Arbeit am Schmutz der Spuren ermöglicht ihnen (entsprechend den von Freud dargestellten Gesetzen der Analerotik) die Herausbildung reiner, strenger Seelen – den eigentlichen ästhetischen Gewinn der Serie. Dass diese billige Moralität nur unter Ausblendung der komplexen gesellschaftlichen Zusammenhänge zustande kommen kann, entspricht der Erkenntnis Spinozas, wonach nur die Unkenntnis der wahren Ursachen uns die Einbildungen der Freiheit und der Schuld erlaubt.[5] Diese Ursachen und Zusammenhänge sind darum der wahre, gezielt im Abseits gehaltene Schmutz von »C.S.I.«; er würde die Entstehung reiner Empörungen verunmöglichen. Die scheinbar empirisch offene, vorurteilsfreie wissenschaftliche Aufmerksamkeit und Aufnahmebereitschaft für die diversen mehr oder weniger appetitlichen sterblichen Überreste dienen somit in Wahrheit ausschließlich der säuberlichen Verschließung gegenüber weiterführenden, die Gesellschaft betreffenden Fragen und der Ablenkung von diesem weitaus bedrohlicheren und insofern ekeligeren Skandalon.

Eine vergleichbare Ekelfaszination an vermeintlich schmutzigen, nackten Tatsachen zeigt sich in der zeitgenössischen Auseinandersetzung mit Sexualität. Der Film »Intimacy« von Patrice Chéreau bildet das künstlerisch wohl gelungenste Aushängeschild für eine ganze Gruppe von Filmen, die seit den späten 90er-Jahren aufgetaucht sind und von den heutigen Erscheinungsformen der seit den 60er-Jahren entstandenen sogenannten befreiten Sexualität handeln.[6] Dabei zeichnen sie ein ernüchtertes, desillusioniertes Bild: der Verfall ehemaliger emanzipatorischer Hoffnungen und Utopien scheint nur noch ein instinktives, von den Protagonisten selbst offenbar als perspektivlos empfundenes sexuelles Ausagieren übrig gelassen zu haben. Der ästhetische Gewinn scheint bei diesem Genre vorwiegend in dem weitgehend verständnislosen Kopfschütteln gegenüber den in die Jahre gekommenen libertinen Praktiken zu liegen. Man sieht hin, um dann erleichtert, allenfalls mit ein wenig Mitleid festzustellen, dass es so wohl nicht geht. Nicht moralische Empörung (wie vor der sexuellen Befreiung), sondern vielmehr ein sich als tolerant empfindender Zeitgeist, der vorgeblich bloß nicht anders kann, als sich zu ekeln und zu langweilen, feiert sich hier selbst. Was früher den sanften Geruch der Verführung, den kritischen Wert einer Infragestellung gesellschaftlicher Institutionen, die komödiantische Heiterkeit der erotischen Verwicklung und den Glamour der Ausschweifung besessen haben mag, wird hier zum Gegenstand einer »postsexuellen« Perspektive, die auffällig interessiert darin ist, sich ihres Desinteresses und ihres Abscheus vor dem nunmehr bloß traurigen Schmutz zu versichern.

Noch in einem weiteren Zusammenhang begegnet am Beginn des 21. Jahrhunderts ein solcher abrupter Wechsel der Wahrnehmung von etwas, das bislang als mondän und gesellig galt, zu einem Objekt des geekelten Anstoßes: am Beispiel des Umgangs mit der Tabakkultur. Eine Politik, die offenbar nichts Besseres oder Wichtigeres zu tun hat, ergeht sich europaweit in der gouvernantenhaften Erlassung von immer lückenloseren und strikteren Rauchverboten im öffentlichen Raum; unterstützt von einer massiven Medienpropaganda und einer dementsprechend erregten öffentlichen Meinung, bei der rauchende Personen zunehmend zu Unpersonen geraten. Vergessen scheint der Satz des ehemaligen italienischen Staatspräsidenten Alessandro Pertini, wonach man Toleranz von den Rauchern lernen könne – denn noch nie habe sich ein Raucher über einen Nichtraucher beschwert. Mit grenzenloser Aggression äußern selbstberufene Gesundheitsapostel immer neue Schreckensmeldungen über die Schädlichkeit des Tabakgenusses und insbesondere des Passivrauchens; keine pragmatische Regelung welcher Art auch immer erscheint ihnen gangbar. Sie wollen ein Kulturphänomen total aus der Öffentlichkeit vertilgen und liquidieren. Bezeichnenderweise erscheint in ihrer Wahrnehmung der Tabakrauch geradezu als etwas Exkrementelles: So stellen sie drastische Vergleiche an, in denen die Anwesenheit von Nichtrauchern mit einem Raucher im selben Wohnzimmer mit der Vorstellung vom Schwimmen in einem Pool, in den jemand pinkelt, illustriert wird.[7]

Da diese Gesundheitspanik mit ihrer blendenden Erscheinung die ganze Bühne der Problemwahrnehmung für sich einnimmt, geraten auch in diesem Fall die politischen Hintergründe und Gefahren schnell aus dem Blick: vor allem wird dadurch der Umstand kaschiert, dass die Rauchverbotsdebatte nur der erste Schritt einer voranschreitenden Biopolitik ist, die das gesellschaftliche Solidaritätsprinzip bei der Krankenversicherung außer Kraft setzen und Krankheit in Zukunft als etwas Selbstverschuldetes und mithin selbst zu Bezahlendes begriffen wissen will.[8] Ebenso lässt die aufgeregte Behandlung des Themas vergessen, dass die Politik der Rauchverbote ein typisches Beispiel einer *Pseudopolitik* ist: Sie wird betrieben von Regierungen, die sich äußerst willfährig zeigen, wenn es darum geht, andere Fragen, die von entscheidendem gesellschaftlichem Interesse sind (wie z.B. die Fragen des Zugangs zu Infrastruktur, Ressourcen und Bildung, der Sozial- und Altersvorsorge oder der Lebensmittelkontrollen), dem freien Markt zu überantworten; dafür spielen sie dann eben in einer unbedeutenden Nische ein bisschen Autorität und stellen dort ein kleines Stück heile Welt her. Eine Politik, die ihre entscheidenden Aufgaben verabsäumt, wird, um davon abzulenken, gern auf einem Nebenschauplatz hyperaktiv. Selbst wenn ihre dort getroffenen Maßnahmen vernünftig wären (was bei den Rauchverboten durchaus fraglich ist), müsste die Gesellschaft ihnen darum Widerstand entgegensetzen – um dessen willen nämlich, was ihr durch eben diese Maßnahmen vorzuenthalten versucht wird. Denn Vernunft besteht eben nicht darin, zuerst und ausschließlich dort vernünftig zu sein, wo es leicht und bequem ist.

In diesen drei Beispielen – der neuen Vorliebe für die naturwissenschaftliche Behandlung des Verbrechens, dem in Mode gekommenen Ekel gegenüber der nicht monogamen Liebe und der plötzlich ausgebrochenen Panik angesichts der Tabakkultur – manifestiert sich das für die zeitgenössische Kultur charakteristische Verhältnis eines als Schmutz wahrgenommenen Objekts und einer sich als Common Sense gerierenden, sauberkeitsbesessenen »reinen« Vernunft, die ihre Aufgabe allein darin sieht, die Welt von diesem Schmutz zu befreien. Die Beispiele ließen sich leicht vermehren (und wir werden Gelegenheit haben, auf weitere zu sprechen zu kommen); diese hier sollen nur als erste Auffälligkeiten zur Schärfung des kulturdiagnostischen Blicks anregen.

4.

Immer dann, wenn die Gegenwartskultur einen Gegenstand – und seien es so unterschiedliche Materien wie der soziale Hintergrund des Verbrechens, sexuelle Betätigung oder Rauchen – als schmutzig wahrnimmt, signalisiert sie damit zwei Dinge: einerseits ihren eigenen Widerwillen, sich mit dem gesellschaftlichen Hintergrund und Zusammenhang auseinanderzusetzen, ohne den das Phänomen nicht adäquat begriffen werden kann; insofern sagt sie damit vor allem etwas über sich selbst aus, und nicht über den Gegenstand. Andererseits aber deutet sie damit auch an, dass der Gegenstand eine bestimmte Eigenschaft oder Qualität aufweist – eine Qualität, die dieser Kultur fremd geworden ist und die sich nun eben nicht anders als in der Form des Abscheus erfahren lässt.

Diese Qualität bewirkt, dass solche Objekte sich nicht problemlos in die Ordnung der übrigen, profanen Gegenstände einordnen lassen. Etwas Strahlendes oder Schillerndes, Zauberhaftes scheint diesen Objekten eigen zu sein; eine Faszinationskraft, die sich jedenfalls nicht mit ganz einfach benennbaren, beruhigenden Gründen erklären lässt. Im Glamour des Zauberhaften begegnet einer Kultur darum das, was man mit Michel Leiris das »*Heilige im Alltagsleben*« nennen kann (Leiris [1938]). Es ist nicht das bekannte Heilige der Religionen, das sich in ehrwürdigen Göttergestalten, tiefsinnigen Mythen oder institutionalisierten Religionsübungen manifestiert, sondern etwas viel Unscheinbareres, Oberflächliches, Alltägliches – etwas, wofür die Alltagssprache mit feinem Gespür meist Ausdrücke findet, die allesamt aus dem Zusammenhang der Magie stammen: *Glamour, Charme, Charisma, Aura, Zauber, Touch, Faszination, Bann.* Klarerweise werden diese Ausdrücke heute in einem vermeintlich ihrem Ursprung entfremdeten, metaphorischen Sinn gebraucht; man meint nicht, von Magie zu sprechen, wenn man in einer europäischen Metropole solche Worte in den Mund nimmt – dennoch aber tut man es und findet auch gar keine anderen Worte dafür. Eine bezaubernde Geste, eine charmante Bemerkung, die eigentümliche Gebanntheit durch ein Spiel oder auch der Umstand, dass ein Schriftsteller nicht anfangen kann zu schreiben, wenn er nicht ein ganz bestimmtes Hemd trägt[9] – diese verbreiteten Phänomene gehören, ebenso wie die kleinen, feierlichen Zeremonien der Tabakkultur, zur Ordnung des alltäglichen Heiligen.

Wie Sigmund Freud es in Bezug auf das Tabu bemerkte, geht auch die Bedeutung des alltäglichen Heiligen »nach zwei entgegengesetzten Richtungen auseinander. Es heißt uns einerseits: heilig, geweiht, andererseits: unheimlich, gefährlich, verboten, unrein.« (Freud [1912–12]: 311). Etwas Unreines scheint jeglichem Heiligen anzuhaften; Abscheu gehört darum zu den ältesten Empfindungen des Heiligen. Selbst eine vergleichsweise junge Religion wie das Christentum setzt in bestimmten Formulierungen noch die Gottesfurcht an den Anfang jeglicher Weisheit – lange vor späteren Bildungen wie Glaube, Liebe, Hoffnung oder Schuldgefühl.[10] Das Furchterregende, Ungute und Distanzerfordernde ist offenbar die primäre Bestimmung des Heiligen; in der Religionsgeschichte tritt sie lange vor den tröstlicheren, »benignen« Qualitäten auf. Vor den gütigen, liebenden oder wenigstens ansprechbaren und verhandlungsbereiten Göttern kommen die zornigen Götter, und vor diesen die unerbittlichen und selbststrafenden Tabus. Im alltäglichen Heiligen, das so leicht Abscheu erregen kann, scheint darum eine alte religiöse Empfindung aufbewahrt, die von den institutionalisierten Religionen später mit anderen Affekten und Haltungen überbaut und dabei allmählich abgemildert und weitgehend vergessen wurde;[11] das alltägliche Heilige trägt die Züge des ältesten Heiligen der Kulturgeschichte – sie entsprechen denen, die Freud in Bezug auf die Stammeskulturen in »Totem und Tabu« zusammengefasst und analysiert hat.

Ein bestimmter Teil dieses Heiligen scheint den Abscheu manifest in sich zu tragen und es gezielt darauf anzulegen, als unrein wahrgenommen zu werden. Dazu dürften jene Praktiken gehören, die Stephen Greenblatt in seiner schönen Studie als »schmutzige Riten« bezeichnet hat: jener immer wieder an bestimmten Punkten der Geschichte auftretende, teilweise karnevaleske, ostentative Umgang mit Exkrementen und ähnlichen Materialien, in denen eine unterdrückte Gruppe meist gleichermaßen ihren Protest gegen ihre Unterdrückung wie auch die Anerkennung ihrer Niederlage zum Ausdruck bringt (s. Greenblatt 1995: 36). In der jüngeren Vergangenheit sind solche Praktiken vor allem auf dem Terrain der Kunst aufgetaucht: bestimmte künstlerische Performances des Wiener Aktionismus, zum Beispiel die Aktion »Kunst und Revolution« im Hörsaal 1 der Wiener Universität vom Juni 1968,[12] oder Mike Kelleys Arbeit »A Nostalgic Depiction of the Innocence of Childhood« (1990)[13] können wohl diesem Genre zugerechnet werden.

Allerdings zeigt gerade das Beispiel der Kunst, dass dieses schmutzige Heilige der skatologischen Riten nicht immer gleichermaßen Konjunktur hat. Aus der aktuellen Kunst seit der Mitte der 90er-Jahre scheint dieses drastische Element vielmehr weitgehend verschwunden zu sein. Darum hat Donald Kuspit unrecht, wenn er gerade Merkmale wie dieses als Indizien dafür wertet, dass am Anfang des 21. Jahrhunderts das Ende der Kunst gekommen sei (s. Kuspit 2004). Es ist genau umgekehrt: die Kunst hat überlebt; viel eher ist nur ihre skatologische Ausdrucksform gegenwärtig an ein Ende gelangt – und Mike Kelleys Nostalgie bezieht sich vielleicht gerade auch kunstimmanent auf jene weniger zartbesaitete Epoche, in der solche heiteren und kraftvollen Sarkasmen noch möglich und notwendig waren.

Das Verschwinden jener Kulturelemente, die in expliziter und absichtsvoller Weise zu den »schmutzigen Riten« gehören, scheint in der Gegenwartskultur bezeichnenderweise genau zu jenem Zeitpunkt eingetreten zu sein, als andere Formen des alltäglichen Heiligen durch eine veränderte kulturelle Wahrnehmung in den Geruch des Schmutzigen gerieten.

5.

Als schmutzig erscheint das Heilige, wie Sigmund Freud zeigte, deshalb, weil es durch *Ambivalenz* gekennzeichnet ist. Eine ambivalente Handlung zeichnet sich dadurch aus, dass sie gleichzeitig zwei entgegengesetzte Affekte befriedigt – zum Beispiel Liebe und Hass. Diese Funktion der Doppelbefriedigung ist charakteristisch für Praktiken, die mit dem Heiligen zu tun haben. In den privaten »Zeremoniellen« neurotischer Zwangshandlungen und in den kollektiven Religionsübungen verschafft sich immer auch etwas Abzuwehrendes gerade im Versuch der Abwehr Durchbruch: in der fürsorglichen Geste ein aggressiver Anschlag auf die geliebte Person; in der asketischen Übung ein sexuelles Laster; im Segensspruch ein blasphemischer Fluch etc.[14] Ambivalenz bedeutet also, dass eine dem Ich annehmbare Strebung gleichzeitig mit einer von ihm abgelehnten erfüllt wird; eine »ichgerechte« oder ichkonforme Strebung zugleich mit einer nicht ichkonformen.[15]

Diesem Unterschied werden vom Ich – entsprechend einer ersten, primitiven Unterscheidung zwischen Ich und Außenwelt – die Bedeutungen »gut/schlecht« bzw. »rein/unrein« unterlegt. Alles Ichgerechte wird von diesem Ich als gut und rein; alles, was nicht ichgerecht ist, als schlecht und unrein erfahren. Das Gute, Reine soll einverleibt, das Schlechte, Unreine ausgespuckt werden.[16] Hinsichtlich dessen, was nicht mit dem Selbstbild zur Deckung gebracht werden kann, wird das Bestreben des Ich dahin gehen, »das Objekt zu fäkalisieren und dann auszustoßen«.[17]

Daraus erklärt sich die »schmutzige« Dimension am ambivalenten Heiligen: alle Objekte des Heiligen und alle Handlungen, die ihm gelten, weisen gemäß ihrer Ambivalenz eine nicht ichgerechte Dimension auf, und diese wird gemäß den ersten, der Ichbildung zugrunde liegenden Unterscheidungen als schmutzig wahrgenommen.

6.

Was die Individuen nicht mit ihrem Ich in Einklang bringen können, das kann allerdings manchmal, unter günstigen Bedingungen, die Kultur übernehmen. Friedrich Nietzsche hat bemerkt, dass in der antiken griechischen Kultur die Götter die Funktion innehatten, »den Menschen bis zu einem gewissen Grade auch im Schlimmen zu rechtfertigen, sie dienten als Ursachen des Bösen – damals nahmen sie nicht die Strafe auf sich, sondern, wie es *vornehmer* ist, die Schuld ...« (Nietzsche [1887]: 835).

Die Religion als kulturelle Institution entlastete also die Individuen von ihren nicht ichgerechten Anteilen; sie verantwortete sie und übertrug sie in die öffentliche Sphäre der Gesellschaft. So, wie eine Sozialversicherung die Kosten individueller Krankheit gesellschaftlich übernehmen kann, übernahm die griechische Religion die kleinen Torheiten, erotischen Anwandlungen, Wahn- oder Zornesausbrüche der Menschen und machte sie gesellschaftlich akzeptabel und sogar vorzeigbar, indem sie Formulierungen zur Verfügung stellte wie zum Beispiel: »ein Gott hatte mich betört«. Sigmund Freud hat diese Möglichkeit einer kollektiven, kulturellen Bewältigung individueller Neurosen mit dem Begriff der »Schiefheilung« benannt (s. Freud [1921c]: 132).

Eine solche Kulturverfassung, wie Nietzsche sie an der griechischen Antike erkannte, erscheint geeignet, einer Gesellschaft den Eindruck des Schmutzigen zu ersparen. Indem sie die individuell nicht annehmbaren Regungen in die Sphäre eines öffentlichen Heiligen transferierte, vermied sie es, schmutzige, schuldige Individuen zu produzieren (ganz im Gegensatz etwa zu »C.S.I.«). Im Gegenzug mussten dafür wohl die schmutzigen Aspekte am Heiligen dieser Kultur manifester hervortreten – zum Beispiel, indem ihre Götter nun selbst diverse verpönte Handlungen wie Betrug, Verführung oder Vergewaltigung setzten. Doch indem das Verpönte als heilig gewürdigt und öffentlich gefeiert wurde, scheint es solchen Kulturen gelungen zu sein, dem, was sonst unweigerlich und ausschließlich als Abscheu erregend empfunden worden wäre, einen Platz zuzuweisen, an dem es immerhin auf großartige und eindrucksvolle

Weise ambivalent, ja vielleicht sogar strahlend (das heißt: Distanz gebietend) rein war.

7.

Von derartigen Verhältnissen sind wir heute offensichtlich weit entfernt. Das meiste, was früher einmal (oder selbst noch vor sehr kurzer Zeit) glanzvoll und großartig war und – wenigstens in feierlichen Momenten – der Gesellschaft bejahbar wurde, erscheint heute als unverständlich gewordener Schmutz an den Händen einzelner, auf die die Gesellschaft mit dem Finger zu zeigen beginnt. Unsere früheren Götter sind uns, wie Heinrich Heine schrieb, durch ihren Sturz zu Dämonen geworden, und in dieser neuen Gestalt erkennen wir sie nicht wieder.[18]

Der »Schmutz«, den in ihren jeweils verzerrten Wahrnehmungen die Spezialeinheiten von »C.S.I.«, das postsexuelle Kino und die Nichtraucherinitiativen angewidert wahrnehmen, ist das Unreine dessen, was noch vor kurzem das alltägliche Heilige der Kultur gebildet hat. Insbesondere an den kleinen Ritualen der Tabakkultur, die oft den Charakter eines Abwehrzaubers (zum Beispiel gegen peinliches Warten) und einer Versicherung des eigenen Stolzes haben, ist dieser zeremonielle, feierliche Charakter deutlich: mit Feuer und Rauch wird schließlich auch in fast allen Religionen und Magien operiert, um heilige Zonen von profanen abzugrenzen, und die kultische Bezugnahme auf filmische Vorbildmythologien ist in jedem Akt des Rauchens spürbar – jedenfalls solange noch Filme gezeigt werden dürfen, in denen Lauren Bacall in lasziver Weise Humphrey Bogart um Feuer ersucht.

Auch hinter der Ablehnung der gesellschaftlichen Dimensionen von Kriminalität und ihrer Habitusformen sowie der libertinen Sexualität steckt nicht nur verstärktes moralisches oder hygienisches Bewusstsein im Zeitalter der Aids-Angst (bzw. der Suche nach verstärkter Geborgenheit im Privaten). Wenn die Polizei im Kriminalfilm die Identifizierung mit dem Gesetz, das heißt: die *Moral*, vertritt, dann verkörpern die Kriminellen ein älteres System der

Sittlichkeit, nämlich die *Ehre* (darum spricht man von Ganovenehre). Da den Verbrechern die Identifizierung mit dem Gesetz verwehrt ist, tritt an ihnen mit der Ehre ein anderes, nicht minder strenges Normensystem zutage (ganz ähnlich übrigens wie an den vermeintlichen »Wilden«, die zwar die »zivilisierte« Moral nicht kennen, aber dafür – zur Überraschung der ersten westlichen Beobachter – die umso strengeren Regeln des Tabu beachten). Das System der Ganovenehre funktioniert analog zum System des Tabu; beide setzen eine umfassende, materielle Ausbreitung des Heiligen voraus. Der Unterschied zwischen dem System der Moral und jenem der Ehre (bzw. des Tabu) besteht in der Lokalisierung der Beobachtungsinstanzen. Während die Moral auf verinnerlichter Selbstbeobachtung beruht, ist die Ehre immer auf eine virtuelle Außenperspektive bezogen – darum verlangt sie nicht nur selbstlose Verhaltensweisen, sondern (im Unterschied zur Moral) auch elegante, wie sie beispielhaft Alain Delon vorgeführt hat.[19] Das für die Gegenwartskultur Unerträgliche und nicht mehr Thematisierbare am Verbrechen ist weniger die Gesetzesübertretung als vielmehr diese auf eine Außenperspektive bezogene Haltung; eine Haltung, der immer etwas Feierliches, Zeremonielles und mithin auch Oberflächliches, dem Ich niemals vollständig Assimilierbares anhaftet (zum Beispiel, weil es sich nicht auf Absichten reduzieren lässt). Diese Eleganz des Verbrechens war ein zentrales Thema der klassischen Avantgarden (»Auf steilen Dächern rennt ein Herr im Frack«)[20] sowie der Neo-Avantgarden der 50er- und 60er-Jahre (»der körper des mörders besitzt eine unüberwindliche schönheit«).[21] Deren oft grausame, von schwarzem Humor geprägte Sprachen ebenso wie ihr Formalismus sind der zarter besaiteten und mehr auf Inhalte fixierten Postmoderne ja insgesamt weitgehend unverständlich geworden.[22] Die allgemeinere kulturgeschichtliche Verbindung zwischen dem Verbrechen und dem Heiligen belegen zum Beispiel Sigmund Freuds Studie »Dostojewski und die Vatertötung«,[23] die Studien George Batailles über den Status der »Überschreitung« (s. Bataille 1986: 59–77) sowie Giorgio Agambens Untersuchungen in »Homo sacer« (Agamben 2002). Der Schmutz, der heute im Zentrum der Wahrnehmung des Verbrechens steht, ist darum das untrügliche Indiz für die Präsenz eines verschütteten alltäglichen Heiligen.

Schließlich stehen auch Sexualakte – und insbesondere solche, die nicht durch eine romantische Mythologie der monogamen Liebe überbaut sind – im Verdacht, *kultische* Handlungen zu sein (was der Sprachgebrauch, der in solchen Zusammenhängen von »Bezauberung«, »Verehrung« etc. spricht, deutlich zum Ausdruck bringt). Zielsicher, wenn auch weitgehend ohne Bewusstsein dessen, was sie tun, richten sich die neuen puristischen Angriffe mit ihren hygienischen Argumenten gegen das alltägliche Heilige, das diese glamourösen Praktiken zur Darstellung bringen.

Deutlich wird das dort, wo keine hygienischen Argumente zur Verfügung stehen, aber das Alltagsheilige gleichwohl mit derselben Heftigkeit verfemt wird: zum Beispiel hinsichtlich des Gebrauchs schmutziger Worte oder Witze, die von der »political correctness« untersagt werden, oder auch bei den verbreiteten, gut gemeinten Initiativen in der Welt der Kunst, die allerdings bezeichnenderweise immer dafür sorgen, dass alles, was an der künstlerischen Form zauberhaft erscheinen könnte, zugunsten benennbarer und vorhersagbarer Inhalte unterbleibt. Diese beiden Reflexe, die Ablehnung böser Worte und das Ausweichen gegenüber der Form, hängen zusammen. Schimpfen, Spotten und Fluchen sind alltagskulturelle Formen magischer Akte, und sie nehmen, wie alle Zaubersprüche, meist spezielle Formen an: Wer schimpft oder flucht, wird unweigerlich zum Lyriker. Darin kommt es, wie auch beim Witz, immer auf den bestimmten Wortlaut an sowie auf musikalische Qualitäten wie Rhythmus und Wiederholung. Und auch der sprichwörtliche »Zauber der Kunst« hängt an diesem Primat des Signifikanten: der perfekte Ausdruck und die perfekte Form wirken eben genau darin so bestechend und beglückend, dass sie ein »gewisses Etwas« kommunizieren, das bei jedem Versuch der Paraphrase unweigerlich verloren ginge.

8.

Dass solche Qualitäten plötzlich nur noch als Schmutz gelten, zeigt, dass eine massive Veränderung der Kultur stattgefunden hat. Diese Kultur hat ein Problem mit dem alltäglichen Heiligen. Ihr sind offenbar jene räumlichen und zeitlichen Ausnahme-Zonen verloren gegangen, in denen sie es öffentlich feiern und als glamourös würdigen konnte. Solange es eine öffentliche Sphäre der Feierlichkeit gab, die vom profanen Alltag getrennt war, konnte das Ambivalente dort aufgehoben werden und gesellschaftlich akzeptabel bleiben – unter der Bedingung eben, dass es als Ausnahmeerscheinung von den übrigen profanen Räumen und Zeiten abgesondert blieb. An dieser öffentlichen, heiligen Sphäre muss nun eine Beschädigung aufgetreten sein: offensichtlich ist sie nicht mehr in der Lage, die ambivalenten Güter der Gesellschaft zu absorbieren und als ambivalent zu erhalten; dadurch bleiben sie als Störungen im profanen Raum übrig, und ihre affektive Qualität erscheint »entmischt«, das heißt: nur noch schmutzig.

Wie Emile Durkheim richtig bemerkt, haftet die Qualität des Schmutzigen nicht den heiligen Objekten selbst an. Deren veränderte Wahrnehmung gründet nicht auf der Erkenntnis einer solchen objektiven Qualität: sie rührt also z.B. nicht davon her, dass man plötzlich unzweifelhaft erkannt hätte, dass Rauchen ungesund ist, während man es vorher irrtümlich für ein harmloses Vergnügen gehalten hätte.[24] Vielmehr sind es bezeichnenderweise dieselben Objekte, die einmal rein und einmal unrein erscheinen können – und in beiden Fällen, in beiden dieser extremen Qualitäten, sind sie heilig:

> »Es gibt zwei Arten des Heiligen, die eine ist den Menschen zugeneigt, die andere nicht. Und zwischen diesen beiden entgegengesetzten Formen gibt es nicht nur keinen Bruch; ein und dasselbe Objekt kann sich vielmehr von sich aus in die andere verwandeln, ohne seine Natur zu verändern. Aus dem Reinen kann man Unreines machen; und umgekehrt. In der Möglichkeit dieser Umwandlungen besteht die Zweideutigkeit des Heiligen.« (Durkheim 1994: 551)

Nicht an den Objekten wie Verbrechen, Sex oder Tabak hat sich plötzlich eine bisher unerkannte, aber immer schon vorhandene unangenehme, schädliche oder peinliche Seite gezeigt. Sondern ihre veränderte Wahrnehmung ist durch einen Ortswechsel bedingt; durch eine Veränderung im Verhältnis der gesellschaftlichen Sphären des Heiligen und des Profanen, die diese Objekte auf die andere, profane Seite fallen ließ. Solange die heiligen, ambivalenten Objekte am Ort des Heiligen aufgehoben sind, erscheinen sie rein (man darf sich ihnen dann meist deshalb nur bedingt nähern, weil man, aus der Sphäre des Profanen kommend, nicht eben so rein ist wie sie). Tauchen sie hingegen am Ort des Profanen auf, erscheinen sie unrein (man darf sich ihnen dann ebenfalls nicht nähern, um nicht so unrein zu werden wie sie). Georges Bataille hat diese Entwicklung im Verhältnis zwischen der Erotik, als einem exemplarischen Objekt dieser Art, und dem Heiligen, als ihrem Ort, präzise erfasst:

»Indem der Mensch die Erotik aus der Religion ausklammerte, ließ er diese zu einer utilitaristischen Moral verkümmern. Und indem die Erotik den Charakter des Heiligen verlor, wurde sie unrein.« (Bataille 1993: 78)

Dass eine Reihe von Objekten unserer Kultur heute als schmutzig erscheint, zeigt also, dass sie aus der Sphäre des Heiligen herausgefallen sind – mithin, dass diese Sphäre kleiner oder enger geworden sein muss; dass es zu einem Verlust, zwar nicht an heiligen Objekten, wohl aber an heiligen Orten für diese Objekte gekommen ist.

9.

Es mutet wenig überraschend an, wenn man feststellt, dass es in unserer Kultur zu einer umfassenden *Profanisierung*, das heißt: zu einer Tilgung heiliger Orte, gekommen ist. Überraschend aber ist es vielleicht, sich zu verdeutlichen, dass diese Profanisierung in den letzten Jahrzehnten stattgefunden hat (denn Kultfilme, die noch um 1970 möglich und akzeptabel waren, sind es heute nicht mehr) und dass sie viel weniger das Heilige der Religionen als das des Alltagslebens betrifft: wir dulden eher Kruzifixe in den Klassenzimmern als einen Raucher auf dem Gang.

Nun könnte eingewandt werden: Das mag sich ja alles durchaus so verhalten; aber ist das nicht das Zeichen eines weiteren aufklärerischen Fortschritts, einer Säkularisierung der Kultur, einer Entzauberung der Welt, wie sie in sogenannten Wissensgesellschaften – und insbesondere in der unseren, die seit der Postmoderne ja ohnehin an keine »großen Erzählungen« mehr glauben kann – notwendig und unvermeidlich auftritt? Haben wir es nicht einfach mit einer weiteren Ausbreitungsstufe der Vernunft zu tun, die, ähnlich wie es seit dem 18. Jahrhundert in Bezug auf die Religion geschah, nun eben auch auf das alltägliche Heilige einschränkend einwirkt? Und ist diese dem Heiligen feindliche Vernunft – ebenso wie ihre aufklärerische Vorgängerin – nicht eine Macht der Emanzipation, der Befreiung der Menschen von Vorurteilen, Gewohnheiten und vom Bann traditioneller Verhältnisse?

Gegen diese naheliegende, aber irreführende Darstellung ist zunächst zu sagen, dass die postmoderne Vernunft, die wir bei der Liquidierung des alltäglichen Heiligen am Werk sehen, nicht den Eindruck der Ausbreitung erweckt. Es ist keine Vernunft, die mutig in unbekannte Territorien aufbricht; keine, die sich, wie jene der Pionierphasen aller Wissenschaften und der Philosophie, jedem noch so abstoßenden Gegenstand mit unerschrockener Leidenschaft widmet, um – zum Beispiel in den Rätseln einer bedrohlichen Natur, den schmerzlichen und erschreckenden Erscheinungsformen von Krankheit, den blutigen Ergebnissen der Klassenkämpfe, den peinlichen Fehlern aus der Psychopathologie des Alltagslebens oder den Leiden der Neurose und des Wahns – auf mühevollem Weg Gesetzmäßigkeiten und damit Möglichkeiten der Veränderung zu erkennen. Für die postmoderne Variante der Vernunft gilt nicht, was Freud einmal über die Wissenschaft bemerkt, nämlich, dass sie »eben die vollkommenste Lossagung vom Lustprinzip« sei, »die unserer psychischen Arbeit möglich ist« (Freud [1910h]: 187).

Die gegenwärtige reine Vernunft, die sich vom schmutzigen Heiligen in der Kultur abwendet und damit zu dessen Verfall beiträgt, scheint vielmehr völlig dem Diktat des Lustprinzips unterworfen zu sein: wo es für sie beschwerlich oder unangenehm werden könnte, verweigert sie die Auseinandersetzung und ruft (z. B. im Fall der Tabakkultur) nach dem Verbot ihres Gegenstandes, anstatt seine Erkenntnis zu produzieren (die in diesem Fall auch Erkenntnis der Gründe für die plötzliche Abneigung gegen dieses Objekt sein müsste). Ein kurzer Rundblick über die Betätigungsfelder und Abwehrreflexe zeitgenössischer Rationalität scheint diesen Eindruck zu bestätigen: Die postmoderne Vernunft redet lieber über kulturelle Differenz als über Klassenantagonismen,[25] lieber über Gender als über Sex,[26] sie schwärmt von der Spontaneität und Kreativität wirkungslos bleibender politischer Initiativen, anstatt sich über Fragen und Methoden wirksamer Organisation den Kopf zu zerbrechen; sie vermeidet beflissen alles Spielerische und Zauberhafte in der Kunst und alles Unvorhergesehene in den Wissenschaften, anstatt sich zu fragen, was dadurch verloren geht. In ihrer Gesamterscheinung gleicht sie dem Wiener Grafen Bobby, der seine Geldbörse, die er hinter der Oper verloren hat, lieber vor der Oper sucht, weil es dort heller ist.

10.

Die reine Vernunft der Postmoderne ist eine, die sich theoretisch auf das beschränkt, was ihr angenehm und geheuer ist. Sie hält sich an jene Gegenstände, in denen sie sich selbst gerne wiedererkennt, beziehungsweise an solche, die ihr gut zu Gesicht stehen. Was ihr Rätsel aufgibt, betrachtet sie nicht als Herausforderung, sondern als Obszönität; als ein Pudendum, das aus dem Gesichtsfeld – wenn nicht überhaupt aus der Welt – zu verbannen ist.

Diese Fixierung auf das Reine und Eigene beziehungsweise auf das dem Eigenen Assimilierbare hat eine massive philosophische Vorgeschichte. Wie ein Autofahrer, der in die Spurrinnen einer schlechten Autobahn geraten ist, bewegt sich die postmoderne Vernunft ausweglos in dieser Spurrinne – allerdings, im Unterschied zum Autofahrer, weitgehend ohne dies zu bemerken, und dementsprechend mit dem Gefühl eigenen, autonomen Lenkens. So reproduziert sie unentwegt eine Reihe schwerwiegender Vorentscheidungen und alter, lieb gewonnener philosophischer Präferenzen: ein Subjekt ist etwas Besseres als ein Objekt; das Angeeignete ist besser als das Entfremdete; das Authentische besser als das Kunstvolle; das Selbstgestaltete besser als das Vorgefundene; das Konstruierte besser als das Gegebene; das Immaterielle besser als das Materielle; die Freiheit besser als das Glück.

Von daher rühren die Ängste und Paniken, aber auch die Schwärmereien der reinen Vernunft: ihre Angst, ein Objekt zu sein, ihre Witterung für Entfremdung, ihre Sehnsucht nach Wiederaneignung und Identität, dank deren sie ihr Glück regelmäßig nur in nestwarmen *Gemeinschaften* (z. B. den »communities« im Internet), aber niemals in der unpersönlichen *Gesellschaft* sucht, sowie ihre Schwärmereien für Kreativität, performative Umgestaltung struktureller Positionen, für Interaktivität, Partizipation und immaterielle Arbeit.

Eine solche Position heißt aus philosophischer Sicht Idealismus. Die Psychoanalyse hat für eine solche Haltung, der nur das Eigene rein und willkommen ist, einen klinischen Namen vorgeschlagen: *Narzissmus*. Der Narzissmus ignoriert nicht bloß die Bedeutung der materiellen Welt und ihrer strukturellen Verhältnisse; er dämonisiert sie vielmehr. Alles Materielle und Strukturelle wie Stofflichkeit, physische Präsenz, Erfolg, Repräsentationsformen, gesellschaftliche Institutionen, Machtverhältnisse, Gewalt, Generationenfolgen, Geld, Gesetze, Konventionen, Wissen, Fertigkeiten etc. erscheint aus narzisstischer Perspektive – wie Bela Grunberger und Pierre Dessuant in ihrer grundlegenden Studie dargelegt haben – als etwas Schmutziges, bloß Äußerliches, zu Überwindendes (s. Grunberger/ Dessuant 2000).

Durch diese narzisstische Leidenschaft tendiert die reine Vernunft nicht allein zur theoretischen Selbstbeschränkung, sondern auch zur praktischen. Obwohl sie im Namen der Freiheit und mit dem Gefühl der emanzipatorischen Initiative antrat, agiert sie als eine Predigerin des Verzichts auf alles, was man in der Welt haben kann (und auf alle Mittel, mit denen man es gewinnen kann). Sie betreibt die Diffamierung der Güter, um die in der Gesellschaft gekämpft wird, und macht sich damit zur Propagandistin des *Beuteverzichts*.

Gerade in ihrem Größenwahn, der sich jeder Messung und Prüfung an der Welt arrogant entzieht, hält die reine Vernunft sich selbst und alles, was sie mit ihren Präferenzen überziehen kann, klein und ohnmächtig. Die Schwachen sind für sie immer die Guten – sie sind schließlich diejenigen, die sich am wenigsten mit der Welt beschmutzt haben; und alles, was wirklich gut ist, kann in dieser schlechten Welt ohnehin nur scheitern.[27] Mit hohem Befreiungspathos angetreten, erweist sich die reine Vernunft an diesem Punkt als eine Agentin der Entpolitisierung. Denn nun können die Schwachen nur noch schwach bleiben (sofern sie nicht zu Bösen werden wollen).

An diesem Punkt zeigt sich die entscheidende Bedeutung, die der Philosophie Nietzsches gegenwärtig als Korrektiv und Medizin angesichts einer insbesondere innerhalb sich für gesellschaftskritisch haltender Gruppen weit verbreiteten, narzisstischen *Verlierermentalität* zukommt: Die kritische Arbeit am *Ressentiment*, dem Hass auf das Glück, ist die entscheidende Leistung, die erbracht werden muss, damit jemals ein Glück erobert werden kann; damit also die Schwachen nicht beginnen, sich in ihrer Schwäche zu gefallen, und man sich den eigenen Beuteverzicht nicht zur kritischen Gesinnung zurechtfabelt und fälschlich als »Distanz zum System« oder als »performative Umgestaltung der vorgegebenen Rolle« zugute hält. Gerade auf die postmoderne reine Vernunft, die immer gerne Deleuze zitiert, trifft eine nietzscheanische Formulierung von Deleuze zu: diese reine und ständig um Sauberkeit bemühte Vernunft ist »nicht mehr als die Bestandsaufnahme aller Gründe, die der Mensch sich gibt, um zu gehorchen« (Deleuze 1979: 22).

Im deutschsprachigen Raum steht einer solchen Nutzung Nietzsches vor allem die Tradition der Frankfurter Schule entgegen. Obwohl Theodor W. Adorno sich bisweilen auf Nietzsche bezog und immerhin den Begriff der »Ranküne des Glücks« zum Einsatz brachte, hat gerade seine Philosophie unter Mitwirkung ihrer Adepten eine Stimmung selbstgefälliger Verzweiflung an der Welt und »antiautoritärer« Passivität hervorgebracht,[28] deren Ausläufer

heute die weitgehend selbstverständlich gewordene epistemologische Grundlage und Affektorganisation vermeintlich kritischer
Intellektualität darstellen. Deren Reflexe betreffen die Ablehnung
nicht allein des Faschismus, sondern auch großer Teile dessen,
was man für dessen Alltagsethik (wie z. B. Disziplin, Begeisterung,
Kampfbereitschaft, wissenschaftliche Rationalität etc.) hielt – und
damit auch des gesamten Einsatzes sowie aller Mittel des Kampfes gegen ihn. Auf dieser Grundlage ist – insbesondere nach dem
Wegfall der »großen Erzählungen« der Moderne am Ende der 70er-
Jahre – eine luxuriöse, allein für privilegierte Angehörige westlicher
Gesellschaften zugängliche postmoderne Ethik des selbstverständ-
lichen Utopie- und Gewaltverzichts, der Vernunftskepsis sowie der
Beschwerde und des Jammerns entstanden.[29]

In hartem Kontrast dagegen steht zum Beispiel das von heiterer,
auch gewaltbereiter Zuversicht geprägte Bild der Generation der
Spanienkämpfer und -kämpferinnen sowie der Partisanen und
Partisaninnen des Zweiten Weltkriegs, die in viel aussichtsloserer
Situation dem Feind weitaus weniger überließen – vor allem nicht
das Kämpfen, wie Paul Parins pointierter Titel »Es ist Krieg, und wir
gehen hin« verdeutlicht (Parin 1991). Die Ablehnung, die gegenwärtig zum Beispiel der Figur des Helden (oder der Heldin) in kritischen Kunsträumen entgegengebracht wird,[30] zeigt, wie weit sich
die heutige, mit spontaner Evidenz eingenommene Ausgangsposi-
tion von diesem Niveau politischen Engagements entfernt hat und
in welchem Maß kritische Vernunft heute zu einem Unternehmen
der selbstmitleidigen Selbstbeschränkung geraten ist.

11.

Den Einbruch des Narzissmus in die Gegenwartskultur hat als
Erster Richard Sennett erkannt und diagnostiziert – in seiner 1974
erschienenen Studie »The Fall of Public Man« (Sennett [1974]). Er
zeigt darin, wie die narzisstische Passion für das Eigene, Authentische auf die Zerstörung jenes öffentlichen Raumes hinarbeitet, in
dem man etwas vom Eigenen, Vertrauten und Privaten Verschiede-

nes – etwas Feierlicheres, Formelles, für andere Dargestelltes – zur Aufführung bringen konnte.

Sennetts Kritik, die zum Zeitpunkt ihres Erscheinens immerhin bereits die Entlarvung fundamentaler Selbsttäuschungen einer damals siegesgewissen Neuen Linken war, zeigt vielleicht erst heute, unter der Vorherrschaft des Neoliberalismus, ihre ganze, entscheidende Tragweite. Denn unter neoliberalen Verhältnissen ist aus dem kulturellen Narzissmus eine entscheidende ideologische Stütze der massiven gesellschaftlichen Umverteilungen geworden. Diese Stütze ist umso wirksamer, da sie einen neuen Mechanismus aufweist: Denn der Narzissmus ermöglicht eine neue, veränderte Funktionsweise dessen, was man traditionell mit dem Begriff der *ideologischen Hegemonie* bezeichnet.

Ideologische Hegemonie bedeutete im klassischen Verständnis,[31] dass eine Klasse es fertigbringt, ihre partikularen Interessen als allgemeine Interessen der gesamten Gesellschaft darzustellen und dadurch die übrigen Klassen unter ihre Führung zu bringen. Durch diesen Schein von Allgemeinheit gelingt es ihr, die übrigen Klassen dazu zu bewegen, sich mit den Interessen der herrschenden Klasse zu identifizieren. Diese nehmen dann sozusagen *den Feind für die Beute* und beginnen beide zu bejahen.

Unter neoliberalen und postmodernen Verhältnissen jedoch hat sich an diesem Mechanismus etwas Entscheidendes geändert. Heute üben herrschende Klassen ihre Hegemonie aus, indem sie die allgemeinen Interessen der Gesellschaft als ihre eigenen, partikularen Interessen darstellen. Dadurch bringen sie es fertig, dass die übrigen Klassen beginnen, von sich aus davon Abstand zu nehmen. Diese nehmen dann *die Beute für den Feind* und lehnen beide zusammen ab. Wenn ein europäischer Kunsttheoretiker zum Beispiel an einer U.S.-amerikanischen Universität Bilder einer Performance von Marina Abramovic zeigt, dann kann es passieren, dass mehrere der anwesenden Studierenden reflexartig erklären, dies würde ihre ethnische, religiöse, sexuelle etc. Identität beleidigen: die Einen wollen keine Kunst von Weißen, die Anderen keine von Nackten, die Dritten keine von nackten Frauen etc. sehen. Dieses identitätspolitische Beharren bildet unter postmodernen Bedingungen eine der stärksten Garantien dafür, dass diejenigen, die von Bildung ausgeschlossen waren, es auch weiterhin bleiben, während diejenigen, die immer schon die größten Beuteanteile an sich reißen wollten, dies nun noch ungestörter tun können, ohne die Ansprüche anderer fürchten zu müssen. Und die kulturelle Beute besteht, wie die besten marxistischen Theoretiker wussten, nicht nur aus Genussmitteln: vielmehr sind die Kulturgüter immer auch Waffen, mit denen Distinktion hergestellt und der Respekt und die Zustimmung anderer bewirkt werden kann. Durch die freiwillige Selbstbeschränkung, mit der die identitätspolitischen Initiativen auf der ausschließlichen Versorgung mit Gütern der eigenen kulturellen Gruppe bestehen, schließen sie sich vom Zugang zum Wettbewerb der kulturellen Produktionen und damit vom Kampf um Hegemonie im klassischen Sinn aus. Dass es den herrschenden Klassen aber gelungen ist, die Übrigen zu einer solchen freiwilligen Selbstausschließung vom ideologischen Kampf zu bewegen, muss als Effekt *negativer Hegemonie* bezeichnet werden: die Profiteure des Neoliberalismus haben es fertiggebracht, das, was alle angeht, als dasjenige darzustellen, was bloß einer einzigen, in spezifischer Weise ethnisch-religiös-sexuell geprägten Klasse zugehört und zusteht. Es ist ihnen gelungen, unter Ausnutzung des von der reinen postmodernen Vernunft nahegelegten narzisstischen Begehrens nach dem Eigenen, die übrigen Klassen zu einer *affirmativen Desidentifizierung mit dem Allgemeinen* zu bewegen.

12.

Um solche Reflexe des Beuteverzichts zu stoppen und um die Fallen postmoderner negativer Hegemonie zu vermeiden, erscheint es notwendig, Begriffe für jene massiven Tendenzen in der Kultur zu finden, die sich »hinter dem Rücken des Bewusstseins« der Akteure vollziehen – sogar (und insbesondere) noch derjenigen, die gegen diese Tendenzen anzukämpfen meinen.

Indem wir versuchen, die aktuellen Kulturerscheinungen (und -unmöglichkeiten) unter dem Gesichtspunkt des Heiligen und des

Profanen zu begreifen, möchten wir jene Spontanreaktionen zeitgenössischer Rationalität, die sich für evident ausgeben, überdenkbar werden lassen. Vielleicht muss nicht alles ausgeschlossen werden, was derzeit mit Selbstverständlichkeit oder mit vermeintlich guten Gründen ausgeschlossen wird. Und möglicherweise ist die reine Vernunft, die in ihren Paniken regelmäßig solche Ausschlüsse produziert, nicht die *ultima ratio* – der unüberschreitbare Horizont dessen, was theoretisch erklärbar und praktisch zu dulden oder auch einzufordern ist.

Beiden Symptomen der Gegenwartskultur, dem schmutzigen Heiligen wie der reinen Vernunft, versuchen wir andere, wie wir meinen, adäquatere Plätze zuzuweisen: dem schmutzigen Heiligen allererst einen Platz innerhalb der Kultur, an dem es gewürdigt werden kann und nicht nur als schmutzig verabscheut werden muss; die reine Vernunft hingegen werden wir, in einer Doppelbewegung, sowohl einschränken als auch ausweiten. Wir werden sie von jenen Feldern zurückzupfeifen versuchen, wo sie sich übereifrig und ein wenig kindisch betätigt, aber vernünftigerweise nichts verloren hat. Dabei handelt es sich um jene Felder, hinsichtlich deren Blaise Pascal feststellte, die Menschen seien so notwendigerweise verrückt, dass es noch verrückter wäre, nicht ebenso verrückt zu sein wie sie.[32]

Auf der anderen Seite werden wir die reine Vernunft ermutigen, ihre theoretische Kraft an jenen Gegenständen zu erproben, von denen sie scheu zurückzuweichen neigt, weil sie sie für unvernünftig hält. »Der Begriff des Hundes beißt nicht«, werden wir ihr zurufen und, gestützt auf Spinoza, daran erinnern, dass es durchaus vernünftige Erkenntnis unvernünftiger Dinge gibt – da selbst vermeintlich irrationale Regungen wie Affekte einer Notwendigkeit unterliegen, gemäß deren man sie untersuchen kann »wie Linien, Flächen und Körper«.[33]

Die Psychoanalyse hat wie kaum eine andere kulturwissenschaftliche Theorie diese Rationalität im anrüchigen Objekt untersucht. So hat Freud sich Phänomenen wie Aberglaube oder Telepathie angenommen und, ohne in irgendeiner Weise das Selbstverständnis dieser Gegenstände zu teilen, wissenschaftliche Rekonstruktionen davon entwickelt.[34] Von dieser Art der Herangehensweise muss heute die Kulturtheorie lernen. Denn davon hängt ihre politische Einsatzfähigkeit ab.

Nur weil zum Beispiel *Charisma* eine nicht ganz leicht zu erklärende Qualität ist, die noch dazu oft (wenn auch nicht immer) von rechtsgerichteten oder faschistischen Politikern geschickter eingesetzt wurde als von ihren demokratischen Gegnern, muss das Charisma vielleicht nicht als Ganzes dämonisiert und schon bei seinem ersten Auftreten des Saales verwiesen werden. Man kann vielmehr – ähnlich, wie Sennett es vorgeführt hat – überlegen, ob es neben dem unzivilisierten auch ein zivilisiertes Charisma gibt und ob es sich eventuell auch dazu einsetzen lässt, materielle Interessen eben nicht zu überblenden und in Vergessenheit geraten zu lassen.[35]

Ebenso kann man zum Beispiel in Bezug auf die Kunst überlegen, ob *Genie* nicht ein mythologischer Name für eine tatsächlich erfahrbare Realität ist – auch wenn dieser Name nicht den adäquaten Begriff dieser Realität bilden mag. Nur weil es sich um einen bürgerlichen, individualistischen Mythos handelt, muss man nicht sofort eine fluchtartige Gegenbewegung einleiten und mit der eifrigen Anfertigung »kognitiver« Kreativitätstheorien und profaner Kunstprogramme beginnen, die um den Begriff kollektiver »Produktion« zentriert sind.[36] Vielmehr kann angedacht werden, inwiefern die Kunst Möglichkeiten eines Sprechens bereitstellt, das von anderswoher kommt als aus den vertrauten Registern der eigenen Person.[37] Ein fremdes, befremdliches, »unpersönliches« Sprechen ist vielleicht die elementare Bedingung einer Kunst, die die Gesellschaft betrifft: denn es lässt sich psychoanalytisch als ein Effekt von »Gegenübertragung« begreifen, worin das Ungesagte und Unerhörte der Gesellschaft sich Gehör verschafft. Darum ist es wohl auch die wirksamste (wenn nicht überhaupt die einzige) Möglichkeit der Kunst, auf das Imaginäre der Gesellschaft Einfluss zu nehmen.[38] Und schließlich hat die Kunst, insofern sie die Möglichkeit vorführte, eine von der eigenen Person verschiedene Rolle zu spielen, das Vorbild für eine ganze Kultur des öffentlichen Lebens abgegeben, deren Verschwinden Sennett mit begründeter Beunruhigung wahrgenommen hat (s. Sennett [1974]: 143 ff.).

13.

Die in diesem Buch versammelten Untersuchungen sind – sowohl inhaltlich als auch methodisch – aus vier Beobachtungsfeldern gewonnen worden: Kulturtheorie, Philosophie, Psychoanalyse und Kunst. Die Kulturtheorie hat die Begriffe des Heiligen und des Profanen bereitgestellt und die Wege gezeigt, auch unauffällige Phänomene der Alltagskultur unter diesem Blickwinkel zu betrachten. Die Philosophie, namentlich die materialistische, wurde vor allem insofern relevant, als sie lehrt, wie man sich vor jenen Illusionen schützen kann, mit denen Leute um die Erfüllung ihrer elementaren Bedürfnisse gebracht werden. Die Psychoanalyse lieferte eine Theorie der verschiedenen Formen, in denen Einbildungen existieren; und als Theorie des Narzissmus machte sie die Struktur materiefeindlicher Reflexe begreifbar. Die Kunst schließlich nahm eine Doppelfunktion ein. Denn einerseits ist sie eines der letzten gesellschaftlichen Felder, in denen – im Unterschied zu den meisten Geisteswissenschaften – noch etwas wie »citoyenneté« existiert: aktuelle Probleme von gesellschaftlichem Interesse, aber auch relevante theoretische Lösungsversuche werden meist in diesem Feld zuerst wahrgenommen und diskutiert. Zahlreiche Theoretiker des 20. Jahrhunderts – wie zum Beispiel Ludwig Wittgenstein – verdanken es vor allem der Aufmerksamkeit der Kunst, dass sie keine unbekannten Größen geblieben sind. Auf der anderen Seite ist gerade die Kunst als gesellschaftssensibles Feld auch in verstärktem Maß den jeweils zeitspezifischen Illusionen und schmeichelhaften Selbsttäuschungen ausgeliefert. In ihr treten die Symptome, die die Kultur als Ganze erfassen, mit besonderer Deutlichkeit auf. Dort, wo die Symptome sich am stärksten zeigen, kann aber auch deren Behandlung am meisten lernen. Darum hat das Feld der Kunst auf zweifache Weise produktive Anstöße für diese Untersuchung geliefert – sowohl durch seine Wachheit als auch durch seine exemplarischen Betäubungen und Blendungen. In der Überzeugung, dass die dadurch in den Vordergrund gerückten Probleme für die gesamte Kulturtheorie relevant sind, wurde darum den Fragen der Kunst besondere Bedeutung beigemessen. Dies ist auch ein Ver-

such, diesem Feld, dem ich aufgrund jahrelanger Arbeit an Kunst-
universitäten für zahlreiche Anregungen und philosophische Herausforderungen verbunden bin, zumindest eine kleine Gegengabe
zu erstatten.

I.
VERNUNFT IM UMGANG
MIT FIKTIONEN

1. Gegen die Spektakel:
Vernunft und Spielverderberei

»Man denke an die Masken, die sich das Selbst in Form
von Anstandsregeln und Höflichkeitsritualen geschaffen
hat. Solche Masken haben in anonymen Konstellationen
ihre Bedeutung verloren und scheinen nur noch bei einigen Snobs in Verwendung zu sein. Aber ich frage mich, ob
uns diese Verachtung für die rituellen Masken der Geselligkeit kulturell nicht unter den Stand primitiver Jäger- und
Sammlergemeinschaften stellt.«

(Sennett [1974]: 30 f.)

1. Positive und negative Spiele

Wenn man beobachtet, wie an verschiedenen Orten in Österreich
mit dem Karneval umgegangen wird, so fällt dabei ein Unterschied
zwischen größeren und kleineren Städten auf: In größeren Städten
wie Wien benehmen sich die Leute den Karnevalsriten gegenüber
meist weitgehend abstinent. Dies wird mit einer Art von besserem
Wissen begründet: »Wir sind ja nicht blöd, dass wir uns Pappnasen
aufsetzen und uns darüber amüsieren« – so oder ähnlich lautet die
explizite oder unausgesprochene Maxime ihres Verhaltens.

In kleineren Städten wie zum Beispiel Linz hingegen kann man
oft recht aufwendige Karnevalspraktiken erleben; vielleicht nicht
die exzessiven und gewalttätigen Perchtenläufe, wie sie in manchen
Landgemeinden praktiziert werden, aber doch eine weit verbreitete
Freude an der Maskierung. Fast jedes Taxi wird dann am Faschings-
dienstag von einer Wikingerin oder einem Außerirdischen gelenkt;
und man findet nahezu kein Geschäft, in dem man nicht von einem
ungewöhnlichen Wesen aus der populären Mythologie oder aus ei-

ner Fernsehserie bedient würde: Die Kellnerin im Café erscheint als Bauchtänzerin, der Elektrofachhändler ist ein Seeräuber, und beim Fleischhauer trifft man auf einen etwas fülligeren Mister Spock. Klarerweise wissen auch die Bewohnerinnen und Bewohner der kleineren Städte, »dass das Blödsinn ist«, aber gerade aus diesem Wissen beziehen sie ihren Spaß an der blöden Sache.

Es ist also ein und dasselbe Wissen, das im einen Fall zur stolzen Abstinenz, im anderen zum lustvollen Engagement führt. Einmal bedingt das bessere Wissen die Unterlassung der Karnevalsriten, das andere Mal deren Ausübung. Die Ausübenden der Faschings-praktiken, die Bewohnerinnen und Bewohner der kleineren Städte und Landgemeinden, zeigen dabei eine bemerkenswerte und vor allem bewundernswerte Eigenschaft: Sie haben offenbar nicht die geringste Angst, für dumm gehalten zu werden. Es genügt ihnen, selbst zu wissen, dass das Blödsinn ist, und sie fürchten nicht, dass andere ihnen aufgrund ihres Engagements das Gegenteil, d.h. naive Unwissenheit in dieser Frage, unterstellen könnten.

Wenn Leute so etwas tun, dann setzen sie sich einer massiven Alterität aus: sie geben sich einer Sache hin, die ihrem Ich fremd ist und ihrem Selbstbild oft wenig schmeichelt. Sie mögen sich in ihrem Selbstbild als vernünftig, respektabel und anständig erschei-nen, doch sie spielen etwas Blödes, Verächtliches und verkleiden sich als Räuber. Dazu gehört Humor, und der Humor ist, Sigmund Freud zufolge, genau das: nämlich die Fähigkeit, das eigene Ich aus einer gewissen Distanz zu betrachten, es nicht ganz so ernst zu nehmen, wie es sich selbst gerne nimmt bzw. genommen wer-den möchte, und liebevoll ein wenig darüber zu lächeln (s. Freud [1927d]: 279 ff.).

Wenn die Leute etwas Blödes spielen, dann lassen sie sich also auf etwas Ichfremdes ein und zeigen darin Humor. Wenn sie hingegen sich weigern, etwas Blödes zu spielen, dann zeigen sie wenig Humor und lassen sich dementsprechend eben auf nichts Ichfremdes ein. Aber selbst wenn sie sich gänzlich zu spielen weigern, dann scheint es nur so, als ob sie gar nichts spielen würden. Denn auch die Spiel-verweigerer spielen etwas: sie spielen eben Vernunft, Anstand und Würde. Auch die Spielverweigerung ist ein Spiel – ein negatives

Spiel eben; genau in dem Sinn, in dem die Soziologen und Ethnologen nicht nur die sichtbaren Kulthandlungen, sondern ebenso auch die Unterlassung bestimmter Handlungen als Kulte bezeichnen und diesbezüglich von »negativen Kulten« sprechen (s. Durkheim 1994: 405 ff.). Wir könnten also verallgemeinernd sagen: Spielen heißt etwas Blödes spielen; das negative Spiel hingegen besteht darin, Vernunft zu spielen.

Nicht der Vernunft selbst (wie z. B. Adorno und Horkheimer fälschlich annahmen; s. Adorno/Horkheimer 1947), sondern dem Spielen der Vernunft wohnt darum mit Notwendigkeit ein asketisches Moment inne. Immer dann, wenn wir in erster Linie wir selbst sein möchten und bei unseren Spielen mehr Selbstachtung als Lust gewinnen wollen, dann müssen wir die Fremdheiten der dummen Spiele – und damit auch das Vergnügen daran – bleiben lassen. Das Letztere ist genau das, was in der Kunst derzeit vorwiegend gespielt wird: Wir versagen uns die verächtlichen, blöden Spiele und spielen ständig Vernunft und Würde. Das heißt, mit anderen Worten, wir ziehen unsere Eitelkeit dem Vergnügen vor; aus maßloser Sehnsucht nach Vernunft verzichten wir auf jeglichen Humor – sowie auf die Lust, die er bringen kann –, und wir beharren auf unserem kostbaren Ich gegenüber der Alterität des Spiels.

2. Huizinga: der »heilige Ernst« des Spiels

Wie kein anderer Theoretiker des Spiels vor und nach ihm hat der niederländische Kulturtheoretiker Johan Huizinga eine ganz bestimmte, für die Situation der aktuellen Kunst relevante Besonderheit des Spiels erkannt und betont. In seiner 1938 erschienenen Studie »homo ludens« (der spielende Mensch) zeigt Huizinga, dass das Spiel eine spezifische, ihm allein eigene Kraft besitzt, Menschen in Erregung zu versetzen und zu begeistern. Huizinga schreibt:

> »Nun gut, was ist nun eigentlich der Witz des Spiels? Warum kräht das Baby vor Vergnügen? Warum bringt der Wettkampf eine tausendköpfige Menge zur Raserei?« (Huizinga, 1956: 10)

Diese vom Spiel allein hervorgerufene exzessive Freude bezeichnet Huizinga auch als »heiligen Ernst« (Huizinga 1956: 25). Damit der heilige Ernst zustande kommt, ist es notwendig, zu wissen, dass es sich bei der jeweiligen Sache um ein Spiel handelt. Wenn wir es nicht wissen, oder wenn wir es kurz mal vergessen haben, dass es ein Spiel ist, dann verlassen wir den heiligen Ernst und die Sphäre exzessiver Freude und fallen zurück in den profanen Ernst und die mäßige Freude oder Gelangweiltheit, mit der wir unseren alltäglichen Geschäften nachgehen.

Damit formuliert Huizinga einen grandiosen und – wenigstens für Philosophen – äußerst paradoxen Gedanken: nur das bessere Wissen versetzt uns in den Bann des Spiels. Diejenigen, die der Faszination des Spiels verfallen, sind eben nicht die Naiven oder Dummen, die nicht zwischen Spiel und übriger Wirklichkeit unterscheiden können, sondern umgekehrt – es sind nur die Hellsichtigen, die imstande sind, zwischen diesen beiden Sphären eine Trennlinie zu ziehen.

Das bessere Wissen und das Unterscheidungsvermögen erfüllen hier also keine mäßigende oder befreiende, unabhängig machende Funktion; im Gegenteil: sie ermöglichen erst die exzessive Freude, erzeugen die Faszination des Spiels und lassen uns dadurch seinem Zauber verfallen und in die oft erstaunliche Abhängigkeit vom Spiel geraten. In solchen Fällen müssen wir das Computerspiel noch einmal spielen, obwohl es schon spät ist und wir wissen, dass wir eigentlich schlafen sollten; oder wir müssen uns plötzlich und abrupt von unseren Freunden verabschieden, um das Fußballmatch live im Fernsehen zu verfolgen.

Im Gegensatz zu einer seit der Philosophie der Aufklärung verbreiteten Meinung, wonach Wissen und intellektuelles Unterscheidungsvermögen befreiende, Unabhängigkeit verschaffende Kräfte wären, zeigt Huizinga also, dass beim Spiel genau das Umgekehrte der Fall ist. Hier ist das Wissen eine Ressource des Exzesses – der immer nur die Hellsichtigen befällt. Die Naiven – wenn es sie überhaupt gibt – wären hier zu beneiden: denn sie kennen nichts anderes als den mäßigen, profanen Ernst des wirklichen Lebens; sie kann darum nichts aus der Ruhe bringen und zum »vergnügten Krähen«

oder zur »Raserei« verleiten. Sobald wir hingegen über das nötige Unterscheidungsvermögen verfügen, verfügt das Spiel, das wir von der übrigen Wirklichkeit abgegrenzt haben, über uns. Je schärfer wir zwischen Spiel und Wirklichkeit unterscheiden, desto mehr ergreift das Spiel Besitz von uns und unterwirft uns seiner ichfremden Alterität: Wir lassen dann unsere ichkonforme, profane Wirklichkeit auf der Stelle stehen und liegen und beginnen, mit großer Feierlichkeit und heiligem Ernst der als fiktiv durchschauten Realität des Spiels Folge zu leisten.

Aufgrund dieser besonderen Wirkungsmacht des heiligen Ernstes betrachtet Huizinga das Spiel als den Ursprung jeglicher Kultur. Alle kulturellen Felder – wie Religion, Kunst, Sport, Mode etc. – sind, Huizinga zufolge, in ihrem Wesen durch die vom Spiel hervorgerufene, außer-alltägliche Feierlichkeit des heiligen Ernstes konstituiert. Wegen dieses universellen, allen Kulturformen gemeinsamen spielerischen Grundprinzips gelangt Huizinga zu der unfrommen, schonungslosen Feststellung, »dass die geweihte Stätte im Grunde ein Spielplatz ist« (Huizinga 1956: 27). Zu oft haben sich die Kulturtheoretiker, wie Huizinga kritisch anmerkt, vom Selbstverständnis dieser jeweiligen Praktiken – die sich selbst natürlich gern als etwas vom Spiel völlig Verschiedenes betrachten – täuschen lassen und es verabsäumt, zu untersuchen, inwiefern sie alle in der besonderen Stimmung des Spiels ausgeübt werden (Huizinga, ebd.).

Diese Fehleinschätzung hat sich auch nach Huizingas Kritik am Leben erhalten. So hat zum Beispiel Roger Caillois die Auffassung vertreten, dass das Spiel nicht die Grundlage der Religion darstellen könne. Das Spiel und die Religion seien nämlich, so Caillois, völlig verschiedene Realitäten, da die Religion die Menschen unterwerfe, während das Spiel ihnen Freiheit ermögliche:

»Das Heilige, dieser Quell der Allmacht, überwältigt den Gläubigen. In seiner Gegenwart fühlt er sich wehrlos; er ist ihm völlig ausgeliefert. Für das Spiel gilt das genaue Gegenteil [...] Im Spiel entfernt sich der Mensch vom Wirklichen. Er sucht eine freie Betätigung, die ihn nur insoweit in Beschlag nimmt, als er es von vornherein will. [...] Das Spiel [...] stellt eine Art Hafen dar, in dem man Herr seines Schicksals ist.« (Caillois 1988: 210)

Das schreibt der fromme Autor einfach so hin. Dabei hätte er von jedem anonymen Spieler leicht eine bessere Auskunft erhalten können – nämlich, dass man eben gerade beim Spiel oft nicht »Herr seines Schicksals« ist, sondern vielmehr regelmäßig in ungewollt hohem Maß »in Beschlag genommen« wird. Denn das Spiel übt äußerst mächtige Zwänge auf die Spieler aus. Die entsprechende Erfahrung ist in diesem Fall sehr leicht zugänglich, und die milderen Ausprägungen solchen Zwanges konnte wohl jeder, der schon einmal gespielt hat, am eigenen Leib erleben.

Eine derartige Blindheit gegen jegliche Erfahrung, wie sie bei Caillois auftritt, lässt sich nicht durch einfache Ahnungslosigkeit, Unwissenheit oder »Übersehen« erklären. Hier muss ein hartnäckiges Vorurteil, eine fixe Idee, von vorneherein dafür sorgen, dass das Sichtbare nicht bloß zufällig, sondern mit Notwendigkeit nicht gesehen wird. Das Vorurteil von Caillois – jene Gewissheit, die er nicht in Frage zu stellen bereit ist – besteht in der Annahme, dass Menschen nur dann in den Bann einer Sache geraten können, wenn sie dieser Sache eine hohe Bedeutung beimessen – eine höhere als ihrem profanen Leben. Das Spiel siedelt Caillois diesbezüglich unterhalb des profanen Lebens an; die Religion hingegen darüber (s. Caillois 1988: 210). Nur die Religion, in der manche Menschen meinen, es mit höheren Mächten zu tun zu haben, kann deshalb nach seiner Auffassung eine solche Gewalt über die Menschen ausüben; das Spiel hingegen bleibe stets als »vom Menschen erfunden« durchschaubar (ebd.) und darum machtlos.

Was gegen diese Position von Caillois eingewandt werden muss, ist nicht allein die naheliegende Bemerkung, dass auch die Religion für viele Menschen durchaus als »von Menschen erfunden« durchschaubar ist. Entscheidender ist vielmehr die von Huizinga gewonnene Einsicht, dass auch das, was die Menschen durchschauen und was sie selbst deshalb gern als unbedeutend einstufen, Macht über sie gewinnen kann. Gerade das ist beim Spiel der Fall. So schreibt Huizinga:

»Das Spiel [...] fesselt. Es bannt, das heißt, es bezaubert.« (Huizinga 1956: 18)

Vom Spiel geht also ein Zwang aus, gerade weil es durchschaut und als unbedeutend eingestuft wird (ähnlich wie jene Süchte und Suchtmittel, von denen die Süchtigen gern sagen, sie hätten sie »im Griff«); und in diesem Zwang besteht jenes »bezaubernde« Moment, wodurch das Spiel sich als etwas erweist, das mit dem Heiligen in der Kultur zu tun hat. Ein Heiliges freilich, das auf den ersten Blick wenig Ähnlichkeit mit dem aufweist, was die uns vertrauten, etablierten Religionen dafür ausgeben: der Zauber des Spiels scheint außer dem Bann, in den er die Menschen zu ziehen vermag, und den dadurch ermöglichten intensiven, »fesselnden« Leidenschaften kaum etwas mit dem Heiligen der Religionen gemein zu haben.

Denn in den übrigen Hinsichten scheint das Spiel – und das war es, was Caillois solche Schwierigkeiten bereitete – ja von einigen der Religion entgegengesetzten Merkmalen geprägt zu sein. Während die Leute der Religion (mitunter sogar der der anderen) meistens Respekt entgegenbringen, tun sie das beim Spiel keineswegs. Wer zum Beispiel behauptet, die Arbeit niederlegen zu müssen, um bestimmten religiösen Pflichten nachzugehen, wird dafür wenn nicht Verständnis, so doch meist eine gewisse vorsichtige Toleranz ernten; wer hingegen dasselbe wegen eines Spiels behauptet, wird schnell als verrückt betrachtet werden (und doch kommt es in bestimmten Ländern z.B. bei entscheidenden Skirennen zu geradezu epidemischen, kaum zu verhindernden Arbeitsniederlegungen).

Diese verbreitete Geringschätzung des Spiels hängt allerdings mit dessen eigenen Bedingungen zusammen – insbesondere mit dem von Huizinga hervorgehobenen Moment des Wissens: Denn zu wissen, dass etwas ein Spiel ist, bedeutet eben auch, zu wissen, dass es »nur« ein Spiel bzw. dass es ein »blödes« Spiel ist. Das Wissen, das für den spezifischen Affekt des Spiels so notwendig ist, ist somit keineswegs nur ein kognitives Element. Vielmehr ist es auch selbst ein Affekt: das Wissen ist Verachtung. Gerade diese Verachtung macht das Spiel zu einer zweischneidigen Sache. Sie lädt das Spiel mit Ambivalenz auf – und die Ambivalenz ist, was die Organisation der Affekte betrifft, die Bedingung für den Zwang (s. Freud [1912–13]: 321). Wenn Caillois dem Spiel keine zwingende Macht zutraut, dann reproduziert er somit auf theoretischer Ebene genau jene Verachtung, die dem Spiel eigen ist und die gerade dessen rätselhafte, zwingende Faszination ermöglicht.

Nicht nur hochgeachtete Motive wie Ideale und Pflichten können also das Verhalten von Menschen bestimmen; auch niedriggeachtete Motive wie »dumme« Spiele sind dazu imstande – möglicherweise sogar in weitaus wirksamerer Weise: Denn während die Leute ihre Ideale oft hochhalten, um ihnen dann eben doch nicht zu folgen, müssen sie z.B. ihrer gering geschätzten Spielsucht fast immer nachgeben.

Auch von wenig geachteten Motiven können Menschen sehr wirksam gesteuert werden – in diesem Punkt gibt die Erfahrung Huizinga recht. Die von Huizinga gezogene Schlussfolgerung, dass jegliche Kultur ihre verhaltenssteuernde Macht ursprünglich vom heiligen Ernst des Spiels erhalten hat, erscheint vor diesem Hintergrund sehr überlegenswert. Die Religionen scheinen in ihrer totemistischen Frühgeschichte spielerisch begonnen und auf diese Weise zunächst den umfassenden Zwang des Spiels auf die Menschen ausgeübt zu haben; erst später hätten sie dann ihre Macht gleichsam »rationalisiert« und – wenigstens in bestimmten, prominenten Fällen – durch neu hinzuerfundene Motive wie Gebote oder göttliche Autoritäten nachträgliche (und irrige) Erklärungen ihrer Wirkungsmacht gefunden. Dies würde der Bemerkung Freuds entsprechen, wonach Religionen ihre Praktiken und deren tatsächliche Beweggründe meist durch »vorgeschobene Motive« verdunkeln (s. Freud [1907b]: 18).

Im heiligen Ernst des Spiels hat Huizinga somit ein Heiliges entdeckt, das älter ist als jenes der uns vertrauten Religionen. Es ist ein Heiliges, das durch Abgrenzung zweier Sphären – der Spielsphäre und der Sphäre profaner Wirklichkeit – erzeugt wird. Darin deckt sich Huizingas Befund genau mit jenem des Soziologen Emile Durkheim, der 1912 nachgewiesen hat, dass das grundlegende Merkmal von Religion keineswegs im Glauben an Götter oder in der Annahme irgendwelcher Mysterien besteht, sondern vielmehr in der Grenzziehung zwischen dem Heiligen und dem Profanen (s. Durkheim, 1994: 61 ff.).

Indem Huizinga das zwanghafte Moment des heiligen Ernstes

und dessen Abhängigkeit vom besseren Wissen (beziehungsweise der Verachtung) erkannt hat, ist er auf die Ambivalenz des heiligen Ernstes gestoßen. Das Heilige des heiligen Ernstes ist, da es verachtet wird, meist ein »schmutziges« Heiliges – es erscheint gemäß dieser Ambivalenz oft als »unrein« bzw. »dreckig« (s. dazu Freud [1912–13]: 311; vgl. Marinelli [Hg.] 2000). Dieses Heilige steht darum den Praktiken der Magie, die zugleich gering geachtet wie gefürchtet werden, näher als den Praktiken der Religion. (Schließlich ist es ja auch in erster Linie die Magie, der man nachsagt, dass sie »bezaubert« – so, wie Huizinga dies vom Spiel festgestellt hat.)

Denn im Gegensatz zur gänzlich ambivalenten Magie weisen Religionen meist gewisse Elemente auf, die unambivalent erscheinen und darum weitgehend vorbehaltlose Achtung und Anerkennung genießen: einen »lieben Gott« zum Beispiel, oder fraglos anerkannte Ideale wie die Nächstenliebe. Entscheidend ist hier übrigens nicht, ob diese Elemente tatsächlich unambivalent sind (denn das sind sie – wie jegliche Liebe – keineswegs); für das Verhältnis der religiösen Subjekte zu diesen Elementen kommt es nur darauf an, dass diese sie dafür halten. Dadurch werden diese Elemente ichkonform und erfüllen die Bedingung, die erforderlich ist, um für die Idealbildung geeignet zu sein.

Allerdings kommt keine Religion ohne ambivalente, d. h. magische und abergläubische Elemente aus. Daraus ergibt sich, wie Sigmund Freud bemerkt hat, eine bestimmte, eigenartige Dynamik in der Geschichte der Religionen: die Religionen wenden sich oft mit großem Eifer gegen einen Teil ihrer eigenen Riten und Mythen; sie wollen ihre magischen Anteile offenbar nicht wahrhaben – und auch nicht haben; und sie versuchen dann im Zug von »Reformschüben«, diese »schmutzigen« Elemente abzuschütteln (s. dazu Freud [1907b]: 20; vgl. Humphrey/Laidlaw 1994: 1).

Diese zwiespältige Haltung der Religionen gegenüber ihren magischen Anteilen kann auch im profanen Umgang mit dem Spiel beobachtet werden. Weil der heilige Ernst des Spiels immer einen Beitrag von Spiel-Verachtung und Selbstverachtung der Spieler beinhaltet, werden auch Gesellschafts- und andere Spiele, wie Huizinga bemerkt, gern mit einem Geheimnis umgeben und mitunter nur von Eingeweihten praktiziert. Und selbst wenn das Geheimnis ein offenes Geheimnis der ganzen Gesellschaft ist, behandeln die Einzelpersonen es oft mit Vorsicht. Nicht allen Leuten ist es zum Beispiel angenehm, beim Ausüben von Morgensport gesehen zu werden. Die dem heiligen Ernst innewohnende Verachtung macht die Spiele ambivalent, zwingend und diskretionsbedürftig.

3. Tertullian: Gegen die Spektakel. Für ein purifiziertes Christentum.

Es gibt einen großartigen, verräterischen Text, der diesen Hintergrund eines dem Spiel innewohnenden »schmutzigen Heiligen« aus der Perspektive der Religion rigoros offenlegt: die von dem christlichen Kirchenvater Tertullian rund 200 nach Christus verfasste Kampfschrift »De spectaculis« (Über die Schauspiele – in der Folge zitiert als DS). Tertullian zieht darin eine radikale Trennungslinie. Er untersagt den Christen jegliches »Spektakel«: Das bedeutet, sie dürfen weder Theater- noch Musikdarbietungen besuchen und sich auch nicht an sportlichen Faust- und Ringkämpfen, Tierhetzen oder Wagenrennen erfreuen (DS § 3). Denn, wie Tertullian unmissverständlich festhält: sämtliche Spiele sind heidnische Kulte. Darin wird heidnischen Gottheiten gehuldigt, und die ekstatische Begeisterung, in die die Zuschauer bei solchen Belustigungen oft verfallen, ist für die heidnische Religion typisch (DS § 16). Genau das, was Huzinga als heiligen Ernst bezeichnet hatte, bestimmt Tertullian somit als das Charakteristikum einer bestimmten, jedenfalls von der christlichen markant unterschiedenen Religion – eben des Heidentums. Heidnisch ist für ihn alles, was mit dem schmutzigen, ambivalenten Heiligen zu tun hat.

Der erste theoretisch auffällige Punkt an dieser christlichen »Demarkationslinie« besteht darin, dass Tertullian ausdrücklich bemerkt, der heidnische Charakter der Spiele sei auch dann gegeben, wenn die Ausübenden und die Zuschauer dies gar nicht wüssten oder beabsichtigten (DS § 1; § 6). Um einen heidnischen Kult zu betreiben, braucht man also nur zu spielen bzw. zuzusehen; man braucht dabei keineswegs an heidnische Gottheiten, Mysterien oder etwas Ähnliches zu denken. Genau wie Durkheim hält auch Tertullian die Grenzziehung des Spiels für ausreichend, um das Spektakel zu einem (heidnisch-)religiösen Kult werden zu lassen. Man kann somit Heide oder Heidin sein, ohne es zu wissen. Tertullian vollzieht hier eine beachtliche wissenschaftstheoretische Operation: er fordert, dass die religionswissenschaftliche Theorie ihren Gegenstand (in diesem Fall: die Liebhaber der Spektakel) nicht nur dann für religiös halten darf, wenn dieser Gegenstand es selbst tut. Dies entspricht dem grundlegenden »epistemologischen Einschnitt«, den jede Kultur- und Gesellschaftswissenschaft zu vollziehen hat: Die Theorie muss etwas anderes leisten, als bloß der Selbsteinschätzung ihres Gegenstandes zu folgen (s. dazu Althusser 1993: 234).

Dieser These entspricht, als zweite theoretische Auffälligkeit dieses Textes, die Methode, die Tertullian praktiziert: es ist die Methode der Buchstäblichkeit.[1] Um zu einer profunderen Einschätzung der Spektakel zu kommen als deren Ausübende und Zuschauer und um nicht die möglichen Illusionen der Letzteren über das, was sie da tun, zu teilen, prüft Tertullian, geradezu wie ein Psychoanalytiker, die Wörter und Zeichen, die dabei gebraucht werden. Welche Wörter und Zeichen gibt es also im Umfeld der Spektakel? – Tertullian notiert: man spricht von Schauspielern ähnlich wie von Göttern; manchen Gladiatoren sagt man »unsterblichen Ruhm« nach (DS § 25). Die Schlussfolgerung liegt für Tertullian auf der Hand: bei Sport, Theater, Dichtkunst, Musik etc. handelt es sich um Götzenkulte (DS § 10). Das kann man, wie Tertullian bemerkt, auch erkennen, wenn man sich bloß die entsprechenden Gebäude von außen ansieht (DS § 8): Wessen Abbilder sind denn dort meist als Ornamente an den Fassaden angebracht? Findet man dort nicht z. B. Darstellungen von Apollon und den Musen? – Na also! Und nennt man die Wettkämpfe nicht »olympisch«? Na und wer sitzt auf dem Olymp? – Die Göttinnen und Götter der Heiden! (DS § 11) Was passiert mit den Wagenlenkern, die im Wettrennen gesiegt haben? Werden sie nicht mit Zweigen bekränzt? Und ist nicht genau dieses Bekränzen ein heidnischer Kult der Götzenverehrung? (DS § 23)

Es mag erstaunlich anmuten, dass alle diese auf der Ebene der

Buchstäblichkeit angesiedelten heidnischen Kult-Elemente des Spiels auch für Tertullian, der sich einer blühenden heidnischen Hochkultur gegenübersah, weitgehend versteckte, an der Oberfläche der Redeweisen verborgene Elemente darstellen. Es bedarf also theoretischer Analyse, um dieses Heidnische sichtbar zu machen; man muss davon ausgehen, dass es in der Regel weder den Heiden noch den Christen bewusst ist. Schon zu Tertullians Zeit hatten diese Elemente also den Status dessen, was in der Kulturwissenschaft mit einem Terminus von Edward Burnett Tylor als »survival« (»Überlebsel«) bezeichnet wird:[2] kultische und rituelle Elemente tradieren sich über lange Zeit in der Form des Spiels, in der sie nicht mehr als solche wahrgenommen werden; sie bleiben in dieser Form oft über viele Jahrhunderte bis in die Details »originalgetreu« erhalten. Selbst in der heutigen Kultur ist manches davon ganz ähnlich, wie Tertullian es in der seinen analysiert: Schauspielerinnen werden als »Diven« gefeiert oder, wie die Garbo, für »göttlich« erklärt; man spricht davon, dass Künstler »Inspirationen« hätten etc. oder behandelt bestimmte Fernsehsendungen als »Kultserien«. Und diese an die heidnische Kultur anspielenden Sprechweisen und Ritualformen tauchen selbst dort auf, wo ein Zusammenhang mit den in der bürgerlichen Kultur beliebten Anspielungen auf die Antike nicht unmittelbar ersichtlich ist: das Bekränzen der »Wagenlenker« hat sich in manchen Motorsportarten bis heute erhalten (z. B. im Speedway); auch in der Formel 1 war es bis in die 70er-Jahre noch üblich.

Aus dieser am Paradigma der Buchstäblichkeit orientierten Methode gewinnt Tertullian, als drittes auffälliges Merkmal dieses Textes, seine radikale politische Strategie. Sie besteht darin, den Christen sowohl die aktive Teilnahme als auch das Zusehen bei einem der Spektakel zu untersagen. Was ihnen dabei an Vergnügungen verloren geht, kompensiert Tertullian allein durch die Aussicht auf den jüngsten Tag. In einer grandiosen Rachephantasie, die der Aufmerksamkeit Nietzsches nicht entgangen ist (s. Nietzsche [1887]: 239), freut sich der christliche Autor schon auf das gewaltige Schauspiel, bei dem, wie er meint, die heidnischen Könige und epikureischen Philosophen sowie die Schauspieler, Wagenlenker und Ringkämpfer in schrecklichen Flammen brennen werden (DS § 30).

Um das Christentum vor dem unbeabsichtigten Praktizieren heidnischer Kulte zu bewahren, schreibt Tertullian somit den Christen einen einzigen, umfassenden negativen Kult vor – die Abstinenz von jeglichem Spektakel. Damit setzt er auf strategischer Ebene genau das um, was Louis Althusser als das Grundprinzip eines materialistischen Umgangs mit Ideologie erkannt hat: eine Ideologie besteht nicht aus Ideen, sondern aus Praktiken und Institutionen (Apparaten); um sie zu bekämpfen, muss man darum nicht nur ihre Ideen, sondern vor allem ihre scheinbar »harmlosen«, neutralen Praktiken und Apparate bekämpfen (s. dazu (Althusser [1969]: 137).

Wenn man diese strategische Position Tertullians mit seiner These zusammendenkt, dass man Heide sein kann, ohne es zu wissen, so ergibt sich ein wichtiger Umkehrschluss: Man kann auch Christ sein, ohne es zu wissen. Ob man Christ ist oder nicht, entscheidet sich nicht auf der Ebene theologischer Überzeugung, sondern im praktischen Verhalten – zum Beispiel gegenüber den Spektakeln (vgl. DS § 24). Christen werden demnach immer genau diejenigen sein, die die Spektakel meiden, bekämpfen oder eine grundsätzliche Abneigung gegen sie hegen – auch wenn sie vielleicht gar nicht genau wissen, warum.

4. Besitzen und besessen werden. Kreativität und Genie. Die politischen Positionen zum Obsessiven.

Eine solche Abneigung und ein solcher Kampf gegen die Spektakel kennzeichnet auch die aktuelle Kunst und Kultur. Aus der Perspektive Tertullians könnte man darum sagen, dass in diesen Feldern derzeit viele Christen aktiv sind, auch wenn sie es vielleicht gar nicht wissen. Dies betrifft nicht allein die grundsätzliche, von Guy Debord in den 60er-Jahren programmatisch vorgetragene, von Laura Mulvey feministisch gewendete und von Catherine David anlässlich der documenta 10 wieder aufgenommene Abneigung gegen das Spektakel und das Spektakuläre (s. Debord 1996; Mulvey 1980; David 1997: 10). Es zeigt sich auch an Details: so zum Beispiel, wenn manche Kuratorinnen und Kuratoren von Kunstinstitutionen erklären, sie würden in ihren Häusern keine Einzelausstellungen zeigen, denn sie wollten keinesfalls zur Bildung von »Heldenmythen« beitragen. Für solche Positionen gibt es klarerweise immer eine Menge guter Gründe. Zu bezweifeln ist allerdings, ob diese Gründe immer die ausschlaggebenden sind – oder ob sie nicht im Nachhinein gewonnene Rationalisierungen einer bereits von vorneherein, aus anderen Gründen spontan und unreflektiert eingenommenen Position darstellen.

Natürlich erscheint es zunächst als ein Stück Aufklärung und als Erkenntnisfortschritt, wenn man zum Beispiel Maßnahmen trifft, um Mythenbildung zu vermeiden. Allerdings könnte man sich die Frage stellen, ob es überhaupt jemals jemanden (bzw. eine relevant große Gruppe von Leuten) gegeben hat, der an diese Mythen geglaubt hat. Wahrscheinlich zeichnet es Mythen aus, dass man eben nicht an sie glaubt, sondern sie, mit etwas Verachtung, als »dumme, aber schöne oder lustige Geschichten« behandelt. Möglicherweise hat also gerade in der Phase der Hochblüte solcher Mythen niemand daran geglaubt (und auch niemand anderen Leuten solchen Glauben unterstellt); und vielleicht war das gerade die Bedingung dafür, dass alle Beteiligten, ohne einander für dumm zu halten, eine Menge Vergnügen aus dem Umgang mit einem solchen Mythos beziehen konnten. Was sich demgegenüber als Erkenntnisfortschritt ausgibt, ist somit gar keiner; es ist nur ein asketischer Rückbau einer kulturellen Lustquelle. Anstatt an Hellsichtigkeit dazugewonnen zu haben, hat man nur eine Möglichkeit des Lustgewinns abgegeben.

Auch indem man die Figur des Helden unterdrückt, versucht man etwas Ambivalentes zu meiden. Denn die Helden, wie zum Beispiel Herakles, Ajax oder auch Sokrates, sind oft nicht ganz bei sich; mitunter scheint ein Gott sie zu verwirren, oder sie müssen, wie sie sagen, einem »Dämon« folgen. Dieses ambivalente, immer etwas anstößige, schmutzige, nicht ichkonforme, dämonische Moment erfüllt die zeitgenössische Kultur, mehr als andere, mit starkem Unbehagen. Darum versucht man zum Beispiel den Begriff des »Genies« durch den – übrigens nicht weniger mythologischen bzw. theologischen – Begriff der »Kreativität« zu ersetzen. Anstatt

Werke zu präsentieren, in denen (wie man fürchtet) allein das Genie ihrer Hersteller glänzen würde, fördert man lieber kollektiv angefertigte interaktive Installationen oder Spiele und soziale Vorgänge, bei denen auch die Betrachter mitmachen und ihre eigene Kreativität einbringen können. Das erscheint viel demokratischer, aufgeklärter und friedlicher.

Was die Kreativität aller gegenüber dem Genie einzelner so attraktiv erscheinen lässt, ist – neben der gleichmäßigeren sozialen Verteilung – vor allem der Umstand, dass man seine Kreativität besitzt, gleichsam als menschliche Grundausstattung, während man vom Genie nur fallweise erfasst und dann besessen wird. Das macht die Kreativität so freundlich und sozialverträglich. Das Genie hingegen erfreut eher die Ewigkeit als die jeweils aktuelle menschliche Umgebung, in der es meist durch seine dunklen Seiten wie Unverlässlichkeit, plötzlichen Starrsinn, Ignoranz und Wahn aneckt. So erscheint Kreativität, im Gegensatz zum Genie, als etwas Unambivalentes, ja Gutes. Dementsprechend werden zum Beispiel Michael Hardt und Antonio Negri in ihrem beliebten Buch »Empire« nicht müde zu betonen, wie »kreativ« die Gegner der Globalisierung seien (s. Hardt/Negri 2002: 13, 74, 79). – Das ist allerdings zugleich ein symptomatisches Eingeständnis dessen, dass es den »multitudes« noch nicht gelungen ist, die Interessen des transnationalen Kapitals wirksam zu durchkreuzen. Da wäre im Zweifelsfall wohl selbst eine vollkommen unkreative, aber dafür politisch effiziente Gegenbewegung noch wünschenswerter. Und es darf nicht vergessen werden, dass Kreativität keineswegs nur diejenigen kennzeichnet, die der Macht fernstehen. Wie Stephen Greenblatt in seinem brillanten Essay »schmutzige Riten« gezeigt hat, können auch die Mächtigen bei der Erfindung von Unterdrückungsmechanismen eine erstaunliche Menge infamer Phantasie entwickeln: so wurde im England des 17. Jahrhunderts die Kommune der »Diggers« niedergeschlagen, indem bewaffnete Gutsherren und ihre Schergen in Frauenkleidern auf die Landarbeiter losgingen, um den Opfern nicht nur ihr Land, sondern durch die Verhöhnung auch noch ihre Würde zu nehmen und den Eindruck der gewaltsamen Repressalie zu vermeiden (s. Greenblatt 1995: 50). Eine ganze Kulturgeschichte »erzwungener Spiele«

bezeugt die Verbreitung dieser despotischen Variante der Kreativität (s. dazu Pfaller 2002: 269–279).

Auch die Außerkraftsetzung gesellschaftlicher Ordnungen im volkstümlichen Karnevalesken bildet nicht, wie Bachtin meinte, Ansätze zu einer egalitären Gegen-Ordnung, sondern vielmehr, wie Greenblatt zeigt, Momente, in denen Unterdrückte ihre eigene Niederlage ebenso sehr anerkennen, wie sie sich über ihre Unterdrücker lustig machen (s. Greenblatt 1995: 36). Wie Slavoj Žižek am Beispiel der Meuterei auf der »Bounty« gezeigt hat, sind karnevaleske Exzesse keineswegs das ganz Andere einer hierarchischen Ordnung, sondern sie bilden vielmehr jene obszöne Kehrseite, die zur Aufrechterhaltung ebendieser Ordnung notwendig ist – auch wenn die Vertreter dieser Ordnung oft nichts von ihr wissen wollen. Wenn Kapitän Bligh darum, streng legalistisch und human, die brutalen karnevalesken Riten unter den Seeleuten abschafft, dann untergräbt er, so Žižek, die illegalen Fundamente seiner eigenen legalen Autorität (s. Žižek 1995: 134).

Die Kreativität wird heute dem Genie deshalb vorgezogen, weil sie als etwas dem Ich Eigenes, Ichkonformes erscheint, während das Genie grundsätzlich ichfremd und nicht aneigenbar ist. Diese Präferenz für das Eigene und Aneigenbare verweist auf eine grundsätzliche, stillschweigende philosophische Vorentscheidung. Jegliche Befreiung ist, dieser philosophischen Auffassung zufolge, in einer Bewegung der Aneignung bzw. Wiederaneignung des Fremden bzw. Entfremdeten zu suchen. Diese Auffassung bildet das Zentralmotiv des Hegelianismus, sie findet sich bei Hegel, Feuerbach sowie beim jungen Marx. Sie ist aber bereits auch in Immanuel Kants Text »Was ist Aufklärung?« von 1784 formuliert – und zwar nicht allein in der von Kant als Maxime der Aufklärung ausgegebenen Parole »Habe Mut, dich deines eigenen Verstandes, ohne Leitung eines anderen zu bedienen!« (s. Kant [1784]: 53). Auch die gesamte theoretische Operation dieses Textes besteht in einer Bewegung der Aneignung: denn die Unfreiheit der Menschen soll als etwas nur scheinbar von außen Bedingtes erwiesen werden. In Wahrheit, so versucht Kant (wie vor ihm Etienne de LaBoetie) zu zeigen, sind die Menschen nur deshalb unfrei, weil sie es »aus Faulheit und Feigheit« verabsäumt haben, sich ihre Freiheit zu nehmen. In einer gewaltigen Umdeutung verwandelt Kant die gesamte politische Heteronomie in »selbstverschuldete Unmündigkeit«.

Wie Gianni Vattimo festgestellt hat, beherrscht dieses Paradigma der »Wiederaneignung« – der Aufhebung einer zum bloßen Schein erklärten Fremdheit in die »Wahrheit« des Eigenen – in einer langen, nur von wenigen Ausnahmen durchbrochenen Tradition die gesamte philosophische Moderne (s. Vattimo 1990: 6, 28, 31). In einer eigentümlichen, kaum jemals ausdrücklich in Frage gestellten Überdeterminierung prägt dieses Paradigma auch sämtliche emanzipatorische Bewegungen in der Politik der letzten 40 Jahre. Es zeigt sich im studentischen Neo-Marxismus nach 1968 in der Kritik der »Entfremdung«; in der Alternativbewegung im Bestreben nach »Selbstverwirklichung«; im Feminismus im Kampf gegen die »Fetischisierung« des weiblichen Körpers; und auch noch die single-issue-politics der letzten Jahre bekämpfen eine Fremdheit, die bezeichnend oft mit dem Spiel, dem Vergnügen oder dem Glamour einer Alltagsmagie zu tun hat: die Ökologiebewegung, wenn sie, ganz wie Tertullian, gegen Autorennen und Stierkämpfe antritt, und die aktuelle Gesundheitspolitik, wenn sie in beispielloser Repression ganzen Bevölkerungen das Rauchen verbietet.

Dabei ist oft recht leicht und deutlich zu erkennen, dass Befreiung und Wiederaneignung nicht dasselbe sind. So sind heute zum Beispiel viele Leute im Kreativbereich bereit, für sehr wenig Geld zu arbeiten, wenn sie sich nur mit ihrer Arbeit in hohem Maß identifizieren können. Der Kampf gegen die Entfremdung steigert also die Bereitschaft zur Selbstausbeutung; er ist der Lohndrücker par excellence. Analog dazu ist fraglich, ob der Kampf gegen die Fetischisierung des weiblichen Körpers tatsächlich zur Gleichberechtigung der Frauen geführt hat – oder nicht vielmehr nur dazu, den Frauen viele Dinge zu vermiesen, die ihnen bisher Freude gemacht hatten; wenn nicht, schlimmer noch, sie bestimmter verbliebener matriarchal-magischer Machtmittel zu berauben. (Übrigens gibt es auch zu dieser Frage einen bezeichnenden Text von Tertullian, mit dem Titel »De cultu feminarum«.) Mit dem Rauchen schließlich werden Leute weniger eines Suchtgiftes als vielmehr eines Illusionsmittels beraubt, das ihnen immerhin ermöglicht, für kurze Momente in kultischen Kontakt mit ihren Idolen aus der Filmgeschichte zu treten und sich, vor allem in Situationen drohender Verlegenheit, ein wenig Eleganz, Würde und Selbstsicherheit zu verschaffen. Durch das Verbot können Regierungen die begründeten Ängste und Empörungen der Bevölkerungen auf einen Nebenschauplatz umlenken, von ihrer eigenen zunehmenden Ohnmacht, Willfährigkeit und Passivität gegenüber dem transnationalen Kapital ablenken – und nicht zuletzt auch testen, wie viel die Leute sich eigentlich, ohne aufzumucken, gefallen lassen: ein kleiner, unscheinbarer Vorbote des bevorstehenden Übergangs zu postdemokratischen Verbotsgesellschaften, wie ihn Peter Sloterdijk vor kurzem hellsichtig angekündigt hat.

Gemäß einer seltsamen »List der Unvernunft« scheinen emanzipatorische Bewegungen (und solche, die sich dafür ausgeben) also regelmäßig dazu zu tendieren, sich in den Dienst von Wiederaneignungs-Unternehmen zu stellen. Sie erzeugen eine starke Sehnsucht nach dem eigenen Ich und beginnen, alles Ichfremde zu bekämpfen – auch wenn in diesem Fremden gerade die Glücks- und Freiheitsmöglichkeiten eben dieses Ich liegen.

Ein solches Bestreben zur Vertilgung alles dessen, was dem Ich fremd ist, hat aus psychoanalytischer Sicht einen Namen: es ist narzisstisch. Richard Sennett hat diese narzisstische Tendenz in der westlichen Kultur nach 1968 in seinem Buch über die »Tyrannei der Intimität« präzise diagnostiziert und benannt (s. Sennett [1974]). Und Tertullian hat recht, wenn er den Kampf gegen das ichfremde, schmutzige Heilige der Spektakel zum zentralen Motiv des Christentums erklärt. Zu demselben Ergebnis gelangen auch die Psychoanalytiker Grunberger und Dessuant in ihrer grundlegenden Analyse der narzisstischen Natur des Christentums: die im Christentum entwickelte Ablehnung alles Weltlichen und aller Materialität – sei es von begehrenden Körpern oder auch von Geld und Gesetz, von jeglichen funktionierenden Institutionen und realitätsmächtigen politischen Apparaten – charakterisiert eine in ihren Grundsätzen narzisstisch strukturierte Religion. Diese proklamiert sich dementsprechend präödipal als »Religion der Liebe«; sie will sich damit über die ödipal triangulierte jüdische »Religion des Gesetzes« hinwegsetzen und kann darum nicht anders, als regelmäßig zum Antisemitismus – und, wie man hinzufügen müsste: zur Feindseligkeit gegen die heidnischen Spiele und Rituale – zu tendieren (s. Grunberger/Dessuant: 2000). Da man, Tertullian zufolge, auch Christ sein kann, ohne es zu wissen, schleicht sich diese christlich-narzisstische Tendenz auch oft in viele scheinbar religionsferne politische Projekte ein. Sie bildet – um ein Wort Lenins in Erinnerung zu rufen – geradezu die »Kinderkrankheit« emanzipatorischer Bewegungen; und was ist eine Kinderkrankheit, wenn nicht der Narzissmus. Dieser Narzissmus ist es, der die Angehörigen von Befreiungsbewegungen und ganze empörte Bevölkerungen, wie Spinoza feststellte, regelmäßig dazu bringt, ihre eigene Unterdrückung nicht nur hinzunehmen, sondern sogar noch selbst aktiv »für ihre Knechtschaft zu kämpfen, als wäre sie ein Glück« (s. Spinoza 1967: 10). Wenn es einer Kultur gelingt, die Hauptsorge der Leute auf ihr imaginäres Ich zu richten, dann lassen diese Leute ihrem wirklichen Ich eine ganze Menge gefallen; ja, sie fordern solche Zumutungen (wie Verbote, Zensur, Überwachung etc.) oft sogar selbst noch ein oder betreiben selbst aktiv ihren »Spektakel«-, »Mythen«- und Lustverzicht.

5. Spielfreundliche und spielfeindliche Spiele in der Kunst

Wenn es richtig ist, dass die in der aktuellen Kunst verbreitete Feindseligkeit gegen das Spiel einem unreflektierten, grundsätzlichen christlich-narzisstischen Impuls zur Bekämpfung des schmutzigen Heiligen entspricht; wenn also gerade die bescheidenen »kreativen« Mitmachspiele aktueller Installationen nur die Funktion haben, das viel anstößigere Spiel von Genie, Glamour, heroischer Größe und Obsession zu vermeiden; und wenn es weiter richtig ist, dass auch die Vermeidung von Spielen selbst immer ein Spiel – eben ein negatives – ist (genauso, wie die Unterlassung der unbemerkt heidnischen Riten und Kulte eben auch einen unbemerkt christlichen, negativen Ritus bildet) –, dann müssen zwei Arten von Spielen unterschieden werden: positive und negative, das heißt: spielfreundliche und spielfeindliche.

Um zu erkennen, auf welche Seite ein Spiel gehört, kann man ein einfaches Kriterium anwenden – nämlich: welcher Natur das Gespielte ist; ob etwas Gutes oder aber etwas Böses gespielt wird. In den bescheidenen Spielen der aktuellen Kunst wird immer etwas Gutes, Wünschenswertes gespielt – zum Beispiel: »Wir sind alle kreativ, hier kann jede und jeder mitmachen.« Auch wenn die künstlerische Arbeit keine Möglichkeit spielerischer Beteiligung vorsieht, appelliert sie oft in diesem wohlwollenden, benignen Sinn an ihr Publikum. Wenn zum Beispiel ein künstlerisches Video die harten Lebensbedingungen einer weit entfernt lebenden Gruppe (etwa: Näherinnen in Pakistan) vor Augen führt, dann schließt es sein Publikum samt Künstler oder Künstlerin in einer imaginären wohlgesinnten Gemeinschaft zusammen. Es homogenisiert sie im Guten, in der impliziten Frage: »Wer wird hier so niederträchtig sein, sich nicht auch über die gezeigten Verhältnisse zu entsetzen?«

Ein ganz anderer Typ von Spiel hingegen kennzeichnet die künstlerischen oder philosophischen Interventionen früherer Epochen. Als Beispiel dafür kann ein klassischer, frühbürgerlicher, böser Text dienen, den Karl Marx geschätzt hat und der wohl heute noch durch seine Kaltschnäuzigkeit erstaunen und erschrecken mag: Bernard de Mandevilles 1705 erstmals veröffentlichte Schrift »The Fable of the Bees, or Private Vices, Publick Benefits«. Mandeville zeigt darin, dass die Angehörigen einer großen Gesellschaft ihre individuellen Laster zu Unrecht für schädlich halten; diese sind vielmehr genau das, was dem Wohlstand aller am meisten nützt. Würde hingegen plötzlich allgemeine Tugendhaftigkeit ausbrechen, dann wäre die Gesellschaft ruiniert und müsste zu einer ärmlichen kleinen Primitivgemeinschaft regredieren.

So mag es, schreibt Mandeville, als ungerecht gelten, wenn die Justiz immer die kleinen Schurken hängt, während sie die großen laufen lässt; aber genau das ist es, was am meisten im Interesse aller liegt. Denn die großen Schurken beleben das Geschäft, sie beschäftigen viele Winkeladvokaten, bestechliche Richter und so weiter. Dadurch gibt es Wirtschaftswachstum. Ohne Schurken hingegen gäbe es nicht einmal Prozesse, der ganze Justizapparat hätte keine Existenzgrundlage mehr.

Klarerweise hat Mandeville mit diesem Vorstoß so gut wie alle der von ihm beschriebenen Teile der Gesellschaft gegen sich aufgebracht; sowohl die kleinen Schurken, die unter den Verhältnissen leiden, als auch die großen, die davon profitieren, und schließlich auch die Narren, die sich selbst für anständig halten und dies als Ziel der Gesellschaft ausgeben. Mit seinem Sarkasmus – indem er also die »unmögliche« Position einer ausdrücklichen Bejahung und theoretischen Befürwortung von stillschweigend gebilligten Verhältnissen übernahm, die niemand bejahen konnte – hat Mandeville Bewegung ins gesellschaftliche Imaginäre gebracht: anstatt imaginärer Gemeinschaft zwischen Autor und Publikum erzeugte er erbitterte Gegnerschaft; er machte die Spaltung der Gesellschaft sichtbar, anstatt ihr das benigne Gefühl imaginärer Gemeinschaft zu verschaffen; und dies paradoxerweise dadurch, dass er alle – auch die, die niemals zusammengehören wollten – in der Empörung gegen sich zusammenschloss.

Während also der Großteil der heutigen künstlerischen Produktion etwas Gutes spielt und dabei Publikum und Künstler zu einer imaginären Gemeinschaft vereint, spielte Mandeville etwas Böses, erzeugte eine Spaltung zwischen sich und dem Publikum und verstärkte dadurch die Spannungen in der Gesellschaft, indem er deren imaginäre, versöhnende Erzählungen außer Kraft setzte. Mandevilles malignes Spiel erzeugt heute noch enorme Lust; man kann nicht anders als amüsiert sein über seine kleinen bösen Versen. Und es macht sich, indem es etwas Böses spielt, als Spiel erkennbar: »Das kann er ja wohl nicht ernst meinen«, sagen noch die Wohlwollendsten seiner Leser.

Die guten Spiele der aktuellen Kunst hingegen erzeugen kaum Lust (niemand zeigt sich beim Video über die pakistanischen Näherinnen angeregt oder begeistert, das verbietet sich schon durch dessen Thema), sondern vielmehr ernste Selbstachtung – das Publikum verlässt nachdenklich gestimmt den Ausstellungsraum und ist dabei stillschweigend ein wenig stolz auf seine eigene ernste Nachdenklichkeit. Und sie machen in keiner Weise deutlich, dass auch sie Spiele sind. Es gelingt den Betrachtern eben kaum, zu Künstler oder Werk auf Distanz zu gehen und Qualität oder Wahrheitswert des Gezeigten kritisch zu beurteilen. Die Wahl eines ernsten Themas und dessen benigne, gemeinschaftsstiftende Behandlung bildet darum eine geeignete und derzeit beliebte Strategie zur Unterbindung von Kritik am Kunstwerk.

Etwas Gutes zu spielen bedeutet darum zugleich, nicht wahrhaben zu wollen, dass das Spiel ein Spiel ist (die künstlerische Arbeit will nicht kritisiert werden, und auch das Publikum möchte, dass seine Gefühle echte Mitgefühle und nicht bloß ästhetische Wirkungen sind). Dies bildet nun vielleicht die allgemeinste Definition von Spielfeindlichkeit: Spielfeindlich ist man nicht dann, wenn man sich jedes Spiel versagt, sondern vielmehr dann, wenn man nicht wahrhaben möchte, dass man spielt.

Wenn man also etwas Gutes spielt, wie zum Beispiel Vernunft oder politisches Engagement, dann ist man darum von wirklicher Vernunft und wirklichem politischem Engagement so weit entfernt, wie man es nur sein kann. Denn jemand, der Vernunft spielt, spielt ganz genauso wie jeder andere, der etwas anderes spielt – nur bemerkt er es nicht, und das schmälert die gespielte Vernunft. Im Karneval vernünftig sein zu wollen verrät darum einen ziemlich lächerlichen Begriff von Vernunft. Wirkliche Vernunft hingegen – hierin kann man dem Grundgedanken von Kants »Kritik der reinen Vernunft« folgen – besteht in etwas anderem: nämlich darin, nur dort vernünftig sein zu wollen, wo die Vernunft auch tatsächlich etwas verloren hat.

2. Die visuelle Kultur
und das gesellschaftliche Imaginäre

1. Die kleinen Freuden der Ungetäuschten

Durch die Fußgängerzone einer österreichischen Stadt fährt regelmäßig, in langsamer Fahrt, ein eigenartiges Fahrzeug: ein kleines Auto, von einem Ortskundigen gelenkt, mit mehreren angehängten offenen Wagen, in denen Touristen sitzen. Das Ganze ist als bunte Eisenbahn gestaltet. Allerdings ist jedem, der überhaupt weiß, was eine Eisenbahn ist, sofort klar, dass das keine Eisenbahn ist. Jedes Kleinkind würde das mit untrüglicher Sicherheit feststellen: Es gibt keine Schienen, das Ganze fährt auf Gummireifen, mit Lenkrad über den Asphalt gesteuert.

Zwei Momente an dieser alltäglichen Erscheinung erscheinen theoretisch interessant. Zunächst der Umstand, dass die visuelle Gestaltung dieses Fahrzeugs eine Illusion darstellt: Es wird Eisenbahn gespielt – wenn man auch nicht sagen kann für wen. Es bleibt offen, wer die Leute sein könnten, die das glauben sollen, was dieses Objekt und sein Gebrauch ihnen vorspielen. Man fühlt sich an eine Episode erinnert, mit der der Kulturtheoretiker Johan Huizinga das Besondere der Illusionen, die im Spiel auftreten, veranschaulicht:

»Schon das kleine Kind weiß genau, dass es ›bloß so tut‹, dass alles ›bloß zum Spaß‹ ist. Wie tief dies Bewußtsein in der Kinderseele haftet, wird m.E. besonders schlagend durch den folgenden Fall illustriert, den mir seinerzeit der Vater eines Kindes mitgeteilt hat: Er trifft sein vierjähriges Söhnchen an, wie es auf dem vordersten einer Reihe von Stühlen sitzt und ›Eisenbahn‹ spielt. Er hätschelt das Kind, dies aber sagt: ›Vater, du darfst die Lokomotive nicht küssen, sonst denken die Wagen, es wäre nicht echt.‹« (Huizinga 1956: 15)

Wenn niemand übrig ist, der an die dargestellte Illusion der Eisenbahn glauben könnte, dann können nur noch die Darsteller selbst diese Aufgabe übernehmen: die Waggons müssen daran glauben, dass die Lok eine Lok und sie selbst Waggons sind. Und die Lokomotive, die selbst die Illusion durchschaut, gibt acht, dass sie gegenüber den Waggons aufrecht bleibt – sozusagen um vor ihnen nicht das Gesicht zu verlieren (eine Sorge, die auch eine Form von visueller Kultur ist). Unter den Zuschauern dieses visuellen Vorgangs jedoch sind keine Gläubigen zu erwarten. Das kleine Spektakel der falschen Eisenbahn besteht beim kindlichen Spiel – genau wie beim touristischen Fortbewegungsmittel – darin, eine Täuschung vorzuführen, von der niemand getäuscht wird. Es handelt sich sozusagen um eine anonyme Illusion.

Das zweite theoretisch auffällige Moment an der Sache mit den falschen Eisenbahnen besteht darin, dass diese Täuschungen ohne Getäuschte im Zusammenhang von Lustpraktiken auftreten. Die Touristen praktizieren das Spiel zu ihrer Erheiterung im Urlaub; das Kind macht es zu seinem Lustgewinn in den Zeiten, in denen es nichts anderes machen muss. Das Lustvolle visueller Praktiken, Situationen und Objekte scheint sich also regelmäßig einer Illusion zu verdanken, von der niemand getäuscht wird. Vor allem die visuelle Kultur von Freizeitpraktiken ist darum in hohem Maß von anonymen Illusionen geprägt: »Es fällt zum Beispiel auf«, schreibt Thorstein Veblen, »daß selbst gutartige und nüchterne Männer beim Jagen eine Unmenge Waffen und Zubehör mit sich herumtragen, um sich selbst von der Ernsthaftigkeit ihres Unternehmens zu überzeugen.« (Veblen 1997: 15)

Besonders deutlich ist das Lustvolle der anonymen Illusionen an manchen Kunstwerken zu erkennen: an der sogenannten trompe l'œil-Malerei zum Beispiel, wo mit der Illusion einer zusätzlichen Realitätsebene gespielt wird – etwa, wenn aus einem Bild Stecknadeln herauszustehen scheinen, die gemalte Schatten werfen, oder wenn über einem Bild eine gesprungene Glasplatte zu liegen scheint. »Man hätte glauben können ...«, sagen die Betrachter dann, belustigt. Sie selbst allerdings haben es keinen Moment langt geglaubt.

Zwischen dem Lustgewinn und der Anonymität der Illusion besteht, wie Huizinga gezeigt hat, ein notwendiger Zusammenhang: Nur diejenigen, die die Illusion durchschauen, können Lust aus ihr beziehen. Spielende zum Beispiel müssen wissen (oder wenigstens glauben), dass sie spielen. Wenn sie hingegen das Spiel mit der Wirklichkeit verwechseln, wenn sie also keinen Unterschied machen, dann fallen sie aus dem lustvollen »heiligen Ernst« des Spiels in den faden, profanen Ernst des übrigen Lebens. Wer die gemalte, zerstörte Glasplatte des trompe l'œil »Friedensvertrag zwischen Frankreich und Spanien« von Laurent Dabos (1801)[3] für einen echten Transportschaden hält, wird keinen Lustgewinn aus ihr beziehen können. Wer glaubt, das Fahrzeug in der Fußgängerzone wäre die echte österreichische Bundesbahn, ebenso wenig.

2. Die Exzesse

Die Lust, die sich den durchschauten Illusionen verdankt, hat noch eine zweite, nicht immer gleichermaßen lustvolle Seite: den Zwang zum Exzess. Eine männerdominierte visuelle Kultur dieser Art, die optische Verfeinerung von Autos, zeigt das deutlich. In mühevoller Garagenarbeit werden am Privatauto Verbesserungen vorgenommen, die nicht allein, wie das sogenannte Tuning, technischer Art sind. Oft wird ausschließlich das Erscheinungsbild des Fahrzeugs geändert – etwa durch Bemalung oder indem Aufkleber angebracht werden, wie bei Renn- oder Rallyeautos, und so, als ob Sponsoren hinter der Sache stünden; oder es wird der Name eines bekannten Piloten an die Türe geschrieben, so, als ob er der Lenker wäre. Wieder bleibt offen, wer der Illusion glauben soll, die gleichwohl doch ganz offensichtlich ein lustbringendes und leidenschaftliches Hobby eröffnet und eine ganze Autozubehörbranche belebt. Diese friedlichen Beschäftigungen arten dann aber beim Fahren oft in extreme Risiken aus. Ein großer Teil vor allem der männlichen jugendlichen Landbevölkerung verschafft sich durch automobile Todesgefahr – »for which we wish to live or dare to die« (s. Stendhal o. J.: 33, Anm.) – ein prickelndes Moment in einem sonst offenbar zu öden Leben.

Auffallend ist dabei die leicht zu machende Beobachtung, dass auch weniger ambitionierte Fahrer oft wie gefangen scheinen in der von ihnen durchschauten Illusion: obwohl sie wissen, dass sie kein Rennen fahren, können sie nicht anders, als gefährlich schnell und mit äußerster Unnachgiebigkeit zu fahren und anderen z. B. das Spurwechseln möglichst zu erschweren.

Die durchschaute Illusion verschafft also nicht nur Lust, sondern zwingt auch zu merkwürdigem, nicht selten gefährlichem Verhalten. Wir verwundern uns über die Berichte, wonach die Azteken und Maya bei ihren rituellen Ballspielen regelmäßig Menschen getötet haben sollen. Andererseits sind wir wenig erstaunt über die Tatsache, dass auch bei Fußballspielen in europäischen Großstädten gegnerische Fans einander totschlagen. Klarerweise lassen sich diese Gewaltakte nicht dadurch erklären, dass die Fans etwa vergessen hätten, dass es sich »nur« um ein Spiel handelt. Es ist genau umgekehrt: nur weil sie es wussten – weil sie sich, wie Huizinga sagt, in der »Spielsphäre« befanden –, darum mussten sie diese fanatische Energie des »heiligen Ernsts« entfesseln. Bei Angelegenheiten hingegen, die kein Spiel sind, sondern ihre Lebenswirklichkeit massiv betreffen – wie etwa einer Regierung, die ihnen der Reihe nach die Krankenversicherung, das Sozialsystem, die Altersvorsorge und die Chancen auf Bildung zerstört –, bleiben sie äußerst duldsam und wenig gewaltbereit; ganz in der profanen Fadesse. Hätten sie den Fußball so ernst genommen wie ihr wirkliches Leben, dann wäre es auch beim Spiel zu keinen Ausschreitungen gekommen. So, wie sie allein im Spiel (z. B. beim Torjubel), kaum aber im wirklichen Leben (z. B. nach einer Lohnerhöhung) zu exzessiver Freude fähig sind, sind sie auch nur beim Spiel, nicht aber im wirklichen Leben zu gewalttätiger Empörung bereit. Das wirkliche Leben scheint es ihnen jedenfalls freizustellen, sich so oder so zu verhalten; das Spiel hingegen scheint sie zur Freude wie zur Gewalt im exzessiven Ausmaß zu zwingen.

3. Die kleinen Auffälligkeiten

Neben den großen, zwanghaften Ausschreitungen des Sports gibt es stillere, individuellere Exzesse und Merkwürdigkeiten, die ebenso durch Täuschungen bedingt sind, die niemanden täuschen, und ebenso zwanghaft vorgenommen werden. Auch sie leisten einen Beitrag zur visuellen Kultur. Computerbenutzer zum Beispiel gehen bei Fehlfunktionen ihrer Geräte oft zu groben Tätlichkeiten über und beschädigen sie, indem sie mit Fäusten auf die Tastatur losprügeln oder den Bildschirm auf den Boden werfen – so als ob die Gestraften sich nach solcher schmerzhaften Erfahrung bessern müssten. Dass das eine unsinnige Vorstellung ist, braucht man den Computervandalen allerdings nicht zu sagen. Das wissen sie natürlich; eine solche Belehrung würden sie als beleidigend empfinden. Ihr Exzess folgt einer Illusion, aber wer auch immer die Getäuschten sein mögen – sie selbst sind es jedenfalls nicht. Johan Huizinga bemerkt zu solchem Verhalten:

»Personifikation ist eine Gewohnheit des Geistes, der wir in unserem täglichen Leben ganz und gar nicht entwachsen sind. Wer ertappt sich nicht wiederholt dabei, daß er einen leblosen Gegenstand, z. B. einen widerspenstigen Kragenknopf, laut und todernst mit rein menschlichen Bezeichnungen anredet, womit er ihm einen widersetzlichen Willen zuerkennt, ihm diesen vorwirft und ihn wegen seines tadelnswerten Widerstands beschimpft. Damit bekennt man doch nicht etwa seinen Glauben an das Kragenknöpfchen als ein Wesen oder nur als Idee! Man verfällt nur, einem selber zum Trotz, in die Spielhaltung.« (Huizinga 1956: 137)

Neben der Betonung, dass all das gegen ein gleichwohl vorhandenes besseres Wissen geschieht, beinhaltet die letzte Bemerkung Huizingas – »Man verfällt nur, einem selber zum Trotz, in die Spielhaltung« – noch einen zweiten, ebenso paradoxen Aspekt: man spielt nicht nur gegen besseres Wissen, sondern auch dem eigenen Willen zum Trotz.

Solcher Zwang zum Spielen einer gleichwohl durchschauten Illusion zeigt sich auch an weniger aggressiven Verhaltensweisen, zum

Beispiel an den kleinen Ermunterungen, die wir unseren Autos zusprechen, wenn sie nicht gleich starten wollen. »Na komm schon« etc., sagen wir dann – bzw. müssen wir es sagen. So macht es zum Beispiel George Clooney in einer Schlüsselszene des Films »Out of Sight« von Steve Soderbergh. Da solches Sprechen zum Auto offensichtlich keine technische Maßnahme ist (wie z.B. das Betätigen eines Choke oder das Anschieben), könnten wir es als *magisches Sprechen* bezeichnen. Es gleicht dem Daumenhalten, das wir manchmal unwillkürlich beim Verfolgen von Sport im Fernsehen praktizieren – und noch mehr den Ausrufen, die wir dabei hervorstoßen, etwa wenn wir der kleinen Figur des Fußballers, die über den Bildschirm huscht, zurufen: »Lauf!«, oder: »Schieß!«

Wir müssen also feststellen, dass wir gelegentlich zaubern – obwohl, oder vielmehr: gerade weil wir nicht an Zauberei glauben. Magie ist somit keine Gepflogenheit, die auf sogenannte primitive Kulturen beschränkt wäre. Es gibt sie vielmehr auch im Leben der sogenannten Zivilisierten.

4. Von der durchschauten Illusion zum visuellen Produkt

Von den Täuschungen, die niemanden täuschen, geht ein eigentümlicher Zwang aus, und dieser Zwang veranlasst zur materiellen Produktion. Die Magie bedarf immer der vernehmbaren Darstellung: die Sprüche müssen ausgesprochen, die Zeichen aufgemalt, die Daumen gehalten, die Amulette fabriziert und die Voodoo-Puppe erst angefertigt und dann beschädigt werden. Anders als die Religionen, die mit ihren Bilderverboten und dergleichen sich nicht selten der visuellen Kultur gegenüber feindlich zeigen, ist die Magie immer durch gestalterische Sorgfalt geprägt.

Entgegen der verbreiteten Auffassung, dass die Magie es mit Geistern zu tun habe, hat Sigmund Freud diese »materialistische«, auf die Produktion materieller, insbesondere visueller Kultur zielende Seite der Magie erkannt:

»Nur auf einem Gebiete ist auch in unserer Kultur die ›Allmacht der Gedanken‹ erhalten geblieben, auf dem der Kunst. In der

Kunst allein kommt es noch vor, daß ein von Wünschen ver-
zehrter Mensch etwas der Befriedigung Ähnliches macht und
daß dieses Spielen – dank der künstlerischen Illusion – Affekt-
wirkungen hervorruft, als wäre es etwas Reales. Mit Recht spricht
man vom Zauber der Kunst und vergleicht den Künstler mit einem Zauberer. Aber dieser Vergleich ist vielleicht bedeutsamer,
als er zu sein beansprucht. Die Kunst, die gewiß nicht als l'art
pour l'art begonnen hat, stand ursprünglich im Dienste von Tendenzen, die heute zum großen Teil erloschen sind. Unter diesen
lassen sich mancherlei magische Absichten vermuten.« (Freud
[1912–13]: 378)

Diese »magischen Absichten« sind an der aktuellen Kunst nicht
immer in gleicher Deutlichkeit erkennbar. Als jedoch zum Beispiel
Christoph Schlingensief in seiner Aktion »Bitte liebt Österreich«
das Publikum zum interaktiven Abschieben von Ausländern im
Container aufrief,[4] so hat sich schnell gezeigt, dass dieses Darstellen
imstande ist, Einfluss auf das Dargestellte auszuüben – oder, in den
Worten Freuds, »durch Spielen etwas der Befriedigung Ähnliches,
Reales« hervorzurufen. Auch Viktor Rogys an Fotos ausgeführte
»Fernsprengungen« von Gebäuden zeigen, wie sich der Unmut gegenüber einer Realität an deren Darstellung entladen kann und wie
dies die Realität mitunter nicht ganz unbeeinflusst lässt. Vor allem
künstlerische Verfahren, die Fotos in langsamere, aufwendigere
Bildmedien übertragen, wie etwa die Malerei Gerhard Richters oder
die Siebdrucke von Andy Warhol, lassen das Moment des Bewälti-
gens und Bannens der abgebildeten Wirklichkeit erkennen (s. dazu
Foster 1996).
  Dass dieses magische Moment in der Kunst sonst weniger deutlich hervortritt, hängt eher damit zusammen, dass es dort nicht
vermutet wird. Gemäß einer für den Umgang mit Magie typischen
»perspektivischen Illusion« neigen wir dazu, nur diejenigen für
Magier zu halten, die glauben, mit Hilfe von Darstellungen Wirk-
lichkeiten beeinflussen zu können. Auch unsere eigenen Zaubereien
z. B. vor dem Fernsehapparat oder am Volant bleiben uns darum
meist verborgen.[5]

Was die visuelle Kultur betrifft, können wir daraus eine wichtige Schlussfolgerung ziehen: Der formale Gestaltungsaufwand steigt immer genau in dem Maß, indem die Ausübenden nicht an die dargestellte Einbildung glauben. Gerade weil die Leute nicht glauben, durch Daumenhalten einen Spielverlauf im Fernsehen umdrehen zu können, müssen sie umso fester Daumen halten. Gerade weil sie wissen, dass das Fortbewegungsmittel in der Fußgängerzone keine Eisenbahn ist, müssen sie sie liebevoll als Eisenbahn gestalten oder behandeln. Gerade weil sie nicht glauben, dass das Foto die geliebte Person wäre, müssen sie das Foto zärtlich küssen.

Die liebevolle Gestaltung solcher symbolischer Akte hängt also damit zusammen, dass die Akteure darin Einbildungen zur Darstellung bringen, die nicht ihre eigenen Einbildungen sind. Es ist geradezu so, als könnten sie sich diese Einbildung durch das Darstellen vom Hals halten – als zielten sie darauf ab, nicht selbst an sie glauben zu müssen. So, wie man zum Beispiel einen Arbeitsplatz aufgeräumter verlässt, wenn jemand anderer sich dort auskennen und in der Lage sein soll, dort weiterzuarbeiten, werden Einbildungen sorgfältiger zur Darstellung gebracht, wenn sie nicht als eigene, sondern als Einbildungen anderer gekennzeichnet werden. Jede visuelle Realisierung, jede Liebe zur Form – auch zu Formen, die auf den ersten Blick nichts darzustellen scheinen (s. Freud [1907b]) – muss darum als Bezugnahme auf eine Einbildung der anderen, auf ein gesellschaftliches Imaginäres, betrachtet werden. Überall, wo wir auf Elemente visueller Kultur stoßen, werden wir darauf vorbereitet sein, sie als gelungene Austauschbewegungen mit einem gesellschaftlichen Imaginären zu lesen. In ihrer Materialität und ihrer liebevollen Formgebung drückt sich die großzügige Bereitschaft aus, die mit ihnen verbundenen Einbildungen *anderen zu überlassen*.

3. Einbildungen ohne Eigentümer

Stellen Sie sich vor, Sie sitzen in einem Café und lesen Zeitung, während Sie auf einen Freund warten. Dann kommt der Freund, er begrüßt Sie und sagt: »Entschuldige, kann ich kurz deine Zeitung haben? Ich weiß, es ist dumm, aber ich muss jetzt unbedingt wissen, wie das gestrige Fußballmatch ausgegangen ist.«

Was wir hier antreffen, ist eine sehr eigenartige Beziehung zwischen einem Subjekt und einer Illusion[1] (in diesem Fall der Illusion, dass Sportresultate von Bedeutung wären): der Freund stimmt keineswegs mit der Illusion überein. Im Gegenteil: indem er feststellt, dass er genau weiß, dass sie ganz dumm ist, begibt er sich auf Distanz zu dieser Illusion. Er erklärt sich nicht zum Subjekt dieser Illusion. Er behauptet nicht, dass das seine Illusion wäre, er erhebt keinen Anspruch darauf, ihr Eigentümer zu sein.

Diese Struktur ist sehr verschieden von dem, was wir üblicherweise antreffen. Denn das übliche Verhältnis zwischen einer Illusion und einem Subjekt besteht darin, dass sich das Subjekt stolz zum Eigentümer der Illusion erklärt – indem es zum Beispiel festhält, dass es an Gott glaubt, oder an ein Leben nach dem Tod, oder an die menschliche Vernunft, oder auch an die Selbstregulierung der Finanzmärkte.

Solche Subjekte stimmen völlig mit ihren Illusionen überein, und sie machen ihren Besitzanspruch an diesen Einbildungen mit Stolz geltend. Sie würden sich niemals auf Distanz zu ihren Einbildungen begeben, zum Beispiel indem sie etwas sagen würden wie: »Ich weiß, es ist ganz dumm, aber ich muss jetzt in die Kirche gehen« oder »Ich weiß, es ist idiotisch, aber ich glaube an die Selbstregulierung der Finanzmärkte«.

Es scheint also, dass wir es mit zwei verschiedenen Typen von Einbildung zu tun haben: Einbildungen mit Eigentümern, und Einbildungen mit Leuten, die nicht ihre Eigentümer sind; Illusionen mit Subjekten und Illusionen ohne Subjekte. Wir haben somit eine Unterscheidung entdeckt, die sich nicht so sehr auf den Inhalt der Einbildungen bezieht als vielmehr auf die Form; auf die unterschiedlichen Verhältnisse, die zwischen Illusionen und Subjekten bestehen können; auf die verschiedenen Arten, wie Leute sich zu Einbildungen verhalten können (mag deren Inhalt derselbe sein oder nicht).

Der französische Psychoanalytiker Octave Mannoni hat, indem er sein Interesse auf diese formale Differenz zwischen Einbildungen richtete, eine wichtige begriffliche Unterscheidung getroffen. Er bezeichnete eine Einbildung mit Eigentümern als »foi«. Einbildungen ohne Eigentümer dagegen nannte er »croyances« (ein Wort, das im Französischen, ebenso wie das Wort »beliefs« im Englischen, einen Plural hat; im Deutschen kann dieser Terminus darum nur mit Verlusten als »Aberglaube« wiedergegeben werden). Bezeichnen wir also eine Einbildung, zu der wir Eigentümer, das heißt bekennende Subjekte, vorfinden, als *Bekenntnis* (foi); und unterscheiden wir davon die Einbildung ohne solche bekennende Eigentümer, den *Aberglauben* (croyance).

Mannoni betonte nun, dass viele dieser abergläubischen »croyances«, dieser Einbildungen ohne Eigentümer, mit Notwendigkeit ohne Eigentümer sind – dass sie also niemals von irgendjemandem geglaubt worden sind. Indem er sie mit der Formel »Ich weiß zwar, dennoch aber ...« (»Je sais bien, mais quand même ...«) kennzeichnete, machte Mannoni zugleich deutlich, dass diese Einbildungen gerade denjenigen kulturellen Feldern zugehören, die mit der Erzeugung von Lust zu tun haben: Sie sind am Werk im Film, im Theater, im Variété etc. (So können zum Beispiel Zuschauer, die den Film »Ein Fisch namens Wanda« gesehen haben, die Formel Mannonis zum Ausdruck bringen, indem sie sagen: »Ich weiß zwar, dass das ein Riesenblödsinn ist, dennoch aber ist es wahnsinnig lustig.«) Die *croyances*, die Einbildungen ohne Eigentümer, können als das Lustprinzip in der Kultur bezeichnet werden.[2] In der »foi« hingegen, in der Einbildung mit Eigentümern, geht es überhaupt nicht um Lust; ihre Libido-Ökonomie ist vielmehr auf den Effekt der *Selbstachtung* ausgerichtet, der einer narzisstischen Leidenschaft entspricht.

Mit Hilfe dieser begrifflichen Instrumente war es Mannoni möglich, zu erkennen, dass das Imaginäre innerhalb einer Gesellschaft in zwei möglichen Formen existieren kann: entweder gibt es *croyance* alleine, das heißt: nichts als Einbildungen ohne Eigentümer, oder es gibt Einbildungen ohne Eigentümer, überlagert von solchen mit Eigentümern – *croyances*, überdeckt und dominiert durch *foi*. Beispiele für den ersten Fall – Kulturen, die nur *croyances* kannten – sind die antike griechische Kultur (die bekanntlich die erstaunten Gelehrten immer wieder dazu brachte, sich zu fragen, ob die Griechen »wirklich« an ihre Götter geglaubt hätten)[3] und die magischen Kulturen, wie Sigmund Freud sie in seiner Studie »Totem und Tabu« beschreibt: In solchen Kulturen hätte niemals jemand einen Besitzanspruch auf jene Illusionen erhoben, die das gesellschaftliche Imaginäre ausmachen (zum Beispiel indem er gesagt hätte »Ich glaube fest an Götter, die Ehebruch begehen« oder »... an magische Praktiken«).

Den zweiten möglichen Fall – Aberglauben, der durch ein Bekenntnis überdeckt wird, *croyances* überlagert von *foi* – finden wir zum Beispiel in den gegenwärtigen westlichen Gesellschaften: Wir sind Eigentümer bestimmter Einbildungen, und wir erheben Anspruch auf ihren Besitz, aber das bringt immer auch einige Elemente von Aberglauben mit sich. Christen zum Beispiel glauben an einen einzigen guten, allwissenden und unsichtbaren Gott, aber irgendwie können sie es nicht vermeiden, dabei auch sichtbare Figuren wie den Weihnachtsmann oder den Osterhasen zu produzieren. Einige ihrer Rituale würden sie als Ausdruck ihres Bekenntnisses betrachten (zum Beispiel die heilige Messe), aber ebenso haben sie auch andere Rituale, die sie sich nicht in derselben Weise aneignen können – zum Beispiel die Karnevalsriten. Das Christentum hat es also niemals fertiggebracht, den Status des »alleinigen Glaubens« (»faith alone«) zu erreichen; bis heute wurde es immer begleitet von »unsinnigen«, abergläubischen Elementen. Es gelang ihm nie, jene »Religion der reinen Vernunft« zu werden, von der die Philosophen der Aufklärung wie David Hume und Immanuel Kant geträumt haben.[4]

1. Die Selbsttäuschungen der Aufgeklärten

Mannonis Entdeckung – dass der Aberglaube unabhängig vom Bekenntnis, das Bekenntnis jedoch niemals unabhängig von Aberglauben bestehen kann – ist von enormer Bedeutung für die Kulturwissenschaften. Ausgehend von dieser Entdeckung ist es möglich, eine grundlegende Tendenz innerhalb vieler Kulturen zu entdecken: einen Prozess, innerhalb dessen der Aberglaube mehr und mehr vom Bekenntnis überlagert und überdeckt wird. Es gibt nahezu in jeder Kultur eine sich steigernde Feindseligkeit gegen ihre eigenen abergläubischen Elemente. So unterscheiden sich urbane Eliten, wie erwähnt, von der ländlichen Bevölkerung durch stolze Abstinenz gegenüber jeglichen Karnevalsriten. Ihre Verweigerung gegenüber den Verkleidungen führen sie auf einen Vorsprung an Wissen oder aufgeklärtem Bewusstsein zurück. Aber auf diese Weise übersehen die Stadtbewohner, dass auch die Leute vom Land, die solche Dinge sehr wohl machen, nicht so dumm sind, an sie zu glauben: gerade weil sie wissen, dass diese Sachen Blödsinn sind, können sie vielmehr so viel Vergnügen daraus ziehen. Beide Gruppen verfügen über das »bessere Wissen«, das sie auf Distanz bringt gegenüber dem Glauben an Karnevalsverkleidungen – aber nur die eine der beiden Gruppen macht aus diesem Wissen ein Argument, keine Lust daraus zu gewinnen. Im Namen eines »Erkenntnisfortschritts«, der in Wahrheit keiner ist, wird ein Verlust an Vergnügen gerechtfertigt. Was sich selbst als ein »aufklärerischer Fortschritt« ausgibt, ist in Wahrheit eine gesteigerte Feindseligkeit gegen den Aberglauben in der Kultur sowie gegen die Lust, die dieser mit sich bringt.

Eine weitere wichtige Konsequenz aus Mannonis Entdeckung betrifft eine bestimmte Verkennung, eine »perspektivische Illusion«, die charakteristisch ist für Kulturen, in denen das Bekenntnis über den Aberglauben dominiert. Solche Bekenntniskulturen neigen zu einem doppelten Missverständnis (dessen klassische Form der englische Anthropologe Frazer präsentiert hat): *erstens übersehen sie ihren eigenen Aberglauben, und zweitens halten sie den Aberglauben der anderen für deren Bekenntnis.*

Beide Irrtümer hat Ludwig Wittgenstein in seiner Kritik an Frazer kenntlich gemacht: Auf der einen Seite glauben die sogenannten Wilden, wie Wittgenstein zeigt, nicht wirklich (d.h. bekenntnishaft) an ihre magischen, symbolischen Praktiken. Denn sie verwechseln sie niemals mit wirklichen, technischen Maßnahmen. Vielmehr sind sie durchaus in der Lage, zwischen Situationen zu unterscheiden, in denen sie Voodoo praktizieren, und solchen, in denen sie mit Pfeilen auf ihre Feinde schießen. Auf der anderen Seite begehen die »Zivilisierten«, die ja bekanntlich nicht an Magie glauben, dennoch auch magische Akte, wie wir oben gesehen haben: sie küssen die Fotos ihrer Geliebten, oder sie sprechen zu ihren Autos, wenn die nicht starten.

Dieselbe Verkennung wie im interkulturellen Verhältnis begegnet uns auch in Bezug auf die Geschichte. Sie leitet uns dazu an, zu meinen, dass die Leute früher an alles Mögliche geglaubt hätten, während sie heute an weniger oder an gar nichts mehr glaubten. Sowohl konservative Philosophen wie Hans-Georg Gadamer als auch solche der Linken wie Georg Lukács liebten diese Geschichte zu erzählen – die bekannte Erzählung von den glücklichen, einfältigen Leuten früherer Epochen, die so gut aufgehoben waren in ihren religiösen und mythischen Illusionen, und vom Menschen der Moderne, der sich dank der zwiespältigen Errungenschaften der Aufklärung unfähig findet, an solche Dinge zu glauben, und der darum unter einer »transzendentalen Obdachlosigkeit« (Lukács) zu leiden hat, in der ihm der eisige Wind des autonomen Denkens um die Ohren pfeift.[5]

Im scharfen Kontrast zu solchen Erzählungen weist die Entdeckung von Mannoni genau in die entgegengesetzte Richtung: *früher hat man weniger geglaubt*. In früheren Zeiten und Kulturen war der Aberglaube die einzige Form des gesellschaftlichen Imaginären; erst später begann das Bekenntnis darüber zu dominieren. Das bedeutet, dass die Leute früher eben nicht selbst an die Illusionen geglaubt haben, die in ihrer Kultur in Umlauf waren. Erst später haben sie sich manche davon in der Form eines Bekenntnisses angeeignet und sind so zu deren Eigentümern geworden (vgl. dazu Žižek, in: Badiou/Žižek 2005: 56). Wir haben also keineswegs an Erkenntnis dazugewonnen und Illusionen aufgegeben; im Gegenteil: wir haben ein Bekenntnis gewonnen und eine Illusion von überlegenem Wissen gegenüber dem Aberglauben erworben – und für diesen zweifelhaften Gewinn haben wir das Lustprinzip in der Kultur geopfert.

Womit wir es zu tun haben, ist also keineswegs ein *Aufklärungsprozess*, sondern vielmehr ein *Verinnerlichungsprozess*. Darin wird nicht, wie dieser Prozess uns glauben machen möchte, *Erkenntnis*, sondern vielmehr ein *intimes Aneignungsverhältnis zu Illusionen* hergestellt. Die Leute wollen plötzlich nurmehr mit jenen Illusionen zu tun haben, an die sie selbst vollständig und bekennend glauben können; alle anderen Täuschungen hingegen möchten sie am liebsten zerstören. Sie wollen ganz sie selbst sein, und nicht vielleicht anderen etwas Schönes oder Angenehmes vorspielen. Diese Verinnerlichung führt zu einer starken Veränderung in der visuellen Kultur: Umgangsformen, öffentliche Räume des Auftretens, Gepflogenheiten der Kleidung und der Kosmetik werden diskreditiert und aufgegeben.

Die seit der Renaissance in Europa so stark entwickelten Formen zivilisierten Umgangs, die darin bestanden, dass man für die anderen ein öffentliches Bild der eigenen Person darzustellen versuchte, werden nun im Namen von Authentizität, Selbstverwirklichung und Selbstkonstruktion abgebaut.

Angesichts solcher narzisstischer, asketischer Tendenzen, die den öffentlichen Raum der Privatisierung ausliefern, ist es das Verdienst der psychoanalytischen Theorie von Octave Mannoni, den entscheidenden Hinweis für eine Wertschätzung der Einbildungen ohne Eigentümer geliefert zu haben. Das zärtliche Festhalten an den durchschauten Illusionen wird es uns ermöglichen, geselliger, politisch handlungsfähiger und – da die Einbildungen ohne Eigentümer das Lustprinzip in der Kultur darstellen – auch glücklicher zu werden.

4. Die Rationalität der Magie
und die Entzauberung der Welt
in der Ideologie der Gegenwart

Start again from a different place.
OK, someone comes, and they say to me:
DO YOU BELIEVE IN MAGIC?
I do. I say YES, yes to GLAMOUR. I always have.

Ian Penman[1]

1. Das, was man nicht direkt meint

Wenn in unserer Kultur von »Magie« oder »Zauberei« im wörtlichen Sinn die Rede ist, dann meist in zwei Hinsichten: Einerseits
beziehen sich diese Worte auf ein Unterhaltungsgewerbe, das zum
Beispiel im Rahmen von Varietévorführungen auftritt und wohl
eher Magie spielt oder darstellt, als sie zu betreiben; andererseits bezeichnen wir damit ein zweifelhaftes Element, das wir vor allem in
anderen Kulturen ansiedeln, von denen wir meist durch diverse Rei-
seberichte sowie durch die Ethnologie indirekte Kenntnis haben.

In einem weniger wörtlichen Sinn aber ist unsere Kultur voll von
diesem und ähnlichen Worten: magische Ausstrahlung, Charme,
Zauber, Glamour, Aura, Charisma oder auch ein »gewisses Etwas«
werden mitunter an Personen, Dingen und Situationen wahrgenommen[2] – oder wenigstens von der Werbung bestimmten Produkten angedichtet. Selten denken wir dabei vielleicht an Magie
oder Aberglauben; darum mögen diese Redeweisen das sein, was der
russische Poetologe Viktor Sklovskij als »eingeschlafene Tropen« bezeichnet hat: Ausdrücke, deren buchstäbliche, bildhafte Bedeutung
weitgehend in Vergessenheit geraten ist – etwa so, wie wir beim Wort
»Wolkenkratzer« nicht mehr an das Kratzen von hohen Häusern an
den Wolken denken.

Der militante christliche Theoretiker und Kirchenvater Tertullian hingegen hat, wie in Kapitel 1 gezeigt wurde, die These vertreten, dass man solche Redeweisen ernster nehmen muss, als sie selbst genommen werden wollen. Dass man zum Beispiel Schauspielerinnen für »Diven« und Boxkämpfer für »unsterblich« erklärt, ist – so Tertullian – ein Beweis dafür, dass sämtliche Theater- und Sportveranstaltungen in Wahrheit heidnische Kulte sind; auch wenn dies den Ausübenden nicht bewusst ist.[3] Analog dazu hätte Tertullian aus den verblassten Magie-Metaphern unserer Kultur wohl auf eine tiefe magische Verfasstheit der vermeintlich aufgeklärten, »zivilisierten« Kultur geschlossen. Die ablehnende Haltung, die bestimmte puristische Bewegungen von heute solchen »Zaubermitteln« wie Parfüm, Schminke, Schmuck oder spezieller Kleidung entgegenbringen, wäre die entsprechende Antwort; Tertullian hätte diese Haltung darum wohl als eine konsequente christliche Strategie betrachtet – auch wenn ihren Vertretern selbst dies vielleicht nicht immer bewusst ist.

Auch in Bezug auf die Kunst wird in unserer Kultur – abermals eher metaphorisch – bisweilen von Magie gesprochen. Susan Sontag zum Beispiel hat dies in ihrem programmatischen Essay »Against Interpretation« von 1964 getan.[4] Mit dem Begriff der Magie bezeichnet Sontag jenes Moment an Kunstwerken oder literarischen Texten, das eine ganz bestimmte Form oder einen ganz bestimmten Wortlaut erfordert – ein Element, das nur so und nicht anders gesagt oder dargestellt werden kann. Interpretation hingegen – so lautet Sontags Vorwurf – ersetzt diese Form oder diesen Wortlaut immer durch etwas anderes. Damit zerstört die Interpretation das Entscheidende an ihrem Gegenstand; sie unterschlägt genau das, was das Wesen der Kunst ausmacht. Und dieses Element ist, Sontag zufolge, wesentlich, auch wenn es mit dem Ausdruck »Magie« zunächst nur provisorisch, metaphorisch bezeichnet erscheint.

2. Die Konjunkturen des Magischen

Obwohl in unserer Kultur nur in metaphorischem Sinn bestimmte Dinge als magisch bezeichnet werden, scheint es starke geschichtliche Veränderungen in Bezug auf die Präsenz und die Wertschätzung dieses »Magischen« zu geben – und das in einem oft sehr kurzen Zeitraum, etwa innerhalb weniger Jahrzehnte. So hat es in Westeuropa und in den USA etwa noch in den 1960er- und frühen 1970er-Jahren einen Reichtum an glamourösen Werten gegeben, den wir heute nur noch staunend und ein wenig neidisch bewundern können: Filme wie *La Notte, La Dolce Vita, Le mépris, Le samourai, Bullitt, The Thomas Crown Affair* zeigen uns Diven und Stars, etwas Knisterndes in den Geschlechterverhältnissen, eine Eleganz von Architektur, Design und Musik, Momente der Muße im dargestellten Leben ebenso wie in der Filmdramaturgie, sorglos kultivierten Umgang mit Alkohol, Tabakwaren und eventuell auch anderen Rauschmitteln sowie eine modernistische Radikalität von Kameraeinstellungen und Bildaufteilungen, die uns heute, selbst wenn wir wollten, nicht mehr zugänglich scheint. Nun mag manches an diesem Glanz erst durch den verspäteten, nostalgischen Blick verursacht sein. Dennoch können wir uns kaum vorstellen, dass die kulturelle Produktion unserer Gegenwart jemals auf eine spätere Betrachtung auch nur annähernd solche Faszination ausüben könnte.

Neben dem – vielleicht trügerischen – Eindruck des Verlustes an Zauberhaftem in der Kultur aber gibt es noch eine weniger trügerische, unzweifelhafte Erfahrung von dessen Verschwinden; nämlich aufgrund aktiver Bekämpfung: So wird – insbesondere innerhalb einer sich als aufgeklärt und politisiert begreifenden Praxis – in der Kunst derzeit äußerst rigoros gegen alles vorgegangen, was mit »Aura«, »Charisma« und »Glamour« zu tun hat oder gar die Anmutungen von Eigenwilligkeit, Obsession, Extravaganz, Spleen, Heldentum, Exzess oder Verrücktheit an sich trägt. Was zum Beispiel ein Andy Warhol durchaus mit einem gewissen Amüsement an seiner eigenen Person – insofern sie von anderen gesehen wurde – wahrnahm,[5] wollen Künstlerinnen und Künstler eines bestimmten, in erster Linie durch öffentliche Gelder finanzierten Feldes von heute kaum mehr haben. Während das Magische in der Kultur scheinbar mehr oder weniger von selbst verloren geht, wird es in der Kunst aktiv zum Verschwinden gebracht. Und das ist der Sinn, in dem die Worte, die es bezeichnen, heute vorwiegend gebraucht werden: als Schimpfworte.

3. Frazer: Die Wissenschaftsnähe der Magie

Der englische Anthropologe James George Frazer, der im Übrigen der Magie wenig Respekt entgegenbrachte, hielt ihr in seinem 1890 erschienenen Standardwerk »The Golden Bough« (Der goldene Zweig) doch immerhin eines zugute: *Die Magie*, so Frazer, *steht der Wissenschaft näher als die Religion.* Denn im Unterschied zur Religion geht die Magie – genau wie die Wissenschaft – davon aus, dass gleiche Ursachen immer gleiche Wirkungen hervorbringen werden.[6] Auf der Basis dieser kausal geordneten Welt entwickelt die Magie ihre Aktionen, die dementsprechend durchwegs materielle Praktiken sind (ähnlich wie die naturwissenschaftlichen Techniken der Chemie oder der Physik). Darin unterscheiden die Aktionen der Magie sich von den Übungen vieler (wenn auch nicht aller) Religionen: Letztere haben oft eher den Charakter von Bittgesuchen an höhere, außerhalb der Kausalordnung stehende Mächte. Während solche Religionen dem Spott Spinozas zum Opfer fallen, sich »Lenker der Natur« vorgestellt zu haben, die alles zum menschlichen Nutzen machen und darum ebenso verrückt sind wie die Menschen,[7] befindet sich die Magie, für die es nur eine Kausalordnung und mithin nur eine Natur gibt – weshalb sie, sofern sie sich überhaupt höhere Mächte vorstellt, diese immer zwingt anstatt bittet –,[8] auf der Seite der Wissenschaft (sowie auf der Seite Spinozas).

Aus dieser richtigen Bestimmung der Magie durch Frazer lässt sich bereits eine erste entscheidende Schlussfolgerung gewinnen: Jenes kulturgeschichtliche Evolutionsschema, das den Gelehrten des 19. Jahrhunderts (bis hin zu Freud) vertraut war und demzufolge die Menschheit sich aus dem Stadium der Magie über jenes der Religion hin zu dem der Wissenschaft entwickelt hätte, erscheint bereits aufgrund dieser Entdeckung Frazers als unhaltbar. Die menschliche Vernunft müsste demnach vernünftig-magisch begonnen, sich danach religiös verfinstert haben, um schließlich eigenartigerweise doch wieder erfolgreich die Kurve zur Wissenschaft zu nehmen. Ein historischer Prozess mag durchaus einen solchen, von Umwegen oder Rückschritten geprägten Verlauf nehmen können; als Evolution – das heißt als konsequente Fortentwicklung von primitiveren in komplexere Formen – lässt sich dieser Prozess dann aber nicht mehr bezeichnen.[9]

4. Das Problem der magischen Überzeugung. Frazer und Wittgenstein

In Frazers Auffassung der Magie gibt es allerdings eine gravierende theoretische Schranke: nämlich die fixe Idee, dass die Magie auf einer Überzeugung beruhe. Wer magische Praktiken betreibt, muss, so Frazer, davon überzeugt sein, dass die in der Magie dargestellten Beziehungen von Ursache und Wirkung auch tatsächlich so in der Welt bestehen; dass also zum Beispiel das Durchbohren einer Puppe notwendigerweise einen fernen Feind töten wird. Daraus ergibt sich für Frazer eine doppelte Grundannahme – ein Standardgedanke, der bis heute in den Kulturwissenschaften wiederkehrt: Die »Wilden« (wie Frazer sie nennt) glauben an Magie; darum praktizieren sie sie. Die »Zivilisierten« hingegen glauben nicht an die Magie, sondern an die Wissenschaft, darum betreiben sie keine Magie.

Ludwig Wittgenstein hat in seinen in den 1930er-Jahren verfassten Notizen der Auffassung Frazers in beiden Hinsichten widersprochen. Am Beispiel des Wilden, der, wenn sein Feind tatsächlich kommt, nicht Voodoo macht, sondern zu Pfeil und Bogen greift, konnte Wittgenstein zeigen, dass auch die Wilden sehr genau zwischen einer symbolischen und einer kriegstechnischen Praxis unterscheiden; sie glauben folglich an die Magie nicht in derselben Weise, in der sie an das Bogenschießen glauben.

Am Beispiel mehrerer Selbstbeobachtungen machte Wittgenstein dann deutlich, dass Frazer auch in Bezug auf die Zivilisierten irrt: Denn auch sie treiben Magie. So schreibt Wittgenstein:

> »Wenn ein Mensch in unserer (oder doch meiner) Gesellschaft zu viel lacht, so presse ich halb unwillkürlich die Lippen zusammen, als glaubte ich die seinen dadurch zusammen halten zu können.«[10]

Wilde und Zivilisierte haben hinsichtlich der Magie also sehr viel gemeinsam; mehr jedenfalls, als die Zivilisierten (wie Frazer) gerne wahrhaben möchten. Der einzige Unterschied besteht eigentlich nur darin, dass die Wilden sich ihrer Magie bewusst sind, während Zivilisierte (mit wenigen Ausnahmen) sich diesbezüglich gerne täuschen. Sowohl bei Wilden wie bei Zivilisierten zeigt sich für Wittgenstein jedenfalls ein wichtiges Prinzip – nämlich dass die Ausübung magischer, symbolischer Praktiken nicht von einer entsprechenden Überzeugung abhängt. Man braucht nicht von der Wirkung des Lippenzusammenpressens überzeugt zu sein, um es dennoch »halb unwillkürlich« zu tun. Das Praktizieren magischer Handlungen setzt, so Wittgenstein, keinen Glauben an die Magie voraus:

> »Wenn ich über etwas wütend bin, so schlage ich manchmal mit meinem Stock auf die Erde oder an einen Baum etc. Aber ich glaube doch nicht, daß die Erde schuld ist oder das Schlagen etwas helfen kann.«[11] »In effigie verbrennen. Das Bild des Geliebten küssen. Das basiert natürlich nicht auf einem Glauben an eine bestimmte Wirkung auf den Gegenstand, den das Bild darstellt.«[12]

Magische Handlungen können somit, Wittgenstein zufolge, auch ohne entsprechende Überzeugungen existieren. Es erscheint Wittgenstein durchaus fraglich, ob solche Überzeugungen überhaupt jemals bei irgendjemandem bestanden haben können.

5. Freud: Das Nicht-Glauben als Voraussetzung für Fetischismus und Unheimliches

Noch einen weiteren Schritt in diese Richtung setzt Sigmund Freud. Bei seiner Untersuchung des Fetischismus stößt Freud nämlich auf den paradoxen Umstand, *dass es sich dabei um eine Praxis handelt, welche die Überwindung der entsprechenden Überzeugung zur Voraussetzung hat.* Mit Hilfe seines Fetischs (sowie der entsprechenden, ihm gewidmeten Rituale) praktiziert der Fetischist genau das, woran er zu glauben aufgehört hat. Im Fetisch »materialisiert« sich die – einer infantilen Sexualtheorie entstammende – Annahme vom weiblichen Phallus.

Diese »wunschgerechte« Auffassung lebt im Fetisch weiter; und zwar genau von dem Moment an, in dem sie im Bewusstsein des Fetischisten aufgegeben wird. Der Fetischist nimmt »realitätsgerecht« die weibliche Anatomie – und mithin die Nicht-Existenz des bislang angenommenen oder erträumten weiblichen Phallus – zur Kenntnis. (Er erkennt also dasjenige an, was gemäß derselben infantilen Sexualtheorie als »Kastration« erscheint.) Nicht der Fetischist glaubt an den weiblichen Phallus; sondern sein Fetisch scheint das – auf rätselhafte Weise – für ihn zu erledigen. Erst wer den infantilen Glauben überwunden hat, wird für den Fetisch empfänglich; wer hingegen noch an den weiblichen Phallus glaubt, der braucht keinen Fetisch.

Freud leistet folglich nicht nur eine »Übersiedelung« des Fetischbegriffs, indem er ihn – wie vor ihm bereits Marx und Krafft-Ebing – auf Phänomene der eigenen Kultur (anstatt auf die fremder Kulturen) anwendet. Er zeigt dabei auch, *dass die Faszination durch den Fetisch den Nicht-Glauben an die entsprechende Illusion zur unbedingten Voraussetzung hat.* Diese in der Untersuchung der Verhältnisse der eigenen Kultur gewonnene Erkenntnis wird bis heute im interkulturellen Verhältnis leider oft vergessen. Nur wenige Theoretiker haben – wie zum Beispiel Johan Huizinga – in klaren Worten die Auffassung vertreten, dass das Ausüben von Ritualen in fremden Kulturen auf der Basis von Nicht-Glauben stattfindet.[13] Nur zu oft erscheint uns der andere, der mit Hilfe eines zeremoniellen Objekts ein Ritual ausübt, als der »Fetischist« oder als der »Fundamentalist«. Dies hat unter anderem zur Folge, dass der Fetischismus gleichsam »wandert« bzw. – wie manche Beobachter bemerkt haben[14] – unheimlicherweise geradezu wie eine Infektionskrankheit von einem Träger auf den nächsten überzuspringen scheint: Zum Fetischisten wird dann scheinbar und eigenartigerweise immer auch derjenige, der einen anderen dafür hält. Die Erklärung dieses Spuks ist dank Freuds Erkenntnis allerdings einfach: Wer anderen »Fetischismus« unterstellt, nimmt eben an, dass es möglich wäre, gleichzeitig die Rituale zu praktizieren und an den Fetisch zu glauben – und genau in dieser falschen Annahme besteht die »fetischistische« Illusion (d.h. jene, die die »Zivilisierten« den »Wilden« vorwarfen). Darum sind die wahren und einzigen »Fetischisten« überhaupt immer nur diejenigen, die meinen, einen »Fetischisten« entdeckt zu haben. (Wittgenstein brachte das zum Ausdruck, indem er trocken feststellte, Frazer selbst sei noch viel wilder als seine Wilden.)

Dieselbe paradoxe Entdeckung wie in Bezug auf den Fetisch hatte Freud bereits einige Jahre zuvor in Bezug auf die Empfindung des Unheimlichen gemacht. Auch diese Empfindung setzt notwendigerweise Nicht-Glauben voraus. Freud zeigt das schlüssig, wenn er das literarische Genre der Gespenstergeschichte mit dem des Märchens vergleicht: Dieselben Geister, die in der Gespenstergeschichte unheimlich wirken, sind es im Märchen nicht. Denn die Gespenstergeschichte geht, so Freud, von der Annahme einer rational verfassten Welt aus, in der es keine übernatürlichen Kräfte gibt. Nur unter solchen Voraussetzungen wirkt es unheimlich, wenn die Welt in bestimmten Momenten dann doch anders erscheint. Im Märchen hingegen sind die Voraussetzungen die entgegengesetzten:

»Die Welt des Märchens […] hat den Boden der Realität von vornherein verlassen und sich offen zur Annahme der animistischen Überzeugungen bekannt. Wunscherfüllungen, geheime Kräfte, Allmacht der Gedanken, Belebung des Leblosen, die im Märchen ganz gewöhnlich sind, können hier keine unheimliche Wirkung äußern […]«[15]

Die Empfindung des Unheimlichen ist somit, wie Freud vorführt, nur möglich für jemanden, der bestimmte frühere Illusionen überwunden hat. Wer hingegen noch naiv an ihnen festhält, für den ist nichts unheimlich. Das Unheimliche ist der Effekt einer Wiederkehr. Wenn es hingegen noch gar nicht fort gewesen, sondern einfach immer noch da ist, ist es nicht unheimlich, sondern angenehm – heimlich bzw. heimelig. In Angst versetzen kann man folglich immer nur diejenigen, die nicht mehr an Gespenster glauben. Was Menschen in Erregung versetzt, wären folglich nicht so sehr (wie die antiken Philosophenschulen übereinstimmend gelehrt haben)[16] *deren Einbildungen*; was die Menschen erregt, wären vielmehr vor allem *jene Einbildungen, die sie überwunden haben.*

In einem aber hätten die antiken Philosophen doch recht behalten: Es gibt keine Erregung, ohne dass Einbildungen (insbesondere überwundene) am Werk wären. Alles, was fasziniert, reizt, in Begeisterung versetzt, hat demnach mit überwundenen Einbildungen zu tun. Selbst die simpelsten, primitivsten und scheinbar uninspiriertesten Leidenschaften hätten ein Moment unbemerkter und überwundener Illusion an sich. Anatole France brachte diesen Gedanken zum Ausdruck, indem er bemerkte, dass man nicht sinnlich sein könne, ohne zugleich ein wenig Fetischist zu sein.[17]

6. Klares Bewusstsein und unbemerkter Schein

Freuds paradoxe Entdeckung ermöglicht es, eine wichtige methodologische Regel zu formulieren: *Das Ausüben einer materiellen magischen Praxis muss als Beweis dafür genommen werden, dass die Ausübenden nicht an Magie glauben.* Wo es Fetische gibt und wo Rituale praktiziert werden, geschieht dies auf der Grundlage überwundener Illusionen. Die Zwänge, die von Magie und Aberglauben ausgehen, beruhen keineswegs darauf, dass die Menschen sich mit solchen Auffassungen »eins fühlen« würden;[18] sie beruhen vielmehr gerade darauf, dass die Menschen Distanz dazu haben – d.h. sie beruhen auf den Prinzipien der »Ich-Spaltung« und der »Verleugnung«. Der Psychoanalytiker Octave Mannoni hat darum, wie erwähnt, für den psychischen Mechanismus, der diesen Vorgängen zugrunde liegt, die Formel geprägt: »Ich weiß zwar …, dennoch aber«.[19] Wenn wir von einem günstigen Horoskop amüsiert sind, dann nicht, weil wir an das Horoskop glaubten. Sondern unsere Erheiterung rührt, so Mannoni, vom Nicht-Glauben her; und ebenso unser Gefühl »unheimlicher« Berührtheit, falls das Horoskop unsere Lebensumstände zu tangieren und eine ungünstige Voraussage zu treffen scheint. Die Affekte »ungebührlich« großer Erheiterung oder Irritation stehen auf der Seite des »dennoch aber«; sie setzen voraus, dass ihnen ein besseres Wissen in der Form des »ich weiß zwar« entgegensteht. Andernfalls wäre nämlich der Affektwert weitaus geringer – etwa so, wie bei einer günstigen oder ungünstigen Wettervorhersage, die uns ja kaum in größere Erregung versetzt.

Daraus ergibt sich eine weitere wichtige methodologische Erkenntnis: *Die magischen Praktiken lassen sich nicht immer leicht als solche erkennen.* Denn die Illusion, die sie (als überwundene) beinhalten, ist nicht immer manifest. Magisches Verhalten lässt sich darum viel eher am Moment des Zwangs erkennen; hingegen ist es nicht immer einfach anzugeben, worin die jeweilige Illusion besteht – eben da sie von niemandem geglaubt wird und da deshalb ihr Inhalt oft niemandem bewusst ist.

So ist es zum Beispiel auffällig, dass Sportfans, wie bereits erwähnt, die Übertragungen von Fußballspielen, Auto- oder Skirennen etc. im Fernsehen immer live verfolgen müssen. Trotz der weiten Verbreitung von Videorecordern werden bei solchen Ereignissen immer Verabredungen vermieden und sogar extra die Wecker gestellt, um dabei zu sein, wenn z. B. auf einem fernen Erdteil um drei Uhr morgens gestartet wird. Von den Ausübenden sind nur selten hinreichende Erklärungen dieses Verhaltens zu bekommen. (Sie geben gern z. B. die – leicht zu widerlegende – Auskunft, dass man sonst Gefahr liefe, das Ergebnis bereits zu früh zu kennen.)

Erst im Vergleich mit anderen rituellen Verhaltensweisen der Sportfans – zum Beispiel ihren Zurufen an die Fußballer im Fernsehen – lässt sich erraten, worin die Notwendigkeit der persönlichen Gegenwart begründet ist: Mit dem Livezuschauen ist die

Vorstellung der Beeinflussbarkeit des Ereignisses verbunden. Man muss live zusehen, um den Spielverlauf mitbestimmen zu können.[20] Allerdings ist klar, dass niemand an diese Vorstellung glaubt; mehr noch, sie ist nicht einmal irgendjemandem gegenwärtig. Eine Idee, die von allen Betroffenen eindeutig als Illusion erkannt würde, sofern man sie ihnen präsentierte, prägt also, ohne in ihr Bewusstsein zu dringen, die gesamte Situation und übt mächtigen Zwang auf sie aus.

Es verhält sich hier genau umgekehrt zu jenen Illusionen, wie sie die Philosophie meist untersucht hat. Descartes zum Beispiel setzt sich in seinen Meditationen mit Vorstellungen auseinander wie jener, dass wir auf der Straße menschenähnliche Gestalten vorbeigehen sehen, aber nicht sicher wissen, ob es nicht verkleidete Automaten sind; oder dem Eindruck, die eigene Hand vor Augen zu haben, aber nicht sicher zu sein, ob ihr Bild nicht geträumt ist.[21] Bei derartigen Vorstellungen ist der Inhalt stets bewusst (wir haben ein Bild, eine Idee), nur ihr Wahrheitswert ist ungewiss.

Bei den meist nur am Zwangsmoment erkennbaren magischen Illusionen hingegen ist es eben umgekehrt: Wir könnten sofort sagen, dass die Vorstellung nicht der Wahrheit entspricht; das Problem ist nur, dass die Vorstellung uns nicht bewusst ist. So müssen viele Intellektuelle in Bibliotheken zum Beispiel Hunderte Seiten aus Büchern fotokopieren, auch wenn sie durchaus ahnen, dass sie die Kopien niemals lesen werden. Dennoch gehen sie sehr zufrieden mit ihrer Beute nach Hause und könnten ihre massive Zufriedenheit wohl kaum ausreichend erklären. Sie ahnen meist nicht, dass der Fotokopierapparat ihnen als »interpassives Medium« gedient hat, mit Hilfe dessen sie eine ziemlich buchstäbliche Darstellung des Lesens geliefert haben, und dass diese Darstellung des Lesens ihr Bedürfnis nach Lesen offensichtlich ebenso sehr befriedigt wie für einen sogenannten Wilden das Durchbohren einer Puppe seine Mordlust gegenüber seinem fernen Feind besänftigen mag.[22]

7. Eine Praxis des Augenscheins, nicht der Gesinnung

Magische Praktiken existieren somit immer nur dort, wo es ein ihnen entgegengesetztes Bewusstsein gibt. Sie bestehen in der – immer ein wenig zwanghaften – Inszenierung eines Augenscheins; und dieser Augenschein bleibt oft unbemerkt. Denn es ist nicht leicht anzugeben, wer diesem Schein eigentlich Glauben schenken soll, und darum denken diejenigen, die ihn aufbauen – da sie sich ihres entgegengesetzten Wissens völlig gewiss sind –, eben kaum an ihn.

Ein schönes Beispiel für diesen eigentümlichen Zwang des Nicht-Geglaubten hat der Philosoph Howard Mounce in einem Gedankenexperiment geliefert. Frank Cioffi beschreibt das Mounce'sche Experiment wie folgt:

>»He asked his students to imagine that they had pierced the eyes in a drawing of their mothers and that they then discovered that she had gone blind. Would they think themselves responsible? A certain proportion did. This argument does not get its force from how large a proportion this was but from our relation to the response of those who felt rationally unaccountable remorse.«[23]

Die Gewissensbisse (»remorse«), die auftreten, wenn die Mutter erblindet, nachdem man ihrem Porträt die Augen ausgestochen hat, weisen die Eigentümlichkeit auf, »rationally unaccountable« zu sein. Abermals ist die starke Affektwirkung also an die Abwesenheit entsprechender Überzeugung gekoppelt; diese Schuldgefühle sind durch einen Bereich des Nicht-Geglaubten (sowie durch eine entsprechende buchstäbliche Darstellung) bedingt.

Denn bei allem, wovon wir überzeugt sind, lassen sich klare, einschränkende Bedingungen angeben. Wir entsetzen uns vielleicht immer noch bei der grausamen Begegnung von Auge und Rasierklinge in Louis Buñuels Film *Un chien andalou*, aber wir kennen doch Ausnahmen (zum Beispiel dass man bei einer Augenoperation doch schneiden darf). Wenn das Verbot hingegen absolut und bedingungslos gilt, dann deshalb, weil wir an keine empirische und darum bedingte Kausalverbindung glauben. Das eigentümlich

»kategorische« und nicht begründbare Tabu muss darum immer als Effekt eines Nicht-Glaubens begriffen werden.[24] Nicht weil die »Wilden« so primitiv wären, dass sie die Gründe ihres Handelns nicht angeben können, beachten sie kategorische Tabus, sondern umgekehrt: *Weil sie an die im Tabu verkörperte Illusion nicht glauben, wird das Tabu für sie so absolut und nicht begründbar.*

In unserer Kultur hingegen wird in den meisten Hinsichten nicht der Augenschein, sondern die Absicht für das Entscheidende gehalten. Diese Auffassung hat eine ihrer radikalsten Formulierungen in Kants »Kritik der praktischen Vernunft« gefunden: Dort hängt, was das sittliche Handeln betrifft, alles vom Beweggrund und nichts von der Handlung ab. Man kann die Sache nicht einmal mehr versehentlich verpatzen, wenn nur der Beweggrund durch den Respekt vor dem Sittengesetz, dem kategorischen Imperativ, gebildet wurde. Jedoch gibt es auch in unserer Kultur Bereiche, in denen wir dem Augenschein sehr viel mehr Bedeutung beimessen – ja oft sogar die einzig maßgebende für die Beurteilung der Situation. Wenn zum Beispiel bei einer Beerdigung ein Trauergast beim Versuch zu kondolieren versehentlich einen der Hinterbliebenen ins offene Grab schubst, dann ist die ganze Zeremonie verdorben und bleibt als solche wohl unvergesslich in Erinnerung; da nützen Entschuldigungen oder Versicherungen, dass es nicht so gemeint war, wohl gar nichts. Die Sache ist *absolut* verdorben: Anders als bei den Absichten, in denen es zum Beispiel durch Beimischung von ein paar besseren Motiven zu den schlechten oder durch nachträgliche Reue auch zu graduellen Abstufungen im unsittlichen Handeln kommen mag, gibt es beim Augenschein nur harte Kontraste.[25] Diese Absolutheit, an der sich nichts bessern lässt, haben jene Handlungsweisen, die in unserer Kultur vom Prinzip des Augenscheins abhängen, mit jenen der Tabu-Gesellschaften gemeinsam.

Allerdings ist auffällig, dass solche Beispiele in unserer Kultur erst gesucht werden müssen: So sehr der Primat des Augenscheins in der Situation selbst von allen Anwesenden spontan anerkannt wird, so wenig ist seine Bedeutung innerhalb einer Kultur, die die Gesinnung privilegiert, im Allgemeinen bewusst.

8. Ein diskreter Charme

Weil die Magie eine Praxis des Augenscheins und nicht der Gesinnung ist und weil unsere Kultur die Besonderheit aufweist, den
Augenschein so sehr gering zu schätzen, dass ihr meist nicht einmal
jene Fälle bewusst sind, in denen er sogar die Hauptrolle spielt, vollzieht sich die Magie meist unbemerkt. Sie ist nicht dort, wo man sie
vermutet: etwa im Gebrauch von Amuletten oder anderen Gegenständen, wie sie in Esoterik-Shops verkauft werden. Solche Objekte
sind Entsprechungen einer (esoterischen) *Gesinnung*; die Magie
aber ist etwas völlig Oberflächliches, Äußerliches, Exoterisches, das
nur im *Gegensatz zu einer Gesinnung* existiert.[26] »Magier ist nicht,
wer es sein will«, haben Hubert und Mauss bemerkt.[27] Die Magie
erlaubt keine Identifizierung, wie eine Gesinnung sie fordert; denn
sie besteht nur im Gegensatz zum Wissen und Wollen.

Die Magie versteckt sich nicht in der Tiefe irgendeines geheimen
Wissens und entsprechender schauriger, unzweifelhaft »okkulter«
Requisiten, sondern an der Oberfläche jener unscheinbaren Details,
die angeblich nichts zu bedeuten haben; und man bemerkt sie
darum meist überhaupt nur am Moment des Zwangs: daran, dass
irgendetwas unbedingt sein muss oder dass ohne ein bestimmtes
Objekt irgendetwas nicht geht. Giorgio Agamben hat dies in seinem
schönen Essay über den Genius in Bezug auf die schriftstellerische
Produktion wie folgt beschrieben:

»Man muß dem Genius nachgeben [...], denn sein Bedürfnis ist
unser Bedürfnis, sein Glück ist unser Glück. Auch wenn seine –
unsere! – Ansprüche unsinnig und launenhaft erscheinen mögen,
tun wir gut daran, sie ohne Widerrede zu akzeptieren. Wenn ihr
er – zum Schreiben genau das gelbliche Papier, einen bestimmten
Stift braucht, und wenn es ausgerechnet das von links einfallende
schwache Licht sein muß, dann sagt ihr euch vergeblich, daß jeder Stift zum Schreiben taugt, daß jedes Papier und jedes Licht in
Ordnung ist. Wenn ohne das hellblaue Leinenhemd (um Gottes
willen nicht das weiße mit dem Angestelltenkragen!) das Leben
nicht lebenswert ist, wenn ihr es ohne die Zigaretten mit dem
schwarzen Papier absolut nicht schafft, dann hat es keinen Sinn,

wenn ihr euch immer wieder sagt, das seien Verrücktheiten, man müsse endlich Vernunft annehmen. *Genium suum defraudare*, seinen Genius hintergehen bedeutet auf Lateinisch: sich das Leben vergällen, sich selbst betrügen.«[28]

Weil sie Zwänge ausübt, ist die Magie denen, die ihr nicht entkommen, meist lästig: eine Plage. Selbst in der Theorie Freuds, der die Magie für eine narzisstische Praxis hielt, insofern sie, wie er meinte, gegen das Realitätsprinzip allein an den Wünschen festhält,[29] weisen die Beispiele bezeichnenderweise in die entgegengesetzte Richtung: Immer wenn bei Freud gezaubert wird, passiert genau das Gegenteil dessen, was die Wünschenden wollen. Wenn die gute Fee dem Ehepaar drei Wünsche freistellt, dann wünscht die Gattin sich Würstchen; der Gatte ärgert sich und wünscht, dass die Würstchen an der Nase der Gattin hängen; und dann bleibt nichts anderes mehr zu wünschen übrig, als dass die Würstchen wieder verschwinden mögen.[30] Und wenn der Rattenmann im Scherz sagt, dass den alten Herrn, der ihm das begehrte Hotelzimmer weggeschnappt hat, der Schlag treffen solle, dann stirbt der Arme wirklich, und der Rattenmann wird von beträchtlichen Schuld- (oder Scham-) gefühlen gequält.[31] Nicht, wie Freud meinte, die imaginäre »Allmacht der Gedanken« (und Wünsche) tritt in der Magie zutage, sondern vielmehr eine *Übermacht*; ein überschüssiges Gelingen, das in eine Wirklichkeit jenseits des Gewünschten führt. Die Zauberlehrlinge werden zu Opfern ihrer Besen.

Diese gegen das Wünschen gerichtete, äußerliche Dimension der Magie zeigt sich auch daran, wie schon betont, dass man beim Zaubern immer laut (d. h. hörbar) sprechen muss. Während die Religion sich dadurch auszeichnet, dass es auch individuelle, improvisierte Bitten in Form stiller Gebete und Verrichtungen gibt (weil Religion eben eine Sache der Gesinnung ist), erlaubt die Magie so etwas grundsätzlich nicht. In der Magie muss man (ähnlich wie in der Lyrik und beim Schimpfen oder Fluchen) bestimmte standardisierte, meist in Bezug auf Laut und Rhythmus kunstvoll geordnete Formeln sprechen: So kann man nicht einfach sagen: »Ich hätte gern, dass der alte Herr stirbt«, sondern man muss die allgemeine

Wendung benutzen: »Ihn soll der Schlag treffen«. Oder es genügt nicht, sich das Bild des »Candyman« lebhaft vorzustellen; man muss vor dem Spiegel im Badezimmer dreimal seinen Namen rufen.[32]

Man muss diese Formeln korrekt und vernehmbar aussprechen. Wenn man gesprochen hat, dann werden sie in der Magie wahr – gleichgültig, ob man das nun eigentlich will oder nicht. *In der Magie wird man beim Wort genommen – und nicht beim Wunsch.* Sie ist eine Sache der Buchstäblichkeit und nicht des Geistes oder der Geister. Genau darin ist die Magie alles andere als narzisstisch: Nicht was man selbst denkt, weiß, glaubt, wünscht oder meint, ist entscheidend, sondern was man sagt. Die Magie bewegt sich im Medium einer fremden Verbindlichkeit; einer symbolischen Ordnung, in der man nicht selbst zu Hause ist, sondern ein Anderer, der bestimmten, nicht beliebig veränderbaren Regeln folgt und dabei – wie ein vollkommen naiver Beobachter – nur auf das Objektive, Gesagte oder im Augenschein Dargestellte, und nicht auf das Subjektive, Gemeinte oder Beabsichtigte, hört und schaut.[33]

Auf diese fremde Verbindlichkeit keine Rücksicht zu nehmen, zum Beispiel nicht zu zögern, die Augen im Bild der Mutter zu durchstechen (weil man sich ohnehin sicher ist, dass es nicht so gemeint sei) – das wäre narzisstisch. Das magische Verhalten hingegen, das auf den Augenschein Rücksicht nimmt und darum vor einem solchen Akt zurückschreckt, ist es nicht. Diese für das magische Verhalten charakteristische Rücksichtnahme auf die Einbildung der anderen hat Slavoj Žižek in einem Kommentar über den Fetischismus anhand des Witzes von dem Psychiatriepatienten illustriert, der glaubte, er wäre ein Getreidekorn:

»Nachdem er einige Zeit in einem psychiatrischen Krankenhaus verbracht hatte, wurde er schließlich geheilt: Nun wußte er, daß er nicht ein Korn, sondern ein Mensch sei. Sie entließen ihn, aber er kam nach einiger Zeit wieder: ›Ich begegnete einer Henne und bekam Angst, daß sie mich fressen würde!‹ Der Doktor versuchte, ihn zu beruhigen: ›Aber wovor haben Sie denn Angst? Sie wissen doch jetzt, daß Sie nicht ein Getreidekorn, sondern ein Mensch sind.‹ – ›Natürlich, ich weiß, daß ich kein Korn mehr bin, aber weiß das auch die *Henne*?‹«[34]

9. Bloße Äußerlichkeiten

Unter diesen Voraussetzungen wird deutlich, wie treffend Frazers eingangs zitierte Bemerkung von der Wissenschaftsnähe der Magie ist. Wie in der Wissenschaft geht es auch in der Magie um das Objektive. Man wird beim Wort genommen, wie in der Rechtswissenschaft, und man muss auf die Gegebenheiten Rücksicht nehmen, wie in der Naturwissenschaft. Darum ist die Magie eine in so hohem Maß materielle Praxis. Im Gegensatz zur verinnerlichenden Religion, die auch stille Besinnungen kennt, muss die Magie ständig bestimmte Wortlaute aussprechen, Artefakte anfertigen und rituelle Handlungen setzen. Daher rührt die auffällige künstlerische Produktivität magischer Kulturen. Die Magie arbeitet ständig an der Veräußerlichung.

Und genau darum ist sie den Religionen verdächtig. Denn die Veräußerlichung erzeugt keine innere Gesinnung, sondern sie widersetzt sich ihr. Der schlagendste Beweis dafür, dass die Magie auf der Abwesenheit magischer Gesinnung beruht, zeigt sich dementsprechend im auffälligen Verhalten bestimmter Religionen gegenüber ihren eigenen Traditionen: Diese Religionen vollziehen, wie Sigmund Freud bemerkte, in ihrer Geschichte immer wieder bestimmte »Reformschübe«, in deren Verlauf sie einen großen Teil ihrer eigenen Rituale und Mythen abschaffen.[35] Diese periodische Feindseligkeit gegen einen Teil ihres eigenen materiellen Apparats (auf den sie gleichwohl niemals vollständig verzichten können) zeigt, dass die Religionen ihre eigenen Rituale plötzlich unter Magieverdacht stellen – das heißt, dass sie diese nunmehr nicht als Ausdruck religiöser Gesinnung begreifen, sondern, im Gegenteil, als Abwehrbewegung gegen solche Gesinnung, als deren Veräußerlichung.[36]

Die magischen Anteile bilden offenbar das ältere Heilige, das schon vor den um Verinnerlichung bemühten Religionen da war. Sobald solche Religionen entstehen, siedeln sie es an ihren Rändern an. Insofern diese Religionen Versuche einer »Zentrierung« darstellen und auf Identifizierung abzielen,[37] entwickeln sie aber notwendigerweise ein Spannungsverhältnis zu ihren peripheren Elementen: Jede dieser Religionen weist die Eigentümlichkeit auf, Elemente zu umfassen, die »eigentlich nicht dazugehören«, angeblich bloß für Kinder, Ungebildete oder Naive da sind. Und in bestimmten Zeitabständen werden solche Elemente gänzlich abgestoßen und für grundsätzlich der Religion fremd erklärt (zum Beispiel, wenn der Papst im Jahr 2006 die zu Ostern von philippinischen Christen praktizierten Kreuzigungen als »heidnisch« bezeichnet).

Weil die Magie nicht auf Gesinnung beruht, sondern vielmehr auf deren Abwesenheit (sowie auf den Abwehrbewegungen gegen solche Gesinnung), geht die Feindschaft gegen die Magie nicht von der aufgeklärten Vernunft aus, sondern vielmehr von der um Verinnerlichung bemühten Religion. Max Weber hat zu Recht festgestellt, dass die »Entzauberung der Welt«, die in Europa und den USA in den letzten Jahrhunderten stattgefunden hat, nicht das Produkt von Wissenschaft oder materialistischer Philosophie ist, sondern das Produkt einer Religion: des protestantischen Christentums.[38]

10. Das, was niemals dir gehört

Wenn es in unserer Kultur seit etwa vier Jahrzehnten einen auffälligen Verlust an magischen Qualitäten gibt und wenn in der Kunst seit den 1990er-Jahren eine massive Tendenz der »Entzauberung« beobachtet werden kann, dann scheint das von genau diesen Ursachen herzurühren. In der Kunst entspricht die gegenwärtige »Entzauberung« dem »Reformschub« innerhalb des frühneuzeitlichen Christentums: Während es in Kunsträumen bis Ende der 1980er-Jahre noch aussah wie in katholischen Kirchen, mit einer Menge an bunten und lebensfrohen Formen und Gestalten, wirken die Kunstvereine seither zutiefst protestantisch, mit ihrer Orientierung auf den Inhalt und das gesprochene bzw. geschriebene Wort.

Dem korrespondiert eine umfassendere gesellschaftliche Entwicklung: Westliche Gesellschaften verändern sich gegenwärtig, wie der bereits zitierte Richard Sennett 1974 hellsichtig bemerkte, von »außen- zu innengeleiteten Verhältnissen«.[39] Sie verlieren (oder beseitigen) jegliche Dimension von öffentlicher Darstellung und forcieren stattdessen ausschließlich die von dieser öffentlichen Figur unterschiedene, als authentisch erachtete private Person. Insofern werden westliche Kulturen zunehmend ichbezogen: Die »bohrende Frage, was diese Person, dieses Ereignis ›für mich bedeuten‹«, wird zum entscheidenden Kriterium für die Beurteilung von allem.[40]

Unter den Bedingungen des postmodernen Relativismus hat diese Tendenz eine entscheidende Verstärkung erfahren. Darum scheinen Sennetts Erkenntnisse gerade heute ihre volle Relevanz zu zeigen: Nach der Diffamierung jeglicher mit allgemeineren Ansprüchen verbundenen Vernunft ist eine extrem narzisstische, ichbezogene Kultur übrig geblieben. Ihr kategorischer Imperativ lautet, nichts zu dulden, was mit dem eigenen Ich (bzw. dem idealisierten Bild von diesem) nicht völlig übereinzustimmen scheint. Alles andere wird als »Entfremdung« oder »Heteronomie« empfunden. Ob dieser Ansatz aber tatsächlich eine Befreiung bedeutet, hat bereits Sennett bezweifelt, und die inzwischen zahlreicher gewordenen Erfahrungen scheinen ihm heute in besonderem Maß recht zu geben.

Michel Foucaults Studien haben dies in Bezug auf die Sexualität gezeigt: Unter den Bedingungen einer solchen narzisstischen Kultur wird Sexualität als intime »Wahrheit« einer Person behandelt, die in Form von Geständnissen und Bekenntnissen unbedingt zum Ausdruck gebracht werden muss.[41] Genau dieser Identifikationsdruck und Bekenntniszwang aber ist die Ursache, weshalb die einstige »sexuelle Befreiung« zur »sexuellen Belästigung« geriet: an der Sexualität gibt es eben etwas, das niemals mit dem Ich in völligen Einklang gebracht werden kann. Dies sind einerseits die Tatsachen des Triebes und des Begehrens, die beide niemals vom Ich ausgehen,[42] und andererseits der Umstand, dass Sexualität selbst eine Ordnung mit eigenen Maßgaben darstellt, die sich nicht den Wünschen und Absichten des Ich fügen. Da die »sexuelle Befreiung« unter der Prämisse der »Selbstverwirklichung« in Angriff genommen wurde,[43] musste sie unweigerlich auf dieses widerständige, für das Selbst nicht aneigenbare Element stoßen. Darum ist der Diskurs der »sexuellen Belästigung« nicht etwa, wie Jean-Claude Guillebaud meint,[44] eine Reaktion auf eine eventuell zu weit gegangene »sexuelle Befreiung«;

vielmehr stellt er deren logische Konsequenz dar: Eine intime Kultur, die nur das dulden kann, was sich zur vollen Identifizierung eignet, hat keinen Platz für Dinge, die nur reizvoll sind, wenn sie ein wenig unanständig bleiben und in Distanz vom Ich erlebt werden können.[45] Eine ältere Umgangssprache hingegen hatte immerhin noch Worte wie »schwach werden« oder »sich vergessen« für solche Gespaltenheiten des Begehrens zur Verfügung.

Der von Foucault bemerkte Identifikationsdruck bildet gegenwärtig auch die Voraussetzung für jegliche Toleranz: Die scheinbare Liberalität postmoderner Gesellschaften zum Beispiel in Bezug auf (monogame) Homosexualität wird nämlich um den Preis erkauft, dass nur noch jene Formen von Homosexualität geduldet werden, zu denen ihre Träger sich voll und ganz bekennen (etwa entsprechend der bekannten Formulierung des Berliner Bürgermeisters »Ich bin schwul, und das ist gut so«); also zum Beispiel die dem vorherrschenden Ideal heterosexueller Lebensformen nachempfundenen Formen homosexueller Monogamie. So ist der Homosexuelle der Homo-Ehe erträglich: er ist sozusagen ein vollkommen »homogenisierter« Homo – einer, der seine Homosexualität (ebenso wie nur einen einzigen Partner) voll und ganz – und nichts sonst – möchte.[46] Alles aber, womit keine volle Identifizierung möglich ist, alles, was sich dem Einklang mit dem eigenen Selbstbild ein wenig entzieht, ist dadurch nun noch weitaus mehr geächtet als vorher.

Das Studium der Magie – und insbesondere der magischen, glamourösen Tatsachen in der jüngeren Vergangenheit unserer Kultur – kann gegenüber der postmodernen Tyrannei der Intimität ein anderes Bild von Befreiung und Glück in Erinnerung rufen. Die Beschäftigung mit der Form und der Buchstäblichkeit dient der Veräußerlichung: nicht der Aneignung und Identifizierung, sondern dem Unpersönlichwerden. »Man schreibt, um unpersönlich zu werden«, hat Giorgio Agamben in seinem Text über den Genius geschrieben (Agamben 2005: 11). Die Zivilisiertheit einer Kultur könnte genau daran gemessen werden: nämlich inwiefern sie imstande ist, dieses Unpersönliche – das, was die Individuen an sich selbst nicht zur vollen Identifizierung bringen können – als etwas

Allgemeines zu würdigen und es als etwas für die Gesellschaft Erfreuliches zu feiern. Was es für sie leistet, ist schließlich nichts Geringes: Das Unpersönliche der Magie erspart einer Gesellschaft ein Gefühl der Enge und verleiht ihr einen Hauch von Welt.

5. Immer fleißig spielen!
Profaner Realismus und heiliger Ernst zwischen Menschen und Maschinen

1. Die Abbildfunktion

In seinen Beobachtungen über Tokio beschreibt Roland Barthes einmal einen Blick in eine Halle, in der das Automaten-Spiel »Pachinko« gespielt wird – und zwar mit dem folgenden, etwas überraschenden und eher wenig anmutend klingenden Vergleich:

> »Die Halle ist ein Bienenstock oder eine Fabrikhalle; es sieht aus, als arbeiteten die Spieler am Fließband.« (Barthes 1981: 44)

Das von Barthes beobachtete populäre japanische Spiel in diesem 1970 veröffentlichten Text ähnelt offenbar noch den damals, Anfang der 70er-Jahre vorherrschenden Formen fordistischer Fabrikarbeit. Heute hingegen, wo viele ihrer sogenannten »immateriellen« Arbeit einsam zu Hause oder an irgendeinem Ort der Welt am Computer nachgehen, scheinen auch die Spiele, ob am Computer, der Playstation oder anderen Maschinen, die Spielenden zunehmend in die Isolation der eigenen (oder irgendwelcher) vier Wände zu führen; mitunter lassen sie sie sogar (nicht nur in Japan) zu sogenannten »Otakus« ohne jeden – und sei es auch nur räumlichen – Bezug zur Gesellschaft werden. Das bedeutet, dass Menschen offenbar oft sehr ähnlich spielen, wie sie arbeiten. Das Spiel erfüllt eine Abbildfunktion gegenüber jener Arbeit, von der es doch erholen soll. Leute, die in ihrer Arbeit großen Stress bewältigen und blitzschnelle Entscheidungen treffen müssen wie Broker, spielen gerne blitzschnelle Spiele wie Squash; Leute, die im Beruf große Risiken eingehen müssen wie Manager, erholen sich bei riskanten Sportarten wie »Rafting«; und andere, denen ein hohes Maß an Geduld abgefordert wird, zum Beispiel beim Anfertigen langwieriger Planzeichnungen in der Architektur, gehen zum Ausgleich angeln.

Barthes gibt allerdings vom »Pachinko« noch eine zweite Beschreibung:

»Der beherrschende Eindruck, den die Szene vermittelt, ist der einer angestrengten, die Aufmerksamkeit vollkommen beanspruchenden Arbeit [...].« (ebd.)

Auch diese Beschreibung klingt zunächst, wie die erste, ein wenig paradox; denn sie legt erneut die Frage nahe, wieso Leute sich so etwas überhaupt antun und inwiefern das lustvoll sein könnte. Zuerst geht man in seiner Freizeit freiwillig in eine Art »Fabrikhalle«, und dann lässt man seltsamerweise auch noch seine Aufmerksamkeit von den dort geforderten Vorgängen »vollkommen beanspruchen«.

Allerdings klingt in der zweiten Beschreibung auch etwas Neues an – etwas, das es fraglich erscheinen lässt, ob die von Barthes erneut hergestellte Analogie zur Arbeit hier überhaupt noch gegeben ist. Denn beansprucht die berufliche Arbeit die Aufmerksamkeit der Arbeitenden in der Regel tatsächlich so vollkommen? Ist dieses totale Gefesseltsein durch die eigene Tätigkeit in der beruflichen Arbeitswelt nicht eher selten?

2. Die Besessenheitsfunktion

Was Barthes hier bemerkt hat, bildet, wie bereits gezeigt (s. oben, Kapitel 1), den zentralen Punkt der Überlegungen von Johan Huizingas Studie »Homo ludens«. Huizinga hatte betont, dass das Spiel wie keine andere Tätigkeit imstande ist, Menschen in Erregung zu versetzen und zu bannen. Diese gesteigerte Faszinationskraft unterscheidet das Spiel von den Verrichtungen des übrigen Lebens.[1] Wenn jemand dieser Faszination verfällt, so kann dies darum nicht aufgrund einer Verwechslung geschehen. Man muss wissen (oder wenigstens glauben), dass man sich in einem Spiel befindet, um davon gebannt zu werden. Unwissenheit oder Verwechslung hingegen würden den Bann nicht aufkommen lassen. (Sie bilden somit in diesem Fall sehr paradoxe Voraussetzungen von Freiheit.)

Das Spiel ist also, Huizinga zufolge, durch eine Besessenheitsfunktion gekennzeichnet, durch die es sich von der Arbeit markant unterscheidet. Während die Abbildfunktion des Spiels eine gewisse Wirklichkeitsnähe erzeugt, leistet die Besessenheitsfunktion das Gegenteil und entrückt die Spieler in eine extreme Weltferne. Aufgrund dieses dem Spiel eigenen »heiligen Ernstes« – seiner erstaunlichen Fähigkeit, eine alltägliche, profane Ordnung augenblicklich zu sistieren – betrachtet Huizinga das Spiel als den Ursprung jeglicher Kultur: von Religion, Kunst, Sport etc. Zugleich hat Huizinga es mit dieser Erkenntnis möglich gemacht, die das Spiel betreffenden Fragen in den Begriffen des Heiligen und des Profanen zu stellen. Diese kulturtheoretischen Koordinaten erscheinen als ein entscheidendes Hilfsmittel; zum Beispiel wenn man klären will, warum sich das Spiel in verschiedenen historischen Epochen sehr unterschiedlicher Beliebtheit erfreut.

3. Das Rätsel vom Verschwinden des Spiels

Obwohl alle Kultur aus dem heiligen Ernst des Spiels hervorgeht, gibt es nämlich, wie Huizinga bemerkt, eine paradoxe, gegenläufige Tendenz in der Kultur: die aus dem Spiel entstandene Kultur bringt ihrerseits das Spiel zum Verschwinden. Huizinga schreibt:
»In dem Maße, wie die Kultur sich geistig entfaltet, breiten sich die Gebiete, auf denen der spielhafte Zug nicht oder kaum wahrnehmbar ist, auf Kosten der Gebiete aus, in denen das Spiel freie Bahn hat.« (Huizinga 1956: 131)

Diese von Huizinga an vielen Beispielen genau untersuchte asketische Tendenz zum »Ernstwerden« der Kultur – d.h. zur Ersetzung von freudigem, heiligem Ernst durch nüchternen, profanen – bildet das zentrale Rätsel für seine Theorie.

Nun sind wir in der gegenwärtigen Alltagskultur allerdings, wie es scheint, umgeben von neuen Maschinen, durch die das Spiel sogar bis in die feinsten Poren unserer Verrichtungen einzudringen scheint: Handys, iPods, Konsolen übernehmen, wie Justin

Hoffmann bemerkt hat (Hoffmann 2007), eine für immer mehr Menschen bestimmende, und weitgehend durch Spielfunktionen gekennzeichnete Rolle.

Zwei Schlussfolgerungen könnten daraus abgeleitet werden: entweder könnte man schließen, dass sich die Zeiten seit Huizingas Erkenntnissen eben wieder geändert haben und dass Spiel und heiliger Ernst in der Kultur nun wieder verbreitet sind wie kaum zuvor. Oder aber man könnte zu der Schlussfolgerung gelangen, dass Huizinga immer noch recht hat und dass gerade die genannten, derzeit beliebten Maschinenspiele als ein Effekt des profanen Ernstwerdens der Kultur begriffen werden müssen. Dies würde allerdings zugleich bedeuten, dass man zu erklären hätte, weshalb nicht alle Spiele gleichermaßen dem heiligen Ernst in der Kultur zuträglich sind. Gibt es also zwei Arten von Spielen? Spiele des heiligen Ernsts und Spiele der profanen Ernüchterung?

4. Eine erste Erklärung: McLuhans These von der Abkühlung und dem Sakralwerden der Kultur

Eine erste Antwort auf diese Fragen findet sich in Marshall McLuhans 1964 erschienenem Werk »Understanding Media«. Dort stellt McLuhan, ähnlich wie Barthes, eine gewisse Abbildfunktion des Spiels – eine Analogie zwischen der vorherrschenden Arbeitsorganisation und den beliebtesten Spielformen einer gegebenen Gesellschaft – fest: Er bemerkt, dass jene Spiele am meisten Spaß machen, »die Situationen aus unserem Arbeits- oder Geschäftsleben nachahmen«. Denn sie befreien »aus der monopolistischen Gewaltherrschaft des Gesellschaftsapparates« (»social machine«) (McLuhan 1968: 258).

Diese wenigstens partielle emanzipatorische Funktion der Spiele gegenüber der Arbeit könnte allerdings daher rühren, dass es, McLuhan zufolge, eine »Ungleichzeitigkeit« zwischen den beiden gibt. Nicht die aktuelle Arbeitsform wird nämlich im Spiel abgebildet, sondern eine frühere:

»The social practices of one generation tend to get codified into the ›game‹ of the next.« (McLuhan 1987: 239)

So werden zum Beispiel die berühmten Jagdszenen der Höhlenmalereien von einer Gesellschaft angefertigt, die nicht mehr in der Jagd, sondern im Ackerbau ihre vorherrschende Produktionsform hat. Die neue Technologie »umhüllt«, wie McLuhan schreibt, »die alte und verwandelt sie in eine Kunstform« (McLuhan 2001: 113).

Spiele können darum ihre reproduzierende – das heißt: die Individuen partiell befreiende und zugleich die Gesellschaftsstruktur erhaltende – Funktion nur dann erfüllen, wenn sie die vorherrschende Produktionsform der Gesellschaft eben nicht abbilden. McLuhan setzt dieses notwendige Verschiebungsverhältnis sogar in Bezug zu seiner grundlegenden Unterscheidung zwischen »kalten« Stammeskulturen, deren Medien detailarm kommunizieren und alle menschlichen Sinne gleichzeitig ansprechen, und der »heißen«, europäischen neuzeitlichen Kultur, worin das Medium des Buchdrucks vorherrscht, das nur einen einzigen Sinn anspricht, diesem aber sehr detailreiche Informationen vermittelt. Das Verschiebungsverhältnis zwischen der Gesellschaft und ihren Spielen entwirft McLuhan darum wie folgt: Kalte Kulturen brauchen heiße Spiele, und heiße Kulturen brauchen kalte. Das Glücksspiel ist, so McLuhan, »heiß« und individualistisch und erfüllt darum in einer »kalten« Stammesgesellschaft eine belebende Funktion, während es in einer »heißen« alphabetisierten Gesellschaft deren zersetzendes Prinzip auf die Spitze treibt und dadurch die soziale Ordnung bedroht.

Der Alkohol im Gegensatz dazu ist »kalt«, d.h. er bewirkt gemeinschaftliche Verbindung und bedroht eben dadurch gemeinschaftliche Stammeskulturen, während er in atomistischen westlichen Gesellschaften verbindend wirkt. Daraus erklärt McLuhan die Prohibition nach dem Ersten Weltkrieg: die westlichen Gesellschaften waren durch den Krieg so weit gemeinschaftlich »fraternisiert«, dass der Alkohol auf sie ähnlich bedrohlich gewirkt hätte wie auf eine Stammeskultur (s. McLuhan 1987: 234f.).

Auch wenn Spiele, wie McLuhan feststellt, »popular art forms«, sozusagen »Volkskunst« sind (McLuhan 1987: 238), begreift er Spiel und Kunst als gleichermaßen abgehobene, spezialisierte Praktiken: »Kunst und Spiel brauchen Regeln, Vereinbarungen und Zuschauer. Sie müssen sich von der Gesamtsituation als deren Modell abheben, damit der Spielcharakter gewahrt bleibt.« (McLuhan 1968: 261)

Das bedeutet, dass »kalte« Stammeskulturen möglicherweise gar keine Spiele besitzen könnten: denn die Abtrennung einer Spielsphäre, die Unterteilung in Darbietende und Zuschauer etc. scheinen allein der Spezialisierungsstruktur einer »heißen« Kultur zu entsprechen. Spiel und Kunst können darum vielleicht überhaupt nur in einer atomisierten, spezialisierten Gesellschaft existieren – während Stammeskulturen, wie McLuhan feststellt, sich beim Übergang zur Alphabetisierung oft unfähig zeigen, Spiele als »antidotes« zu entwickeln (s. McLuhan 1987: 241). In einer Stammeskultur gibt es also die »popular art forms« der Spiele nicht als eigenständige Sphäre:

»[...] in a native society there is no true art because everybody is engaged in making art.« (McLuhan 1987: 240)

Oder, wie ein balinesischer Informant erklärt, den McLuhan mit Amüsement zitiert: »›Wir haben keine Kunst: wir machen einfach alles so gut wie möglich.‹« (McLuhan 2001: 108). – Auf das Spiel umformuliert, könnte man demnach sagen: »Wir haben keine Spiele. Wir machen alles so enthusiastisch wie möglich.«

Da die westlichen Gesellschaften sich, entsprechend McLuhans hellsichtiger Grundthese, im 20. Jahrhundert durch die Vorherrschaft der neuen, elektrischen Medien in »Abkühlung« befinden und in ihrer Struktur wieder den »kalten« Stammeskulturen ähnlich werden, müssen in ihnen Spiel und Kunst als abgeschiedene Teilsysteme ähnlich zum Verschwinden gelangen, wie sie es in der kalten balinesischen Kultur sind:

»In the electric age, the closing of the gaps between art and business [...] are part of the overall implosion that closes the ranks of specialists at all levels.« (McLuhan 1987: 243)

McLuhan sieht also Spiel und Kunst gleichermaßen untergehen. An ihrer Stelle entsteht, wie er bemerkt, eine Gesellschaft totaler Partizipation – eine Gesellschaft, die durch ihre totale Beteiligung aller Anwesenden wieder stark einer Stammeskultur gleicht. Jene Tendenzen, die in der Kunst seit den 60er-Jahren gemäß dem sogenannten »performative turn« auf Partizipation, Interaktivität und Aufhebung der Differenz von Produzierenden und Rezipierenden abzielen (s. dazu Ullrich 2003), begreift McLuhan als adäquaten Umgang mit einer abgekühlten Kultur (s. McLuhan 2001: 122). Kunst und Spiel gibt es dann zwar nicht mehr. Aber die Implosion zur Stammeskultur begrüßt McLuhan optimistisch als Aufhebung einer schmerzlichen Spezialisierung und als Wiedergewinnung einer »gesamtpersönlichen Einbeziehung« (McLuhan 1968: 337).

Übereinstimmend mit Huizinga erkennt McLuhan also die auf das Verschwinden des Spiel-Elements gerichteten Tendenzen in der Gegenwartskultur. Im Gegensatz zum Theoretiker des »heiligen Ernsts« fasst er jedoch das Verschwinden des Spiels nicht als Effekt einer Profanisierung auf, sondern vielmehr als Wirkung der Verallgemeinerung des spielerischen und magischen Anteils in der Kultur: In einer Stammesgesellschaft gibt es kein Spiel, weil es kein Gegenteil davon gibt – ebenso wenig wie es profane Räume gibt (s. McLuhan 2001: 109). Hier ist alles heilig und alles Spiel bzw. Kunst; darum fällt es nicht als Besonderes auf.

McLuhans Antwort auf die Frage nach dem Verschwinden des Spiels lautet also: weil unsere Kultur kalt ist und wieder einer Stammeskultur gleicht, und weil der heilige Ernst in einer abgekühlten Kultur überall ist, darum tendiert das Spiel nur scheinbar zum Verschwinden, in Wahrheit aber zu einem universellen Auftauchen. Die vorhandenen und sich vermehrenden Spiele auf den Konsolen etc. müssten nach McLuhan dann ebenso wie die Arbeit, die sie abbilden, als Formen gleichermaßen heilig-ernster, beteiligender spielender Betätigung begriffen werden. Ein Indiz, das McLuhan recht zu geben scheint, wäre das massive Auftauchen von »nerds« und »workaholics«, die ihre – meist einsame, computergestützte – Arbeit mit derselben Besessenheit verrichten wie andere ihre Spiele. Auch der Umstand, dass in der aktuellen Praktikums- und Prekariatsökonomie manche Arbeiten, ähnlich wie Spiele (aber sogar im Gegensatz zu manchen professionellen Spielen), oft gegen geringe oder nichtige Bezahlung ausgeführt werden, könnte für McLuhans Theorie sprechen: der universelle Enthusiasmus der »kalten« Beteiligung wirkt hier als Lohndrücker.

5. Zu einer zweiten Erklärung. Mannoni: L'illusion ludique. Das Spiel und die Einbildung ohne Eigentümer

Innerhalb der von Huizinga vorgelegten kulturtheoretischen Koordinaten des Heiligen und des Profanen lässt sich jedoch noch eine zweite, abweichende Theorie über das Verschwinden des Spiels formulieren. Einen ersten Ausgangspunkt dazu bilden die Studien des Psychoanalytikers Octave Mannoni, der in den 60er-Jahren des 20. Jahrhunderts die Struktur der dem Spiel innewohnenden Illusion untersuchte und die wir oben bereits kennengelernt haben. Wie bereits Huizinga weist auch Mannoni darauf hin, dass im Wort »illusio« das Wort »ludus« (Spiel) steckt und »Illusion« demnach wörtlich »Einspielung« bedeutet (s. Mannoni 1985: 162; vgl. Huizinga 1956: 19). Durch ein Spiel-Element wird die Illusion also illusorisch. Darum muss dem Spiel als solchem eine Illusion innewohnen – auch wenn vielleicht (wie z. B. bei manchen sportlichen Spielen oder auch bei selbstvergessenen Tätigkeiten wie ziellosem Herumfahren mit dem Auto oder Summen einer Melodie) gar nicht immer sofort manifest ist, worin der Inhalt der Illusion überhaupt bestehen könnte. Mannoni bezeichnet sie als »illusion ludique« und interessiert sich für deren besonderen Status im Verhältnis zu anderen, vertrauteren Illusionen.

Was Mannoni hellsichtig entdeckt, um es noch einmal etwas anders zu fassen, ist, dass viele Vergnügungspraktiken dadurch gekennzeichnet sind, dass in ihnen eine Fiktion aufrechterhalten wird, obwohl alle Anwesenden sie als Fiktion durchschauen: Nicht sie glauben etwas; sondern sie erfreuen sich an etwas, das »man hätte glauben können«, obwohl sie selbst es nicht glauben (s. Mannoni

2006: 18). Im Varieté zum Beispiel, so Mannoni, wissen alle Besucher, dass der Zauberkünstler über keine übernatürlichen Kräfte verfügt, dennoch aber sind sie interessiert daran, dass es so aussieht und dass die Fiktion durch den Trick geschickt aufrechterhalten wird. Wenn die Kaninchenohren zu früh aus dem Zylinder hervorlugen, entsteht beim Publikum eine beträchtliche – unter den genannten Voraussetzungen eigentlich erstaunliche – Enttäuschung. Nicht die Besucher, sondern vielmehr eine Art »unsichtbarer Dritter« scheint im Varieté getäuscht zu werden – durch ein Schauspiel, bei dem Künstler und Publikum gleichsam unter einer Decke stecken (s. Mannoni 2006: 19). Die Enttäuschung entsteht, wenn dieses Manöver misslingt. Dasselbe, so Mannoni, gilt auch für das Theater, dessen Fiktionen wie ein gemeinsam gehütetes Geheimnis zwischen Schauspielern und Zuschauern Einigkeit herstellen. Ein unsichtbarer, virtueller Zuschauer, der durch keine der anwesenden Personen verkörpert wird, ist der eigentliche Träger und Adressat der Täuschung; ihm gelten die gesamten Anstrengungen; und nur über ihn sind die beträchtlichen, triumphalen Freisetzungen freudiger Affektmengen bei den Beteiligten gelungener Spektakel zu erklären.

Mit dieser Entdeckung liefert Mannoni die psychoanalytische Theorie zu Huizingas Grundthese vom »heiligen Ernst«: Wenn es etwas gibt, das alle Spiele auszeichnet, dann ist es ein »als ob« – eine fiktive Dimension, die sich in erster Linie als Distanz zwischen Person und Rolle zeigt. Wie Huizinga zu Recht betonte, müssen alle, die am Spiel Freude haben sollen, diese fiktive Dimension durchschauen. Die Freude des heiligen Ernsts kommt nur auf, wenn die Illusion des Spiels suspendiert ist: das heißt, Spieler wie Zuschauer müssen »persönlich« diese Illusion durchschauen, aber sie trotzdem aufrechterhalten, indem sie ihre Rolle, sei es als Spieler oder als Zuschauer, einnehmen und durchhalten. Damit erhält die Illusion einen eigentümlichen Status: man kann – wie Huizinga in Bezug auf westliche Erwachsene ebenso wie auf »Wilde«, Kinder und sogar Tiere präzise feststellt – kaum sagen, wer Träger dieser Illusion sein könnte. »Ein hintergründiges Bewußtsein von ›Nichtechtsein‹ fehlt nicht.« (Huizinga 1956: 29). Die Illusion des Spiels ist sozusagen niemandes Illusion, eine Einbildung ohne Eigentümer (vgl. dazu Mannoni 1985, Pfaller 2002).

Diese Eigentümlichkeit unterscheidet die suspendierte Illusion des Spiels von den übrigen Illusionen – jenen, die als Überzeugungen und Gesinnungen durchaus stolze Besitzer aufweisen und die dadurch spürbarer in Erscheinung treten. Genau an diesem Punkt – dem Verhältnis dieser aufgehobenen Illusion zu den Illusionen, die Eigentümer haben – muss in unserem zweiten Erklärungsversuch das Problem vom Verschwinden des Spiels kulturtheoretisch situiert werden.

6. Sennett: Liquidierung des »als ob«.
Die Tyrannei profaner Intimität

Wie Richard Sennett zeigt und oben bereits erwähnt worden ist, hier jedoch noch einmal in dem besonderen Zusammenhang vertieft werden soll, ist gerade diese fiktive Dimension der Einbildungen ohne Eigentümer bzw. der »illusion ludique« etwa seit 1968 massiv im Verschwinden begriffen. Bis dahin hatten westliche Gesellschaften seit der Renaissance eine ausgeprägte Kultur der öffentlichen Darstellung entwickelt. Es war eine Kultur des »als ob«, die deutlich zwischen Person und Rolle unterschied. In der Öffentlichkeit benahmen, kleideten, bewegten sich Leute anders, und sie sprachen anders. Sie erzeugten einen Augenschein, der für andere etwas darstellen sollte. Diese theatralische Dimension des öffentlichen Lebens wurde zum Beispiel durch die Architektur öffentlicher Plätze unterstützt. So fungierte der öffentliche Raum als eine Art Bühne, die jeden zum Schauspieler für die anderen werden ließ (s. Sennett [1974]: 92, 143). Durch diese theatralische Ordnung des Augenscheins erhielten zum Beispiel die Plätze kleiner italienischer Städte eine Mondänität, über die heutige Besucher staunen (auch wenn sie aus viel größeren Städten kommen).

Genau dieser spielerische, auf dem Prinzip der aufgehobenen Illusion beruhende Unterschied zwischen dem Öffentlichen und dem Privaten aber ist, wie Sennett beobachtet, nunmehr im Verschwinden begriffen. Westliche Gesellschaften liquidieren zunehmend dieses »als ob«. Sie nehmen, um mit Mannoni zu sprechen, keine Rücksicht mehr auf den unsichtbaren Zuschauer, der allein auf das achtet, »was man hätte glauben können«, und machen die Frage, was die Anwesenden selbst glauben, zum alleinigen Kriterium aller Vorgänge. Nicht der äußere Anschein ist nun wichtig, sondern allein die innere Überzeugung. Dies führt zu einer Ablehnung und Bekämpfung sämtlicher auf öffentliche Darstellung zielender und auf dem Prinzip der aufgehobenen Illusionen beruhender Formen des Spiels. Stattdessen werden nur noch jene Einbildungen geduldet, mit denen man sich zur Gänze identifizieren kann.

Ein spürbarer Verlust von Glamour und Mondänität auf allen Ebenen ist eine der deutlichsten Folgen dieser narzisstischen Kulturentwicklung. Genau insofern muss der Verlust des Spiel-Elements in der Kultur doch – mit Huizinga und gegen McLuhan – als Profanisierung begriffen werden: Das Öffentliche wird zugunsten des Privaten getilgt; die gespielte Rolle zugunsten der »authentischen« Person; die durchschaute Illusion des Spiels zugunsten der von den Personen als Wahrheiten erachteten und als Überzeugungen getragenen Einbildungen; das Heitere und Gesellige der Darstellung zugunsten des finsteren Narzissmus; der heilige Ernst des öffentlichen Spiels zugunsten des profanen Ernstes des privaten Lebens; das Feierliche zugunsten des Lieblos-Nüchternen; und das Glamouröse, Mondäne zugunsten des sozusagen »gottverlassen« Intimen und Provinziellen des »global village«. Mit einem Ausdruck von Max Weber kann man diesen Prozess auch als »Entzauberung der Welt« bezeichnen.

7. Max Weber:
Entzauberung durch Religiöse, die es nicht ahnen.
Abschluss der zweiten Erklärung.

Die entscheidende Pointe von Max Webers Theorem über die »Entzauberung der Welt« besteht, wie gesagt, in der Entdeckung, dass diese nicht etwa von der Wissenschaft oder der materialistischen Philosophie ausgeht, sondern vielmehr von der (radikalisierten, protestantischen) christlichen Religion. Weber erkennt damit, dass diese Entwicklung nicht, wie sie selbst mitunter meint, ein Aufklärungsprozess ist, sondern vielmehr ein Prozess der Verinnerlichung.[2] Die magischen Werte gehen nicht deshalb verloren, weil aufgrund besserer Einsicht weniger geglaubt würde, sondern deshalb, weil man beginnt, intensiver zu glauben. Der Aberglaube wird vom Bekenntnis verdrängt. Was sich in dieser Geschichte durchsetzt, ist nicht die Vernunft, sondern die Religion.

Mit Hilfe der Befunde von Bela Grunberger und Pierre Dessuant (Grunberger/Dessuant 2000) wird Webers Entdeckung psychoanalytisch kommentierbar, wie oben gesehen: das Zauberhafte in der Kultur, das auf dem Prinzip des Spiels und mithin auf den symbolischen Ordnungen der Einbildungen ohne Eigentümer beruht, wird vom Narzissmus einer ichfixierten Religion getilgt. Wie bereits Weber bemerkt, ist diese religiöse Haltung so ichfixiert, dass sie sich ihres religiösen Hintergrunds keineswegs bewusst zu sein braucht. Es gibt Christen, die es nicht wissen; und ihre »spontanen« Überzeugungen sind die Entsprechungen der dominierenden aktuellen Kulturentwicklung. Selbst der postmoderne Relativismus, der angeblich an gar nichts glaubt, tut dies ja gerade deshalb, weil er so stark an sich selbst (und an nichts sonst) glauben möchte. Insofern ist er der legitime Erbe einer narzisstischen Religion und einer der Hauptagenten heutiger »Tyrannei der Intimität«. In seinem Ressentiment gegen alles Glamouröse und Große (wie z.B. die sogenannten »großen Erzählungen«) verrät dieser Relativismus nach wie vor deutlich seine Herkunft: den christlichen Hintergrund einer »Religion der Schwachen« sowie ihrer von Nietzsche nachgewiesenen Rachebedürfnisse (s. dazu Nietzsche [1887]: 228 ff.; vgl. auch Sennett [1974]: 351 ff. sowie Sloterdijk 2006: 162).

Wir können die zweite, mit Hilfe von Mannoni, Sennett und schließlich Weber gewonnene Erklärung zum Rätsel vom Verschwinden des Spiels nun wie folgt resümieren: es gibt ein Verschwinden des Spiels; dieser Eindruck Huizingas ist richtig und keine Täuschung (wie McLuhans Theorie es nahelegte). Der Grund für dieses Verschwinden liegt nicht, wie von McLuhan angenommen, in der

»Abkühlung« der westlichen Kultur im 20. Jahrhundert. Vielmehr ist es eine ältere, »heiße« Kraft, die diese Tendenz herbeigeführt hat: ein narzisstischer Verinnerlichungsvorgang, wie er für den Protestantismus in seinen religiösen sowie in seinen unbewussten, säkularen, z. B. postmodernen Gestalten charakteristisch ist. Das Spiel ist verschwunden, weil es einer ichfixierten Kulturentwicklung – in mehreren historischen Anläufen – gelungen ist, die öffentliche Sphäre den Ansprüchen des Privaten zu unterwerfen und damit eine vollkommen entzauberte, profane und intime Welt herzustellen.

Unter diesem Gesichtspunkt lassen sich auch die in Form von elektronischen Kleingeräten in die Zwischenräume und -zeiten des Alltagslebens vorgedrungenen Spiele begreifen: zwar werden diese Spiele nicht ausschließlich alleine gespielt, sondern mitunter zu zweit oder in Gruppen; aber bezeichnenderweise sind es immer Spiele ohne Zuschauer – insbesondere ohne unsichtbaren Dritten. Es wird darin für niemand anderen so getan, als ob. In ihnen entsteht kein Darstellungsaufwand, der für den Blick von anderen bestimmt wäre. Man kann zwar von außen wahrnehmen, dass jemand spielt; aber was gespielt wird, ist nicht für diese Wahrnehmung bestimmt. Kein hinzukommender Zuschauer kann jemals mit solchen Spielern unter einer Decke stecken und mit ihnen gemeinsame Sache machen, um einen virtuellen Dritten zu täuschen. Während zum Beispiel die urbanen Spiele der Höflichkeit dazu da waren, Geselligkeit und Austausch zu ermöglichen, sind die neuen, intimen Spiele und ihre sichtbaren Anzeichen lediglich dazu da, zu signalisieren, dass im Moment kein solcher Austausch möglich ist.

Die neuen Medienspiele dienen also dazu, das Spiel zu individualisieren und den Individuen sogar in der Öffentlichkeit intime Räume zu eröffnen. Der entscheidende Punkt dabei ist, dass das Spiel, das eigentlich eine Ressource der Geselligkeit wäre, nun in diese neu eröffneten Intimräume verbannt wird. Darin besiegelt sich die Tyrannei der Intimität: ihr Übergriff auf den öffentlichen Raum ist so total geworden, dass die Individuen nun selbst das, was ihre Zivilisiertheit wäre, nur noch in Privaträumen »abführen« dürfen – so, als handelte es sich dabei um etwas Degoutantes, Exkrementartiges, das man niemandem zeigen darf. Die postmoderne »Freiheit«

intimer Kulturen besteht, wie Slavoj Žižek gezeigt hat, nicht etwa in Möglichkeiten, etwas zu tun oder zu bekommen, sondern ausschließlich darin, vom Anderen nicht belästigt zu werden (s. Žižek 2002: 21 f.) – und zwar insbesondere, wie wir hinzufügen möchten, nicht durch dessen Zivilisiertheit.

Insofern gleicht das, was mit dem Spiel in seinen neuen, medialen Intimräumen geschieht, anderen Vorgängen in der Kultur wie zum Beispiel der neuen, schlagartig nahezu selbstverständlich gewordenen Behandlung des Rauchens, auf die wir hier zurückkommen. Auch die Tabakkultur wird gegenwärtig ausschließlich unter dem Gesichtspunkt ihrer Schädlichkeit für die Gesundheit als exkrementartiges Ärgernis des Anderen diskutiert und mit entsprechenden Verboten aus dem öffentlichen Raum verbannt. Dabei wird vergessen, dass das Rauchen ursprünglich Teil der öffentlichen Figur war, nicht der privaten Person. Am Beginn des 20. Jahrhunderts zeigen sich Menschen auf Porträtaufnahmen vorwiegend rauchend – und das, wie man anhand der eigenen Vorfahren im Familienalbum leicht feststellen kann, oft sogar dann, wenn sie sonst gar nicht rauchten. Dieses Verhalten war nicht allein durch die langen Belichtungszeiten bedingt, die kleine rituelle Tricks erforderten, um über längere Zeit eine unverkrampfte Pose zu ermöglichen (was im Übrigen eine beachtliche, nicht zu unterschätzende Funktion des Rauchens darstellt). Es war auch ein Zeichen von Zivilisiertheit: Für die Öffentlichkeit – um anderen gesellig zu erscheinen und ihnen dadurch angenehm zu sein – griffen Menschen zur Tabakware. Rauchen war eine Form der Höflichkeit und diente der Erzeugung eines Hauchs von mondänem Leben an Orten, die auf solchen Status Anspruch machten, wie Restaurants, Cafés und Bars. Auch diese Höflichkeit aber wird man, wenn die Tyrannen der Intimität sich mit ihren fadenscheinigen medizinischen oder volkswirtschaftlichen (in Wahrheit: biopolitischen) Argumenten durchsetzen, bald, wie die übrigen Spiele, nur noch in Privaträumen ausüben dürfen. Eine neue Generation faschistoider Mimosen, denen alles zum Ärgernis gereicht, was auch nur entfernt nach Zivilisation oder Intellektualismus riecht, wird es vielleicht erreichen, die öffentlichen Räume gänzlich dem Diktat ihrer reizlosen Intimsphären zu unterwerfen.

8. Ein Indiz zur Abwägung:
Das Mondäne der Stammeskulturen
bildet einen Gegensatz zum »globalen Dorf«

Nachdem nun zwei Theorien nebeneinandergestellt wurden, die beide kohärent und in gewissem Maß plausibel erscheinen, aber in einander widersprechender Weise das Rätsel vom Verschwinden des Spiels erklären, müssen wir nun überlegen, ob es etwas gibt, das es ermöglicht, eine Entscheidung zwischen ihnen zu treffen. Möglicherweise lässt sich ein solches Indiz finden: nämlich ein Unterschied zwischen unserer aktuellen, intimen Kultur und den Stammeskulturen, deren Analogie McLuhan angenommen hatte. Ein solcher Unterschied würde dann gegen McLuhans Theorie und für die zweite, ausgehend von Mannoni entwickelte Theorie sprechen.

McLuhan hatte angenommen, dass unsere aktuelle, von »kalten« Medien geprägte Kultur die Welt zum »globalen Dorf« und insofern den vor der Erfindung des Buchdrucks liegenden Stammeskulturen ähnlich werden lässt. Der Verlust des öffentlichen Lebens und die spielfeindliche Liquidierung des »als ob«, die Sennett für die aktuelle Kultur konstatiert hat, müssten darum in den Stammeskulturen Pendants besitzen.

Die magischen Tabu-Religionen der Stammeskulturen pflegten jedoch, im Gegensatz dazu, durchaus ein spielerisches Element des »als ob«. Sie waren nämlich offensichtlich Kulturen des Augenscheins und der aufgehobenen Illusion. Es kam dort, wie Sigmund Freud in »Totem und Tabu« beschreibt, für die Beurteilung einer Handlung immer darauf an, wie sie aussah, nicht darauf, wie sie gemeint war. Tabu-Gesellschaften sind darum präzise Beispiele für das, was Sennett als »außen-geleitete« Kulturen bezeichnet. Dementsprechend beruhen ihre Ordnungen auf dem Prinzip der automatischen Selbststrafe: Wer in der Stammesgesellschaft von einer tabuisierten Speise ist, stirbt, als ob er Gift genommen hätte; er braucht nicht von irgendwelchen Gendarmen dafür verhaftet zu werden (s. Freud [1912–13]: 334). Genauso straft sich auch in den uns noch vertrauten Kulturen der Verstoß gegen die Regeln eines Spiels: auch hier wird die Übertretung nicht durch irgendwelche

Bestrafungsinstanzen sanktioniert; sie straft sich vielmehr, ähnlich wie das Tabu, ganz von selbst – in der Peinlichkeit des fauxpas oder durch die finstere Gemütsstimmung des Spielverderbers. Die Grenzziehung des Spiels nicht zu respektieren bedeutet eben, gegen das Prinzip kultureller Lust zu verstoßen und sich von denjenigen abzusondern, die diese Lust teilen.

Offensichtlich verfügen die Stammesgesellschaften in der Ordnung des Augenscheins, der ihre Tabus regelt, somit nicht allein über ein Ordnungsprinzip, sondern auch über ein spielerisches Prinzip. Ihren Mitgliedern scheint es möglich zu sein, nicht nur als Person, sondern auch – im Zusammenhang eines öffentlichen Heiligen – in einer Rolle aufzutreten. Durch die Schaffung zahlreicher heiliger, vom intimen Profanraum getrennter Zonen ermöglichen sich diese Gesellschaften Begegnungen mit Unvertrautem. So können zum Beispiel nicht nur die persönlich Bekannten einander in einer Stammesgesellschaft begegnen, sondern offenbar auch ganz andere Leute, die als Rollen in Erscheinung treten.[3] Dies ist das Grundprinzip des Mondänen. Während erkaltete Mediengesellschaften durch fortschreitende Profanisierung und Intimisierung zu einem einzigen *globalen Dorf* implodieren, erhalten Stammesgesellschaften sich als das Gegenteil davon: sie bleiben, wie es scheint, gleichsam *lokale Metropolen*.

II.
STRATEGIEN DES BEUTEVERZICHTS

6. Das Selbst – und das Andere nicht!

Über kulturellen Narzissmus und politischen Verzicht

In der Epoche der Postmoderne, so kann man oft lesen oder hören, stehen den Individuen (wenigstens den privilegierten Individuen innerhalb privilegierter Gesellschaften) unzählige Identitätsangebote und Orientierungsmöglichkeiten zur Verfügung: diverse Weltanschauungen, Religionen oder Weisheitslehren; unterschiedliche Kulturniveaus, von der hohen, sogenannten E-Kultur über die U-Kultur bis zur Subkultur; verschiedene Ethno-Küchen, die sich sogar noch untereinander hybridisieren; diverse gesellschaftlich anerkannte Register von sexueller Identität, Orientierung oder Gebarung samt den unentwegt propagierten neuen Möglichkeiten der performativen, virtuellen oder medizinischen Selbstkonstruktion (bzw. -dekonstruktion): Varianten phantasievollen Auftretens im realen Raum oder im *chatroom* sowie Angebote chirurgischer Umgestaltung. Postmoderne Individuen können oder müssen darum ständig »sampeln«, um sich ihre ganz persönliche Identität zusammenzustellen; mehr noch: sie dürfen anscheinend auch nicht auf einer einmal gefundenen Lösung allzu lange beharren. Wenn es früher hieß: »Wer zweimal mit demselben pennt, gehört schon zum Establishment« – so gilt dies heute nicht mehr so sehr für das Terrain der Affären mit anderen Personen, sondern vor allem für die endlose Affäre, die postmoderne Individuen mit sich selbst unterhalten. Und die unübersehbare, ständig wachsende Vielzahl an Angeboten in der sogenannten »Multioptionsgesellschaft« scheint die Individuen zu verwirren; sie müssen sich immer öfter in Therapie begeben, weil sie klagen, trotz zahlreicher, mehr oder weniger geschickter Versuche der Umgestaltung nichts Passendes, keine für sie schlussendlich akzeptable Identität gefunden zu haben.

Das »Experiment mit dem Selbst« in der Epoche des Neoliberalismus und der Postmoderne unterscheidet sich tatsächlich markant von früheren Versuchsanordnungen. Allerdings ist dieser Unterschied nicht so beschaffen, wie die postmoderne Ideologie selbst ihn beschreibt. Die Psychoanalyse hat uns gelehrt, dass wir uns bei der Beurteilung eines Gegenstandes niemals auf dessen Selbsteinschätzung verlassen dürfen. Auch die postmoderne Selbsteinschätzung enthält, wie viele andere, eine fundamentale Selbstverkennung: Denn anders als die postmoderne Ideologie meint, ist es in der Postmoderne nicht zu einem Zugewinn an Möglichkeiten für die Individuen gekommen, sondern vielmehr zu einem Verlust an Ressourcen. Die sogenannte neue »Freiheit« ist hier einmal mehr nur der Name für eine Beraubung. Das Problem, mit dem Individuen in der Postmoderne zu kämpfen haben, besteht darum nicht in einem Überschuss an Möglichkeiten, sondern in einem Mangel an Mitteln, mit diesen Möglichkeiten auch nur irgendetwas Zufriedenstellendes anzufangen. Ihre Verstörung und ihre Probleme rühren nicht von einem überwältigenden Angebot her, sondern, wie ich zeigen möchte, von einer durch Entzug kultureller Ressourcen bedingten problematischen Libidounterbringung – dem kulturellen Narzissmus.

Diese postmoderne Problemlage hat allerdings einen ungewollten theoretischen Vorteil: Sie erlaubt es, den psychoanalytischen Begriff der Sublimierung – der lange Zeit selbst ungeklärt und problematisch geblieben war – zu präzisieren: und zwar so, dass der Begriff der Sublimierung fähig wird, eine adäquate Analyse und Lösung der postmodernen Problemlage zu liefern. Die Sublimierung ist jener Vorgang in der Kultur, der mit dem Heiligen zu tun hat. Indem er es erlaubt, dieses Heilige anders als schmutzig zu erfahren, ist er geeignet, den postmodernen Individuen einen Ausweg aus den Sackgassen ihrer vermeintlich unabschließbaren Selbstgestaltungen anzuzeigen. Um zu zeigen, wo diese Lösung wirksam werden kann, ist es allerdings zunächst notwendig, das Problem zu präzisieren; das heißt, in einem ersten Schritt die Art, wie die Postmoderne generell mit Einbildungen umgeht, zu analysieren und ihre Selbsteinschätzung zu kritisieren.

1. Die vorherrschende Organisationsform des Imaginären in der Postmoderne

Wie Octave Mannoni bemerkt hat, können die beiden Existenzformen der Einbildung – Einbildung ohne Eigentümer (Aberglaube) und Einbildung mit Eigentümern (Bekenntnis) – in zwei grundlegenden Verhältnissen auftreten. Einbildungen ohne Eigentümer kommen in allen Kulturen vor; sie gehören sozusagen zur Grundausstattung des Imaginären in jeglicher Gesellschaft. Die Einbildungen mit Eigentümern hingegen sind eine historisch späte, und nur für bestimmte Kulturen bzw. Epochen charakteristische Hervorbringung. Dass Leute auch selbst tatsächlich und bekennend an etwas glauben, ist offenbar nur in bestimmten Kulturen wie der unseren (etwa seit der Aufklärung) notwendig.[1]

Sobald jedoch in einer Kultur die Form des Bekenntnisses aufgetaucht ist, beginnt sie, die Grundausstattung des Aberglaubens zunehmend zu bedecken und zu unterdrücken beziehungsweise zu »überbauen«. Je mehr Bekenntnisse es gibt, desto unsichtbarer werden die abergläubischen Einbildungen einer Kultur. Die spezifische Organisationsform des Imaginären innerhalb einer Kultur hängt demnach davon ab, in welchem Maß die aus abergläubischen Einbildungen bestehende Basis jeweils von Bekenntnissen (d. h. angeeigneten Einbildungen) überbaut ist. Dies drückt sich zum Beispiel aus in dem Unterschied zwischen Kulturen, die wissen, dass sie Magie treiben, und solchen, die es nicht wissen, aber auch tun (wie zum Beispiel wir selbst, die wir, sobald das Auto nicht startet, mit ihm zu sprechen beginnen).

Ausgehend von diesem grundlegenden Unterschied zwischen Kulturen, die ihren Aberglauben nicht oder nur wenig überbauen, und solchen, die das massiv tun, wird es möglich, das Spezifische der postmodernen Kultur präziser zu erkennen und deren Selbstverständnis zu widersprechen. Dazu möchte ich zwei Thesen formulieren und sie in der Folge anhand von naheliegenden Einwänden diskutieren.

Zwei Thesen

Meine erste These lautet: Die Sphäre der Einbildungen ohne Eigentümer ist derzeit in westlichen Gesellschaften massiven Zerstörungen ausgesetzt. Sie wird zerstört, indem sie durch Einbildung mit Eigentümern angeeignet bzw. unterdrückt wird. Die postmoderne Kultur ist eine Bekenntniskultur – das heißt eine Kultur der massiven Aneignung der Einbildungen. Niemals mussten Leute in so hohem Maß selbst an etwas glauben wie in der Postmoderne.

Und zweitens: Die Unterdrückung der Einbildungen ohne Eigentümer bringt eine Unterdrückung von Lust mit sich – da die Einbildungen ohne Eigentümer die Ressource kultureller Lust sind. Die Kultur der Postmoderne ist darum eine extrem asketische, lustfeindliche Kultur. Diese Lustfeindlichkeit – und nicht etwa ihr Hedonismus – ist es auch, welche die Individuen politisch so wehrlos macht.

Erster Einwand: Postmoderne Distanz?

Diese beiden Thesen könnten unmittelbar zwei skeptische Fragen auf den Plan rufen. Die erste Frage, die man vielleicht einwenden möchte, würde lauten: Sind denn die Einbildungen ohne Eigentümer tatsächlich bedroht, werden sie gegenwärtig wirklich zerstört? Beobachten wir nicht, im Gegenteil, gerade die Vorherrschaft dieser Art von Einbildungen? Haben wir es nicht ständig mit dem verallgemeinerten postmodernen Relativismus, Skeptizismus oder Zynismus zu tun, der die Leute sagen lässt: »Ich glaube das zwar nicht, dennoch aber ...«?

Leben wir also nicht in jenem Zeitalter zynischer Vernunft, worin Leute erklären, dass sie an keinerlei religiöse Lehre glauben, dennoch aber wünschen, dass ihre Kinder ein wenig religiöses Benehmen beigebracht bekommen und sie darum in religiöse Schulen schicken?

Ist also die typische postmoderne Haltung »Wir sind jenseits aller

Ideologie« bzw. »Wir wissen genau, dass das alles Blödsinn ist« nicht gerade die Vorherrschaft der Einbildungen ohne Eigentümer?

Die Antwort auf diesen Einwand lautet: Nein. Postmoderner Zynismus und Relativismus, postmoderner Unglaube ist selbst immer ein Glaube: und zwar Glaube an sich selbst. Diese Formationen gehören zu einem gewaltigen historischen Aneignungsunternehmen in Bezug auf die Einbildungen; einem Unternehmen, das in ständig verschärftem Maß nach dem Gewinn von *Selbstachtung* aus dem Umgang mit Einbildungen trachtet. Zum Beispiel in Bezug auf politische Gesinnung: hier passiert um 1968 eine tiefgreifende Veränderung. Vor 1968 hat man seine politische Haltung einfach aus seiner Klassenzugehörigkeit bezogen. Nach 1968 hingegen wurde plötzlich erwartet, dass man seine politische Meinung selbst zu gestalten hat. Hatte man nicht die entsprechende Meinung, war man nun nicht mehr nur ein Gegner, sondern eines moralischen Versagens schuldig – mithin ein Arschloch. Es wurde nun vorausgesetzt, dass man – wenigstens, solange man unter 30 war, und allein aufgrund dessen – über seine Klassenposition hinwegspringen und eine politische Meinung unabhängig von den eigenen Klasseninteressen entwickeln könnte (vgl. dazu Sennett [1974]: 340). Und wer andere, entgegengesetzte Interessen artikulierte, war nun nicht mehr bloß ein Gegner innerhalb eines entsprechend der Klassenstruktur der Gesellschaft differenzierten Spektrums, sondern schlichtweg ein »Faschist« – genauso, wie einige Jahrzehnte später dann umgekehrt die Vertreter der populistischen Rechten jede auch nur liberale oder humanitäre Gesinnung als »sozialistisch« brandmarkten.[2]

Etwa 25 Jahre später ereignete sich dieselbe Veränderung in Bezug auf das sogenannte soziale Geschlecht, Gender. Nun war nicht allein zu erfahren, dass Gender eine soziale Konstruktion ist und wie jede soziale Konstruktion (so wie übrigens auch viele natürliche Gegebenheiten) verändert werden kann; vielmehr hieß es nun auch, dass man versuchen sollte, am eigenen Gender etwas zu verändern. *Bend your gender!* lautete der neue Imperativ, und wieder entstand eine Frage erhöhter Verantwortlichkeit und des Eigenverschuldens: wer nicht wenigstens ein wenig zum Gender-bender wurde, galt als Arschloch – genau wie ein Vierteljahrhundert zuvor die Leute, die keinen Versuch unternahmen, an ihrer politischen Weltanschauung etwas zu verändern.

Dasselbe ereignete sich auch auf der Ebene der Einstellung zur Erwerbsarbeit. Heute ist es nahezu unmöglich, auch nur irgendeinen Job zu finden, den man einfach machen kann (mit Ausnahme der schlechtestbezahlten Arbeiten). Vielmehr hat man seine eigene »job description« zu erfinden oder wenigstens eine eigenständige Interpretation der Vorgabe vorzulegen; man muss sich nicht nur in hohem Maß »commited« und mit Leidenschaft engagiert zeigen, sondern sich total mit seiner Aufgabe identifizieren. Es ist – unter Drohung des Arbeitsplatzverlustes – weniger denn je gestattet, eine Differenz zwischen der Arbeit und der eigenen Person zu ziehen und auch nur die geringste Distanz zum Job erkennen zu lassen. Auch darin zeigt sich massiv die vorherrschende Tendenz zur Aneignung der Einbildungen; zur erzwungenen Verschmelzung der gesellschaftlichen Rollenbilder mit dem eigenen Ich.

Dasselbe gilt klarerweise auch für die Ebene der ideologischen Überzeugungen. Heute kann man sich nicht mehr einfach irgendeiner existierenden Ideologie oder Religion anschließen. Vielmehr muss man auch alle diese Sinngebungsangebote individuell gestalten, man hat zum »religion bender« zu werden und sich den ganz persönlichen Zugang z. B. zum christlichen Gott ohne die Vermittlung einer christlichen Religionsgesellschaft oder auch die ganz eigene religiöse Mischung aus Buddhismus, christlicher Hippie-Mystik und New-Age-Weisheit oder auch aus Atheismus und kultiviertem Kerzengebrauch für kulinarische oder erotische Gelegenheiten zusammenzustellen.

Dasselbe wie für die ideologischen Überzeugungen gilt auch für die Institutionen der Liebe. Auch hier ist es immer weniger möglich, einfach ein existierendes gesellschaftliches Modell zu übernehmen. Wie der Soziologe André Béjin gezeigt hat, wird in westlichen Gesellschaften die Institution der Ehe zunehmend durch die der ehelosen Zweierbeziehung (»mariage extra-conjugal«) ersetzt (s. Béjin 1984). Dabei werden Anforderungen, die früher an sehr verschiedene Beziehungsformen gestellt wurden (die Ehe einerseits, die außereheliche Liebesbeziehung andererseits) in einem einzigen Modell verdichtet.

So kommt es zu einer extremen Steigerung der Erwartungen: man muss Versorgung und Sicherheit garantieren und treu sein wie in der Ehe, aber nicht nur formell, sondern aus ganzem Herzen, wie in der Liebesbeziehung, und dabei muss man auch hohe erotische Anziehungskraft ausüben sowie möglichst noch Kenntnisse aus entlegeneren Bereichen der Erotik mitbringen (wobei die Propaganda der Erotikindustrie suggeriert, dass eine Übertragung solcher Praktiken in andere Institutionen als die, aus denen sie stammen, problemlos möglich sei). Der Verinnerlichungsdruck hat sich durch diese »De-Institutionalisierung« und »Romantisierung« auch in Bezug auf die Liebe und ihre Institutionen massiv erhöht (s. Oberlehner 2005). Man muss gleichsam formlose Formen herstellen, die ein Höchstmaß an wunschgerechter Ich-Konformität gewährleisten sollen; dieses verschärfte Bedürfnis tendiert dazu, sich über alle strukturellen Realitäten großzügig hinwegzusetzen.

Die Gender-Theorie hat auf ihre Weise zu dieser Tendenz beigetragen, indem sie ihr Augenmerk allein auf die Fragen der Konstruktion von sexueller Identität und Orientierung richtete; dass der *Institutionenwunsch* aber einen entscheidenden Teil dieser Orientierung bildet, blieb dabei weitgehend ausgeblendet. Dies ist aber ein schwerwiegendes Versäumnis: Denn Liebende mit passender Identität und Orientierung können oft auch deshalb nicht zusammenkommen, weil man sich zum Beispiel nicht darauf einigen kann, ob man die Familie des anderen kennenlernen, zusammen wohnen, heiraten oder Kinder bekommen will; oder auch, weil die eine Person auf serielle Monogamie abzielt, während die andere auf ewige Liebe hofft. Sowohl in den zeitgenössischen Praktiken der Liebe als auch in der Gender-Theorie wird damit, wie es für eine narzisstische Kultur charakteristisch ist, ignoriert, »dass die Sexualität eine soziale Dimension besitzt« (Sennett [1974]: 21).

Diese Beispiele zeigen, dass der postmoderne Skeptizismus keineswegs von der Ordnung der Einbildungen ohne Eigentümer ist, sondern, im Gegenteil, einen Versuch totaler Aneignung der Illusionen darstellt: er versucht, die Einbildungen so sehr zu modifizieren, dass sie vollkommen zu den eigenen Einbildungen gemacht werden können. Dann kann man sagen: »Ich habe mir meine ganz persönliche Variante von X (Gender, Weltanschauung, Beruf, Religion, Beziehungsform etc.) gebildet.«

Wenn innerhalb dieser postmodernen Bildungen jemals so etwas wie Distanz gegenüber der jeweiligen Ideologie aufkommt, dann ausschließlich deshalb, weil diese Versuche totaler Aneignung von Einbildung so sehr auf Selbstachtung abzielen, dass die Leute unfähig werden, an irgendetwas von ihnen selbst Verschiedenes zu glauben. Denn die Aneignung von Einbildung bezweckt Selbstachtung; woran man glauben möchte, ist letztlich nur man selbst. Wenn die postmodernen Individuen sich ihre Identitäten »sampeln«, dann nicht, um – wie sie vielleicht selbst meinen – endlich eine perfekt passende Identität zu erhalten. Eine solche passende Identität gibt es nämlich nicht. Keine Identität lässt die Individuen jemals einfach mit sich selbst zufrieden; von jeglicher Identität gehen Forderungen aus. Sie lauten: »Wenn du das sein willst, dann musst du es so und so machen.«[3] Solche Forderungen aber werden von postmodernen Individuen grundsätzlich als unlustvoll empfunden. Immer wenn sie auf eine solche Verpflichtung durch eine Kultur stoßen, tendieren sie darum bezeichnenderweise sofort zur »Neukonstruktion« – das heißt zum Wechsel der Prämissen, anstatt zu versuchen, für die neuen Herausforderungen einen Platz innerhalb der bestehenden Prämissen zu finden. Dieser Reflex aber ist sowohl epistemologisch als auch ethisch fatal. Denn sowohl Erkenntnisgewinne als auch Glück entstehen nicht durch die Wahl »*richtiger*« *Prämissen*, sondern durch *Konsequenz* in der Anwendung von Prämissen. Postmoderne Individuen »sampeln« ihre Identitäten vielmehr, um sich selbst im Abstand von jeder dieser Identitäten zu gefallen und diese Distanz zu genießen – ein Genießen allerdings, das, wie Lacan gelehrt hat, immer als unlustvoll erlebt wird und das zu den eingangs erwähnten Klagen sowie der Suche nach Therapie führt.

Gerade aus dem Scheitern des identitätspolitischen »Sampling« beziehen die postmodernen Individuen narzisstischen Gewinn: keine Identität ist jemals ganz die ihre – somit können sie auch von keiner durch Forderungen gestresst werden. Sie sagen sich also insgeheim, wie Bruce Stanley es formulierte: »Wer ist Ich? Ich ist der, der daran scheitert, diese Frage zu beantworten« (Stanley

[1903]: 59). In der Klage über dieses Scheitern steckt narzisstisches Genießen. Die Klagenden sind damit beschäftigt, wie der Philosoph Alain formulierte, »sich aus dem Unglück einen Charakter zu machen« (s. Alain 1982: 54).

Daher kommt es, dass man, wenn man dank massiver Aneignung von Einbildungen sehr stark an sich selbst glaubt, eben an nichts mehr sonst glauben kann, und dadurch entsteht die scheinbare postmoderne Distanz zu den Einbildungen – als extremer Effekt ihrer totalen Aneignung. Postmoderner Skeptizismus und postmoderner Nicht-Glaube zielen ausschließlich auf Selbstachtung; sie sind darum von der Ordnung des Bekenntnisses, nicht des Aberglaubens. Je mehr postmoderner Relativismus und Skeptizismus entsteht, desto mehr wird die Ordnung des Aberglaubens, der Einbildungen ohne Eigentümer, zerstört. Die Postmoderne ist darum nicht, wie sie meint, eine Epoche des Aberglaubens, sondern vielmehr eine Epoche des Bekenntnisses. Wie vielleicht noch in keiner anderen Epoche herrscht hier massivster Druck zur Identifizierung mit den Einbildungen vor; mit dem Ziel der Gewinnung von Selbstachtung. In der manifesten Verzweiflung darüber, nichts Passendes gefunden zu haben, verschafft sich diese Selbstachtung als verhohlene Genugtuung Gehör.

Zweiter Einwand: Postmoderner Hedonismus?

Da die zweite These besagte, dass die Einbildungen ohne Eigentümer das universelle Lustprinzip in der Kultur darstellen und dass zusammen mit diesen Einbildungen auch die Lust in der gegenwärtigen Kultur massiv unterdrückt wird, scheint ein zweiter Einwand nahezuliegen. Verhält es sich tatsächlich so, könnte man fragen. Ist es denn wahr, dass in unserer Kultur Lust unterdrückt bzw. unmöglich gemacht wird? Ist nicht das Gegenteil der Fall? Sehen wir uns nicht ständig massiven Über-Ich-Befehlen seitens der Werbung ausgesetzt, die auf das Genießen drängen? Bekommen wir die Erfüllung nicht permanent in Gestalt bestimmter Limonaden (sowie der rund um sie veranstalteten Geselligkeiten) vor die Nase gehalten; werden wir nicht ständig dazu angehalten, sie in Form von Extremsportarten wie Bungee-Jumping oder Rafting anzustreben oder wenigstens Mitglied bei einem Fitnessclub zu werden? Mit anderen Worten: herrscht nicht eine massive kommerzielle Anleitung zum Genießen; leben wir nicht in einer vollkommen hedonistischen Kultur?

Auch die Antwort auf diesen Einwand lautet: Nein. Um das zu verstehen, genügt es, sich die erstaunliche Dämonisierung bestimmter einfacher Vergnügungen wie Rauchen, Trinken oder adult language vor Augen zu führen, die seit einigen Jahren in der westlichen Welt stattfindet – um nicht von Sex oder Ähnlichem zu sprechen. Um die aktuelle westliche Kultur adäquat zu begreifen, muss man ihren unter großen Mühen verhohlenen Asketismus, ihre enorme, unglaubliche Feindseligkeit gegen alle Lust zur Kenntnis nehmen.

Diese lässt sich zum Beispiel auch an der Veränderung der kulturellen Vorstellungen von körperlicher Schönheit beobachten. Hier zeichnet sich eine massive Verschiebung ab, die von der Kosmetik und Mode hin zur Medizin verläuft. Während noch vor kurzem großer Aufwand betrieben wurde, um den eigenen Körper künstlich mit zusätzlichen Attraktionen auszustatten, wird nun vor allem darauf geachtet, vermeintlich störende natürliche Merkmale zu entfernen. An die Stelle des Kultes[4] und der faszinierten Aufmerksamkeit für schmückende Möglichkeiten ist ein immer stärker werdendes Gefühl des Ekels an physischen Mängeln getreten. Kosmetische Gestaltung wird zunehmend geächtet (an manchen US-amerikanischen Universitäten herrschen zum Beispiel Verbote der Parfümierung); nur am Körper selbst soll nichts Auffälliges mehr hervorstechen. Dieser Übergang von offensiver, optimistischer »Addition« zu defensiver »Subtraktion« bedeutet auch, dass die theatralischen Verstellungen der Schönheit zunehmend ersetzt werden durch die bittere Wahrheit der Chirurgie. Nicht an der Oberfläche der Einbildungen (der anderen) soll mehr gearbeitet werden, sondern ausschließlich in der Tiefe körperlich erfahrener Authentizität.

Immer mehr Leute empfinden darum heute – unter geschickter Anleitung derjenigen, die davon profitieren – ihren Körper als eklig und korrekturbedürftig und hoffen, durch Operation zu einer

Schönheit zu gelangen, die dann ganz ihre eigene wäre – das Ideal einer »entpartikularisierten«, von ethnischen Merkmalen oder individuellen Stigmata gereinigten, wunschgerechten Identität. Bezeichnenderweise scheint dieses Verfahren aber nie zur Zufriedenheit zu führen, sondern immer neue Eingriffe notwendig zu machen. Gemäß der von Freud bemerkten Logik scheint das Über-Ich auch in diesem Fall umso mehr zu bestrafen, je mehr man ihm gehorcht (s. Freud [1930a]: 252). Offenbar funktioniert das Schönheitsempfinden, der Geschmack, ähnlich wie ein Muskel, der eines Widerstandes an den Gegenständen bedarf, um sich zu kräftigen. Wird es diesem Muskel durch Entfernung solcher Widerstände zu leicht gemacht, dann fängt er an, auch noch die leichtesten Aufgaben als Zumutungen zu empfinden und zu verweigern. Indem diese Kultur die Individuen dazu anleitet, ästhetische Widerstände zu beseitigen, anstatt ihnen Kenntnisse und Mittel zu geben, um deren Herausforderungen annehmen zu können, produziert sie Ekel und Unsicherheit an der Stelle von Faszination und Freude. Darin zeigt sie ihre lustfeindliche Orientierung.

Der vermeintliche Hedonismus unserer Kultur besteht ausschließlich in dem Imperativ totaler Selbstgesetzlichkeit bzw. Ich-Konformität: diese Kultur ermutigt die Individuen, sich alles zu nehmen, was sie selbst ganz wollen – das heißt: alles, was sie mit ihrem Selbstbild vollständig in Übereinstimmung bringen können. Sie sagt gleichsam: »Wenn du etwas wirklich und ganz willst, dann darf niemand es dir verbieten. Nimm es dir, *go for it*!« Dies mag im ersten Moment befreiend klingen.

Man muss aber sehen, was dabei verloren geht. Denn außer dem, was sie ganz wollen und bejahen, dürfen die Individuen nun plötzlich nichts mehr. Etwas, das sie nicht vollständig und immer, sondern vielleicht nur teilweise, zeitweilig oder nur unter bestimmten Bedingungen (z.B. in Begleitung anderer) bejahen können, müssen sie sich nun versagen. Nichts ist darum repressiver als eine Gesellschaft, welche die Legitimität von Ansprüchen von deren Ich-Konformität abhängig macht. Wenn man nur das darf, was man selbst ganz will, und nichts sonst, dann darf man darum in Wahrheit sehr, sehr wenig. Das ist der Grund für die extremen asketischen Tendenzen in unserer Kultur – für den von Slavoj Žižek treffend erkannten »Non-ism«(Žižek 1992: 8), der uns entweder Bier ohne Alkohol, Sex ohne Körper, Kaffee ohne Koffein, Schlagsahne ohne Fett – oder aber totale Rauchverbote, politisch korrekte Schimpfverbote oder auch Kunstbeseitigungen im öffentlichen Raum[5] einbringt.

Diese Entwicklung hat ihr Pendant in einer politischen Struktur: Die postmoderne »Freiheit« intimer Kulturen besteht, wie wir Žižek bereits zitiert haben, nicht etwa in Möglichkeiten, etwas zu tun oder zu bekommen, sondern ausschließlich darin, *vom Anderen nicht belästigt zu werden* (s. Žižek 2002: 21 f.; 2004) – und zwar insbesondere, wie wir hinzugefügt hatten, *nicht durch dessen Zivilisiertheit.* Der politische »Non-ism« erzeugt lauter »Non-citoyens«, die am öffentlichen Raum fortwährend Subtraktionen vornehmen: er ermutigt die Leute dazu, im öffentlichen Raum alles zu beseitigen, was ihnen nicht aus ihrem Privaten her vertraut ist. Gerade jene über den privaten Raum hinausreichenden Anstrengungen, die Leute in früheren Epochen im öffentlichen Raum unternommen haben, um anderen angenehm zu sein, werden heute in den privaten Raum zu verbannen versucht. Man darf zum Beispiel nicht vergessen, dass noch unsere Eltern- und Großelterngeneration oft privat überhaupt nicht rauchte und *nur im öffentlichen Raum* zu Rauchwaren griff; denn dies war ein Zeichen von kultiviertem Verhalten; ein Teil der Ausübung der Rolle des »public man« (wie Richard Sennett diese Dimension genannt hat). Heute hingegen wird das Spiel dieser öffentlichen Rolle als unausstehliche, obszöne Privatpassion wahrgenommen und zu verbannen versucht. Das, was für alle da ist, wird von diesen als vermeintliches Privateigentum des Senders entrüstet zurückgewiesen. Psychoanalytisch gesprochen: gerade ein Verhalten, das der *symbolischen Ordnung* des öffentlichen Raumes zu entsprechen versucht, wird heute als unerträgliches *Genießen* des anderen diffamiert.[6] Die Beschwerdeführer sagen dabei gleichsam: »Wenn Sie schon unbedingt höflich oder mondän sein müssen, dann machen Sie das bitte zu Hause.« Genau darin – dass jegliche Lust ihr als unerträgliches Genießen des anderen erscheint –, erweist sich die postmoderne Kultur als lustfeindlich und asketisch.

Aus dieser Lustfeindlichkeit der postmodernen Kultur, ihrer

narzisstischen, asketischen Einstellung, und nicht etwa (wie manche Kommentatoren meinen) aus ihrem vermeintlichen *Hedonismus*, rührt auch ihre Unfähigkeit zum wirksamen politischen Kampf her. Eben weil die Individuen von der postmodernen Kultur permanent dazu angestachelt werden, ihren Anteil am öffentlichen Leben von sich aus abzulehnen, verfallen sie der für die Epoche neoliberaler Kapitalherrschaft charakteristischen Herrschaftsform »negativer Hegemonie«. Weil sie nichts mehr dulden, was nicht unmittelbar mit ihnen selbst zu tun hat und worin sie ihr idealisiertes Selbstbild problemlos wiedererkennen können, lassen sie sich bereitwillig alles wegnehmen, was geeignet wäre, ihnen noch etwas anderes, darüber Hinausreichendes zu verschaffen; ja, sie fordern sogar noch energisch dessen Beseitigung ein. Darum ist die Kultur des Narzissmus die entscheidende Stütze des politischen Verzichts.

2. Die Ressourcen der Sublimierung

Wenn in der Kultur der Gegenwart auffallend viele Individuen von massivem Ekel und Schamgefühlen überwältigt werden – zum Beispiel gegenüber ihrem eigenen Körper, sodass sie sich kosmetischen Operationen unterziehen möchten, oder gegenüber dem Vorkommen von Sexualität, von Tabakkultur, von Kunst, Glamour, schwarzem Humor oder Sarkasmen im öffentlichen Raum, sodass sie spontan nach Verboten rufen –, so erscheint ein Begriff wie die »Sublimierung« brauchbar und erforderlich: man möchte ihn dann zum Einsatz bringen und sagen, dass vielen Individuen heute jegliche Fähigkeit zur Sublimierung abhanden gekommen ist. Irgendetwas fehlt ihnen, das notwendig wäre, um aus solchen Dingen, die noch vor wenigen Jahrzehnten als mondän galten, entsprechende Lust zu gewinnen. Es gelingt ihnen nicht, solche Dinge, die ihnen unmittelbar anstößig oder abstoßend erscheinen, durch einen Kunstgriff in etwas zu verwandeln, das triumphale Freude bereiten kann; mit anderen Worten: aus diesen Dingen etwas Sublimes werden zu lassen – »erhabene« Objekte, die gerade durch ihren Widerspruch gegenüber einem alltäglichen guten Geschmack oder sogenannten guten Sitten eine besondere ästhetische Faszination erregen können. Halten wir zunächst fest, dass die Sublimierung genau damit zu tun hat: *dass etwas, das nicht unter allen Umständen problemlos als lustvoll empfunden werden kann – etwas Obszönes, Schreckliches, Geschmackloses –, gerade aufgrund dieser seiner problematischen Qualitäten in eine Ursache gesteigerter Lust verwandelt wird.* Das ist – um ein alltäglicheres und harmloseres Beispiel anzuführen – etwa der Fall, wenn Leute gelegentlich mit voller Absicht gegen ihre Prinzipien gesunder Ernährung verstoßen und sich bestimmten Anlässen mit großer, oft geradezu diebischer Freude etwas besonders Fettes oder schwer Verdauliches gönnen – etwas, das man umgangssprachlich auch »eine richtig gute Schweinerei« nennt.

Die Unfähigkeit zu einer solchen Transformation des zunächst Abscheu erregenden in etwas Erhabenes erscheint charakteristisch für die Epoche, in der wir leben. Die Sublimierungsfähigkeit scheint knapp geworden zu sein; oder sie ist, anders als früher, nun nurmehr wenigen Individuen zugänglich. Offenbar ist die Fähigkeit zur Sublimierung keine bloß von der individuellen Konstitution und Erziehung abhängige Größe; vielmehr hängt sie auch von der jeweiligen Kulturepoche ab; und noch vor wenigen Jahren oder Jahrzehnten war die Fähigkeit unserer Kultur zu solchen Verwandlungen – wie man zum Beispiel an jenen Filmen aus den 60er- und 70er-Jahren sehen kann, zu denen es heute keinerlei adäquate Pendants gibt – wesentlich größer. Um darüber Aufschluss zu gewinnen, warum das so ist, muss man rekonstruieren, wie die Ressource Sublimierungsfähigkeit innerhalb verschiedener Kulturen gewonnen (bzw. verloren) und wie sie unter ihren Angehörigen jeweils verteilt werden kann.

Kultur: nicht nur eine verbietende, sondern auch eine gebietende Macht

In einer Fernsehdokumentation über die Kultur Italiens hat der Schriftsteller Dario Fo einmal erklärt, dass italienische Frauen den öffentlichen Raum gern als eine Art Bühne benützen und eine entsprechende Form des glanzvollen Auftretens dafür entwickelt haben. Somit ist es dort nicht – wie es in manchen puritanischeren Kulturen empfunden wird – unhöflich, die Frauen zu betrachten, sondern im Gegenteil: es wird von den Frauen selbst als äußerst unhöflich empfunden, wenn man ihre Bemühungen keines Blickes würdigt. Fo hat dies mit einer kleinen Anekdote illustriert: Wenn er als kleiner Junge, so Fo, an der Hand seiner Mutter auf der Straße ging, dann kam es vor, dass die Mutter zu ihm sagte: »Bohr' nicht in der Nase! Schau dir die Frauen an!«

An diesem Punkt muss gegenüber den bisherigen Konzeptionen von Kultur eine Präzisierung angebracht werden – eine Präzisierung übrigens, die der Auffassung des späten Freud, der die Kultur als Verbündete des Eros begriff, nicht fremd ist. Denn es ist eine eigentümliche, aber auffallend einhellig geteilte Blindheit der Kulturtheorie (einschließlich der an Lacan orientierten), Kultur in erster Linie als Ordnung von *Verboten* zu begreifen. Auch die Foucault'sche Ergänzung dieses Bildes durch den Hinweis auf die *Anreize* schaffende Seite der Kultur leistet hier nicht das Entscheidende. Noch viel wichtiger ist es nämlich, die Kultur in einer weiteren Hinsicht zu begreifen: die Kultur *gebietet* auch.[7] Sie befiehlt und schafft feierliche Ausnahmesituationen, in denen das, was üblicherweise versagt sein mag, nun plötzlich geboten erscheint und in Zeremonien der Überschreitung als heitere Gesellschaft, als froher Triumph oder sogar als stürmischer Enthusiasmus erlebbar wird.[8]

Die totemistischen Gesellschaften, für die der Genuss eines bestimmten Tieres streng untersagt ist, liefern hier ein markantes (und für Freud vertrautes) Beispiel. Zu einem bestimmten Zeitpunkt im Jahr ist das Verbot nämlich außer Kraft gesetzt und durch ein Gebot substituiert: dann muss man die Totemmahlzeit einnehmen – ein freudiges, festliches Ereignis. Niemand kann sich dann wohl mit dem Verweis auf das Verbot oder auf individuelle Abneigungen davor drücken. Auch in unserer Gesellschaft gibt es ähnliche Umkehrungen von Untersagtem in Gebotenes – sozusagen Resttotemismen in der vermeintlich zivilisierten Kultur. Champagner zum Beispiel kann unter normalen, profanen Umständen nicht ganz einfach als Getränk gewählt werden, so wie man Wein, Bier oder Mineralwasser wählt. Würde man das tun, so könnte einen dabei wohl schnell ein etwas schales, »ungutes« Gefühl beschleichen (wie es typisch ist für die Übertretung von Tabus). Sobald jedoch zum Beispiel ein Kollege in der Firma Geburtstag hat, ändert sich das Bild: dann müssen alle anderen mitfeiern und Champagner trinken, und zwar sofort[9] – und sogar auch diejenigen, denen der Arzt jeglichen Alkoholgenuss verboten hat. Sie bekommen dann eben nur eine kleine, symbolische Menge »zum Anstoßen« eingeschenkt. Sich in diesem Moment zu weigern oder auch nur um Aufschub zu ersuchen würde ebenfalls ein ungutes Gefühl hervorrufen – die Wirkung eben, welche die selbststrafende Natur des Tabus (in diesem Fall, das Tabu, den Geburtstag nicht zu feiern) mit sich bringt.

Der theoretische Platz der Sublimierung

Die Entdeckung dieser gebietenden Rolle der Kultur liefert unseres Erachtens den Schlüssel für die theoretische Verortung – und damit die präzise Definition – der Sublimierung: *Die Sublimierung besteht in jenen Geboten, mit denen die Kultur den Individuen über jene Schranken hinweghilft, die ihrem Begehren aufgrund von »organischer Verdrängung«[10] und deren kultureller Bedeckung entgegenstehen.* Was die Individuen, die als Träger konfliktueller Triebe fungieren und die in der Latenzperiode ein mächtiges, vielen Trieben feindliches Ich entwickelt haben,[11] schwerlich oder sogar unmöglich als nicht-konfliktuell und ich-konform erleben können und was sie sich deshalb nicht erlauben können, das macht die Sublimierung ihnen möglich, indem sie es ihnen befiehlt.

Die Sublimierung ändert somit nichts an den Sexualzielen des Triebes. Sie belässt ihn vielmehr so, wie er ist, und hilft ihm durch Herstellung spezieller kultureller Rahmenbedingungen zu einer Durchsetzung sowohl gegen die ihm feindlichen Triebe als auch gegen die ihm feindlichen kulturellen Überbauten dieser Triebe. So, wie Ekel und Scham, Freud zufolge, als organische Kräfte, durch die Kultur verstärkt, dem Sexualtrieb hemmend entgegentreten, benötigt dieser wohl seinerseits die Hilfe einer kulturellen Kraft, um diese Barrikaden zu überwinden. Die Originalität des von Freud entwickelten Konzepts besteht darin, diesen Konflikt als einen erkennen zu lassen, in dem auf beiden Seiten der Front sowohl Natur als auch Kultur beteiligt sind. Die sexualfreundliche kulturelle Kraft dabei ist die der Sublimierung.

Das heißt, das »Subjekt« der Sublimierung ist nicht der Trieb, sondern die Kultur.[12] Das Sublimierungsvermögen gehört nicht der menschlichen Sexualorganisation an, sondern der Kultur. Nicht der Trieb muss etwas unternehmen, damit er nicht auf Widerstand bei der Kultur stößt (gemäß dem »Realitätsprinzip«). Sondern die Kultur muss etwas unternehmen, um den einen Trieb gegen den Widerstand der anderen sowie gegen den Widerstand der übrigen Kultur lustvoll erfahrbar zu machen. Das heißt, die Sublimierung dient dem »Lustprinzip«.

Verschiedene Kulturen unterscheiden sich nun darin, in welchem Maß sie diese Ressource der Sublimierungsfähigkeit entwickeln, und auch darin, wie sie diese Ressource unter den Individuen verteilen. In manchen Kulturen oder Kulturepochen mag der Zugang zur Sublimierung (vergleichbar dem Zugang zu Universitäten) vielen Leuten unproblematisch möglich sein; in anderen dagegen scheint dieser Zugang nur wenigen privilegierten Individuen möglich, während alle Übrigen in ein massives Unbehagen verfallen – wie es sich etwa in den 90er-Jahren in der von Robert Hughes hellsichtig analysierten »culture of complaint« manifestiert hat (s. Hughes 1994).

Die speziellen Bedingungen, mit Hilfe deren die Kultur Sublimierungsfähigkeit erzeugt, bestehen in der Herstellung feierlicher Ausnahmesituationen. Solche Ausnahmesituationen sind, wie Emile Durkheim, Johan Huizinga und Georges Bataille gezeigt haben, charakteristisch für die Sphäre des *Heiligen* in der Kultur. Wenn es etwas gibt, das dem Bereich des profanen, vernünftig geordneten Alltagslebens entzogen ist; wenn es räumliche und zeitliche Ausnahme-Zonen gibt, dann existiert diese Sphäre des Heiligen – und mithin die kulturelle Rahmenbedingung für die Sublimierung.

Eine Kultur hingegen, die dazu tendiert, diese Ausnahme-Zonen des Heiligen zu minimieren oder zu tilgen, wird darum an Sublimierungsfähigkeit verlieren und sich folglich mit einer wachsenden Zahl unverständlich gewordener, Abscheu und Anstoß erregender Objekte konfrontiert sehen – mit Objekten, denen gleichsam der Raum verloren gegangen ist und die nun das Unheimliche darstellen, das jeglichem Objekt ohne Raum – ohne Platz innerhalb der symbolischen Ordnung – eigen ist. Ohne heilige Zonen erscheinen die heiligen Objekte dann »schmutzig«, »eklig« oder »böse«. Dies entspricht ihrer von Freud erkannten, ambivalenten Natur. Wenn Zonen des Heiligen schrumpfen, dann fallen Objekte aus ihnen heraus – als »Abjekte«.[13] Diese ehemals heiligen Objekte werden nun fäkalisiert bzw. dämonisiert. Was dann erschreckt oder abstößt, sind nichts anderes als jene »alten Götter«, die allein durch ihren Sturz zu Dämonen geworden sind.[14]

Kulturen der Profanisierung, die eine fortschreitende »Entzauberung der Welt« betreiben und – zum Beispiel durch die Verhängung von Rauchverboten – den Individuen die Möglichkeit zur Herstellung kleiner, feierlicher Ausnahmesituationen und zum Vollzug ihrer lieb gewonnenen Zeremoniehandlungen wegnehmen, beseitigen die Zonen des alltagskulturellen Heiligen. Ihnen muss darum eine zunehmend anwachsende Zahl von Erscheinungen in der Welt zum Objekt des Abscheus geraten. Mit einer Art von »reiner Vernunft« wundern sich solche Kulturen darüber, dass solche Objekte jemals als faszinierend empfunden werden konnten. Sie können sich dies nur aus Unwissenheit erklären und schreiten in der Folge mit einer eigenartigen Verbindung aus vermeintlich guten, hygienischen Vernunftgründen einerseits und grenzenloser rabiater Gewaltsamkeit andererseits zu deren Entfernung aus der Welt: nun, da wir endlich wissen, dass diese Dinge schädlich sind, gibt es keinen Grund mehr, sie nicht zu verbannen. Dagegen hat Richard Klein jedoch in seinem Buch »Cigarettes Are Sublime« in Bezug auf die Zigaretten treffend bemerkt, dass es »gerade ihre Schädlichkeit ist, die sie erhaben macht, weil niemand sie je geraucht hätte, wenn sie ungefährlich wären« (Klein (1995: 279). Das unproblematisch Lustvolle wird niemals zum Gegenstand eines Kultes. Nur das, was aufgrund widerständiger Qualitäten nicht immer und völlig unpro-

blematisch als lustvoll empfunden werden kann, ist geeignet, unter
den kulturellen Rahmenbedingungen und Imperativen des Heiligen
als etwas Sublimes gefeiert zu werden.

Die Sublimierung als gesellschaftlich umkämpfte Ressource

Die Sublimierung besteht also darin, dass sie durch ihre Gebote
parteilich in die Triebkonflikte der Individuen eingreift und die
von Versagung bedrohten Triebe zu einer lustvollen Durchsetzung
bringt. Was die Individuen ungern als ihre Neigung an sich selbst
wahrnehmen, wird ihnen bei der Sublimierung von der Kultur sozusagen zur Pflicht gemacht. Die Kultur bejaht dann befehlend,
was die Natur und deren kulturellem Überbau ihnen verneinen
möchten. Durch den Befehl erzeugt die Sublimierung einen symbolischen Raum für jene Triebregungen, die durch eine zu Scham
und Ekel führende Sexualentwicklung aus der Symbolisierung herausgefallen sind.

Sublimierung ist also eine über-individuelle Ressource, welche
die Kultur den Individuen bereitstellt. Mit Hilfe dieser Ressource
können sie das, was sie sich selbst versagen würden, doch zulassen
und in feierlichen Momenten triumphal bejahen und als etwas Sublimes erfahren. Mit anderen Worten: die Sublimierung verhilft den
Individuen dazu, über sich selbst hinauszugelangen. Was ihnen aufgrund der strategischen Lage ihrer Triebkonflikte (sowie aufgrund
der zur Bedeckung dieser Triebkonflikte von ihnen introjizierten
Kultur) unmöglich wäre; was ihnen unter normalen, profanen Umständen, und wenn es nur um sie alleine ginge, Ekel, Scham und Abscheu bereiten würde, wird nun für sie notwendig und großartig.[15]

Darin scheint einer der Gründe zu liegen, weshalb die Individu-
en dazu tendieren können, sich der Sublimierung zu widersetzen.
Denn über sich selbst hinausgebracht oder gar hinausgeschleudert
zu werden ist eine Vorstellung, die auch mit Angst und Unbehagen
verbunden werden kann. Das Ich kann sich hier wohl leicht vor
Kontrollverlust ängstigen. Das von Freud erkannte »Unbehagen in

der Kultur« wäre somit in erster Linie eine gegen die Sublimierung – mithin gegen die erotischen Ressourcen der Kultur – gerichtete ich-libidinöse Regung.

Allerdings ist dieses Unbehagen offensichtlich nicht in allen Epochen gleich stark. Das heißt, es gibt manchmal offenbar eine kulturell bedingte Unterstützung für das kulturfeindliche Unbehagen. Die Kultur liefert dann offenbar eine Verstärkung für die narzisstischen Impulse der Individuen, aufgrund deren sie sich gegen die Sublimierung sperren und jene Ressourcen ablehnen oder sogar zu zerstören versuchen, die ihnen sublime Lust verschaffen könnten. Eine *narzisstische Kultur* ermutigt den Narzissmus der Individuen, nichts zu dulden, was sie über ihr Ich hinausführt. Als erstes Objekt der Empörung bietet sie ihnen gerade die Kultur der Sublimierung an.

Die Tatsache, dass die Sublimierungs-Kultur gebieterisch auftritt, bietet dafür noch dazu einen weiteren empfindlichen Angriffspunkt. Sie sagt zu den Individuen schließlich, wie das Beispiel von Dario Fo zeigt: »*Jetzt sei mal kein Nasenbohrer und verharre nicht in deinem Narzissmus, sondern füge dich einem Standard von öffentlicher Kultur. Hier bist du in der Öffentlichkeit, und da hast du gefälligst ein wenig mondän zu sein. Du wirst selbst sehen, dass dir das mehr Freude einbringt.*« Gegen solche Imperative kann die narzisstische Kultur rebellische, antiautoritäre Regungen für sich nutzbar machen, indem sie die Sublimierungskultur als autoritäre, fremdbestimmende Macht denunziert. Die Individuen wollen dann frei sein, sie wollen *ganz sie selbst* sein, autonom und authentisch, und auf keinen Fall eine Rolle spielen oder fremdbestimmt sein, *mehr als sie selbst* oder gar glücklich sein.[16] Dies führt zum Beispiel in der westlichen Kultur dazu, dass jegliche öffentliche Sphäre, worin die Individuen sich ein weniger feierlicher und formeller benehmen als zu Hause, zugunsten einer vermeintlich »authentischen«, privaten Sphäre getilgt wird. Der »public man« im Sinn Sennetts wird von einer narzisstischen Kultur als Bild der Heteronomie diffamiert. Die Möglichkeit, auch in der Öffentlichkeit ganz so ungezwungen aufzutreten, wie man zu Hause vielleicht vor dem Fernseher sitzt, mochte zunächst tatsächlich als Befreiung erlebt werden – insbesondere in jenen Ländern, in denen die Kultur der Höflichkeit den starken Beigeschmack einer extrem biederen, unvollständig entnazifizierten Nachkriegsära trug.

Unter neoliberalen Bedingungen aber werden die fatalen politischen Auswirkungen dieser Entwicklung offensichtlich: jeder und jede ist nun ermutigt, sich ganz unbefangen als jener Freak zu präsentieren, der er oder sie privat angeblich ist. Dies führt zu einer nicht enden wollenden Serie von Outings in Talkshows und zu kurzfristiger Bekanntheit von Einzelnen um den Preis langfristig verlorener Würde ganzer Gruppen;[17] aber vor allem auch dazu, dass niemand mehr im Fernsehen Gelegenheit vorfindet, über Fragen zu sprechen, die die Gesellschaft als Ganze betreffen, und damit auch relevante Öffentlichkeiten zu erreichen. Der öffentliche Raum erweist sich hier als vollständig unter private Ansprüche unterworfen und entpolitisiert. Die antiautoritäre Rebellion gegen die vermeintlich heteronomen Standards von Öffentlichkeit und die rabiate Durchsetzung der »authentischen« Privatidentitäten (im freilich wenig authentischen »Reality-TV«) führt hier zur Zerstörung jeglicher politisierbarer Öffentlichkeit.

Auch die Sexualität zeigt unter solchen Verhältnissen, dass sie – wie Bataille bereits betont hatte – keinesfalls bloß eine intime Angelegenheit ist. Eine sexuelle Befreiung, die den vermeintlich authentischen, romantischen Wunsch gegen die Einschränkungen der Gesellschaft durchzusetzen versucht, läuft Gefahr, die Individuen allein auf jene Begehrensressourcen zu reduzieren, die sie von selbst aufbringen können. Sie verlieren dadurch aber die entscheidende Unterstützung, welche die Sublimierung ihrem sexuellen Wunsch gegen die gesellschaftlichen – und mehr noch gegen ihre eigenen organischen – Hemmungen liefern kann. Aus diesem Grund läuft jene sexuelle Befreiung, die Ende der 60er-Jahre triumphal begonnen hatte, konsequenterweise auf jenes Desaster hinaus, das in den 90er-Jahren als neokonservatives Zeitalter der »sexuellen Belästigung« und »Postsexualität« vor unseren Augen seine repressive Gestalt annahm. Ohne die soziale Dimension, die in der Fähigkeit zur Sublimierung besteht, wird die vermeintlich befreite Sexualität zu einer eigentümlich gehemmten Kraft. Dies liegt jedoch eben nicht daran, dass das sexuelle Begehren, wie konservative Theoretiker gerne argumentieren, das Verbot zu seiner Voraussetzung hätte; sondern vielmehr daran, dass die immanenten Hemmungen des Begehrens nur dank kultureller Imperative überwunden werden können.

Sowohl politisch, was die Zerstörung von Öffentlichkeit betrifft, als auch sexualpolitisch, hinsichtlich der Reduzierung von Sexualität auf das, was die Individuen an Eigenleistung aufbringen können, lässt sich erkennen, dass die Postmoderne zu einer extremen Beraubung geführt hat. Sie hat der Mehrheit der Individuen den Zugang zur Ressource Sublimierung erschwert, wenn nicht unmöglich gemacht. Die Ressource Sublimierung ist eine Beute gesellschaftlicher Kämpfe, die gegenwärtig sehr zu ungunsten der zahlreichen Verlierer der Beutekämpfe verteilt ist. Listigerweise konnte diese Beraubung stattfinden, indem sie sich als Befreiung ausgab. Indem heute noch rebellische und unbeugsame Individuen dazu gebracht werden, ihre Befreiung unmittelbar in der Ablehnung der Kultur zu erblicken, lässt man sie selbst spontan gegen ihren Anteil an der Beute agieren.

Eine narzisstische Kultur erzeugt gegenwärtig Scharen von Spielverderbern und Nasenbohrern auf allen Ebenen. Sie stachelt die Individuen zu permanenten Rebellionen gegen die Kultur der Sublimierung auf und bringt sie dadurch um die Ressourcen sowohl ihrer Freiheit wie ihres Glücks.[18] Die Arbeit an der Psyche der Individuen sowie jene der Kulturkritik haben hier ein gemeinsames Ziel: die von der narzisstischen Kultur ermutigten, »spontanen« Reflexe des Beuteverzichts zu bremsen und zu mildern. Wenn dies gelingt, werden die Individuen nicht nur für sich allein glücksfähiger werden, sondern sie werden sich auch in gesellschaftlicher Hinsicht die Mittel zu ihrem Glück nicht mehr so leicht wie jetzt wegnehmen lassen.

7. Sind wir wirklich so erotisch?
Peter Sloterdijks »Zorn und Zeit« und die Frage der Beobachtungsinstanzen

In seinem 2006 erschienenen Buch »Zorn und Zeit«[1] konstatiert Peter Sloterdijk die Vernachlässigung und Verfemung ehemaliger Tugenden wie Stolz, Kampfbereitschaft, Stärke und Selbstbehauptungswillen in der aktuellen westlichen Kultur. Auch in diesem Punkt scheint sich also in den letzten Jahrzehnten eine kulturelle Wahrnehmung verändert zu haben; ihr zufolge sind die Helden (und ihre Vorzüge) von gestern zu den Unpersonen (mit den Makeln) von heute geworden. Darum liegt der Verdacht nahe, dass auch die von Sloterdijk untersuchten Qualitäten Beispiele dessen sind, was wir mit dem von Michel Leiris stammenden Begriff des »Heiligen im Alltagsleben« zu erfassen versuchen, und dass die Veränderung ihrer Wahrnehmung eine Folge fortschreitender Profanisierung des öffentlichen Raumes ist, die sich dabei der rationalisierenden Hilfe von Argumenten »reiner« Vernunft bedient.

Auf den ersten Blick scheinen ja – wie immer, so auch hier – sehr gute Gründe bereitzustehen, um die Verwerfung der von Sloterdijk in Erinnerung gerufenen kriegerischen Tugenden zu rechtfertigen: Ist es nicht gut und notwendig, wenn insbesondere in Deutschland ein skeptisches Verhältnis gerade zu jenen kämpferischen Haltungen vorherrscht, die der Nationalsozialismus propagiert hatte? Und ist diese Gewaltferne nicht ein allgemeines Merkmal von Zivilisiertheit? Handelt es sich schließlich nicht um typische traditionelle Männertugenden, die in geschlechtergerecht gestalteten Gesellschaften nichts mehr verloren haben?

Gegen diese guten Gründe ist jedoch zunächst einzuwenden, dass der Faschismus nur mit Gewalt besiegt werden konnte und dass die Absage an gewaltsame Mittel folglich nicht die Würde einer antifaschistischen oder zivilisatorischen Tugend verdient. Das Beispiel der antifaschistischen Freiwilligen aus dem Spanischen Bürgerkrieg sowie der Partisanenarmeen wäre dafür wohl ein weitaus geeigneter Kandidat. Auch der Verweis auf den vermeintlich männlich codierten Charakter dieser Tugenden aber verliert damit seinen sicher geglaubten Boden unter den Füßen: denn gerade im Spanischen Bürgerkrieg, in den Partisanenarmeen (sowie in der Roten Armee) kämpften sehr viele Frauen; und sie erkämpften sich dabei auch gleiche Rechte gegenüber ihren männlichen Genossen. (Zur Illustration mag die berühmte Äußerung jener jungen republikanischen Spanierin dienen, die eine Waffe verlangte und erklärte, sie sei »nicht an die Front gekommen, um mit einem Putzfetzen in der Hand zu krepieren«.)

Das Schräge und bei kurzem Nachdenken leicht Widerlegbare der genannten, sich als evident gebenden Begründungen für die Ablehnung kämpferischer Tugenden zeigt, dass es sich bei diesen Begründungen um Rationalisierungen im Sinn Freuds handelt – um nachträgliche Versuche, einer einmal aus anderen Beweggründen eingenommenen Position den Anschein von Vernunft zu verschaffen. Sie sind jedoch nicht das, wofür sie sich halten – nämlich Produkte überlegenen Durchblicks oder eines hohen zivilisatorischen Standards. Das Kriterium, das für die Bildung dieser »Vernunftgründe« maßgebend war, ist nicht der Erklärungswert für die Zusammenhänge, sondern vielmehr bequeme Vereinbarkeit mit dem idealisierten Selbstbild postmoderner Individuen. Das Ziel solcher Gedanken ist nicht das Erkennen, sondern die Identifizierung mit dem Gedachten.

Aus welchen anderen als den von der reinen – das heißt: selbstverliebten narzisstischen – Vernunft vorgeschobenen Gründen aber sind die kämpferischen Tugenden in Misskredit geraten? – Die von Peter Sloterdijk vorgeschlagene Lösung dieses Rätsels ist für unseren Zusammenhang von entscheidendem Interesse. Mit Sloterdijk teilen wir die Ansicht, dass es sich bei dieser Verfemung um einen Beuteverzicht handelt. Denn dabei werden Mittel des gesellschaftlichen Kampfes diffamiert, die gerade unter verschärften neoliberalen Bedingungen dringend benötigt werden könnten. Gerade diese vermeintlich hochzivilisierten Gesellschaften, die im Namen ihrer Zivilisiertheit so verächtlich von Mut, Einsatzwillen, Disziplin,

Kampf und Gewalt sprechen, sind es nämlich, die auf der anderen Seite gegenwärtig ihre Demokratie- und Menschenrechtsstandards einem massiven Rückbau preisgeben: unter dem Vorwand fundamentalistischer Bedrohungen hat, wie Sloterdijk bemerkt, ein »Abdriften der westlichen Kultur in postdemokratische Zustände« (Sloterdijk, ZZ 340) eingesetzt. Und auch mit der Universalität des Rechts auf körperliche Unversehrtheit wird es in der zivilisierten Welt nicht mehr so genau genommen: Während die traditionellen großen philosophischen Wortführer der Menschenrechte in dieser Frage weitgehend stumm blieben, hat Slavoj Žižek als einer der wenigen auf den Skandal aufmerksam gemacht, dass westliche Regierungen nunmehr begonnen haben, den Gebrauch von Folter als Verhörmethode offen zuzugeben und zu rechtfertigen.[2]

Auf der anderen Seite stellt sich die Frage, ob die Verfemung kämpferischer Haltungen, wie Sloterdijk und Žižek übereinstimmend nahelegen, ein Produkt des »Hedonismus« postmoderner Gesellschaften ist.[3] Eine zu starke, kommerziell angestachelte »erotische« Begehrlichkeit nach dem Leben und den Objekten, die es bieten kann, hätte jegliche stolze Haltung unmöglich gemacht. Grenzenlose Suche nach Lust würde alle Kampfbereitschaft verhindern. Psychoanalytisch gesprochen, handelte es sich mithin um ein Übermaß an Objektlibido gegenüber der Ichlibido. – Dieser zunächst nicht unplausiblen Annahme gegenüber möchten wir Zweifel anmelden. Denn die reine Vernunft der Postmoderne, die sich nicht mit Gewalt beschmutzen will (und gerade dadurch ihrem Vordringen Vorschub leistet), trägt unseres Erachtens narzisstische Züge; sie zeugt also von einem Überschuss der Ichlibido und einer Hemmung des Zugangs zu den Objekten. Nicht Hedonismus führt zum Beuteverzicht, sondern vielmehr narzisstische Askese.

Aus unserer kulturtheoretischen Perspektive, die mit den Kategorien des Heiligen und des Profanen operiert, wird dementsprechend eine andere, von Sloterdijks Vorschlag abweichende Lösung möglich. Der Stolz (den Sloterdijk mit Recht zum Zentralbegriff seiner Analyse macht) ist eine Haltung, die mit öffentlicher Erscheinung zu tun hat. Insofern beruht sie auf der Einbildung ohne Eigentümer. Dadurch gerät sie in einem Moment, in dem große Teile der Gesellschaft von der massiven, narzisstischen Sehnsucht erfasst werden, ganz sie selbst zu sein, in den Geruch des Nichtauthentischen und der Entfremdung, der allen von der anonymen Einbildung geprägten, alltagsheiligen Objekten anhaftet. Die veränderte Wertschätzung des Stolzes muss darum innerhalb einer Theorie des aktuellen gesellschaftlichen Imaginären und des darin vorherrschenden Verhältnisses der Beobachtungsinstanzen untersucht werden. Sie ist ein Ergebnis der von Richard Sennett bemerkten »Veränderung von außen- zu innengeleiteten Verhältnissen« (s. Sennett [1974]: 18). Dementsprechend sind wir nicht so erotisch oder hedonistisch, wie wir meinen, und wir verzichten auf Objekte ebenso wie auf Haltungen. Die von der reinen Vernunft betriebene Profanisierung des öffentlichen Raumes hält uns davon ab, auf den heiligen Zorn sowie auf den eleganten Stolz – der zu seiner Realisierung bezeichnenderweise immer materielle Objekte (wie zum Beispiel eine Zigarette, oder, im Fall Alain Delons, eine perfekte Hutkrempe) benötigt – Anspruch zu erheben. Wir sind zu selbstverliebt und mithin zu feindselig gegen das öffentliche Heilige, um stolz oder glücksversessen – und entsprechend kampfbereit – zu sein.

1. Ein Mangel an Stolz

Ein charakteristisches Merkmal der Philosophie Peter Sloterdijks – insbesondere innerhalb der deutschsprachigen Tradition – ist ihre augenscheinliche Heiterkeit. Sloterdijk erscheint meist amüsiert durch das, was er beobachtet (zum Beispiel den postmodernen Zynismus), und er kommentiert es mit einem höflichen Lächeln, das zwischen liebevoller Zärtlichkeit und einer gewissen Verachtung für ein mehr oder weniger dummes« Objekt zu schweben scheint. Diese distanzierte Haltung erlaubt es ihm, psychische Energie zu ersparen und sie in der Folge in Verbalisierungen von großer Schönheit und poetischem Witz lustvoll abzuführen. Darum ist Sloterdijk selbst dort, wo er große kritische Schärfe entwickelt, niemals leidenschaftlich. Dies hat ihn, wie es scheint, populär gemacht und ließ ihn lesbar werden sogar für Leute, die sonst der Philosophie ferngeblieben wären. Es ist zugleich der Grund, weshalb einige seiner von nobler désinvolture geprägten Einsichten mehr Diskussion und gesellschaftliche Aufregung verursacht haben, als jede »alarmistische« Kritik es vermocht hätte. Und es mag erklären, weshalb die traditionelle akademische Welt in Deutschland Schwierigkeiten hat, mit Sloterdijks Werk umzugehen.

Gestützt auf die von Bernard de Mandeville eingeführte Unterscheidung,[4] kann man sagen, dass es Sloterdijk gelingt, immer die Seite des »Schurken« (»knave«), und niemals die des »Narren« (»fool«) einzunehmen. Seine »Kritik« besteht immer darin, dass er die Struktur – das heißt: die Rationalität, Notwendigkeit, Funktion und Wirkungskraft – seines Objekts beurteilt, aber niemals dessen Mängel im Vergleich zu einem imaginären, subjektiven Vorbild beklagt. Er bringt seine Erkenntnisse dann in einer Weise zum Ausdruck, die erstaunliche Klarheit und beträchtliches Amüsement ermöglicht, aber nur geringe Identifizierung. »Ob Sie es nun mögen oder nicht« – eine solche Art zu schreiben stellt eine bemerkenswert zivilisierte Haltung dar, die den Leser nicht mit einer ihm angenehmen Meinung zu »bestechen« versucht und ihn auch nicht mit subjektiven Sentimentalitäten wie vagen Hoffnungen, Wünschen, Enttäuschtheiten oder Wutausbrüchen beansprucht. Das ist eine seltene Errungenschaft. Wir sollten nicht vergessen, dass Zivilisiertheit in Deutschland nach dem Scheitern der Hoffnungen auf eine bürgerliche Revolution nicht als eine hoch geachtete Tugend galt (dies hat Norbert Elias gezeigt; siehe Elias 1998, Bd. 1: 124–131). Die deutsche Philosophie hat darum – mit wenigen Ausnahmen – immer spontan die »närrische« Position eingenommen: entweder die der blauäugigen »Theodizee«, die allem Leiden metaphysische Bedeutung verlieh und derart diese Welt zur besten aller möglichen erklärte (wie Theodor W. Adorno bemerkte; siehe Adorno 1973, Bd. 1: 170); oder sie entwickelte sich zu einer klagenden Demonstration der eigenen Verletzlichkeit und verzweifelter, trauriger Kritik der aktuellen Zustände, ohne jede Idee, wie diese zu überwinden wären – aber einer umso leidenschaftlicheren Forderung nach solcher Überwindung (ein Beispiel für diese zweite Möglichkeit wäre Adornos eigene Position, wie Sloterdijk hellsichtig gezeigt hat; siehe KzV, Bd. 1: 22).

Entgegen seiner heiteren, »schurkischen« Grundposition und seiner Präferenz für die Untersuchung der Kräfte und funktionalen Notwendigkeiten seines Objekts gegenüber der Klage über dessen vermeintliche Mängel entdeckt Sloterdijk jedoch in seinem letzten Buch überraschenderweise einen Mangel im Objekt seiner Untersuchung. In »Zorn und Zeit« beschreibt Sloterdijk unsere gegenwärtige Epoche als eine, die durch eine spezifische Vergessenheit charakterisiert ist: sie ist Stolz-vergessen bzw. »thymos-vergessen« (ZZ 32). Unserer Kultur mangelt es, so Sloterdijk, an Stolz.[5] Eine lange Kulturgeschichte hat uns an eine »Humilitas-Psychologie« gewöhnt, die ursprünglich »Bauern, Klerikern und Vasallen auf den Leib geschrieben war« (ZZ 33). Alles, was vom Stolz (oder dessen Verletzungen) herrührt, wie Großzügigkeit, Heroismus oder Zorn und Rache, erscheint uns heute fremd und unverständlich:

»Kaum treten bei Individuen oder Gruppen ›Symptome‹ wie Stolz, Empörung, Zorn, Ambition, hoher Selbstbehauptungswille und akute Kampfbereitschaft auf, nimmt der Parteigänger der thymos-vergessenen therapeutischen Kultur Zuflucht zu der Vorstellung, diese Leute müßten Opfer eines neurotischen Komplexes sein. Die Therapeuten stehen hiermit in der Tradition der christlichen Moralisten, die von der natürlichen Dämonie der Selbstliebe sprechen, sobald die thymotischen Energien sich offen zu erkennen geben.« (ZZ 32; vgl. auch ebd. 80)

Die Homerischen Helden, mit deren Schicksalen wir in der Schule vertraut gemacht werden, sind unsere unvertrautesten Gegenteile hinsichtlich des Affekthaushalts. Sie ergingen sich vollständig im Zorn, während wir, im Gegenteil, in Bescheidenheit und Hemmung zorniger Affekte geschult wurden (s. ZZ 9–22). Dieser Mangel an Stolz könnte, wie Sloterdijk bemerkt, zu einer bestimmten Ohnmacht führen, wenn es zu einer Konfrontation mit Kulturen wie der islamischen kommen sollte, denen es besser gelungen ist, ihre Ressourcen des Zorns zu bewahren.[6]

Hier wird erneut der Wechsel in Sloterdijks methodischer Herangehensweise sichtbar. In der Vergangenheit bestand ein entscheidendes Verdienst von Sloterdijks Analyse darin, dass er die untersuchten kulturellen Strukturen als Mechanismen der »Enthemmung« begriff (s. KzV 12; WIK 36, 93). So legte seine heitere Analyse der »zynischen Vernunft« nicht nur das infame Bewusstsein derjenigen offen, die von der spätkapitalistischen Ordnung der Dinge profitieren; sie machte auch verständlich, wie diese rationale Hellsichtigkeit hinsichtlich des praktischen Verhaltens als ein Mittel diente, um unter offensichtlich irrationalen Bedingungen erfolgreich zu leben. Aufgeklärtes, »kritisches« Bewusstsein konnte, wie Sloterdijk zeigte, eine ideologische Funktion übernehmen – in dem Sinn, den Louis Althusser diesem Begriff gegeben hat: eine Funktion der Subjektivierung, welche die Individuen mit den Enthemmungen versieht, die notwendig sind, um »spontan« und leidenschaftlich ihre individuellen Zwecke zu verfolgen, und die zugleich die bestehenden Machtverhältnisse in der Gesellschaft aufrechterhält beziehungsweise reproduziert.[7]

Im Gegensatz dazu jedoch erscheint Sloterdijk die »Stolz-Vergessenheit« nicht als eine Macht der Enthemmung. Daher bleibt die Frage: Was könnte sie sonst sein, und auf der Grundlage welcher Notwendigkeit oder Funktion könnte ihre Existenz erklärt werden? Kann irgendeine Gesellschaft es sich jemals leisten, mit einer überflüssigen Schwäche oder einem Mangel zu existieren? Es stellt sich auch die Frage, welcher methodische Wechsel in Sloterdijks Theorie aufgetreten ist zwischen der »Kritik der zynischen Vernunft« von 1983, die die funktionale Notwendigkeit ihres Objekts sowie dessen enthemmende Kräfte entdeckte, und der Analyse in »Zorn und Zeit« von 2006, die einen Mangel in ihrem Gegenstand feststellt und folglich ein Element der Hemmung.

Sloterdijk gibt in diesem Buch einen groben Überblick über die Geschichte der wechselnden Wertschätzungen, die Stolz und Mut in der westlichen Kultur erfahren haben. Griechische Kriegerkulturen hielten diese Tugenden hoch. Später, im Mittelalter, wurden die Menschen sozusagen durch Bescheidenheit gezähmt. In der frühbürgerlichen Stadtkultur der Renaissance dagegen wurde der Stolz kriegerischer Charaktere wieder geschätzt (s. ZZ 33), wohingegen solche Affekte in der modernen westlichen Kultur weitgehend dysfunktional wurden (s. ZZ 81). Darum mussten sie verbannt werden bis zu einer möglicherweise schon nahen Zukunft, in der es, wie Sloterdijk andeutet, günstig sein mag, diese vergessenen Tugenden wieder zu entdecken. Anscheinend benötigen manche Kulturen Hemmung, so Sloterdijk, während andere Enthemmung brauchen. Ein Mangel an Stolz, wie Sloterdijk ihn in unserer Kultur diagnostiziert, hat jedenfalls in seiner Analyse immer die Rolle einer Hemmung.

2. Thymos und Eros

Der Stolz wird von Sloterdijk als eine »thymotische« Qualität bezeichnet. Er ist bezogen auf jenen imaginären Ort (jenes Organ beziehungsweise jenen Trieb), den die antiken Griechen »Thymos« nannten: den Ort, an dem dieser Mythologie zufolge solche Qualitäten wie Stolz, Mut, Ehrgeiz, Zorn und andere situiert waren.[8] In der »Politeia« hat Platon eine dreiteilige Topik der menschlichen Seele entworfen, die den Logos (die Vernunft), den Eros (die Begierde) und den Thymos (den Stolz) umfasste.[9] In leichter Abweichung von diesem Schema konzentriert Sloterdijk sich in »Zorn und Zeit« ausschließlich auf den Gegensatz zwischen Eros und Thymos. Die beiden Kontrahenten sind, so Sloterdijk, wie folgt zu unterscheiden:

> »Während die Erotik Wege zu den ›Objekten‹ zeigt, die uns fehlen und durch deren Besitz oder Nähe wir uns ergänzt fühlen, erschließt die Thymotik den Menschen die Bahnen, auf denen sie geltend machen, was sie haben, können, sind und sein wollen.« (ZZ 30)

Sloterdijks Diagnose besagt nun, dass es in der aktuellen westlichen Kultur eine Vorherrschaft der »erotischen« Motivationen gibt. Diese hat uns zu einer »Ethik der Würdelosigkeit« (ZZ 35) erzogen sowie zu reinem Konsumismus, Neid und Ressentiment (ZZ 31, 34). Wir sind zur Habgier verführt worden, unsere Appetite wurden gereizt und mit erotischen Angeboten und Bequemlichkeiten überschüttet, und so wissen wir nicht mehr, wie, wann und wofür wir jemals überhaupt kämpfen sollten (s. ZZ 312 f., 338).

Die spezifisch politischen Impulse – die auf dem Stolz basierenden »thymotischen« Ursachen menschlichen Handelns – sind unverständlich geworden. Sie mögen in der Form des Zorns (bei anderen) erscheinen oder in populären Phantasien über Rache. Letztere zeigen sich in massenkulturellen Werken von geringem Distinktionswert wie etwa Alexandre Dumas' beliebtem Roman »Der Graf von Monte Christo« (s. ZZ 80, 274), wo das kulturell verdrängte Motiv der Rache seine massive Wiederkehr feiert.

Neben alten Kräften wie dem Christentum ist die Psychoanalyse in Sloterdijks Augen eine der Hauptschuldigen für diese ThymosVergessenheit. Denn sie tendiert, so Sloterdijk, dazu, menschliches Handeln ausschließlich aus »erotischen« Motiven zu erklären, und sie betreibt die »Reduktion von Individuen zu Patienten«, das heißt: zu »Personen ohne Stolz« (ZZ 29). Auf diese Weise hat die Psychoanalyse, wie Sloterdijk feststellt, zu einer »Propaganda der Erotisierung und Vulgarisierung« beigetragen (ZZ 60).

3. Das Ressentiment regiert

In seiner Beschreibung der aktuellen Kultur hat Sloterdijk einen neuralgischen Punkt getroffen: unsere Kultur ist tatsächlich eine Kultur des Ressentiments – sofern man unter dem Ressentiment eine neidige Aggression »gegen das Ich und seine Neigung, sich und das Seine zur Geltung zu bringen«, versteht (s. ZZ 31).

Wo das Ressentiment herrscht, gilt, wie wir von Nietzsche lernen können, die Regel: Je schwächer du bist, desto besser bist du.[10] Ressentimentkulturen erlauben es darum niemandem, Zeichen von Eleganz oder Größe zu setzen; stattdessen veranstalten sie Wettbewerbe in anmaßender Bescheidenheit. In Bezug darauf erscheint Sloterdijk völlig im Recht, wenn er, in wunderbaren Momenten der Schärfe wie des Humors, zum Beispiel von »demutstrunkenen Subkulturen« spricht (ZZ 31). Um den Grad, in dem in unserer Kultur das Ressentiment regiert, anschaulich werden zu lassen, möchte ich dazu ein Beispiel aus der Welt der Kunst einfügen. Vielleicht erinnert man sich daran, wie die vorletzte documenta, die von Okwui

Enwezor kuratierte documenta 11 in Kassel, über die von ihr ausgewählten Künstler gesprochen hat:

> »[die Künstlerin] gehört zu einer neuen Künstlergeneration, die
> aufgrund der Tatsache, dass sie im Land ihrer Geburt leben und
> arbeiten, internationale Anerkennung gefunden haben.«[11]

»Bleibt zu Hause und kümmert euch nur um eure eigenen Angelegenheiten – und erhebt bitte niemals irgendwelche umfassenderen,
allgemeineren Ansprüche. Wenn ihr diesem Rezept brav folgt, dann
könnt auch ihr eines Tages auf der documenta sein« – so könnte
man diesen Kommentar wohl paraphrasieren. (Es soll hier nicht
diskutiert werden, wie sehr dieses Programm selbst den von der
documenta ausgewählten Kunstschaffenden Unrecht tut.) Künstler
werden nun vorzugsweise wegen ihrer vermeintlichen Schwäche
ausgesucht; sie sollen auf keinen Fall mondäne Zeichen von kosmo-
politischem Engagement, Glamour, Exzess, Verrücktheit, Extravaganz, Obsession, Meisterschaft oder internationaler Solidarität zeigen. Vielmehr werden sie dazu angehalten, möglichst bescheidene
Spuren ihrer Armut oder Diskriminierung vorzuführen.

Indem Sloterdijk solche Formen des Ressentiments aufs Korn
nimmt, liefert er eine wertvolle Kritik jener kulturalistischen Linken
in den wohlhabenden Staaten, die in den letzten Jahrzehnten zunehmend dazu tendierte, das Ressentiment und die Viktimisierung
mit emanzipatorischem Kampf zu verwechseln.[12] Diese Tendenz
führt unweigerlich zur Entpolitisierung: ihr charakteristisches, ver-
räterisches Merkmal besteht darin, dass immer nur Forderungen
erhoben werden, über die eigentlich das gesamte Publikum sich
einig sein muss (denn wer ist schon jemals für Diskriminierung?),
wohingegen wirkliche politische Forderungen, wie bereits Hobbes
bemerkte, immer die Eigenschaft zeigen, ihr Publikum zu spalten. In
der Ressentimentkultur kommt es darum nie zu einer strukturellen
Veränderung der Gesellschaft. Nur exemplarische Individuen, die
ihren Opferstatus prominent hervorkehren, erhalten kleine, individuelle Vorteile zuerkannt[13] – und versorgen im Gegenzug dafür eine
westliche Klein- oder Mittel-Bourgeoise, die dies nötig zu haben
scheint, mit einer beträchtlichen Menge an gutem Gewissen.

4. Der Stolperstein: Sind wir wirklich so erotisch?

So richtig Sloterdijks Diagnose des Ressentiments in der Gegenwartskultur ist, erscheint seine Verwerfung der psychoanalytischen Theorie doch ein wenig zu hastig. Und das ist nicht nur ein Fehler in einem Detail. Vielmehr ist es der Grund, weshalb Sloterdijks gesamte Analyse in »Zorn und Zeit« Gefahr läuft, ihr Ziel zu verfehlen. Sloterdijk erklärt die Herrschaft des Ressentiments aus der Dominanz des erotischen Pols in unserer Kultur – einer Dominanz, zu der die Psychoanalyse beigetragen habe. Wenn das Ressentiment in unserer Kultur regiert, dann jedoch nicht deshalb, weil der erotische Pol dominierte. Und gerade die Psychoanalyse ermöglicht es, das zu erkennen und zu erklären.

Anscheinend akzeptiert Sloterdijk zu schnell die übliche Selbstbeschreibung unserer Kultur als »hedonistisch« und »konsumistisch«. Aber ist diese Selbstbeschreibung denn korrekt? – Diese Kultur produziert doch eine Reihe massiver asketischer Tendenzen: sie ekelt sich angesichts von Lustformen wie Sex, Rauchen, adult language oder sogar Höflichkeit. Ist es nicht erstaunlich, in welchem Maß diese Kultur, die sich am Ende der 60er-Jahre noch als eine Kultur der »sexuellen Befreiung« begriff, seit dem Ende der 90er-Jahre als Kultur der »sexuellen Belästigung« agiert und empfindet? Ist unsere Lust in der Gegenwartskultur nicht den seltsamsten Restriktionen unterworfen, sodass wir, wie der bereits zitierte Slavoj Žižek hellsichtig hervorgehoben hat, nur noch Kaffee ohne Koffein, Schlagobers ohne Fett und Bier vorzugsweise ohne Alkohol verabreicht bekommen (s. Žižek [2004])? Und ist es nicht auffällig, dass auf politischer Ebene die Bevölkerungen jene Kürzungen, die ihnen von neoliberalen Regierungen zugemutet werden, nicht nur akzeptieren, sondern dass sie sogar diese Regierungen dafür noch schätzen und aus den radikalsten Protagonisten der Privatisierungen geradezu ihre Lieblinge machen? Beobachten wir nicht soeben das paradoxe Phänomen eines Mangels an Habgier seitens der Massen?

Mit Nietzsche lässt sich erkennen, wie das Ressentiment mit asketischen Idealen zusammenhängt: Die Verlierer von gestern erklären ihre Verluste zu ihren Tugenden und beginnen, in der Abstinenz von Gütern, um die gesellschaftlich gekämpft wird, einen hohen moralischen Wert zu erkennen. Aber werden solche asketische Ideale ausgehend vom erotischen Pol entwickelt? – Wie lässt es sich dann erklären, dass diese Kultur allen Arten von Erotik und Glamour nicht den geringsten Wert zuerkennt, sondern diese vielmehr als Ursachen von Irritation und Belästigung erfährt und sich selbst in »Low Sexual Desire«-Syndromen und »Postsexualität« ergeht? Angesichts der massiven asketischen Ideale in der aktuellen Kultur scheint Sloterdijks These von der Prädominanz des erotischen Pols unweigerlich zu scheitern.

5. Hochmut: zu stolz, um stolz zu sein

Die ganze Schwierigkeit hängt an einem einzigen, symptomatischen Punkt: der Frage des Hochmuts (superbia). Sloterdijk betont, dass der klassische Vorwurf der superbia – erhoben vom Christentum wie von der Psychoanalyse – das thymotische Feld unzugänglich gemacht habe:

»In diesen ätherischen Kreisen wurde das gesamte thymotische Feld durch den Vorwurf der superbia abgeriegelt, indessen man vorzog, in den Wonnen der Bescheidenheit zu schwelgen.« (ZZ 31)

Indem man den Begriff der superbia entwickelte und ihn an die erste Stelle der Kardinalsünden setzte, konnte man, so Sloterdijk, stolze und kriegerische Menschen schlechtmachen. »Theistische Demutsdressuren« fanden statt und bestehen »im demokratischen Konsensualismus nahezu ungebrochen fort« (ZZ 35).

In der Geschichte der Philosophie taucht der Begriff der superbia als Schimpfwort jedoch nicht allein im christlichen Lager auf. Er findet sich auch bei marginalen, der Häresie verdächtigen Figuren wie Blaise Pascal sowie in den Schriften von offen nicht-christlichen Autoren wie Benedict de Spinoza. Auffälligerweise ist ihr Begriff der superbia trotz aller sonstigen Differenzen derselbe. Es ist notwendig, die spezifische Bedeutung dieses Begriffs herauszuarbeiten – eine

Bedeutung, die sich sehr stark unterscheidet von dem, was heute in einem Common Sense unter »Stolz« verstanden wird. Möglicherweise ist der Hochmut (superbia) sogar das genaue Gegenteil des Stolzes. Dennoch scheint Sloterdijk zunächst recht zu haben, wenn er im Vorwurf der superbia eine Unterwerfungsabsicht ausmacht. Wer dem anderen Hochmut vorwirft, will, dass dieser andere sich unterwirft. Pascal zum Beispiel schreibt:

»Es ist abergläubisch, wenn man seine Hoffnung auf Formalitäten setzt, doch es ist hochmütig, wenn man sich ihnen nicht unterwerfen will.« (Pascal 1997: 207)[14]

Hochmut (superbia) ist hier offensichtlich eine Form der Nicht-Unterwerfung; in diesem Fall Nicht-Unterwerfung gegenüber den Formalitäten (womit formelle Religionsübungen gemeint sind wie zum Beispiel Niederknien, mit den Lippen Beten etc.; s. Pascal 1997: 507). Dies ist auch in dem folgenden Abschnitt von Pascal erkennbar:

»Die anderen Religionen, wie etwa die heidnischen, sind volkstümlicher, denn sie bestehen nur aus Äußerlichkeiten, doch sie sind nicht für die gebildeten Leute geeignet. Eine rein geistige Religion wäre den Gebildeten angemessener, aber sie würde dem Volk nichts nützen. Allein die christliche Religion ist allen angemessen, da sie das Äußerliche und das Innere verbindet. Sie hebt das Volk zum Inneren empor und erniedrigt die Hochmütigen zum Äußerlichen, und ohne beides ist sie nicht vollkommen, denn das Volk muß den Geist des Buchstabens verstehen, und die Gebildeten müssen ihren Geist dem Buchstaben unterwerfen.« (Pascal 1997: 148)

Wieder ist Unterwerfung das Gegenteil der superbia; in diesem Fall geht es um die Unterwerfung des Geistes (der Gebildeten) unter den Buchstaben. Jedoch von dieser Bemerkung ausgehend lässt sich die spezifische Bedeutung erkennen, die der Begriff der superbia besitzt. Was Pascal hier einführt, ist die Unterscheidung von zwei verschiedenen Ordnungen der Beobachtung:[15] die eine bezieht sich auf »Äußerliches«, die andere auf etwas »Inneres«.

Sich der Ordnung des Äußerlichen zu unterwerfen bedeutet hier, darauf zu achten, wie die Dinge von außen betrachtet wirken. Wenn man also zum Beispiel den Formalitäten »buchstäblich« folgt und sich wie ein religiöses Subjekt benimmt, dann achtet man darauf, »was die Leute denken könnten«, wenn sie einen sähen, und ob sie einen dann wohl für religiös hielten. Es handelt sich um eine Ordnung äußerer Beobachtung. Was hier zählt, ist der Augenschein.

Sich auf die Ordnung des Inneren zu stützen bedeutet hingegen, der Sicht des »Geistes« zu folgen. Das heißt zum Beispiel zu denken, »Ich weiß selbst, ob ich glaube« oder »Ich weiß, wie ich es meine«. In diesem Fall kümmert man sich nicht um äußere Beobachter. Man betrachtet sich nur mit dem inneren Auge des »Geistes« und achtet nicht auf den Augenschein. Religiöser Glaube braucht hier nicht sichtbar zu werden. Durch die eigene Introspektion versichert, braucht man sich nicht darum zu kümmern, ob irgendwelche äußeren Idioten in der Lage wären, die wahre religiöse Gesinnung, die man in seinem Inneren trägt, zu erkennen oder nicht. Die herrschende Ordnung ist hier die der inneren (Selbst-)Beobachtung. Deren einzige Währung ist die Absicht.

Hier wird deutlich, was Pascal unter superbia versteht: nämlich die Vorherrschaft der inneren Beobachtung über die äußere. Hochmütig zu sein bedeutet, sich ausschließlich auf das zu verlassen, was man bei sich selbst weiß und intendiert, und nichts darauf zu geben, welche Schlüsse andere Leute aus dem Augenschein, den man ihnen bietet, ziehen könnten. Darum ist der Hochmut eine Haltung, welche die Äußerlichkeiten völlig abwertet und missachtet – zum Beispiel die Äußerlichkeiten, sich fein anzuziehen und am Sonntag in die Kirche zu gehen:[16] Der Hochmut unterwirft sich nicht der äußeren Ordnung der Eleganz und des Rituals.

Die superbia ist somit nicht das, wofür Sloterdijk sie nimmt – nämlich die Neigung der Menschen, geltend zu machen, »was sie haben, können, sind und sein wollen«. (ZZ 30). Ganz im Gegenteil: superbia ist genau die Sünde, die darin besteht, nicht darauf zu achten, wie man anderen erscheint. Sie ist die totale Vernachlässigung der eigenen sichtbaren Erscheinung, nicht deren Affirmation. Darum ist die superbia das präzise Gegenteil dessen, was wir heute

vom Stolz sagen, im Sinn einer gekonnten, oberflächlichen Selbst-
präsentation, die auf den Augenschein achtet. Hochmut im Sinn
von Pascal besteht genau darin, zu stolz zu sein, um Stolz an den Tag
zu legen. Der Hochmut ist die Macht der Verinnerlichung, die alle
sichtbaren Formen entschiedener, stolzer Haltung verschwinden
lässt. Wenn jegliche stolze Haltung aus der Gegenwartskultur verschwunden ist (wie Sloterdijk wohl zu Recht feststellt), dann kann
dies nur durch eine Vorherrschaft der superbia verursacht sein –
und nicht durch jene theologische und philosophische Kritik, die
diesen Begriff als Schimpfwort gebrauchte. Nicht weil »ätherische
Kreise« den Vorwurf des Hochmuts lancierten, sondern vielmehr
weil wir hochmütig sind, besitzen wir keinen Stolz.

6. Intimität, Narzissmus, Askese

Die Tatsache, dass der Hochmut (superbia) in diesem Pascal'-
schen Sinn die aktuelle westliche Kultur beherrscht, ist von Richard
Sennett hellsichtig erkannt worden. Sennett bemerkte, worauf wir
schon oben hingewiesen haben, dass westliche Gesellschaften seit
den späten 60er-Jahren sich von »außen-geleiteten zu innen-gelei-
teten Verhältnissen« entwickeln (Sennett [1974]: 18). Sie haben
äußere Beobachtung durch innere Selbstbeobachtung ersetzt.

Seit der Renaissance hatte man in westlichen Kulturen, so Sennett,
in der Öffentlichkeit eine »Rolle« für die anderen zu spielen – alle
Codes von Erziehung, Höflichkeit und zivilisiertem, weltläufigem
Benehmen waren auf dieses Spiel ausgerichtet, und sie lehrten, wie
man es gut spielte. Die öffentliche Rolle wurde sorgfältig von der
privaten, intimen Person getrennt gehalten: es war ein Zeichen zivilisierten Benehmens, die anderen nicht mit dem eigenen Selbst
zu belästigen (s. Sennett [1974]: 336). Seit den späten 60er-Jahren
des 20. Jahrhunderts aber ist diese Trennung zwischen einem theatralischen öffentlichen und dem intimen Raum mehr und mehr
aufgehoben worden, wie Sennett feststellt – und zwar auf Kosten
des öffentlichen Raumes. Die Intimität hat alle Beschränkungen
überschritten; sie hat ihre Forderungen universalisiert und alles

tyrannisch ihren eigenen, vertrauten Kriterien unterworfen. So ist die öffentliche Ordnung der Sichtbarkeit und Außenbeobachtung verschwunden und ersetzt worden durch eine Ordnung »intimer« innerer Beobachtung. Nicht gekonntes Auftreten ist, was zählt, sondern vielmehr Authentizität, so unverdorben durch jegliche Fertigkeit wie nur möglich. Es geht nicht um die fiktive Kunst der theatralischen Rolle, sondern um die wahre Natur der Person.

Diese Verinnerlichung ist zugleich eine Subjektivierung. Nun wird jeder Vorgang nicht mehr nach objektiven Kriterien beurteilt (zum Beispiel: wie viel Geld bekomme ich für welche Arbeit?), sondern nach subjektiven (zum Beispiel: kann ich mich wirklich mit meiner Arbeit identifizieren?). Nicht objektive Regeln, Codes, gesellschaftliche Fiktionen oder Erscheinungen zählen, sondern nur authentische Offenbarungen des Selbst – beziehungsweise was das Letztere dafür hält (s. Sennett [1974]: 20). Oder, in psychoanalytischen Begriffen: nicht die Einbildung der anderen ist von Bedeutung, sondern nur die eigene Einbildung. Entscheidend ist nicht, was andere Leute hätten denken können, sondern allein, wie es (von mir) gemeint war. In Pascals Worten: Der Buchstabe wird zugunsten des Geistes ignoriert; das heißt zugunsten der introspektiven Sicht des Ich.

Diese Fixierung auf das Ich, die Pascal und Spinoza als Hochmut (superbia) bezeichnet hatten, nennt Sennett beim klinischen, psychoanalytischen Namen: Narzissmus (Sennett [1974]: 21). Narzisstische Gesellschaften sind unfähig, eine öffentliche Sphäre aufrechtzuerhalten, denn sie nehmen jede gespielte Rolle als »Entfremdung« vom wahren Selbst wahr. Genau wie der Begriff der superbia muss auch der des Narzissmus anders als im alltagssprachlichen Sinn verstanden werden. Denn während die Alltagssprache theatralische Charaktere oft als »narzisstisch« bezeichnet, betont ein strikt psychoanalytisches Verständnis des Begriffs wie das von Sennett vorausgesetzte den Umstand, dass der Narzissmus unfähig ist, eine Rolle zu spielen. Für den Narzissmus ist das Ich zu kostbar, um für etwas weniger Wertvolles wie zum Beispiel eine Erscheinung aufgegeben zu werden, und sei es nur für einen Augenblick.

Doch diese Furcht vor Entfremdung betrifft nicht nur die eigene öffentliche Erscheinung. Sie prägt vielmehr das gesamte Verhältnis, das man zur Außenwelt unterhält. Der Narzissmus betrachtet das Ich als »rein«, und alles, was diesem fremd ist, als schmutzig: Geld, Glück, Erfolg, strukturelle Verbesserungen der Gesellschaft, die eventuell in materiellen Apparaten und Gesetzen verkörpert sind, etc. – die gesamte Außenwelt fällt unter diesen Verdacht des Schmutzes (s. dazu Grunberger/Dessuant 2000). Daher rührt die asketische Natur des Narzissmus – seine Feindseligkeit gegen Lust, Sex, Rauchen, Höflichkeit, Eleganz, Glamour, Großartigkeit, Heroisches etc. sowie das erstaunliche Verständnis für Kürzungen im Sozialsystem, das wir in westlichen Gesellschaften beobachten konnten.

Auf Sennett gestützt, lässt sich die These vertreten, dass der Defekt der westlichen Kultur in ihrem Narzissmus liegt. Dies ist, wie Freud zeigte, ein Defekt des erotischen, objektlibidinösen Pols (s. Freud [1914c]). Es gibt nicht zu viel »Appetit« für äußere Objekte, wie Sloterdijk vermutet, sondern, im Gegenteil, ein grenzenloses Interesse am eigenen Ich, das alle Aufmerksamkeit für die Außenwelt unmöglich macht. Das ist der Grund, weshalb westliche Bevölkerungen unfähig wurden, sich gegen das neoliberale »dealing and stealing« zu wehren. Die meisten wollten nun ganz sie selbst sein. So achteten sie weniger auf das, was andere von ihnen haben wollten.

7. Schwäche als Enthemmung

Die narzisstische Fixierung auf das Ich bringt eine Vorherrschaft der Introspektion und die totale Abwertung der äußeren, für äußere Beobachtung zugänglichen Welt mit sich. Dieser Narzissmus (den die älteren Autoren superbia genannt hatten) ist die Ursache für asketische Idealbildung und Ressentiment. Nebenbei bemerkt werden die Verluste des Narzissmus aufseiten der Objekte niemals durch etwaige Gewinne auf der Seite des Ich kompensiert. Denn die Suche nach dem wahren Selbst ist uferlos und kann, wie Sennett bemerkt, niemals zufriedengestellt werden (s. Sennett [1974]: 22).

Da das narzisstische Ich gegen alle Regeln und Gesetze rebelliert, muss es sich auch gegen alle regulären Kriterien der Selbstachtung auflehnen. Das narzisstische Ich ist so grandios, dass es kein Maß für es gibt. So kann es sich niemals seiner selbst versichern, und das ist der Grund, weshalb, wie Spinoza hervorgehoben hat, der Hochmut und sein Gegenteil, der Kleinmut, in eins zusammenfallen:

»Obgleich der Kleinmut dem Hochmut entgegengesetzt ist, so steht der Kleinmütige doch dem Hochmütigen am nächsten. Denn da seine Trauer daraus entspringt, daß er seine Ohnmacht nach der Kraft oder Tugend anderer beurteilt, so wird es folglich seine Trauer lindern, das heißt er wird sich freuen, wenn sein Vorstellungsvermögen sich mit der Betrachtung fremder Fehler beschäftigt – woher das Sprichwort entstanden ist: ›Trost den Elenden ist's, Genossen im Unglück zu haben‹ [...]« (Spinoza 1976: 237)

Aus diesem Grund landen narzisstische Kulturen immer in kollektiver Selbsterniedrigung, und niemals in allgemeiner Selbstachtung. Denn da das narzisstische Ich keinerlei Kriterien dulden kann, ist es nicht in der Lage, Selbstachtung unter mehreren Kandidaten zu verteilen. Es scheint gleichsam nur eine Selbstachtung zu geben, und wenn ein Mitglied der Gruppe sie besitzt, dann sind alle anderen ihrer unweigerlich beraubt. Diese narzisstische Logik des Einen (dessen Vorbild offensichtlich das eine Ich darstellt) lässt sich im Alltag leicht beobachten: wenn narzisstische Individuen von irgendjemandem Respekt bezeugt bekommen, dann beginnen sie sofort, diesen anderen gering zu schätzen – eine Geringschätzung, die klarerweise rückwirkend auch die Qualität des Respekts beeinträchtigt. So wird aus dem Gewinner gleichermaßen ein Verlierer (ein Problem, das Hegel in seiner Theorie des Kampfes um Anerkennung bemerkt hat; s. Hegel 1984: 152).

Darum kann in einer narzisstischen Gesellschaft nur der völlig Machtlose und Demütige zu einer positiven Figur werden. Denn je weniger man über materielle beziehungsweise durch den anderen vermittelte Qualitäten wie Macht oder Wertschätzung verfügt, desto reiner ist man (und desto weniger steht man im Verdacht, das Eine den anderen weggenommen zu haben). Dies mag erklären, weshalb im Zug der sogenannten »Viktimisierung« das Opfer in den letzten Jahrzehnten zu einer solchen Zentralfigur im Imaginären westlicher

Gesellschaften werden konnte.[17] Das Opfer ist nicht nur Gegenstand höchsten (mitunter obszönen) Interesses, sondern auch die letzte und einzige moralische Autorität: je weniger man allgemeine Regeln verteidigen möchte (die man gern als »autoritär« oder als »große Erzählungen« denunziert), desto mehr Aufmerksamkeit widmet man den kleinen Ausnahmen. Sobald man ein Opfer gefunden hat, wird es nun möglich, jegliche gesellschaftliche Konvention wirksam in Frage zu stellen: »Sie fühlen sich durch adult language belästigt? – Gut, dann verbieten wir sie! Ihre Identität wird verletzt durch bestimmte Kunstwerke? – Kein Problem, wir setzen sie auf die schwarze Liste! Sie können schwarzen Humor oder sarkastische philosophische Texte nicht ertragen? – OK, dann stellen wir sie unter Strafe!« etc. Das Opfer, dessen Elend nach sofortiger und unbeschränkter Aktion zu rufen scheint, ermöglicht keinerlei Diskussion darüber, was vernünftigerweise in einem öffentlichen Raum ein Existenzrecht haben sollte. Die Figur des verletzten Individuums (die sich immer findet, sobald ein Bedarf an ihr laut wird), ermöglicht es, jeden öffentlichen Raum zu zerstören, indem man ihn den sensibelsten Kriterien eines privaten Raumes unterwirft. Hier lässt sich sehen, dass sich, wie Sloterdijk treffend bemerkt, »Autorität heute mit der Schwäche verbindet« (DZ 19): Diese Unterwerfung des öffentlichen Raumes unter die privaten Anforderungen entspricht gegenwärtig sehr gut den ökonomischen Tendenzen der Privatisierung öffentlichen Eigentums sowie den damit einhergehenden politischen Entwicklungen verstärkter Zensur und Kontrolle – den Kennzeichen aufkommender »post-demokratischer« Verhältnisse, wie Sloterdijk sie nennt (ZZ 340).

Hier zeigt sich allerdings auch, dass das Ressentiment weit davon entfernt ist, eine hemmende Kraft zu sein, wie Sloterdijk angenommen hatte. Im Gegenteil, es ist sogar der enthemmende Mechanismus par excellence: die Viktimisierung rekrutiert Subjekte in äußerst wirksamer Weise für die neoliberale Gesellschaft. Denn sie transformiert sie zu überzeugten und leidenschaftlichen Kämpfern für die nachtragende Sache. Es wäre schwierig anzugeben, durch welche anderen Rechtfertigungen die Angehörigen westlicher Gesellschaften jemals dazu hätten gebracht werden können, die neuen Beschränkungen zu akzeptieren, die man ihnen gegenwärtig auferlegt. Mit Ressentiment und Viktimisierung wird dieses Zauberkunststück möglich: die Leute akzeptieren nun Verbot, Überwachung und Zensur nicht nur; vielmehr rufen sie sogar danach und kämpfen spontan dafür. Völlig enthemmt durch eine clevere Ideologie des Ressentiments beginnen sie, die Enteignung ihrer Anteile am öffentlichen Raum zu bejahen und zu befördern, »als wäre sie ein Glück« (um die Formulierung Spinozas für diesen Tatbestand in Erinnerung zu rufen; s. Spinoza 1967: 10).

8. Rückforderung des Augenscheins

Unsere Untersuchung hat uns dazu geführt, an Sloterdijks Position zur gegenwärtigen Dominanz des Ressentiments zwei Modifizierungen vorzunehmen. Erstens begreifen wir das Ressentiment als eine Form der Enthemmung. Somit stellt es keinen Mangel innerhalb der neoliberalen Gesellschaft dar, sondern eine bedeutende Kraft. Zweitens entspringt das Ressentiment unserer Auffassung nach nicht aus einer Vergessenheit des Stolzes, wie Sloterdijk annimmt, sondern vielmehr aus einer Vorherrschaft des Hochmuts (im Sinn der superbia). Die neoliberale Ideologie hat die Individuen dergestalt enthemmt, dass sie narzisstisch um jeden Preis nach ihrem wahren Selbst suchen. Die Verinnerlichung, die sich aus diesem Narzissmus ergibt, macht sowohl »thymotisches« als auch »erotisches« Verhalten unmöglich – das heißt mutige Haltung ebenso wie den Anspruch auf materielle Güter, die der Einsatz gesellschaftlicher Kämpfe sind.

Vielleicht ist es nicht unnütz, den Versuch zu unternehmen, zu erklären, woher Sloterdijks Irrtum rühren könnte. Sloterdijks Unterscheidung zwischen dem Erotischen und dem Thymotischen folgt der Linie klassischer Unterscheidungen wie zum Beispiel der zwischen Haben und Sein (vgl. Fromm 1976); und diese entspricht letztlich der Unterscheidung von Descartes zwischen res extensa und res cogitans. Wenn darum Leute nicht bereit sind, zu kämpfen, so mag es evident erscheinen, daraus den Schluss zu ziehen, dass sie zu gut versorgt seien; dass sie zu viel hätten und darum zu wenig darauf achteten, was sie sind. Dies wäre zum Beispiel Hegels Erklärung betreffend den Kampf um Anerkennung: der Verlierer ist derjenige, der zu sehr am Leben hängt, um es zu riskieren; (oder, in der Version von Descartes: wer zu keiner festen Gewissheit kommt, ist derjenige, der zu sehr an den Erscheinungen der ausgedehnten Dinge hängt, um das einzig gewisse, denkende Ding, die res cogitans, zu entdecken).

Diese Erklärung ist jedoch nicht korrekt. Richtiger wäre es, zu sagen, dass solche Leute deshalb kampfunwillig sind, weil es ihnen nicht gelingt, sich darum zu kümmern, was sie in den Augen der anderen sind. Tapferkeit ist eine Frage von äußeren Beobachtungsinstanzen. »Vielleicht sind die Gefahren und Schrecknisse, denen wir im Leben begegnen, nichts anderes als verzauberte Prinzessinnen, die darauf warten, uns schön und tapfer zu sehen«, sagt Don Quichotte einmal. Wenn solche äußere Beobachtung aus dem Imaginären verschwindet, dann hören Leute auf, ihre kämpferischen Tugenden zu zeigen. Und wenn sie sie nicht mehr zeigen, dann haben sie keine Möglichkeit mehr, sich ihrer zu versichern (denn die Existenz solcher Tugenden hängt, wie der Philosoph Alain gezeigt hat, von ihrer theatralischen Darstellung ab; s. Alain 1961: 53, 112).

Der Grund, weshalb äußere Beobachtung verschwindet, ist, wie hier gezeigt wurde, dass die innere Beobachtung an die Macht gelangt. Genau dann, wenn Menschen anfangen, etwas für sich selbst sein zu wollen, werden sie unwillig, etwas für andere darzustellen. Die Sehnsucht nach Authentizität ersetzt die nach dem Erscheinen. Somit ist es das Sein (für sich selbst), welches das Sein (für andere) unmöglich macht – und in der Folge (da es allen Besitz in Schmutz verwandelt) sogar das Haben. Der Narzissmus verschluckt beides: das Begehren nach äußerer Haltung und das nach äußeren Besitztümern.

Eine Kritik, die diese beiden verschiedenen Formen von Sein verwechselt – Sein für andere und Sein für sich selbst; äußere entschiedene Haltung und narzisstischen introspektiven Hochmut – läuft Gefahr, zu einem Teil ihres Objekts zu werden; das heißt, zu den von ihr kritisierten Tendenzen noch selbst beizutragen. Den erotischen

Appetiten die Schuld für das Ausbleiben von stolzer Haltung zu geben, bedeutet, genau zu denjenigen narzisstischen Tendenzen in der Kultur beizutragen, die diese Haltung (und die erotischen Appetite) unmöglich machen. Ironischerweise würde Sloterdijks Kritik gerade dort, wo sie am schärfsten erscheint und in ungewöhnlich offener Weise ihrem Objekt Vorhaltungen macht, sich als affirmativ erweisen. Um dies zu vermeiden, ist es notwendig, eine Unterscheidung zu treffen zwischen narzisstischem Hochmut (superbia) auf der einen, und äußeren, thymotischen Tugenden wie Stolz, Tapferkeit oder Eleganz auf der anderen Seite.

9. Das Über-Ich und der naive Beobachter

Die psychoanalytische Theorie hat die entsprechenden Begriffe entwickelt, um diese Unterscheidung zwischen zwei verschiedenen Beobachtungsinstanzen zu treffen. Sigmund Freud hatte bereits solche virtuelle Agenten des Zusehens konzipiert (das Ichideal und das Über-Ich). Später hat Octave Mannoni eine weitere Instanz hinzugefügt: den naiven Beobachter.[18] Diese Instanz zeigt ihre Wirksamkeit, wenn wir uns zum Beispiel am Zaubertrick im Varieté erfreuen. Klarerweise wissen wir, dass der Magier keine übernatürlichen Kräfte besitzt, aber dennoch sind wir entzückt, wenn es ihm gelingt, den Augenschein (die Illusion) aufrechtzuerhalten. »Ich weiß zwar (dass es nicht wahr ist), dennoch aber (ist es großartig)«, ist die Formel, die Mannoni bekanntlich für diese Art des Vergnügens bereitgestellt hat. Wir sind begeistert, wenn irgendjemand es hätte glauben können. Offensichtlich ist es nicht immer leicht, anzugeben, wer dieser jemand sein könnte. Es ist eine virtuelle Instanz, die nicht notwendigerweise in einer realen Person verkörpert ist. Dennoch aber muss diese virtuelle Instanz konstruiert werden, um erklären zu können, was in solchen Fällen ästhetisch vor sich geht. Diese Instanz ist der Adressat der Performance, worin Magier und Zuschauer heimlich gemeinsame Sache machen, um den naiven Beobachter zu täuschen (und sich am Erfolg dieser Täuschung zu erfreuen).

Die psychische Instanz des naiven Beobachters erzeugt auch Tapferkeit – nämlich, indem sie Leute mutig erscheinen lässt. Wenn es ihnen gelingt, dem naiven Beobachter mutig zu erscheinen, dann sind sie es tatsächlich. Da der naive Beobachter sich ausschließlich an Erscheinungen hält, unterscheidet er sich radikal vom Über-Ich. Das Über-Ich kümmert sich niemals um Erscheinungen; es fragt lediglich danach, wie die Dinge gemeint waren. Dies führt zu der von Freud bemerkten Konsequenz, dass das Über-Ich nicht nur böse Taten, sondern auch böse Absichten bestraft – und böse Absichten noch mehr als böse Taten (s. Freud [1930a]: 252). In der bohrenden Frage des Narzissmus, was die Dinge für mich bedeuten, lässt sich darum die Wirksamkeit des Über-Ich erkennen.

Beobachtung kann somit entweder vom naiven Beobachter oder aber vom Über-Ich ausgeübt werden. Der Erste kümmert sich nur um äußere Erscheinungen, der Zweite nur um Absichten. Dieser Unterschied ist entscheidend. Er betrifft zum Beispiel die Art, in der Rache notwendig wird – eines der zentralen Themen in »Zorn und Zeit«. Man könnte in einem ersten Schritt annehmen, dass die Sehnsucht nach Rache immer vom Über-Ich herrührt – entsprechend dessen typischen, kategorischen Befehlen: »Man hat mir Unrecht getan, das weiß ich mit Sicherheit. Also muss ich mir Genugtuung verschaffen.« Diese Struktur mag auf das von Sloterdijk untersuchte Beispiel des Grafen von Monte Christo zutreffen. Demgegenüber aber sollte nicht vergessen werden, dass Rache oft eine Rache für Vergehen ist, die nicht am Rächer selbst, sondern an anderen Leuten begangen wurden. Ein Beispiel hierfür ist Sergio Leones Western »Spiel mir das Lied vom Tod«,[19] auf den Sloterdijk sich ebenfalls bezieht (s. ZZ 83). Die grausamen Männer rund um Henry Fonda hängen den älteren Bruder des Jungen »harmonica« (Charles Bronson), indem sie ihn auf dessen Schultern stellen. Auf diese Weise wird ein existenzielles Problem mit Hilfe einer Erscheinung geschaffen: es sieht so aus, als ob es die Schuld von »harmonica« wäre, dass sein Bruder zu Tode kommt. Irgendjemand hätte das glauben können. Eine sehr eigenartige Schuld wird damit dem von Bronson gespielten Helden übertragen: er selbst weiß genau, dass das Gegenteil wahr ist und dass ihn keine Schuld trifft; dennoch aber kann er durch dieses Wissen das Schuldgefühl nicht loswerden (hier zeigt Mannonis Formel ihre bittere Gültigkeit). Bronson muss darum die »Urszene« wiederholen und die Mundharmonika zwischen die Lippen des sterbenden Henry Fonda schieben. Eine Erscheinung muss geschaffen werden, um eine andere Erscheinung zu überwinden: daran zeigt sich, dass das, was »harmonica« antreibt, nicht das Über-Ich ist, sondern der naive Beobachter.

Jene Qualitäten, die Sloterdijk mit Recht in der westlichen Gegenwartskultur vermisst, sind genau diejenigen, die der Zuschauerfunktion des naiven Beobachters entsprechen. Was ihr Verschwinden verursacht hat, ist nicht der habgierige Appetit auf Objekte, sondern die grenzenlose narzisstische Sehnsucht nach dem eigenen Ich. Der Narzissmus bewirkt die Verinnerlichung. Um diese Kraft zu bekämpfen, die zu Ressentiment und Ethik der Würdelosigkeit führt, ist es darum notwendig, die Ordnung der Erscheinungen zurückzufordern – jenes gesamte Feld kultureller Phänomene (wie zum Beispiel Höflichkeit, Größe, Eleganz), die niemals volle Überzeugung und Identifizierung erlauben, sondern immer in jener vom Ich distanzierten Form existieren, welche die Formel »ich weiß zwar (dass es nicht wahr ist), dennoch aber (ist es großartig)« anzeigt.

Die Unterscheidung zwischen äußerer und innerer Beobachtung verlagert das gesamte Problem, das Sloterdijk beschäftigt. Mannonis Unterscheidung der Beobachtungsinstanzen erzeugt einen »epistemologischen Bruch« mit der klassischen Unterscheidung zwischen Haben und Sein. Für andere Sein und für sich selbst Sein mögen beide als Formen von Sein erscheinen; doch ihr Unterschied ist hier entscheidend. Denn nur im Sein für andere lassen sich thymotische Antriebe verorten.

Andererseits könnte argumentiert werden, dass in einer Sehnsucht, für andere etwas zu sein, die erotischen Antriebe wirksam sind (das heißt: dass man die anderen hat, indem man für sie etwas ist). Dies mag richtig sein. Für andere Sein wäre nun gleichbedeutend mit Haben; und allein das für sich selbst Sein könnte noch Sein genannt werden. Allerdings würde das bedeuten, dass wir zwei neue, präzisere Namen für die beiden alten Pole gefunden hätten – und zwar mit neuen Funktionszuordnungen: Das nunmehrige Ergebnis wäre dem Ausgangspunkt von Sloterdijk genau entgegengesetzt. Denn nicht das Haben, sondern das (für sich) Sein wäre nun die Quelle des Ressentiments in der Kultur.

Der Gang unserer Überlegungen hat auf diese Weise einen ähnlichen Verlauf genommen wie Sigmund Freuds Untersuchung über das Unbehagen in der Kultur. Am Anfang schien es für Freud, wie für Sloterdijk, dass die erotischen Triebe für die untersuchten Probleme verantwortlich wären. Doch mit dem Fortgang der Untersuchung zeigte es sich für Freud, dass nicht die erotischen Triebe, sondern der Todestrieb den Ausgangspunkt des Unbehagens bildet. Die Sexualtriebe hingegen erwiesen sich nun nicht als die Widersacher, sondern vielmehr als die Verbündeten der Kultur (s. Freud 1930a: 249).

Die Tradition der materialistischen Philosophie scheint diesen Gedanken zu bestätigen. Sie lehrt, dass die reaktionären Affekte niemals vom erotischen, objektlibidinösen Pol ausgehen. Die Brecht'sche Forderung, dass zuerst das Essen komme, und dann die Moral,[20] kann hier als Richtlinie genommen werden: Wenn man ihr folgt, kann man sicher sein, nicht im Ressentiment zu landen.

8. Vom Kanon zum Schibboleth
Sieben Thesen über Parteilichkeit und Erbarmen in der Kultur

>»Unser Beschluß darüber sei jedenfalls folgender:
>Abweichend von den öffentlichen und geweihten Gesangs-
>weisen und dem gesamten Reigenaufführen der jungen
>Leute erhebe ebensowenig jemand seine Stimme, oder im
>Tanz seine Füße, als er von irgendeiner andern Satzung
>abweicht. [...] In welcher Weise möchte nun jemand das
>durch Gesetze bestimmen, ohne sich durchaus lächerlich
>zu machen?«
>
>*(Platon, Nomoi, 798b–800b)*

Der Begriff des Kanons hat seine aktuelle Bedeutung vor allem
durch die sogenannten »canon wars« erhalten, die in den letzten
Jahrzehnten in der US-amerikanischen Kultur mit besonderer Heftigkeit ausgetragen wurden. Innerhalb dieser Auseinandersetzungen
wurden massive Vorstellungen über den Kanon und seine Rolle in
der Kultur entwickelt. Diese in den »canon wars« produzierten Vorstellungen stellen allerdings eine theoretische Falle dar. Die europäi-
sche Kulturkritik – und hier insbesondere die Kunstszene, die dazu
neigt, die Diskussionen der hegemonialen US-Kultur eilig zu übernehmen – läuft Gefahr, mit ihr in diese Falle zu gehen. Dagegen sollte
vielmehr der Konflikt als Ganzer der Kritik unterzogen werden: Bei
aller scheinbaren Gegensätzlichkeit sind sich die Gegner der »canon
wars« nämlich durchaus einig in einer Reihe von Grundannahmen;
gerade in ihrem Streit befestigen sie diese Annahmen und erzeugen
dadurch eine gefährliche Täuschung. Diese Täuschung betrifft vor
allem die Fragen, was ein Kanon ist, was oppositionelle Politik im
kulturellen Feld bedeutet und wie die Ziele einer solchen Politik in
Bezug auf den Kanon aussehen können.

1. »Nostra sfida alle stelle!«
Erste These: Der Kampf gegen den Kanon
ist keine postmoderne Errungenschaft

Die erste trügerische Grundannahme beider Kontrahenten im Kanon-Konflikt betrifft zunächst die Charakterisierung der beiden Seiten des Konflikts. Sie sieht etwa wie folgt aus: Dicke alte heterosexuelle weiße Männer, die nicht wissen, wer Lara Croft ist, machen eine Liste, auf der lauter Bücher von toten weißen Männern stehen, die dann viele lebendige junge Leute lesen sollen – Leute, die nicht immer dick und keinesfalls allesamt Männer oder weiß oder hetero sind und lieber andere Bücher oder gar keine lesen wollen und zum Beispiel lieber Musik hören, abhoppen oder computern möchten. Letztere lassen sich das nicht gefallen; eine Front von Frauen, Schwarzen, Schwulen, Lesben und anderen Minderheiten (oder auch Mehrheiten) rebelliert, im Namen der Vielfalt von kulturellen Feldern, Medien und Kulturniveaus, gegen den dominanten, weißen heterosexuellen männlichen Buch-(bzw. Hochkultur-)Kanon. Gegen männliche weiße heterosexuelle Kanon-Einheit erhebt sich die von diversen Gruppen ersehnte Vielfalt: in dieser Darstellung des Konflikts sind sich beide Seiten einig.

Das Prinzip Einheit steht, dieser Darstellung zufolge, gegen das Prinzip Differenz – damit wird der Konflikt um den Kanon als ein seiner Natur nach postmoderner Konflikt charakterisiert. Vor der Postmoderne hätten demnach alle an die von der eurozentrischen Moderne verfochtene Einheit geglaubt und sich ihr unterworfen; erst seit etwa Anfang der 70er-Jahre, seit diverse Gruppen begonnen haben, identitätspolitische Vorstöße zu wagen, und ihre Differenz einfordern oder einklagen, wären Kämpfe ausgebrochen und (notwendigerweise) partielle Befreiungen gelungen. Jede postmoderne Gruppe hat diesbezüglich ihre eigene Pionier-Erzählung: So glauben zum Beispiel die Computerfreunde, sie wären die Ersten, die durch das Prinzip der Interaktivität die kanonische Einheit des Textes in Frage stellen[1] (als ob es niemals Autoren wie Blanchot oder Okopenko gegeben hätte, die die Interaktivität gerade im traditionellen Medium des Buchdrucks entwickelt haben). Neo-situationistische und kontextualistische Kunstinitiativen der 90er-Jahre erfreuen sich an der Vorstellung, die Ersten zu sein, die den Versuch unternommen haben, die »Werkorientierung« traditioneller Kunst zu überwinden. Gegen solche – für die künstlerische Produktion in manchen Fällen möglicherweise nützlichen Illusionen – sollte der Wahrheit zuliebe daran erinnert werden, dass Traditionsfeindlichkeit in viel stärkerem und polemischerem Ausmaß ein Verdienst gerade der Moderne ist. Die klassischen Avantgarden des 20. Jahrhunderts haben das geleistet: »Legt Feuer an die Regale der Bibliotheken!«, hatte F. T. Marinetti 1909, im ersten Manifest des Futurismus, ausgerufen – und, mit einer Formulierung, die nicht allein den Nachthimmel, sondern vor allem auch das Firmament der Kultur im Blick hatte: »Wir schleudern unsere Herausforderung den Sternen zu!«[2]

Die bunten postmodernen Gruppen prügeln somit am Ende des 20. Jahrhunderts einen Hund, den weiße moderne heterosexuelle Männer am Beginn dieses Jahrhunderts bereits totgeschlagen haben – oder besser: totgefahren. »Wir jagten dahin und zerquetschten auf den Hausschwellen die Wachhunde, die sich unter unseren heißgelaufenen Reifen wie Hemdkragen unter dem Bügeleisen bogen«, notierte der das Autofahren als traditionsfeindlichen künstlerischen Akt begreifende, keineswegs »werkorientierte« Marinetti begeistert. Wobei die »Wachhunde«, auf die er zielte, offensichtlich nicht allein die Tierchen am Fahrbahnrand, sondern auch jene Cerberusse der Kritik waren, die die Kultur vorzugsweise als ein Reich von Toten bewachten.

2. Zweite These:
In den aktuellen kulturellen Kämpfen geht es nicht um Repression und Ausschließung

Die nächste trügerische Grundannahme, welche die Konfliktpartner der »canon wars« gemeinsam propagieren, besteht darin, dass die von der dominanten, weißen hetero-männlichen Gruppe vertretene Einheit des Kanons ihrer Natur nach repressiv und ausschließend wäre. Daraus ergibt sich eine Reihe von problematischen Schlussfolgerungen – nämlich: dass Rassismus und Sexismus immer auf dem Prinzip ausschließender, repressiver Einheit beruhten; dass alles, was auf Befreiung zielt, im Namen der Differenz und Vielfalt auftreten müsse, und dass auch umgekehrt alles, was im Namen von Differenz und Vielfalt auftritt, automatisch der Befreiung diente.

Dagegen muss zunächst betont werden, dass es, wie Etienne Balibar gezeigt hat, durchaus auch einen postmodernen Rassismus gibt. Neben dem klassischen, modernen eurozentrischen Rassismus, der von der Annahme der Überlegenheit der europäischen Kultur ausgeht und diese allen anderen Kulturen, zu deren Bestem und im Dienst der Einheit, nötigenfalls mit Gewalt nahebringen will, gibt es nun auch einen pluralistischen, differenzialistischen, postmodernen »Neo-Rassismus«: Diesem Neo-Rassismus zufolge sind alle Kulturen gleichermaßen komplex, wertvoll und wert, erhalten zu werden. Darum, so folgert der differenzialistische Neo-Rassismus, dürfen die Kulturen sich eben nicht vermischen – und darum müssen alle Leute bitteschön dort bleiben, wo sie herkommen.[3]

Es ist somit naiv – und einer neorassistischen hegemonialen Politik dienlich –, anzunehmen, dass der Feind grundsätzlich im Prinzip der kanonischen Einheit angesiedelt wäre. Beide aus dieser Annahme folgenden Gegenstrategien sind darum fehlgeleitet: Sowohl (1) die Idee, dem herrschenden Kanon die Repressivität und Exklusion zu nehmen, indem man Werke und Autoren oder Autorinnen minoritärer Gruppen in ihn integriert, als auch (2) die Idee, den Kanon als solchen aufzulösen, indem man jegliche Einheit grundsätzlich zugunsten von Vielfalt und im Namen der Differenz bestreitet. »Differencing the canon« ist eine Fehlstrategie angesichts eines differenziellen Rassismus, Sexismus und einer immer mehr differenzielle »Balkanisierung« erzeugenden neoliberalen Weltökonomie.

3. »canons as cannons«.
Dritte These: Der Kanon ist keine Schatztruhe, sondern ein Waffenarsenal

Als sie mich sahn aus alten Büchern schreiben
Saßen sie traurig mürrisch bei mir, die Gewehre
Auf ihren Knien und folgten meinem Treiben:
Gehst du bei unsern Feinden in die Lehre?
(B. Brecht, Sonett vom Erbe, in: Brecht 1984: 615)

Die erste differenzielle Strategie – die Idee, dass man für die Aufnahme von minoritären Werken und Autoren kämpfen müsste und dass das Ziel oppositioneller kultureller Produktion darin bestünde, in den Kanon aufgenommen zu werden – beinhaltet einen grundlegenden und schwerwiegenden Irrtum darüber, was ein Kanon ist. Sie erblickt im Kanon eine von der Gesellschaft vorgenommene Sammlung ihrer anerkannten Schätze. Wenn die Befriedung des Kanons gelänge, wenn also sämtliche minoritären Gruppen darin repräsentiert wären, dann hätte man ein Paradies der Kultur erreicht, in dem wenigstens die Kunstwerke der verschiedenen Gruppen in Eintracht und gegenseitigem Respekt versöhnt sind, wenn schon die realen Gruppen von Menschen in der Gesellschaft es nicht sind.

Warum aber soll die Kultur besser sein, als die realen gesellschaftlichen Verhältnisse es sind? Und ist es nicht merkwürdig, anzunehmen, dass eine heuchlerische kulturelle Repräsentation der gesellschaftlichen Verhältnisse dazu beitragen könnte, diese Verhältnisse zu bessern? Wird sie nicht viel eher dazu dienen, sie zur Unkenntlichkeit zu verschleiern, und es ermöglichen, jedem Versuch realer Veränderung den Hinweis auf die bereits gelungene ideelle Veränderung entgegenzusetzen? Gegen die harmoniebedürftige Heuchelei der kulturellen Eliten sollten die oppositionellen Gruppen also schon allein aus diesem Grund die entgegengesetzte Strategie wählen und dafür sorgen, dass der herrschende Kanon den »Vorzug der Deutlichkeit« behält und so weiß, männlich, heterosexuell und vor allem so neoliberal bleibt wie nur möglich. Dann funktioniert der Kanon wenigstens als das, was er derzeit ist: als eine Quelle der

Empörung. Das ist eine nützliche und rebellische Funktion, die auf keinen Fall aufgegeben werden darf. Denn ein Kanon ist keineswegs die Versammlung des kulturell Schätzenswerten, sondern vielmehr – mit einem Wort von Walter Benjamin – die Versammlung dessen, was man »nicht ohne Grauen bedenken kann«.[4]

Der Kanon ist die Liste jener ideologischen Waffen, die unter den gegebenen Verhältnissen der Hegemonie am besten »schießen«. Genau und nur in dem Maß, in dem ein Kanon die herrschenden hegemonialen Verhältnisse ausdrückt, liefert er darum Mittel, sie zu überwinden. So, wie kämpfende Guerillagruppen oder auch militärische Einheiten keine Hemmungen haben, sogar Waffen aus der Herstellung ihrer Feinde zu gebrauchen,[5] müssen auch alle, die am kulturellen Kampf um Hegemonie beteiligt sind, versuchen, die jeweils besten Waffen in die Hand zu bekommen und zu gebrauchen. Jede Liste, die nicht getreu die herrschenden Verhältnisse abbildet, wird darum allein den nicht-hegemonialen Klassen und Gruppen schaden; denn sie wird deren Chancen verringern, sich der besten Waffen zu bemächtigen; während die Herrschenden ihre vertrauten Waffen weiterhin – und nun unumstrittener – in der Hand behalten. Diese Entwicklung kann zum Beispiel auch an der seit 1998 vorwiegend von sozialdemokratischen Regierungen innerhalb der EU betriebenen sogenannten »Bologna-Reform« im Bildungsbereich beobachtet werden: in der Absicht, die Universitäten nun verstärkt auch sogenannten »bildungsfernen Schichten« zugänglich zu machen, verwandelt man sie in verlängerte Mittelschulen. Nun erreichen zwar mehr Leute einen Abschluss und damit einen Titel (zur Freude der neuen Herrschaftsschicht evaluierender Bürokraten), aber dafür bleiben sie von universitärer Bildung noch stärker ausgeschlossen als zuvor. Denn die Forschung verlagert sich nun in sogenannte »Eliteuniversitäten«, »Exzellenzzentren« und andere neusprachliche Monsterschöpfungen, die allein den *happy few* vorbehalten sind.[6]

Der postmoderne Versuch, den kulturellen Kanon durch Differenzierung zu befrieden, ist ein Versuch, das Grauen zu meiden und alle zufriedenzustellen, indem man jedem das Seine bzw. jeder das Ihre gibt: den Schwarzen ein bisschen schwarze Kunst, den Schwulen ein bißchen schwule, den SM-Lesben ein bißchen SM-lesbische etc. Gerade das aber ist die repressivste Maßnahme, die man gegen eine Gruppe setzen kann: Denn wer sagt uns, dass alle das Ihre wollen? Ist das, was wir wollen, nicht immer (wie z. B. die lacanianische Psychoanalyse gezeigt hat) gerade das der anderen?[7] Einige Erfahrungen aus der jüngeren Vergangenheit belegen das doch sehr deutlich: waren es nicht zum Beispiel Bürger der BRD, die als Erste den Wert früherer DDR-Produkte erkannten; lange bevor sich in den »neuen Bundesländern« die sogenannte »Ostalgie« entwickelte? Und rührte die Beliebtheit der ersten Ostbesucher im Westen nicht daher, dass sie in den Waren- und Demokratieangeboten des Westens leuchtende Versprechungen erblickten, deren die Westbewohner längst müde geworden waren?[8] Waren es nicht bürgerliche Stadtbewohner, die in den 60er- und 70er-Jahren die Reize alter Bauernhäuser erkannten, während die bäuerliche Bevölkerung, umgekehrt, zunehmend Ideale vorstädtischen Wohnens entwickelte? Rührt das Gelungene einer Musik wie jener der Gruppe »Attwenger« nicht daher, dass sie es vermag, Elemente von lokaler österreichischer Volksmusik (die von österreichischen Intellektuellen üblicherweise gemieden wird wie die Pest) aus dem Blickwinkel aktueller internationaler Musikentwicklungen erfahrbar werden zu lassen (was sich sogar in den mehrdeutigen Titeln der Attwenger-CDs wie »Most«, »Sun« oder »Dog« zeigt, die sich immer sowohl auf Englisch als auch im oberösterreichischen Dialekt lesen lassen)?

Wird das »Eigene« also nicht immer erst dann attraktiv, wenn es mit den Augen der anderen gesehen werden kann? Liegt darum nicht gerade in der Aneignung der Materialien und Sichtweisen der anderen das Ziel (und auch der Lustgewinn) der kulturellen Politiken?

Insofern ist die Differenzierung des Kanons ein Versuch, gerade das Prinzip der Andersheit aus dem Kanon zu verbannen:[9] im befriedeten, differenzierten Kanon kriegt jede Gruppe das Ihre, und ihr Material läuft nicht mehr Gefahr, von einer anderen Gruppe umgedeutet zu werden – genau diese interpretative Stillstellung und Sicherung der »heiligen Texte« gegen neue Lektüren war immer das Ziel der von dogmatischen Religionsgemeinschaften wie dem Christentum unternommenen Kanonbildungen.[10]

Der traditionelle, nicht-differenzierte, Grauen erweckende Kanon dagegen lebt von dem Prinzip, dass alles, was er sagt, auch gegen ihn verwendet werden kann. In dieser öffentlichen, gesellschaftlichen, nicht bloß auf in-groups und Gemeinschaften beschränkten Funktion ist der Kanon selbst dasjenige, was bewirkt, dass man mit jedem kulturellen Produkt mehr sagt, als man meint – und dass man immer auch anders verstanden werden kann, als man selbst (oder die eigene Gruppe) es gerne möchte. Die Zweischneidigkeit der Schwerter der Eliten liefert allen übrigen Gruppen Waffen und Möglichkeiten. Jede Befriedung des Kanons dagegen würde sie dieser Waffen und Möglichkeiten berauben. Für den »multikulturellen Fortschritt« in Bezug auf die Kanonbildung gilt darum dasselbe, was Herbert Marcuse vom Fortschritt technologischer Rationalität bemerkt hat – nämlich, dass dieser »dabei ist, die oppositionellen und transzendierenden Elemente in der ›höheren‹ Kultur zu beseitigen. Sie fallen praktisch dem Prozess der Entsublimierung zum Opfer, der in den fortgeschrittenen Bereichen der gegenwärtigen Gesellschaft die Oberhand gewinnt.« (Marcuse 1978: 76)

Die Kunst, mit den Waffen der anderen zu schießen, ist eine von Guerillagruppen seit langem trainierte Fähigkeit; sie ist insbesondere auf Terrains notwendig, wo man leichter fremde Munition erbeuten als Nachschub eigener Munition erhalten kann.[11] Diese Fähigkeit ist das militärische Gegenstück zu der von Bertolt Brecht für die kulturellen Auseinandersetzungen geforderten Kunst, »in anderer Leute Kopf zu denken«. Wenn Kultur ein Kampf ist, dann muss man sich an den Feind halten. Wer sich, nur im eigenen Kopf und in der eigenen Identität denkend, dieser Kunst verweigert, wird in der kulturellen Auseinandersetzung bestenfalls ein Unentschieden erreichen können (das nur solange hält, wie die Gegner nicht anfangen, ihrerseits in fremden Köpfen zu denken). Ohne die Waffen der Eliten aber wird man diese Eliten jedenfalls nicht überwinden können.

4. »Vaterländische Liste«.
Vierte These: Die Einheit des Kanons ist mindestens ebenso sehr ein Prinzip der oppositionellen wie der hegemonialen Kultur

Auch die zweite differenzielle Strategie, die darin besteht, das Prinzip der Einheit als solches zu dämonisieren und jegliche Kanonbildung als männliche weiße, heterosexuelle Hegemoniebestrebung zu beschimpfen, beruht auf einer Illusion postmoderner Gruppen, die sich über den gleichermaßen postmodernen Charakter ihres dominanten Feindes täuschen und sich stattdessen gern einen dogmatischen, einheitsfixierten Popanz ausmalen, der ihnen als Gegner bequemer ist (dogmatische Kulturkonservative vom Typ eines Allan Bloom kommen ihnen dabei freudig zu Hilfe).

Denn gibt es wirklich nur repressive, ausschließende Kanons der dominanten Kultur? Gibt es keine Gegen-Kanons? – Vielleicht kann als Gegenbild jene Tafel dienen, auf der die maoistische Wohngemeinschaft in Jean-Luc Godards Film »La Chinoise« eine Reihe von Namen notiert hat. Diese Liste von Namen dient als Kanon einer oppositionellen Gruppe; sie ist sozusagen die Brille, die der Gruppe helfen soll, ihre Differenz zur dominanten Ideologie immer schärfer sehen zu können. (Gemäß dem, was die Gruppe für ihre geschärfte Sicht hält, werden auch jeden Tag einige Namen aus der Liste weggelöscht; den Namen Merleau-Ponty lässt Jean-Pierre Léaud allerdings, nach kurzem Zögern, dann doch stehen.)

Alle Gruppen, die in Opposition zur jeweils dominanten Ideologie standen, haben für sich solche, meist sehr rigide Kanons entworfen. Ein Beispiel für einen solchen Kanon einer radikalen künstlerischen Außenseiterposition ist die von Konrad Bayer zusammengestellte »vaterländische Liste«. Gegen den Mief einer restaurativen, die nationalsozialistische Vergangenheit verleugnenden und die Errungenschaften der klassischen Avantgarden ignorierenden provinziellen österreichischen Nachkriegskultur hat Bayer den Versuch unternommen, all jene wenig bekannten österreichischen Autoren, die seinen avantgardistischen Bestrebungen dienlich sein konnten, zu versammeln. Die kanonischen Platzhirsche der Epoche dagegen, die diesen Absichten hinderlich waren, hat Bayer klarerweise ausgeschlossen. Weit davon entfernt, repressiv und dominant zu sein, ist der strikte, ausschließende Kanon in solchen Fällen ein Prinzip einer emanzipatorischen Gegenkultur.

Wie Slavoj Žižek gezeigt hat, ist immer nur die Rechte daran interessiert, jegliche Universalität durch Relativismus außer Kraft zu setzen. Wenn dagegen die Linke die aktuelle, Universalität behauptende Einheit unter Kritik nimmt, dann nicht, um damit jedwede Universalität zu leugnen, sondern, im Gegenteil, um damit einer zukünftigen Universalität den Weg zu bahnen.[12]

5. Fünfte These:
Die kulturelle ›Repressionshypothese‹ verschleiert den tatsächlichen Einsatz der kulturellen Kämpfe

Vor diesem Hintergrund zeigen die US-amerikanischen »canon wars« eine Reihe von Merkwürdigkeiten. Ist es zum Beispiel nicht seltsam, dass gerade diejenigen Intellektuellen, die von Michel Foucault gelernt haben, die Repressionshypothese in Bezug auf die Sexualität zu verwerfen, genau diese Repressionshypothese in Bezug auf die Kultur geltend machen? Foucault hatte ja gezeigt, dass die Macht in Bezug auf die Sexualität keineswegs allein darin besteht, Praktiken und Reden zu verbieten, sondern vielmehr darin, alle Leute dazu anzuregen, eine Sexualität in Praktiken und Reden zu entwickeln, darüber zu sprechen und sich dazu zu bekennen. Warum also sollte die Macht in Bezug auf die Kultur anders verfahren? Warum sollte sie so harmlos sein, die Frauen, Schwarzen, Schwulen etc. bloß gewaltsam aus der Kultur auszuschließen? Ist nicht zu erwarten, dass sie viel raffinierter ist und ständig alle Leute anzuregen versucht, ihre Identitäten zu produzieren, darüber (und möglichst über nichts sonst) zu sprechen und sich permanent dazu zu bekennen?[13]

Auch das Verhältnis von Kapital und Staat trägt in seiner Darstellung durch die »canon wars« sehr seltsame Züge. Gegner wie Anhänger des Kapitalismus haben stets die enorme, sämtliche Vor-

urteile, traditionelle Vorstellungen, Institutionen und Barrieren auflösende, »deterritorialisierende« Kraft des Kapitals gerühmt. Diese
Kraft zeigt sich derzeit besonders anschaulich an der extremen Zerstörung, in der das internationale neoliberale Kapital weltweit noch
die letzten existierenden staatlichen sozialen und ökologischen
Schutzmechanismen hinwegfegt. Und ausgerechnet an den alten
rassistischen und sexistischen Vorurteilen soll diese auflösende
Macht des Kapitals ihre Grenze finden? Vom Gedanken einer Verwertung der Minderheitenkulturen soll das Kapital scheu zurück-
weichen, aus Respekt vor überkommenen Vorstellungen, die selbst
die weiße Elite, die sie einst produzierte, großteils schon schrullig
findet? – Und ausgerechnet der Staat, von dem dieses Kapital sonst
nahezu nichts mehr übrig lässt, soll stark genug sein, dem scheuen
Kapital durch Maßnahmen wie »affirmative action« über diese Bar-
riere zu helfen? Der Staat soll also jene Deterritorialisierung voll-
bringen, zu der das Kapital nicht imstande ist?

Aus diesen Unstimmigkeiten lässt sich nur eine Schlussfolgerung ziehen: Die Darstellung der kulturellen Kämpfe als Kämpfe
gegen Repression und Exklusion ist eine zutiefst irreführende. Sie
dient dazu, die Tatsache zu verschleiern, dass kulturelle Hegemonie
nicht in der gewaltsamen Ausschließung anderer, oppositioneller
Strömungen besteht, sondern, im Gegenteil, in deren Absorption.
Schon Walter Benjamin hat darauf hingewiesen, »dass der bürgerliche Produktions- und Publikationsapparat erstaunliche Mengen
von revolutionären Themen assimilieren, ja propagieren kann,
ohne damit seinen eigenen Bestand und den Bestand der ihn besit-
zenden Klasse ernstlich in Frage zu stellen«. (Benjamin [1934]: 692)
Die dominante Kultur ist diejenige, die bestrebt ist, den Eindruck
zu erwecken, alles berücksichtigt und niemanden ausgeschlossen zu
haben, somit wahrhaft universell und gänzlich ohne Alternative zu
sein – die dominante Kultur tut also immer genau das, was zum
Beispiel auch die »politisch korrekten« Kuratorinnen und Kuratoren in der aktuellen Kunst tun.

6. »Sag doch einmal Schibboleth«.

Sechste These:
Wie in den wissenschaftlichen Praktiken geht es auch in den künstlerischen darum, eine Demarkationslinie gegenüber dem Common Sense zu ziehen

> »Man kann [...] von Machiavellis Einsamkeit spre-
> chen – wenn man nämlich in Betracht zieht, daß Machia-
> vellis Denken unter all denen, die sich mit ihm befassen,
> eine Spaltung auslöst.«   *(Althusser 1987: 14)*

Der tatsächliche Einsatz der kulturellen Kämpfe ist die Auseinandersetzung mit der dominanten Ideologie der jeweiligen Gesellschaft. Diese ist immer bestrebt, sich als universelle, alternativlose Evidenz, als Common Sense, auszugeben und jeden Versuch des Widerspruchs als abseitig, verrückt oder unmöglich hinzustellen. Denn die Funktion der dominanten Ideologie besteht darin, die Existenz von Kämpfen in der Gesellschaft zu leugnen und die Möglichkeit von Konflikten auf dem Terrain der Ideologie zu unterbinden.

Dazu dient ihr die unterschiedslose Assimilation von allem und jedem. Das Schreckgespenst des dominanten Kanons ist darum nicht die Differenz – denn davon kann er gar nicht genug kriegen –, sondern der Konflikt. Je mehr Differenz (oder auch nur Anschein von Differenz) der vorherrschende Kanon integrieren kann, ohne sich einen Konflikt einzuhandeln – und viele Konflikte kann er gerade durch Differenz vermeiden –, desto widerstandsfähiger ist er, und desto schwieriger ist es, ihm zu widersprechen.

Dieser von der dominanten Ideologie hergestellte »Common Sense« ist der Hauptgegner der oppositionellen kulturellen Praktiken. Das gilt zum Beispiel auch für oppositionelle wissenschaftliche Praktiken: Wie Gaston Bachelard und Louis Althusser gelehrt haben,[14] besteht das entscheidende und grundlegende Problem jeder Wissenschaft darin, einen »epistemologischen Einschnitt« gegenüber jenen Gewissheiten und Vorurteilen zu vollziehen, die das jeweilige Feld des Wissens bisher versperrt gehalten hatten. Sie können sich als Wissenschaften erst dann konstituieren, wenn sie ein

System von Begriffen entwickeln, das sich den Selbstverständlichkeiten des bisherigen Common Sense und den damit verbundenen »Erkenntnishindernissen« entzieht. Mit diesem Gründungsakt einer Wissenschaft aber ist deren mächtiger Gegner nicht ein für alle Mal überwunden.

Das hat sich besonders deutlich zum Beispiel an der Geschichte der Psychoanalyse gezeigt: Ihr Widersacher blieb als klebriges Double erhalten, welches sich heute noch anschickt, die neuen Erkenntnisse der Theorie in die vertrauten Sprachen der Moral und der Ich-Psychologie zurückzuübersetzen. Der erbittertste Gegner einer Wissenschaft ist darum nicht ein Pseudowissen, das der Wissenschaft widersprechen und ihr durch Behauptung des Gegenteils trotzen würde; es ist vielmehr eines, das fortwährend behauptet, ohnehin dasselbe zu sein wie diese Wissenschaft.[15] Die Schwierigkeit der Auseinandersetzung besteht folglich nicht darin, einen energisch boxenden Kontrahenten zu überwinden, sondern vielmehr darin, einen Schwergewichtler abschütteln zu müssen, der ständig zu »clinchen« und dadurch jede Auseinandersetzung unmöglich zu machen versucht. Der Unterschied zwischen den beiden Seiten ist somit, wie Sigmund Freud mit seinem präzisen wissenschaftstheoretischen Bild vom »Schibboleth« andeutete,[16] ein nur von der einen Seite aus sichtbarer und behaupteter Unterschied. Der Kampf wird also darum gehen, jene Konfliktlinien klar und sichtbar zu machen, die der Gegner ständig zu verwischen und unsichtbar zu machen versucht.

So, wie die wissenschaftlichen Praktiken ihre Demarkationslinie gegenüber der dominanten Ideologie ziehen, indem sie Begriffe einführen, die für die Gegner unbrauchbar und unaussprechlich sind,[17] machen das auch die übrigen kulturellen Praktiken. Sie führen kulturelle Zeichen ein, die als Schibboleths dienen und die aktuellen Konflikte erkennbar machen. Nicht die dominante Kultur schließt darum die Übrigen aus, sondern gerade umgekehrt: die Subkulturen versuchen, die dominante Kultur aus sich auszuschließen, sich gegen Assimilation durch sie zu sperren und dadurch deren behauptete Universalität zu bestreiten.

Zur Produktion solcher Erkennungszeichen, die der Sichtbarmachung von Konflikten und ihrer Frontverläufe dienen, braucht eine Gegenkultur Gegen-Kanons. Diese Gegen-Kanons dienen ihr als Grammatiken, mit denen sie unerhörte und für die Gegner unaussprechliche Zeichen produzieren kann – genauso, wie die Grammatik einer Sprache deren Sprecher befähigt, Sätze zu formulieren und zu verstehen, die sie noch nie gehört haben. Die Schibboleths sind ihrerseits jene besonderen Elemente, in denen sich die gesamte Grammatik, die sie hervorbrachte, unzweideutig verkörpert. Im Besonderen des Schibboleths zeichnet sich somit eine zweite Allgemeinheit ab, wodurch die angebliche neutrale Universalität des dominanten Kanons ihrerseits als eine besondere, d.h. als partikular und parteilich, erkennbar wird. Ein einziges Schibboleth genügt deshalb, um eine ganze Struktur aufblitzen zu lassen und damit die vorherrschende kulturelle Struktur sowie die Behauptung ihrer Alternativlosigkeit Lügen zu strafen.

7. Siebente These:
Die sogenannte »Politisierung« der kulturellen Praktiken verhindert eine Politik der Zeichen

> »Als ich in die Welt trat, war ich noch ein Mädchen und dadurch zur Untätigkeit und zum Schweigen verurteilt, was ich dafür zu nutzen verstand, daß ich beobachtete und nachdachte. Man hielt mich für zerstreut und gedankenlos und wenig achtsam auf die schönen Reden und Lehren, die man mir gab, aber ich hörte aufmerksam auf die Reden und Lehren, die man mir zu verbergen suchte.«
>
> *(Choderlos de Laclos, Gefährliche Liebschaften, 82. Brief [die Marquise von Merteuil an den Vicomte von Valmont], Zürich 1985)*

Einer der schwerwiegendsten Irrtümer, der durch die identitätspolitische Indienstnahme der Kunst in den »canon wars« verursacht wurde, besteht darin, diesen Vorgang als »Politisierung« der Kunst aufzufassen. Abermals haben sowohl die Anhänger dieses Vorgangs als auch deren Gegner diese Annahme von der »Politisierung« der Kunst vertreten – die einen begeistert, die anderen eben resignativ.

Anstelle von Arbeit an der Form präsentieren Künstlerinnen und Künstler darum derzeit eine nicht enden wollende Reihe von minoritären Outings, Selbstviktimisierungen und identitätspolitischen Absichtserklärungen – unter der wohlwollenden Anleitung von Kuratoren, denen das innerhalb ihrer Branche die Credits von Correctness und gelungener »Differenzierung des Kanons« einbringt. Gegen den Einwand mangelnder Qualität wird dann das Argument der Tendenz bzw. der mit dieser Tendenz verbundenen Überwindung bisheriger künstlerischer Standards in Anschlag gebracht: Der Kanon, vor dem das alles sich so mickrig ausnimmt, sei eben genau das, was von all dem in Frage gestellt werde. Eine kleinlaute, asketische »Schwachkunst«[18] beherrscht das Feld – wenigstens das der Kunstvereine und documentas, das sich vom immer kapitalintensiveren Kunstmarkt als dessen vermeintlich bessere Hälfte mehr und mehr abkoppelt: Die Kunstschaffenden überbieten einander in Gesten glanzloser Bescheidenheit; eifrig überwacht von den in immer größerem Glanz auftretenden Kuratorinnen und Kuratoren, die immer strenger darauf achten, dass ja niemand (außer ihnen selbst) es wagt, die überkommenen Posen des Meisters oder des Genies einzunehmen, oder gar in die nun doch endlich überwundene »Werkorientierung« zurückfällt.

Sofern diese »viktimistische Wende« in der Kunst überhaupt theoretische – und nicht ganz andere – Gründe hat, hängt sie mit einem Missverständnis zusammen, das Walter Benjamins populärer Text »Der Autor als Produzent« nahelegt. Benjamin hatte in Bezug auf die antifaschistische Kunst der dreißiger Jahre festgestellt: »ein Werk, das die richtige Tendenz aufweist, muss notwendig jede sonstige Qualität aufweisen.« (Benjamin [1934]: 684) Er hatte auch gegen den »Werkcharakter« künstlerischer (literarischer) Arbeit Position bezogen und gefordert, dem Dichter Aufgaben zuzuweisen, »die es ihm nicht erlauben, den längst verfälschten Reichtum der schöpferischen Persönlichkeit in neuen Meisterwerken zur Schau zu stellen«. (Ebd.: 695)

Diese Thesen, die nicht nur die aktuelle Misere in der Kunst zu legitimieren scheinen, sondern sich wohl selbst den bizarrsten stalinistischen Interpretationen nicht verschließen könnten, beruhen zunächst auf der durchaus scharfsinnigen Einsicht Benjamins, dass die Arbeitsbedingungen im kulturellen Feld sich aufgrund der Entwicklung der Massenmedien (Presse, Rundfunk) verändert haben und dass darum die Arbeit der kulturellen Produzenten »niemals nur Arbeit an den Produkten, sondern stets zugleich die an den Mitteln der Produktion sein« wird (ebd.: 696). Viel eher als ein Roman wird darum ein Zeitungsartikel ein literarisches Produkt auf dem aktuellen Stand der Produktionsmittel sein können. Und »erst die Überwindung jener Kompetenzen im Prozess der geistigen Produktion, welche, der bürgerlichen Auffassung zufolge, dessen Ordnung bilden, macht diese Produktion politisch tauglich« – eine kanonkritische Bemerkung, die wohl ebenso gut und mit Recht über die heutigen intermedialen Bestrebungen in der Kunst geäußert werden könnte.

Benjamins folgenreicher Irrtum besteht jedoch darin, dass er die politische Frage, »welche Rolle das künstlerische Produkt in den Produktionsverhältnissen einnimmt«, mit der Frage nach der Technik dieses Produkts gleichsetzt (ebd.: 691). Die Tatsache, dass die Mittel der Produktion verändert und modernisiert werden, d. h. die Erneuerung der Produktivkräfte, ist jedoch niemals gleichbedeutend mit der Veränderung der Produktionsverhältnisse. Dass ein künstlerisches Produkt mit veränderten Mitteln hergestellt wurde, sagt darum noch nicht unmittelbar etwas über dessen politische Tendenz aus.

Klarerweise können mit dem Festhalten an einem Klischee vom Kunstwerk auch reaktionäre politische Ideologien verbunden sein, die durch eine veränderte Medialität ins Wanken geraten. Aber auch das Umgekehrte kann der Fall sein: ein Kunstwerk kann die Techniken seiner Herstellung noch so sehr verändert haben, ohne deshalb eine fortschrittliche politische Tendenz aufweisen zu müssen. Die Veränderung in der Medialität des Werks besitzt darum nur dann eine fortschrittliche politische Tendenz, wenn sie ein Zeichen ist: nicht einfach, wenn sie stattfindet, sondern wenn dieses Stattfinden eine Veränderung des Kunstbegriffs signalisiert. Sobald der

Kunstbegriff sich aber seinerseits verändert hat, verliert die bloße Veränderung der künstlerischen Produktionsmittel diese politisch fortschrittliche Bedeutung. Dann müssen andere Zeichen gesetzt werden, um Demarkationslinien sichtbar zu machen.

Die Auflösung eines klassischen Werkbegriffs zum Beispiel besitzt nur solange eine fortschrittliche politische Tendenz, wie eine reaktionäre politische Ideologie an diesem klassischen Werkbegriff festhält. Sobald jedoch auch der Common Sense davon abgelassen hat, verliert das Verlassen der »Werkorientierung« seinen tendenziellen, progressiven Wert. Die Auflösung der Werkorientierung in der aktuellen Kunst hat diesen politischen Wert längst verloren: sie korrespondiert heute einer Situation, in der selbst jede noch so verschlafene Landgemeinde bereits über eine kontextgebundene künstlerische Intervention verfügt. Durch Abweichen von den traditionellen Werkcharakteren ist deshalb keine politische Bedeutung mehr zu erzielen. Anstatt einen bestehenden Kunstbegriff zu erschüttern oder aber innerhalb dieses Begriffs markante Zeichen zu setzen, erzeugen die ausschließlich auf die »Technik« bedachten Produzenten nichts anderes als ein mittlerweile völlig commonsense-konformes Klischee von vermiedener Werkorientierung.

Jene Kunsttheoretiker, die diese Entwicklung früh wahrgenommen und hellsichtig kritisiert haben, wie Robert Hughes und Harold Bloom, haben dagegen lediglich im Namen von Begriffen wie »wirklicher Könnerschaft« (Hughes 1994: 17) oder »einsamen Lesens« (Bloom 2000a) Stellung bezogen. Das entspricht einer klassischen bürgerlichen Defensive, die im Zweifelsfall anstatt für die politische Tendenz im Kunstwerk lieber für die künstlerische Qualität bzw. für die Freiheit des Individuums optiert. Aber es ist notwendig, einen Schritt weiterzugehen und klarzustellen, dass die sogenannte »Politisierung« der Kunst durch identitätspolitische Aufladung und erzwungenen Verzicht auf Werkorientierung lediglich eine Pseudo-Politisierung ist, die dazu dient, wirkliche Politisierung zu verhindern. Nicht nur die künstlerische Qualität leidet auf Kosten der identitätspolitischen Tendenz, sondern die politische Tendenz selbst.

Wenn Künstler nur zu Großausstellungen eingeladen werden,

solange sie sich selbst als Opfer und ihre Arbeiten als bescheidene Spuren ihrer Außenseiterrolle präsentieren, so hindert man sie daran, Zeichen zu setzen, die fähig wären, sich – so zweischneidig wie nur möglich – in ein Verhältnis zur vorherrschenden Kultur zu setzen und diese zu verändern. Die aktuelle »Differenzierung des Kanons« macht in ihrem Hunger nach herzeigbaren Differenzen die Kultur zu einem Zoo, worin jeder als Exote in seinem eigenen Käfig sitzt, nichts als seine Eigenheiten vorführt und die anderen verständnislos und bestenfalls neugierig anguckt. Die Produktion von Schibboleths dagegen erzeugt einen öffentlichen Raum, in dem sich innerhalb einer gemeinsamen Sprache eine Differenz, die zunächst unhörbar oder unaussprechlich scheint, allmählich immer stärker bemerkbar macht, um dadurch die Linie eines Konflikts erkennen zu lassen.

9. Populismus: Der Schmutz der Saubermänner

Populismus ist zunächst eine Art Widerhall, ein Echo. Wenn eine populistische Rede aufkommt, weiß man in der Regel kaum, wer eigentlich spricht – beziehungsweise wer hier wessen Worte spricht. Es handelt sich um ein komplexes Verhältnis von Vorsagen und Nachsagen: Angeblich reden zum Beispiel populistische Politiker dem Volk »nach dem Maul«. Aber andererseits redet nicht jede Bevölkerung an ihren Stammtischen so, dass man ihr das, was sie sagt, dann nachplappern und auch wieder mit Erfolg vorsagen kann.

Was sind also die politischen und kulturellen Bedingungen dafür, dass manche Bevölkerungen für populistische Politik empfänglich sind und andere nicht? Wie kommt es, dass manche Bevölkerungen sich spontan immer nur nach »unten« empören, aber niemals nach »oben«? Warum ereifern sie sich zum Beispiel über Immigranten, Sozialhilfeempfänger oder anspruchsvolle Architektur, aber diskutieren niemals über die tatsächliche Verteilung von gesellschaftlicher Macht und Reichtum? Woher kommt jene perverse »Vernunft«, mit der man in manchen Ländern sofort »einsieht«, dass jetzt eben gespart, privatisiert oder die Besteuerung der Unternehmensgewinne gesenkt werden muss? Um dem Eindruck zu widersprechen, dass der Populismus eine universelle, in Mediengesellschaften unvermeidliche und für geschickte Demagogen jederzeit abrufbare Reserve der Niedertracht wäre, möchte ich die Frage seiner Bedingungen anhand von fünf Thesen präzisieren.

1. Der Populismus hat eine kulturelle Bedingung: Er setzt eine anale Kultur voraus

Jener Populismus, der in vielen Staaten Europas derzeit vorherrscht und sich als Rassismus gegen Immigranten richtet sowie als Sozialneid gegen alle, die von staatlichen Transferleistungen abhängen, setzt eine bestimmte kulturelle Prägung voraus. Sie verrät sich an seinen Metaphern: der Populismus redet gern von »Ordnung«, aber eher in einem hygienischen als in einem juristischen Sinn. Darum will er immer gern »Saubermachen« oder »Aufräumen«, um diese Ordnung gegen eine Überflutung durch »Schmarotzer« und »Parasiten« zu verteidigen, die er gern mit Ungeziefer, diversen Insekten, Bazillen oder Nagetieren vergleicht. Ein solches Programm findet Widerhall nur bei Leuten, die gelernt haben, sich selbst als »arm, aber sauber« zu imaginieren.

Die psychoanalytische Theorie hat für dieses Imaginäre, für diese Organisationsform der Leidenschaften, den Begriff des »Analcharakters« entwickelt (s. Freud [1908b]). Die für den Analcharakter kennzeichnenden Merkmale von extremer Ordnungsliebe, Eigensinn und Sparsamkeit entstehen als Reaktionsbildungen. Sie sind Formen der Abwehr gegenüber einer intensiv erlebten kindlichen, analerotischen Stufe der Sexualentwicklung, worin den Exkrementen ein hoher Wert zugeschrieben wird – z.B. im Sinn von Geschenken, welche die Liebe und Aufmerksamkeit von Eltern und Pflegepersonen sicherstellen. Diese frühe liebevolle Wertschätzung der Exkremente in der Analerotik verwandelt sich in der Reaktionsbildung des Analcharakters in ihr feindseliges Gegenteil – in einen leidenschaftlichen Kampf gegen jeglichen Schmutz. Allerdings ist die Reaktionsbildung, wie Freud zeigt, selbst immer aus dem Stoff dessen gebaut, wogegen sie sich richtet. So garantiert die Liebe zur Sauberkeit dem Analcharakter dieselbe umfassende Gelegenheit zur Beschäftigung mit dem Schmutz, wie sie bereits dem Analerotiker, der er früher gewesen ist, lieb war. Die Reaktionsbildung ist also eine zutiefst zweideutige Form der Abwehr, weil sich in ihr gerade im Abwehren immer auch das Abzuwehrende Durchbruch verschafft. Das macht sie so kostbar, denn in ihr steckt heimliches Genießen.

Zugleich kann sie eben dadurch aber auch als unerträglich erlebt werden: Die permanent hochgehaltene Erregungsmenge – z. B. die ununterbrochene gesteigerte Aufmerksamkeit für den Schmutz – wird in einem psychischen Apparat, der gemäß dem »Lustprinzip« danach strebt, Erregungen zu reduzieren, als unlustvoll erfahren. Insbesondere das zwanghafte Moment, welches den Reaktionsbildungen aufgrund des ihnen innewohnenden Kompromisses zwischen einander entgegengesetzten Strebungen anhaftet, wird von den Gezwungenen meist ebenso sehr erlitten wie genossen. Aus dieser Struktur ergibt sich die für den Populismus charakteristische, ambivalente Natur einer »heißen Ware«: einer extremen Anziehungskraft, die plötzlich in Abstoßung umschlagen kann – woraus sich Möglichkeiten einer Überwindung des Populismus eröffnen. Davon soll etwas später die Rede sein.

2. Kulturelle Analität ist die Folge einer historischen Niederlage

Während die individuellen Analcharaktere der psychoanalytischen Klinik durch Ursachen in ihrer individuellen Sexualentwicklung bedingt sind, haben die für die Theorie des Populismus relevanten analen Kulturen kollektive, historische Ursachen. Die analen Kulturen, in denen der aktuelle Populismus auftritt, sind Effekte gescheiterter bürgerlichen Revolutionen.

Wenn eine aufstrebende Klasse die bisher herrschende besiegt, dann kann sie sich deren Errungenschaften als Beute aneignen. Wenn sie hingegen unterliegt, neigt sie dazu, ihre Identität abseits dieser Errungenschaften zu suchen und gerade das, was es zu erbeuten gegeben hätte, verächtlich zu machen – ganz so wie der Fuchs, dem die Trauben zu hoch hängen, in der Fabel des Äsop. Der Adel im Europa des 18. Jahrhunderts war der Träger einer lustbetonten, dem Erbe der Antike verpflichteten Kultur. Wo die Bourgeoisie ihn besiegte, hat sie sich diese lustbetonte Kultur zu eigen gemacht. Wo sie hingegen scheiterte, hat sie sich Abwehrformen gegen diese Lust zu eigen gemacht.

Daher rührt zum Beispiel die von Norbert Elias analysierte, äußerst geschichtsmächtige Entgegensetzung von »Zivilisation« und »Kultur« in Deutschland, wo die bürgerliche Revolution scheiterte (s. Elias 1998, Bd. 1: 124 ff.). Der soziale Gegensatz zwischen Adel und Bourgeoisie wird durch diese deutsche begriffliche Operation in den nationalen Gegensatz zwischen »oberflächlicher«, »falscher« französischer Zivilisation und »authentischer« deutscher Kultur verwandelt; der historische Unterschied zwischen einer siegreichen und einer unterlegenen Bourgeoisie in einen naturwüchsigen, nationalen. Die höfischen Umgangsformen waren in Frankreich der Bourgeoisie durch ihren Sieg zugänglich geworden; in Deutschland hingegen blieben sie ihr versperrt und mussten darum als verlogen denunziert werden. Ebenso wurde die amouröse Abenteuerlust des Adels von der französischen Bourgeoisie übernommen, von der deutschen hingegen abgelehnt. Daher rührt der von Friedrich Engels bemerkte Unterschied in der Struktur der französischen und deutschen Liebesromane:

> »In jedem von beiden ›kriegt er sie‹: im deutschen der junge Mann das Mädchen, im französischen der Ehemann die Hörner. [...] Weshalb auch dem französischen Bourgeois die Langeweile des deutschen Romans ebendenselben Schauder erregt wie die ›Unsittlichkeit‹ des französischen Romans dem deutschen Philister.« (Engels 1973: 81)

An die Stelle der unzugänglich gebliebenen zivilisierten Lust setzt man in Deutschland eine mit dem Namen der ›Kultur‹ fragwürdig bezeichnete, sehr anale Tugendhaftigkeit. In der Betonung der »inneren« Werte wie Charakter und Herzensbildung gegenüber den »Äußerlichkeiten« von Charme, Haltung, Eleganz und Verführungskunst zeigt sich das für die Analität typische Motiv des asozialen Nichtveräußern- bzw. Behaltenwollens, das auch dem Eigensinn und der Sparsamkeit zugrunde liegt; in der Verabscheuung der Unsittlichkeit darüber hinaus die anale Angst vor dem Kontrollverlust.

Wie hinsichtlich der Umgangsformen und der erotischen Vorstellungen kommt es auch in der Frage der Kochkunst zu einer entsprechend unterschiedlichen Entwicklung: die Köche des französischen

Adels, die durch die Guillotinierung ihrer Herrschaften arbeitslos geworden waren, mussten in öffentlichen Kursen ihre Künste einem breiten bürgerlichen Publikum anbieten und sorgten dadurch für die Entstehung einer epidemischen Kennerschaft. In Deutschland hingegen blieb es bei einer jämmerlichen Küche, dafür rühmt man sich dort seiner sauberen Toiletten sowie der Erfindung von runden Plastikgefäßen für die Abfälle auf den Frühstückstischen der Hotels. Und was die automobile Kultur betrifft, wird von den Propagandisten der deutschen Hersteller gegen den Komfort und die Eleganz französischer Limousinen mit der typisch analen Kategorie der »Spaltmaße« polemisiert, anhand deren man der Konkurrenz »unsaubere« Verarbeitung nachsagt.

Die Abwehr gegen die von der siegreichen Bourgeoisie übernommenen Formen lustvollen Lebens erzeugt die analen Reaktionsbildungen in der »Kultur« einer unterlegenen Bourgeoisie. Auch die derzeitigen transatlantischen Verstimmungen und Gehässigkeiten zwischen den USA und Frankreich müssen vor diesem Hintergrund begriffen werden: Wie Gret Haller gezeigt hat, ist das derzeit blühende fundamentalistische Christentum in den USA die Reaktionsbildung einer emigrierten protestantischen Verliererbourgeoisie. Diese hatte keine Gelegenheit, die an der Antike geschulte Kultiviertheit des Adels und den entsprechenden, dem Christentum distanziert gegenüberstehenden Materialismus, wie sie für das bürgerliche Frankreich typisch sind, zu übernehmen. Darum bildet gerade die lustbetonte französische Kultur ein bevorzugtes Feindbild für den christlich-fundamentalistischen Populismus in den USA – weit mehr als andere Kulturen des »alten Europa«, die gegen die Politik der USA dieselben Vorbehalte äußern. Die alte Unvereinbarkeit der Ideale von »Christ« und »Gentleman« (vgl. dazu Löwith 1948) tritt an diesem Streit deutlich zutage. So wiederholt sich durch die unterschiedliche Geschichte der bürgerlichen Klassen jener »kulturfeindliche Faktor«, der, Freud zufolge, schon beim Sieg des Christentums über die heidnischen Religionen beteiligt gewesen sein muss (s. Freud [1930a]: 218). Der versierte »gentilhomme« mit seinen berühmten Rotweinen ist ein rotes Tuch für die Bewohner des »bible belt«.

Anders als der individuelle Analcharakter, der als Reaktionsbildung auf die kindliche Analerotik entsteht, ist die kulturelle Analität eine Reaktionsbildung gegen eine bestimmte historische Kultur der Lust. Aus dem gescheiterten Versuch ihrer Aneignung ergibt sich der kulturelle Analcharakter. Er ist eine generelle Abwehr nicht allein gegen anale, sondern gegen die gesamte kulturelle, für die nicht besiegte feindliche Klasse typische und darum als schmutzig empfundene (bzw. denunzierte) Form der Lust.

3. Die populistische Haltung ist eine Form der Abwehr, in der gerade das Abzuwehrende zum Durchbruch gelangt und heimlich genossen wird

Die anale Kultur, welche die notwendige Bedingung des Populismus darstellt, produziert Reaktionsbildungen. Der Populismus ist die politische Form einer solchen Reaktionsbildung. Als solche kann er eine bestimmte Lust nur abwehren, indem er ihr gleichzeitig zum Durchbruch verhilft. Dabei realisiert er nicht nur diese Lust, sondern sogar noch das, was er von ihr hält: das Schmutzige. Der Populismus gibt den Saubermännern die seltene Gelegenheit, gerade in ihrer Sauberkeit einmal so richtig schmutzig zu sein. Als finstere Rassisten, als dumpf murrende Sozialneider, als Feinde von Kultiviertheit und Urbanität können sie so richtig »tief« werden und sich, in der Gemeinschaft von Gleichgesinnten, einmal wenigstens zeitweise abkoppeln von jenen gesellschaftlichen Idealen und Zielen, die sie selbst gleichwohl anerkennen und nicht in Frage stellen.

Etwas Karnevaleskes haftet dem Populismus darum an, die Struktur eines in Raum und Zeit notwendigerweise begrenzten Rausches. Daher rührt das für den Populismus nicht unbeträchtliche Problem der Bildung allgemeinerer Strukturen und dauerhafterer Institutionen. Sein Diskurs eignet sich eher zum Subtext als zum Text; nicht zum Gesetz, aber zu jener obszönen, »ungeschriebenen« Kehrseite des Gesetzes, deren Funktionsweise Slavoj Žižek analysiert hat (s. Žižek 1997a). Das ist einer der Gründe, weshalb man bei diesem Diskurs oft kaum angeben kann, wer spricht.

Zugleich ist dies auch der Grund, weshalb die Rechte es – im Gegensatz zur Linken – regelmäßig fertigbringt, gerade von ihren Fehlern zu profitieren: was auf der Ebene des offiziellen Diskurses niemals ein vorzeigbares Argument gewesen wäre (z. B. die SA-Vergangenheit des österreichischen Präsidentschaftskandidaten Kurt Waldheim), verwandelt sich, sobald es von den Gegnern als Kritik ins Treffen geführt wird, auf der Ebene des »ungeschriebenen« populistischen Diskurses in ein obszönes, stark libidinös besetztes Pro-Argument (»Jetzt wählen wir ihn erst recht«). Populistische Führer müssen nahezu immer ein solches obszönes Merkmal aufweisen, mit dem sie oft genug sogar noch die von ihnen selbst propagierten Regeln verletzen: so hat Pim Fortuyn die Ausländerfeinde in den Niederlanden um sich geschart und gleichzeitig durchblicken lassen, dass er Affären mit marokkanischen Strichjungen pflegt. Und Jörg Haider konnte sich in Österreich Mitte der 90er-Jahre, auf dem Höhepunkt seines kunstfeindlichen Populismus, auf riesigen Plakaten zeigen, deren Hintergrund ganz nach moderner, abstrakter Kunst aussah.

Die »kritische« Aufdeckung solcher dem Programm scheinbar widersprechender Qualitäten schadet der Popularität der populistischen Führer darum nur in den seltensten Fällen – im Gegenteil: ohne einen solchen transgressiven Zug könnte der populistische Führer wohl kaum Erfolg haben; er muss an einem bestimmten Punkt das Versprechen der Überschreitung der Regeln einlösen und jene Obszönität signalisieren, in welcher die populistischen Massen ihre eigene zeitweilige Distanz zu den akzeptierten Standards der Gesellschaft genießen. Nur so kann er seine Autorität als Führer bekräftigen, die ihn sogar über die eigenen Prinzipien noch hinwegsetzt, und der Gefahr entgehen, von seinen Anhängern für ein regelkonformes Weichei gehalten zu werden.

Wenn es richtig ist, dass die kulturellen Reaktionsbildungen die Folgen historischer Niederlagen sind, so wird übrigens auch deutlich, weshalb es neben dem rechten Populismus nicht mit Selbstverständlichkeit auch einen linken geben muss. Denn eine kulturelle Reaktionsbildung ist auch ihrer politischen Natur nach reaktionär. Als Abwehr gegen eine kulturelle Beute sowie gegen das Begehren nach ihr dient sie dazu, einen aufbegehrenden, sozialrevolutionären Impuls nicht an sein Ziel gelangen zu lassen. Es ist also fraglich, ob die diversen grün-alternativen Phänomene, die von Vertretern der Rechten eilig als »linker Populismus« bezeichnet wurden, diesen Namen zu Recht verdienen; sie könnten auch nur entweder das Eine oder das Andere sein (vgl. dazu Elfferding, in: Dubiel 1986: 183).

Wenn es linke Varianten gibt, die der hier skizzierten Struktur entsprechen, so müssen sie wohl eher im Bereich der von Stephen Greenblatt untersuchten »Schmutzigen Riten« gesucht werden: jener in der Geschichte vieler Kulturen des Öfteren wiederkehrenden Situationen – wie zum Beispiel der von einem US-Armeeoffizier des 19. Jahrhunderts berichteten bizarren Darbietungen von Indianern der Ne'wekwe-Bruderschaft oder auch der berüchtigten Hörsaal-1-Aktion »Kunst und Revolution« der Wiener Aktionisten vom Juni 1968 –, wo Angehörige unterdrückter Klassen, Ethnien oder rebellischer Gruppen unter Verwendung von Exkrementen eigenwillige, für den Blick ihrer Unterdrücker bestimmte Spektakel, »skatologische Rituale«, aufführen; so, als wollten sie sagen: »Jetzt spielen wir euch einmal genau die Schweine vor, für die ihr uns haltet.«

Ebenso wie die Populismen der Rechten sind auch diese Aktionen, wie Greenblatt feststellt, Effekte eines historischen Unterliegens und als Reaktionsbildungen – dem Wort von Marx entsprechend – zugleich Ausdruck eines Elends wie Protest gegen dieses (s. Marx [1844]: 378). Im Unterschied zu den populistischen Initiativen der Rechten aber richten sich diese Kompromissbildungen nicht gewalttätig gegen andere, Schwächere, sondern bilden eher Formen einer Selbstdemütigung, durch die eine frühere, durch andere erlittene Demütigung gleichermaßen in Erinnerung gerufen wie gebannt werden soll. Bei dieser linken Variante der Reaktionsbildung ist, anders als bei ihren rechten Pendants, neben den Unterdrückungsverhältnissen auch das exkrementelle Motiv der »nostalgie de merde« (Greenblatt 1995: 35) transparent gehalten.

4. Die populistische Haltung ist ein Theater, das für den Blick eines anderen inszeniert wird. Der andere soll sich entsetzen

Deutlicher als beim Populismus der Rechten zeigt sich an den linken Reaktionsbildungen auch der Umstand, dass sie an andere adressierte Botschaften sind. Was den entsetzten Betrachtern zunächst als unbegreifliche Realität erscheinen mag, muss immer als ein Theater begriffen werden, das ohne diese Betrachter und ihren entsetzten Blick gar nicht stattfinden würde (vgl. dazu Signer 1997). Der skatologische Aktionist braucht den Spießbürger, und der Populist braucht den Gutmenschen – genauso, wie der Libertin des Marquis de Sade den Ahnungslosen, vor dessen Augen er Exkremente verspeist, was gerade durch das Entsetzen des anderen für ihn selbst zu einem köstlichen Geschäft wird:

»›Herr Präsident, Sie sind steif‹, sagte der Herzog; ›Ihre Reden bringen immer solche Anzeichen bei Ihnen hervor.‹ – ›Steif?‹ sagte der Präsident, ›nein; aber ich bin im Begriffe, Fräulein Sophie scheißen zu lassen, und ich hoffe, dass ihr köstlicher Dreck vielleicht einige Wirkung bei mir hervorrufen wird. – Ah, wahrhaftig, mehr als ich dachte!‹ rief Curval, nachdem er die Würste verschlungen hatte, ›bei Gott, auf den ich scheiße, mein Schweif fängt an, zu Bewußtsein zu kommen‹.« (Sade 1979, II: 181)

Man benötigt den verständnislosen, entsetzten anderen (in diesem Fall Gott oder Fräulein Sophie), damit etwas Scheußliches, das man aus eigener Neigung wohl niemals tun würde, durch seinen Blick die Qualität und Anziehungskraft des Erhabenen verliehen bekommt. »On est bien dans le mal« (es ist einem wohl im Bösen) – diese Formulierung von Jacques Lacan über die Libidoökonomie der Sade'schen Helden[1] muss auch für das Verständnis der populistischen Leidenschaften genutzt werden. Das Tiefe, in das man sich im Populismus begibt, ist immer jenseits der eigenen Neigungen angesiedelt. Auch Rassisten oder Sozialneider sind nicht grundsätzlich von grausamen Neigungen bestimmte Menschen – im Gegenteil, sie neigen ja, genau wie die ihnen wohlgesonnenen populistischen

Boulevardorgane, zu den sentimentalsten Formen von Tier- und Kinderliebe. Die Grausamkeit der populistischen Haltung besitzt darum den Charakter einer gegen die eigenen Neigungen durchgesetzten Maxime – und genau das macht eben, wie Lacan bemerkt hat, nicht nur die Charakteristik des sittlichen Pflichtgedankens in der Ethik Kants aus (denn allein die Pflicht ist stark genug, sich über die Neigung hinwegzusetzen), sondern auch das sexuell besetzte Autonomiegefühl der Sade'schen Helden (s. Lacan [1963]).

Sich über die eigenen Neigungen vor den Augen eines entsetzten anderen hinwegzusetzen fungiert als Beweis, dass die eigene Autonomie größer ist als die des anderen. Darum kann mit Hilfe dieses verblüfften anderen sogar die Selbsterniedrigung in eine Selbsterhöhung und das Schändliche in etwas Sublimes verwandelt werden. Diese nicht notwendigerweise bewusste Denkweise teilen die schmutzigen Saubermänner des Populismus mit den idealistischen deutschen Philosophen – mit Kant ebenso wie mit Hegel, in dessen berüchtigtem Kampf um Anerkennung es ja auch um die Überlegenheit dessen geht, der imstande ist, die eigenen Neigungen und das eigene Leben vor den Augen des anderen gering zu achten.

Den Kunst- und Kulturschaffenden ist diese Denkfigur übrigens auch nicht fremd: auch sie haben ja Ästhetiken entwickelt, in denen sie den Blick eines entsetzten anderen benötigen. Die Ästhetiken des Hässlichen und des Kitsches beruhen immer auf der Voraussetzung eines gebildeten Durchschnittsgeschmacks, der sich vom naiven, schlechten Geschmack absetzt und die entsprechenden Objekte als hässlich und kitschig einstuft. Erst dank dieses gebildeten, mittleren Geschmacks kann sich der elitäre Geschmack für Hässlichkeit und Kitsch herausbilden, der an diesen Dingen nun ein sublimes Gefallen entwickelt – und sich damit ein doppeltes Überlegenheitsgefühl verschafft, sowohl über die Naiven wie auch über die entsetzten Gebildeten (s. dazu Pfaller 2000: 58 ff.).

Damit ist klar, dass die populistischen Gesten umso erfolgreicher und wahrscheinlicher werden, je besser die Arena ist, die man ihnen bereitet. Da die liberalen Eliten in den westlichen Gesellschaften selbst zunehmend analer werden, indem sie sich z. B. in *political correctness* ergehen und keine schmutzigen Worte mehr in den Mund nehmen möchten, machen sie sich ungewollt zu einem immer besseren Publikum für den Schmutz der populistischen Saubermänner. Die zunehmende prüde Genussfeindlichkeit der westlichen Hochkulturen bildet darum eine Stütze für die Obszönitäten des Populismus und verschafft ihnen Aufmerksamkeit in den Medien: Wenn man den Sex und die Promiskuität durch »ratings« aus dem Spielfilm verbannt, kann man eben in den Talkshows über nichts anderes mehr sprechen. Man hat dann ein verblödetes Massenfernsehen auf der einen Seite, und auf der anderen eine niveauvolle, »interessante« (das heißt meist: für irgendwelche unbestimmt bleibenden anderen, nicht für einen selbst interessante), aber völlig keimfreie »arte«. Und diese Verteilung wiederholt sich in der Kunst: einer idiotischen Spektakelkultur antwortet man regelmäßig mit einer von politischer Besorgtheit erfüllten, zartbesaiteten und prüden »documenta«. Die »documenta« ist die »arte« der aktuellen Kunst.[2] Die anale Kultur, denen beide gleichermaßen entstammen, sollte sich darum über die Produkte, die sie auf ihrer finsteren Seite hervorruft, nicht erstaunen. Wenn man die Analität der Kultur steigert, erntet man rechtspopulistische Analcharaktere.

5. Der Populismus hat die Natur einer »heißen Ware«. Die populistisch Gesinnten wollen ihren Populismus selbst nicht haben

Da der Populismus ein soziales Verhältnis ist – zwischen einem prüden Beobachter und einem Analcharakter, der für ihn die Sau rauslässt –, enthält er immer auch eine Botschaft des einen an den anderen. Neben der manifesteren Seite »dir spiele ich mal vor, was du, ohne es zu wissen, sehen willst« hat diese Botschaft auch eine latente, nämlich: »Lass mich hier raus«. Diese kommunikative Seite des Phänomens darf nicht übersehen werden, denn in ihr liegen die Möglichkeiten zur Überwindung des Populismus. So sauwohl die Anhänger des Populismus sich nämlich in ihrer Haltung zu fühlen scheinen, so wenig wollen sie andererseits ihren Populismus haben. Der Populismus ist eine Haltung, die von niemandem gänzlich angenommen werden kann. Er zirkuliert in eigentümlicher Weise zwischen dem Demagogen, der meint, dies alles für seine verblödeten Anhänger tun zu müssen, und den Anhängern, die sich insgeheim mit dem Gedanken trösten, dass dies alles wohl nicht so heiß gegessen wird, wie der Demagoge es vor ihnen aufkocht. Dass immer der andere der Populist ist, wie Helmut Dubiel bemerkt hat (Dubiel 2005: 41), hängt nicht nur damit zusammen, dass das Wort ein Schimpfwort ist, sondern vor allem auch damit, dass diese Haltung – ähnlich wie der Aberglaube oder die Magie – immer die Struktur der obszönen Kehrseite einer offiziellen, vorzeigbaren Haltung hat. Nur in dieser Nebenrolle kann sie existieren und gepflegt werden. So verführerisch es darum sein kann, sich in eine Gruppe zu begeben, die es einem jeden erlaubt, jeweils den anderen für den wahren Anhänger zu halten (s. dazu Pfaller 2002), so abstoßend kann die populistische Haltung werden, wenn sie ausweglos und hauptsächlich auf einen selbst zurückzufallen droht. Sie wird darum oft ganz plötzlich fallen gelassen – wie die sprichwörtliche heiße Kartoffel.

Daraus lässt sich ableiten, wie gegenüber dem Populismus interveniert werden muss. Zu erklären, dass populistische Behauptungen unwahr seien, und sie sachkundig zu widerlegen, bringt deren Anhänger meistens nur in Wut und ermöglicht keine Bewegung in der Diskussion – ähnlich, wie wenn man einem Paranoiker seinen Verfolgungswahn ausreden möchte. Er beharrt dann umso energischer, denn bei allen eingebildeten Verfolgern ist etwas an dem, was er mitteilen möchte, doch echt – nämlich sein Affekt der Aggression (die er fälschlich als von außen kommend wahrnimmt). Auch den Populisten versetzt die Widerrede in Rage, denn sie bedeutet für ihn zunächst, dass man ihn auf die Position des Populismus festnagelt – während seine Äußerung doch insgeheim darauf gezielt hatte, beim anderen Zustimmung und somit Entlastung von der Bürde einer untragbaren Ansicht zu erhalten. Er hat es ja nicht gesagt, weil er es selbst meint, sondern umgekehrt: er hat es gesagt, damit er es eben nicht mehr selbst zu meinen braucht. Je energischer der Populist seine Ansicht vorträgt, desto mehr zeigt er damit, dass nicht er es sein möchte, der sie hat. Er will, dass ihn jemand da rausholt und die heiße Kartoffel übernimmt.

Ich kann diesen Punkt abschließend an einem Beispiel einer Intervention veranschaulichen, die mir einmal, wenn auch in sehr kleinem Maßstab, und noch dazu völlig unbeabsichtigt gelungen ist. Ich nahm in Linz ein Taxi. Auf der Fahrt bemerkte der Fahrer eine Radfahrerin, die dabei war, auf verbotene und für sie gefährliche Weise in eine Einbahnstraße abzubiegen. Der Fahrer wies sie etwas rüde darauf hin, sie entschuldigte sich erschrocken. Danach begann der Fahrer mir zu erzählen, dass die Radfahrer im Allgemeinen eine Gefahr seien und dass im Ernstfall immer der Autofahrer schuld sei. Dabei könne man die Radfahrer, die auch meist so schlecht beleuchtet seien, oft kaum sehen – und noch viel weniger, wenn sie dunkler Hautfarbe wären. Die Sache wurde also zunehmend absurder und beladener mit finsteren Leidenschaften, und umso weniger Lust hatte ich, da ich ohnehin müde war, zu widersprechen. Da verfiel ich auf eine andere Art der Entgegnung. Ich sagte ungefähr: Es ist für mich als Wiener ohnehin erstaunlich, wie rücksichtsvoll die Linzer Autofahrer sind. In Wien wird man als Radfahrer noch viel verständnisloser behandelt. Daraufhin hellte sich die Miene des Taxifahrers völlig überraschend auf, und er erzählte mir, dass er überhaupt erst, seit er Motorrad fahre, wisse, wie schwer die Zweiradfahrer es haben mit ihren längeren Bremswegen und so weiter. Das könne sich ja ein Autofahrer sonst gar nicht vorstellen. So aber kann man sich in den anderen hineinversetzen, und dann gibt man als Autofahrer eben in kritischen Situationen einmal nach, »und dann passt es doch auch«.

Ohne es beabsichtigt zu haben, hatte ich meinem Gesprächspartner eine Chance geliefert, seinen Diskurs zu verlassen. Meine Bemerkung hatte ihm eine andere, für ihn neue und verlockende Diskursposition der Großzügigkeit und Toleranz angeboten, die er mit Freude einnahm und für die er seine finsteren Reaktionsbildungen fallen ließ – sofort und ohne ihnen auch nur mit der geringsten Nostalgie hinterherzublicken.

III.
ANRÜCHIGE MATERIEN,
ALLTÄGLICHE BESESSENHEITEN

10. Doing Nothing
Über materielles Nichtstun und immaterielle Arbeit

1. Das Nichts und die Angst

»Making Nothing Happen« lautet der verführerische Titel einer Reihe von Zeichnungen bzw. visuellen Handlungsanweisungen, die der Künstler Pavel Büchler 2004 veröffentlicht hat (Büchler 2004). Gemäß dem Doppelsinn dieses Ausdrucks zeigen die Zeichnungen somit einerseits, was man (etwa im Sinn vorbeugender Maßnahmen) tun muss, »damit nichts geschieht«; aber auch andererseits, welche Handlungen man setzen kann, um zu erreichen, *dass das Nichts sich ereignet*. Gerade der auf dieser zweiten Bedeutungsebene angesiedelte »aktive Nihilismus« dieses Kunstwerks macht seine Aktualität und seine reizvolle, zeitkritische Bedeutung aus: Denn es wird gegenwärtig immer weniger Leuten möglich, auch nur kurze Momente des Müßiggangs, partielle Ereignisse des Nichts zuzulassen oder gar bewusst herbeizuführen, um sie lustvoll auszuleben.[1] Eine Gesellschaft, die von immer prekäreren Beschäftigungsverhältnissen gekennzeichnet ist, ergeht sich in einer zunehmend zwanghaften Betriebsamkeit. Jeglicher Müßiggang ist aus ihr gänzlich verschwunden; und zwar nicht allein als Realität, sondern – was eine Neuerung darstellt – ebenso sehr auch als Utopie. Mögen frühere Generationen wenigstens (z. B. im Bild befreiter, glücklicher Enkel) noch ein müßiges Ziel ihrer Schinderei vor Augen gehabt haben, so regiert in der no-future-Epoche neoliberaler Arbeit allein die nackte Angst vor dem Nichtstun.

Denn wenn das, was das Nichtstun verspricht, ein Glück ist, dann lässt es jenes andere bisschen Glück, das man sich für die Selbstausbeutung mühevoll einreden musste, sofort zu Nichts werden. Die Idee des Nichtstuns droht jene Koordinaten aufzulösen, die man braucht, um eine Welt prekärer Beschäftigung als sinnvoll erleben zu können. Und dadurch ist sie zu etwas Unheimlichem geworden – ein Angst- und Abscheuobjekt par excellence.

Lediglich in der Kunst, und auch da nur in seltenen, kostbaren Momenten, gelingt es gegenwärtig, für das, was nicht nur keinen Platz, sondern nicht einmal mehr den Nicht-Ort der Utopie einnehmen darf, positive Formulierungen zu finden. Neben Pavel Büchlers Serie stellt diesbezüglich die Gruppe der »glücklichen Arbeitslosen« rund um Guillaume Paoli[2] eine andere vereinzelte hoffnungsvolle Erscheinung auf weiter, verängstigter Ebene dar.

2. Es gibt nichts Gutes, außer man tut es nicht

Wie Pavel Büchler zeigt, ist das Nichts nicht einfach da, sondern man muss es tun, damit es zur Existenz gelangt (ähnlich, wie man es sprichwörtlich vom Guten sagt). In der ehemaligen DDR scheint es davon – weit abseits der Idee der deutschen idealistischen Philosophen von der tätigen Negativität – ein verbreitetes, populäres Bewusstsein gegeben zu haben. »Wir tun so, als würden wir arbeiten, und dafür tut ihr so, als würdet ihr uns bezahlen«, lautete eine bekannte Redewendung aus der Zeit des sogenannten real existierenden Sozialismus. (Heute hingegen kann man in den sogenannten neuen Bundesländern auf T-Shirts den Satz lesen: »Für Arbeit töte ich«.)

Mehr noch als in diesem Schein-Etwas simulierter Arbeit wird die tätige Natur des Nichts durch einen anderen DDR-Witz zur Darstellung gebracht. Zwei Männer sitzen im Gefängnis. Der eine fragt: »Wie viele Jahre hast du gekriegt?« – »Fünf«, sagt der andere. – »Und was hast du getan?« – »Nichts.« – »Das gibt es nicht«, sagt der Frager, »denn für nichts kriegt man mindestens zehn Jahre.« Wie es der materialistischen Lehre von Demokrit und Epikur entspricht, wurde aus nichts damals also keineswegs nichts; man musste schon wesentlich mehr tun als nichts, um nichts zu bekommen.

Auch die Sprache des Sozialismus scheint diese verschiedenen durch Tätigkeit erzeugten Abstufungen des Nichts unterschieden zu haben – und zwar viel präziser, als es, der bekannten Warnung des

Aristoteles zufolge, die Sprache des antiken Griechenland in Bezug auf das Sein vermochte. Bei einem Treffen von Kunst-Kuratorinnen, das zur Vorbereitung für ein internationales Kooperationsprojekt dienen sollte, schlug kürzlich jemand als gemeinsames Thema »Doing Nothing« vor. Daraufhin meinte eine rumänische Kollegin, dass ihr das als sehr schwierig zu übersetzen erscheine, denn im Rumänischen gebe es dafür sehr viele – vielleicht siebzehn – verschiedene Ausdrücke und Redewendungen. In der Sprache des real existierenden Sozialismus scheint es also für das Nichtstun einen ähnlich reichen Wortschatz gegeben zu haben wie in der Eskimosprache für den Schnee. Dieser Nuancenreichtum, diese sorgfältige Differenzierung im Negativen zeigt sich auch an einem anderen DDR-Witz. Eine Kundin fragt im Kaufhaus: »Haben Sie hier keine Socken?« – »O nein«, antwortet die Verkäuferin. »Hier haben wir keine Pullover. Keine Socken gibt es eine Etage höher.«

Entgegen der in den realsozialistischen Staaten verbreiteten Propaganda von den »Helden der Arbeit« wie zum Beispiel vom sprichwörtlich gewordenen DDR-Idol Adolf Hennecke, der am 13.10. 1948 mit einer gigantischen Schichtleistung eine Normerfüllung von 387 % in der Steinkohlegewinnung erreichte, scheint es in ebendiesen Staaten eine verbreitete Realität von Heldentum in der Nichtarbeit gegeben zu haben (das Sprichwort lautete dementsprechend: »Bin ich Hennecke?«). Ein politisches System, das viel stärker auf der Macht der repressiven Staatsapparate beruhte als auf jener der ideologischen, war offenbar eher imstande, die Leute an jeglicher Tätigkeit zu hindern, als sie zu freudigem Engagement zu verleiten. Und diese Leute hatten einen klaren Begriff von Arbeit und verfügten über eine spontane, materialistische Renitenz dagegen.

3. Von der Arbeitsverweigerung zum Lob der immateriellen Arbeit

Anders verhält es sich im kapitalistischen Westen von heute. Hier ist eine neue Begeisterung für die Arbeit ausgebrochen – und zwar ausgerechnet bei denjenigen, die in den Jahren nach 1966 den Zumutungen der kapitalistischen Fabrikarbeit den entschlossensten Widerstand entgegengebracht hatten. Damals hatten sie die »Verweigerung der Arbeit« ausgerufen.[3] Nun hingegen singen sie das Loblied einer neuen Art von Arbeit, die sie als »immaterielle Arbeit« bezeichnen. Sie schwärmen von der »Kreativität«, die darin enthalten (oder wenigstens möglich) sei, und manche erblicken darin sogar eine schleichende Revolution. So schreiben Michael Hardt und Antonio Negri:

> »Indem sie ihre eigenen schöpferischen Energien ausdrückt, stellt die immaterielle Arbeit das Potenzial für eine Art des spontanen und elementaren Kommunismus bereit [...]« (Hardt/Negri 2002: 305)

Das klingt wieder ganz so begeistert wie im 19. Jahrhundert, als der Arbeiterführer Josef Dietzgen ausrief: »Arbeit heißt der Heiland der neuen Zeit.«[4] Aber aus anderen Gründen: Mit ihrem Begriff der immateriellen Arbeit beziehen sich Maurizio Lazzarato, Hardt/Negri und andere Autoren auf eine Veränderung der Arbeitsbedingungen in den westlichen kapitalistischen Staaten seit Anfang der 80er-Jahre. Da es den kapitalistischen Staaten des Westens gelungen ist, die typische fordistische Fabrikarbeit in die Schwellenländer Asiens und Afrikas zu verlagern, können sie selbst in anderer Weise arbeiten. Sie werden nun gleichsam zur Verwaltungsetage der Weltfabrik. Ihre Ökonomie erscheint darum »postfordistisch«: die »blue-collar«-Arbeiter verschwinden zugunsten von »white-collar«-Angestellten. Die Hauptaufgabe dieser neuen Angestellten besteht darin, die Produkte mit technologischem, juristischem Wissen sowie kultureller Information (z.B. Image- und Distinktionswerten) aufzuladen; diese Anteile – die Autoren bezeichnen sie etwas vorschnell als »immateriell«[5] – machen den größten Teil vom Wert dieser Produkte aus, wenn sie nicht überhaupt erst deren Verkaufbarkeit ermöglichen.

Die für den Fordismus typische strikte Trennung von manueller und intellektueller Arbeit scheint damit (wenigstens im Westen) zu verschwinden. Dies weckt weitreichende Hoffnungen – zumindest bei jenen Theoretikern, die in der Trennung von Hand- und Kopfarbeit das entscheidende Prinzip der Klassenverhältnisse erblicken. So schreibt Maurizio Lazzarato:

>Die Unterscheidung von Konzeption und Ausführung, von Mühe und Kreativität, oder auch von Autor und Publikum wird innerhalb des Arbeitsprozesses überwunden [...]« (Lazzarato 1998a: 40)

Der entscheidende Schwachpunkt dieser Analyse Lazzaratos besteht darin, dass sie alleine den Arbeitsprozess betrachtet und die Frage des Wertbildungsprozesses ignoriert:[6] sie kümmert sich nur darum, ob die Arbeit den Ausführenden kreativ erscheint, aber nicht darum, wer am Ende den Mehrwert einstreicht. Es mag schon richtig sein, dass man heute im Westen oft nicht mehr zu fixen Arbeitszeiten einer stumpfsinnigen, »entfremdeten« Tätigkeit nachgehen muss, um einen fixen Niedriglohn zu erhalten. Stattdessen kann man sich die Arbeitszeit selbst einteilen, man darf sich mit der Aufgabe identifizieren, eigene Ideen einbringen und muss, wenn nötig, Nächte durcharbeiten – aber die Frage bleibt: zu wessen Vorteil? Nach wie vor kassiert der Chef, den man nun duzen darf, weil es »flache Hierarchien« gibt, den Gewinn – und drückt den Lohn seiner (oft outgesourcten und dadurch um die Sozialleistungen gebrachten) Mitarbeiter nicht selten noch mit eben dem Argument, dass sie ja froh sein müssten, von einer so feinen Arbeit, die quasi ein Hobby ist, überhaupt leben zu können.

So renitent die operaistischen Theoretiker gegen die stumpfsinnige fordistische Arbeit waren, so wehrlos zeigen sie sich gegenüber den Verführungen der ebenso kapitalistisch strukturierten postfordistischen Arbeit. Daran erweist sich, dass die am Sichtbaren orientierten Unterscheidungen von »Hand- und Kopfarbeit« bzw. von »Mühe« und »Kreativität« viel zu simple und darum untaugliche Instrumente zur Kritik kapitalistischer Klassenverhältnisse sind. Das Strukturelle lässt sich eben, wie Bertolt Brecht bemerkte, nicht immer mit freiem Auge sehen.

4. Freiheit ohne Materie? Eine Dame ohne Unterleib

Auf der Ebene ihrer zentralen Begriffe vollziehen die Anhänger der immateriellen Arbeit eine Operation der Verkettung, die sich schematisch wie folgt darstellen lässt: »Intellektualität« – »Kreativität« – »Immaterialität« – »Identifizierung« – »Freiheit«. Aufgrund des Umstands, dass die postfordistische Arbeit größere »intellektuelle« (d.h. bürokratische, kommunikative, designerische) Anteile aufweist, wird geschlossen, dass sie »kreativ« sei. Schon dieser erste Schluss ist höchst fragwürdig, denn viele manuelle Tätigkeiten erscheinen heute weitaus »kreativer« als jenes sogenannte »bullshitting« aus umfassender schriftlicher Konzepterstellung, Lobbying, networking, branding, merchandising, Evaluierung und Monitoring, welches den großen Anteil intellektueller Arbeit an heutigen Produktionen ausmacht.

Intellektualität und Kreativität werden im nächsten Schritt als ausreichende Gründe dafür betrachtet, von »Immaterialität« der Arbeit zu sprechen. Dies setzt allerdings einen sehr primitiven Begriff von Materie voraus. Es wird dabei unterstellt, dass die Materie nicht das Terrain von kreativer und intellektueller Arbeit sein könne und dass diese, sozusagen als Schöpfungen aus dem Nichts bzw. von Nichts, jenseits von Materie stattfänden.

Im Gegensatz dazu hatte Louis Althusser bereits Anfang der 60er-Jahre gezeigt, dass selbst theoretische Arbeit nicht ohne Materie ist: denn sie vollzieht sich keineswegs in einer »schwerelosen« Sphäre reiner Geistigkeit. Vielmehr setzt sie wie jede Arbeit bei einer Grundmaterie an: bei einem durch und durch ideologischen Common Sense aus ersten Vorstellungen und fixen Ideen zum Thema. Und diese Grundmaterie tut genau das, was jede Materie tut: sie leistet Widerstand gegen ihre Bearbeitung; sie bildet »epistemologische Hindernisse« gegen ihre Transformation in Erkenntnis. Aus diesem Grund hat Althusser gegen die bei bestimmten Marxisten beliebte Unterscheidung von Theorie und Praxis festgehalten, dass theoretische Arbeit selbst eine Praxis – eben »theoretische Praxis« ist.[7]

Auch die postfordistische Aufladung der Produkte mit Design sowie mit bürokratischer Legitimation und Öffentlichkeitsarbeit kann – jedenfalls für die marxistische Theorie – nicht als hinreichender Grund gelten, um von Immaterialität zu sprechen. Denn Design, Bürokratie und Öffentlichkeitsarbeit gehören allesamt zum Bereich der Ideologie. Und auch die Ideologie weist, wie Althusser in seinem bekannten Text von 1969 bemerkt hat, eine spezifische Materialität auf:

>Eine Ideologie existiert immer in einem Apparat und dessen Praxis oder Praxen. Diese Existenz ist materiell.

Die materielle Existenz in einem Apparat und dessen Praxen besitzt selbstverständlich nicht die gleichen Eigenschaften wie die materielle Existenz eines Pflastersteins oder eines Gewehrs. Aber auch auf die Gefahr hin, als Neoaristoteliker angesehen zu werden (es sei allerdings darauf hingewiesen, daß Marx Aristoteles sehr hoch einschätzte), behaupten wir, daß >die Materie in mehrfacher Bedeutung genannt wird< …« (Althusser [1969]: 137)

Wer sich mit Ideologie auseinandersetzt, darf dabei nicht auf deren Selbstverständnis als einer »geistigen« Sache hereinfallen. Die Rituale der Zusammenkunft, die Institutionen, Orte und Kanäle der Kommunikation existieren immer schon lange, bevor es für diese Zusammenkunft (z. B. in einem Fitnessclub oder in einer Musikbar) so etwas wie ein in Ideen formulierbares Programm gibt; sie können oft auch gänzlich ohne ein solches Programm auskommen.

Gerade das Nichtstun in der Freizeit, das Abhängen und die Rekreation haben eine massive materielle Existenz und erfüllen darin die entscheidende gesellschaftliche Funktion der Ideologie: die Reproduktion der Arbeitskraft. Sie leisten das, indem sie die Individuen mit dem Gefühl von Freiwilligkeit, und sogar mit dem Gefühl von rebellischer, »subversiver« Widerspenstigkeit ausstatten – freilich genau in dem Maß, in dem es ihrer Arbeitsfähigkeit sowie ihrer Eingliederung in die gesellschaftlichen Klassenverhältnisse dient: in der Arbeit z. B. ein kleiner Bürohengst, in der Freizeit dafür aber ein wilder, tätowierter Motorradschurke oder tougher Extremsportler. Und unter postfordistischen Bedingungen: einer, der auch beim braven Arbeiten zeigen muss, was er in der Freizeit für schräge Sachen draufhat.

Schließlich verkettet die Theorie der »immateriellen« Arbeit den Begriff der Immaterialität mit denen von Identifizierung und Freiheit. Die Beobachtung, dass unter postfordistischen Bedingungen Beschäftigte sich mit ihrer Tätigkeit in höherem Maß identifizieren können, als es fordistischen Arbeitern möglich war, mag richtig sein. Aber diese Aufhebung von »Entfremdung« sichert ihnen im ökonomischen oder politischen Sinn keinerlei Freiheit. Und die Suggestion, dass Freiheit nur in Form von Immaterialität existieren könnte, ist eine gefährliche Annahme. Solche pauschale Feindlichkeit gegen alles Materielle führt zu einer Verlierermentalität, in der alles Großartige (wie eben die Freiheit) grundsätzlich nur jenseits der Materie – und das heißt: jenseits dieser Welt – angesiedelt wird.[8] Dadurch kann es für ein solches anti-materialistisches Denken niemals ein großartiges Gelingen, sondern immer nur ein großartiges Scheitern geben; so verliebt man sich von vornherein in die eigenen Niederlagen, die man in der Folge auch nicht verfehlen wird.

Das besondere Augenmerk, das die operaistischen Theoretiker auf die Frage richten, ob die Beschäftigten ihre Kreativität in die Arbeit einbringen und sich dadurch mit ihr identifizieren können, entspricht jenem narzisstischen Zeitgeist, der, wie Sennett bemerkt, ständig die bohrende Frage stellt, »was diese Person, dieses Ereignis ›für mich bedeuten‹«. Intimes Erleben ist hier zum »Allzweckmaßstab für die Beurteilung der Wirklichkeit geworden« (Sennett [1974]: 21 f.). Wie auch Grunberger/Dessuant hinsichtlich der anti-materialistischen Position des Narzissmus bemerkt haben, tendiert dieser dazu, nichts zu dulden, was nicht von Bedeutung für das eigene Ich zu sein scheint – also zum Beispiel keine Tätigkeit, mit der man sich nicht in hohem Grad identifizieren kann. Aber zugleich macht diese scheinbar rebellische Natur den Narzissmus völlig wehrlos gegen alles, womit Identifizierung möglich ist – zum Beispiel gegen schlecht bezahlte und prekäre postfordistische Arbeit, in die in hohem Maß eigene schöpferische Fähigkeiten nicht nur eingebracht werden *dürfen*, sondern sogar *müssen*.

Und schließlich, um auf die Frage des Nichtstuns zurückzukommen, tendiert dieser ich-bezogene Weltzugang dazu, gerade jene Praktiken aufzulösen, die am ehesten geeignet sind, dem gesellschaftlichen Arbeitsaufruf zu widerstehen. Denn diese besonderen, arbeitsresistenten Praktiken sind solche, die mit dem Heiligen zu tun haben. Und das Heilige ist zuallererst etwas, das durch seine »schmutzige, unreine« Natur (oder auch durch seine »dreckigen Götter«)[9] und durch seine Materialität jedem narzisstischen Ich zutiefst fremd und zuwider ist. Die Stärkung eines narzisstischen Ich, wie sie in der operaistischen Position zum Ausdruck kommt, wird somit auf die Liquidierung des Heiligen in der Kultur hinarbeiten und dadurch der Entstehung eines verstärkten Arbeitsethos Vorschub leisten.

5. Vorgeschriebenes Nichtstun, erlaubte Arbeit: das Heilige und das Profane

Auf den ersten Blick kann es so scheinen, als ob man im Allgemeinen arbeiten müsste (sofern man überhaupt Gelegenheit dazu hat) und es nur manchmal, in seltenen Momenten, bleiben lassen dürfte. Zum Arbeiten gezwungen, manchmal vielleicht frei zur Nichtarbeit – das ist die Formel eines zur Naturerscheinung stilisierten Arbeitsethos. Kulturtheoretisch ist diese Formel jedoch hochgradig irreführend. Denn in Wahrheit ist es genau umgekehrt: Oft muss man das Arbeiten bleiben lassen. Die Nichtarbeit ist dann nicht bloß erlaubt, sondern vorgeschrieben. Sie stellt eine Pflicht dar, die sofort (termingerecht) erfüllt werden muss. Das gilt nicht nur für jene Gesellschaften, wie sie Sigmund Freud in »Totem und Tabu« beschreibt und an denen uns (wie an jeder fremden Gesellschaft) sofort in erster Linie deren weitgehende Prägung durch zwanghafte rituelle Strukturen auffällt. Selbst in unseren utopielosen Arbeitskulturen gibt es noch kleine, unterschwellige Spuren dieser Pflicht zur Nichtarbeit. Zu bestimmten Zeiten *muss* die Arbeit im Büro unterbrochen werden; dann müssen Sektflaschen geöffnet werden – etwa wenn Silvester ist oder wenn ein bestimmter Kollege Geburtstag hat. Dann wäre es unanständig und *obszön*, zu arbeiten; dann muss vielmehr mit dem Sekt angestoßen werden; und er *muss* getrunken werden, wenigstens in kleinen, »zum Anstoßen« vorgesehenen Mengen – selbst von denen, die keinen Sekt mögen oder nach Vorschrift ihres Arztes keinen Alkohol trinken dürfen. Genauso müssen wohl die Mitglieder einer totemistischen Stammesgemeinschaft an bestimmten Tagen Stücke vom Totemtier verzehren, ob sie wollen oder nicht. An den übrigen Tagen des Jahres hingegen ist ihnen der Genuss dieses Fleisches strikt untersagt; aber ebenso wirkt der Sekt, als typisches »Anlassgetränk«, ja auch in unserer Kultur eigentümlich deplatziert und nahezu unappetitlich, wenn man ihn abseits der Anlässe konsumieren möchte. Man muss die Feste feiern, wie sie fallen – das bedeutet auch, dass man sie sonst eben nicht feiern darf.

Das Fernsehen übt heute, unter der neidvollen Beobachtung der Vertreter der christlichen Religionen,[10] diese Zwänge zur Arbeitsniederlegung wohl am stärksten aus. Insbesondere bei bestimmten Sportereignissen sind Belegschaften und Privatpersonen zum Live-Zusehen verdammt, ob sie wollen oder nicht. Und wenn (etwa bei Olympiaden, die in einem anderen Erdteil stattfinden) die Übertragungen mitten in der Nacht ausgestrahlt werden, dann muss eben mitten in der Nacht ferngesehen werden. Nicht einmal die weitverbreitete Existenz von Videorecordern kann diesem Brauchtum Abbruch tun.

In diesen heute noch auffindbaren, jedoch leicht übersehbaren Spuren von zwanghafter ritueller Resistenz gegen das Arbeiten zeigt sich, was die stärkste Kraft des Widerstands gegen die Zumutungen der Arbeit bildet: Es ist etwas Kultisches,[11] mithin etwas Kulturelles – und keineswegs etwa die angebliche natürliche Trägheit der Menschen, die sogenannte, von Lenin heftigst bekämpfte »Oblomowerei« (s. dazu Mierau, in: Asholt/Fähnders 1991: 210 ff.). Nur eine kulturelle Ressource kann diese notwendige Steigerung herbeiführen: jenes Heilige, das zum Nichtstun zwingt – und das die Arbeit regelrecht obszön (und nicht etwa nur mühevoll) erscheinen lässt.

Dieses Heilige ist übrigens keineswegs Erfindung oder Eigentum der institutionalisierten Religionen. Vielmehr ist es, wie die Beispiele des Fernsehsports oder des Sekttrinkens zeigen, ein populäres, alltagskulturelles, theologieloses, meist ohne Bekenntnis und Programm ausgestattetes Heiliges, das von den Akteuren selbst oft als ein wenig blödsinnig, läppisch oder sogar lästig erachtet wird, aber seltsamerweise gerade deshalb zwingend verrichtet werden muss.

6. Wenn die Arbeit zur heiligen Pflicht wird: Max Weber und Francis Fukuyama

Gerade dieses populäre Heilige, das seine alltäglichen Riten zwingend an jenen Platz setzt, den es der Arbeit damit versperrt, ist von den verschiedenen Kulturen (ebenso wie von deren Religionen) in sehr unterschiedlicher Weise behandelt worden. Das wird an ihrem Verhältnis zum Müßiggang deutlich – insbesondere an ihrem Verhältnis zum Müßiggang als Utopie.

Solange der Müßiggang für eine Kultur – und sei es nur in der Vorstellung – das ersehnte Andere der Arbeit bildet, findet sich das Heilige dieser Kultur im Gegensatz zur Arbeit. Damit das süße Nichtstun hingegen sich in eine Angstvorstellung verwandelt, die im Imaginären dieser Kultur keinen Platz mehr einnehmen kann, muss das Heilige seine Stellung gegenüber der Arbeit verändert haben. Es muss, statt das Andere der Arbeit zu bilden, zur Arbeit selbst geworden sein. Wenn die Arbeit selbst heilig geworden ist, dann ist für das Nichtstun, ebenso wie für seine Vorstellung, nur noch ein völlig »gottverlassener« Ort übrig (in dem Sinn, in dem man zum Beispiel ein Dorf auf dem Land, wo es keinen schönen Dorfplatz und nicht einmal ein Kino gibt, einen »gottverlassenen« Ort nennt).

Max Weber hat diesen Ortswechsel des Heiligen – seine Verwandlung vom Anderen der Arbeit in die Arbeit selbst – am Beispiel des calvinistischen Protestantismus präzise nachgezeichnet und den Zusammenhang seiner Konsequenzen analysiert (s. Weber [1905]). Zum hundertsten Jahrestag der Veröffentlichung von Webers klassischem Text hat ihn der Vordenker der amerikanischen Rechten Francis Fukuyama gefeiert – in einem Artikel mit dem programmatischen Titel »The Calvinist Manifesto« (Fukuyama 2005).

Fukuyama zeigt unverhohlen seine Faszination durch einen Theoretiker, der durch seine These von der religiösen Bedingtheit einer ökonomischen Entwicklung den Materialisten Marx von den Füßen auf den Kopf zu stellen scheint – und der überdies geeignet erscheinen kann, den Kapitalismus US-amerikanischer Prägung als einzigartige Kulturentwicklung zu glorifizieren und dessen imperialistische Absichten als welthistorische Mission, insbesondere gegenüber Kulturen mit anderer Religion, zu legitimieren.

Immerhin ist Fukuyama hellsichtig genug, die Schwäche Webers gerade in diesen beiden Punkten – in seinem »Anti-Marxismus« sowie in seiner Eignung als »US-Legitimator« – zu erkennen und einzugestehen: Webers »anti-marxistische« Annahme einer religiösökonomischen Kausalität ist angesichts der Komplexität der Entstehungsbedingungen von Produktionsweisen selbst in Fukuyamas Augen nicht zu halten. Und anders als Weber annahm, können auch andere Religionen (wie z.B. Taoismus und Buddhismus) eine kapitalistische Ökonomie mit entsprechendem, vielleicht sogar noch rigoroserem Arbeitsethos hervorbringen bzw. begleiten.

Und noch eine dritte mögliche US-Erwartung wird durch Weber enttäuscht: Gerade die unter den derzeitigen Krisenbedingungen boomende, aggressive neue US-amerikanische protestantische Religiösität findet bei Weber keine Stütze. Denn Weber betonte, dass der Protestantismus bei der Entstehung eines kapitalistischen Arbeitsethos die Rolle eines verschwindenden Vermittlers einnimmt: so notwendig er am Anfang dieser Entwicklung gewesen sein mag, so sehr muss sich der Protestantismus, Weber zufolge, aus dieser Entwicklung zugunsten eines aufgeklärten, völlig profanisierten Arbeitsethos zurückziehen – dies lässt die neuen religiösen protestantischen Fundamentalismen, die sich derzeit der neoliberalen Politik so willfährig andienen, durch Webers Theorie nicht nur nicht gerechtfertigt, sondern sogar als hinderliche Anachronismen erscheinen.

Und was schließlich das protestantische Ethos und den von ihm angeblich hervorgerufenen kapitalistischen Geist betrifft, ist gerade Weber weit davon entfernt, darin eine hervorragende kulturelle Errungenschaft zu erblicken. Dementsprechend schreibt Weber diesen »Geist« fast immer unter Anführungszeichen.

7. Das Nichts als Gipfel des Menschentums

Das Charakteristische dieses vom protestantischen Ethos hervorgerufenen kapitalistischen »Geistes« besteht, Weber zufolge, darin,
dass die Arbeit im Verhältnis zum Heiligen ihren Platz wechselt.
Anstatt das zu sein, *wovon* die Menschen leben, wird sie zu dem,
wofür sie leben – ein Selbstzweck. Arbeit wird damit zum »Beruf«,
das heißt: zur Berufung, zur Mission, zum Lebensinhalt (s. Weber
[1905]: 171; 163). Die bis dahin als weltabgewandte religiöse Praxis
betriebenen Formen der Enthaltsamkeit verwandeln sich damit in
eine innerweltliche Tätigkeit – in »innerweltliche Askese«.

Jenes Erwerbsstreben, das in früheren Kulturen in der Form der
Habgier existierte und dementsprechend als niedriges Motiv gewertet wurde, erscheint nunmehr als eine hoch respektable, heilige
Pflicht. Erstmals, so Weber, entsteht dadurch eine Lebenshaltung,
die der Arbeit eine ethische Dimension zuspricht – ein vom Pflicht-
gedanken geprägtes Arbeitsethos. Obwohl Weber die damit ver-
bundene kulturelle Umwertung bemerkt und erkennt, dass damit in
»perverser« Weise etwas bislang Schändliches in ein kulturelles Ideal
verwandelt wird (s. Weber [1905]: 55), und obwohl ihm Nietzsches
Analyse dieses Ethos als einer von Neid und Rache gekennzeichne-
ten »Ressentimentkultur« bekannt ist (s. ebd.: 241), vermag Weber
dieser Pflicht dennoch nicht zu misstrauen. Es gelingt ihm nicht,
diese Pflicht anders zu lesen, als sie sich selbst begreift. Als guter
Kantianer scheint Weber außerstande, im Pflichtbewusstsein etwas
anderes zu sehen als eine hohe sittliche Qualifikation. Die verdächtigen Besonderheiten ebendieser Pflicht – die niemandem nützt und
nur den Ausübenden das Gefühl »eigener Vollkommenheit« verschafft (wobei sie nichts anderes tun, als den bisherigen Neigungen
weiter nachzugeben; nun allerdings mit dem Gefühl der Selbstüber-
windung, bei verringerter manifester Lust) – erscheinen Weber nicht
kritikwürdig und mit theoretischen Mitteln analysierbar.

Allerdings macht Weber sich über die Tatsache lustig, dass dieses
Arbeitsethos, ähnlich wie die Besen von Goethes Zauberlehrling,
zum Herrn seiner ehemaligen calvinistischen Herren wird und sich
Letztere als seine Sklaven unterwirft. So schreibt Weber:

»Nur wie ›ein dünner Mantel, den man jederzeit abwerfen könnte‹, sollte nach [Richard] Baxters Ansicht die Sorge um die äußeren Güter um die Schultern seiner Heiligen liegen. Aber aus dem Mantel ließ das Verhängnis ein stahlhartes Gehäuse werden. Indem die Askese die Welt umzubauen und in der Welt sich auszuwirken unternahm, gewannen die äußeren Güter zunehmende und schließlich unentrinnbare Macht über den Menschen, wie niemals zuvor in der Geschichte.« (Weber [1905]: 203 f.)

Anders als Kant, der im pflichtgemäßen Handeln das genuine Betätigungsfeld menschlicher Freiheit erblickte, erkennt Weber, dass gerade in diesem Feld sich eine bis dahin ungeahnte Unterworfenheit des Menschen abzeichnet – und zwar noch dazu unter die von der Pflichtethik wenigstens theoretisch so sehr verachteten »äußeren Güter«. Weber liefert damit – weit mehr als Marx mit seinem analogen Befund im Fetischkapitel des »Kapital« – eine sehr präzise immanente Kritik der Kant'schen Pflichtethik.

Aus der theoretischen Sympathie für das Arbeitsethos entwickelt sich bei Weber eine hellsichtige Kritik – und mitunter sogar eine lautstarke Beschimpfung (wenn auch unter dem Schutzschild fremder Zitate). Für das »stahlharte Gehäuse« der Moderne, in dem sich Fukuyama so wohlfühlt, sowie für dessen Propagandisten findet Weber die folgenden starken Worte:

»Niemand weiß noch, wer künftig in jenem Gebäude wohnen wird und ob am Ende dieser ungeheuren Entwicklung ganz neue Propheten oder eine mächtige Wiedergeburt alter Gedanken und Ideale stehen werden, oder aber – wenn keins von beiden – mechanisierte Versteinerung, mit einer Art von krampfhaftem Sich-wichtig-nehmen verbrämt. Dann allerdings könnte für die ›letzten Menschen‹ dieser Kulturentwicklung das Wort zur Wahrheit werden: ›Fachmenschen ohne Geist, Genußmenschen ohne Herz: dies Nichts bildet sich ein, eine nie vorher erreichte Stufe des Menschentums erstiegen zu haben.‹ –« (Weber [1905]: 204)

Keineswegs wertfrei beobachtend, sondern mit deutlichem Abscheu kommentiert Weber auch das aus dem Arbeitsethos hervorgehende »Banausentum« der Puritaner in Bezug auf die Kultur und die schönen Künste (Weber, ebd.: 184). Er zeigt, wie die protestantische (und später von der Aufklärung betriebene) »Entzauberung der Welt« alles hinwegfegt, was ihr der Magie verdächtig erscheint. Darin beseitigt der Puritanismus nicht allein die Sakramente und prunkvollen Zeremonien der christlichen Religion, sondern überhaupt alles, was symbolischen Charakter hat und demnach als nutzlos erscheint: auch diejenigen Dinge, die – wie zum Beispiel der »chevalreske Prunk« – mit äußerer Erscheinung und Illusion zu tun haben, und damit letztlich alles, was das Leben glamourös, charmant und »zauberhaft« erscheinen lässt und in der Kultur Freude macht.

8. Arbeitsbienen und Luxusbienen

Die präzise Erwiderung auf Max Webers These, wonach das protestantische Arbeitsethos die Ursache für die Entstehung des Kapitalismus gewesen sei, wurde – entsprechend der von Louis Althusser formulierten Idee, dass in der Philosophie mitunter die materialistische Kritik lange vor ihrem Gegenstand auftritt[12] – genau 200 Jahre vor Webers Text formuliert: sie findet sich in Bernard de Mandevilles 1705 erstmals veröffentlichtem Lehrgedicht »Die Bienenfabel« (»The Fable of the Bees, or Private Vices, Publick Benefits«), auf die oben bereits verwiesen worden ist.

Zum Glück, schreibt Mandeville darin, gibt es Ungerechtigkeit, Habgier, Betrug, Korruption, Bestechlichkeit etc. Denn anders könnte eine große, moderne Gesellschaft nicht blühen. Gesetzt den Fall, die Götter hätten eine solche Gesellschaft, wie sie es selbst manchmal heuchelnd wünschen mag, mit Ehrlichkeit und Anstand versehen: sie würde binnen kürzester Zeit zugrunde gehen. Wenn die Schurken (»knaves«) einmal ehrlich und anständig geworden sind, dann ist mit der Prosperität Schluss. Wer Ehrlichkeit und Anstand haben will, der muss bereit sein, auf die Annehmlichkeiten ei-

ner großen Gesellschaft zu verzichten, und sich in einer primitiven Dorfgemeinschaft von Eicheln ernähren:
»Bare Virtue can't make Nations live
In Splendor; they, that would revive
A Golden Age, must be as free,
For Acorns, as for Honesty«
(Mandeville [1705]: 79)

Aus Mandevilles Perspektive erscheint Webers Theorie somit nicht so sehr falsch als vielmehr verkehrt: das, was Weber für eine Erklärung hält, wäre für Mandeville vielmehr das Rätsel. Zu erklären wäre nicht, inwiefern der Kapitalismus dank des protestantischen Geistes zustande kam, sondern vielmehr, wieso er sich trotz dieses Geistes überhaupt entwickeln konnte. Wenn wirklich durch den Protestantismus der Verschwendung, der Korruption und dem Betrug ein Ende gemacht worden wäre, dann müsste man erklären, wieso der Kapitalismus nicht an dieser Beseitigung seiner wichtigsten Stützen zugrunde ging.

Francis Fukuyama zum Beispiel zeigt sich vom protestantischen Geist und dessen Weberianischem Selbstverständnis angetan, wenn er auf das Nord-Süd-Gefälle hinsichtlich der Korruption in der Europäischen Union hinweist. Erst die Intervention der protestantischen Skandinavier hätte, so Fukuyama, der Korruption innerhalb der EU unter französischer (d. h. nach Fukuyama: katholischer) Führung 1999 ein abruptes Ende bereitet. – Abermals müsste man sich hier nach Mandeville fragen, inwiefern das der EU gutgetan haben könnte: inwiefern könnte im Ende der Korruption nicht nur eine moralische Verbesserung, sondern auch ein wirtschaftlicher Gewinn liegen?

Mandevilles Erklärung dieses Paradoxons würde wohl lauten, dass die »honesty« des protestantischen Geistes und dessen Pflichtethik eben etwas ganz anderes sind als das, wofür sie sich selbst halten. Findet sich denn hinter diesem ethischen Verhalten nicht immer ein Element des Stolzes – eines Stolzes, der sich gerade durch die Dezenz seiner Äußerung noch in ungeahntem Maß steigern lässt (s. Mandeville [1705]: 106)? Ist folglich die nach außen getragene Bescheidenheit nicht eine noch viel massivere Anmaßung, als es der billige chevalreske Prunk jemals gewesen war? Und ist somit das Pflichtgefühl nicht bloß eine infame, verlogene Bemäntelung rücksichtslosester Verfolgung egoistischer Interessen? Sind also die »fools« des reinen protestantischen Gewissens in Wahrheit nicht viel hinterhältigere »knaves«, als es die »knaves« je fertigbrachten?

Unter dieser Perspektive würde Mandeville wohl auch das von Fukuyama angesprochene Verschwinden der Korruption aus der EU betrachten. Wenn in der EU vor 1999 anscheinend Gelder in finsteren Kanälen verschwanden – wohin fließen sie denn jetzt? Wohl in die massiven bürokratischen Apparate, die durch Kontrolle, Monitoring und Evaluierung das unkontrollierte Verschwinden der Gelder verhindern sollen. Eine gewaltige Apparatur aus nicht enden wollenden, unüberschaubaren Antragsprozeduren hat die einstige Willkür ersetzt. Die früheren heimlichen, illegalen Günstlinge der Korruption sind nun durch weitaus zahlreichere, legale Begünstigte ersetzt worden, die noch mehr Geld verschlingen, indem sie die Korruption bekämpfen.

Aus Mandevilles Sicht wäre das Paradoxon damit gelöst: das Auftreten der protestantischen »honesty« hat der Prosperität in der EU nur deshalb nicht geschadet, weil diese honesty eben etwas ganz anderes ist als das, wofür sie sich selbst hält und ausgibt; weil die bürokratische Kontrolle des Verschwindens von Geldern selbst ein noch weitaus umfassenderes Verschwinden ebendieser Gelder möglich macht; weil die korrekte Wirtschaft eben noch viel mehr Bürokraten ernährt, als die korrupte Wirtschaft an Günstlingen versorgen konnte.

9. Arbeit macht Arbeit

Durch das massive Anwachsen bürokratischer Apparate unter den Bedingungen der »honesty« wird Arbeit in immer höherem Maß durch das Aufzeichnen von Arbeit begleitet. Weil sich beides aber aus denselben Ressourcen speist, geht dies auf Kosten der Arbeiter; sie werden zunehmend durch Aufzeichner verdrängt. In sämtlichen

Unternehmen werden Produzierende also ersetzt durch Leute, die über das Produzieren berichten: durch PR-Leute, Juristen, Evaluierungsspezialisten etc. Anders als die produktive Arbeit aber hat die berichtende nie ein Ende: denn jeder Bürokrat macht mindestens einen weiteren Bürokraten notwendig, der seine Berichte liest, und jede PR-Lady, die ein Produkt bekannt macht, erobert damit ein Stück öffentlicher Aufmerksamkeit, die eben dadurch immer knapper wird und darum von immer mehr gegnerischen PR-Ladies unter immer größeren Anstrengungen wieder zurückerobert werden muss. Mandeville hat dafür treffende Worte:
»Millions endeavouring to supply
Each other's Lust and Vanity;
While other Millions were employ'd,
To see their Handy-works destroy'd«
(Mandeville [1705]: 68)

Erst für diesen Typ von parasitärer Arbeit gilt das, was ein Anarcho-Spruch auf deutschen T-Shirts behauptet: »Arbeit macht Arbeit«. Insofern diese parasitäre »Sozius-Arbeit« (im Sinn von Deleuze/Guattari) nie ein Ende hat und insofern sie sich anderer Arbeit entgegensetzt, kann sie auch als negative Arbeit, als Nichtstun im emphatischen Sinn, als Vernichtung und Annihilierung von Arbeit, mithin als luxuriöse Konsumtion begriffen werden. Die Agenten dieser Entwicklung hatte Weber als jenes »Nichts« bezeichnet, das sich für den Gipfel des Menschentums hält. Dieses Nichts bringt also einen Exzess des Nichtstuns hervor – allerdings in der verhohlenen Form der Betriebsamkeit.

Unter diesem Blickwinkel wird klarer, weshalb der Müßiggang derzeit nicht einmal mehr als Utopie existieren kann: denn diese Betriebsamkeit ist selbst ein gigantischer Müßiggang, ein gesteigertes Nichtstun, ein Nichtstun auf »erweiterter Stufenleiter«, das jedes einfache Nichtstun mit gleicher Notwendigkeit zum Verschwinden bringt wie der Autobus die Postkutsche. Diese Realität ist selbst eine Utopie; eine nie geahnte, gesteigerte Utopie des Nichtstuns, die jeden Gedanken an das bloße Nichtstun als eine naive und unschuldige, viel zu bescheiden gefasste Utopie verschämt erröten lässt.

11. Gegen die Diffamierung der Beute
Zur Aktualität der Theorie Wilhelm Reichs

Für einen ersten, oberflächlichen Blick kann es sehr leicht scheinen, als ob die Theorie Wilhelm Reichs heute in mehrfacher Weise inaktuell, ja geradezu hoffnungslos obsolet und entbehrlich geworden wäre: überholt durch die Kritik Michel Foucaults, der ihr vorwarf, eine naive und vereinfachte, bloß repressive Auffassung der Macht zu vertreten (wohingegen die Macht seit der Moderne doch in Wahrheit viel mehr durch Anreize und Verlockungen als durch Unterdrückungen und Verbote operiere); und ebenso überholt durch eine gesellschaftliche Entwicklung, in der eine umfassende Liberalisierung in sexuellen Angelegenheiten stattgefunden hat, die als Einlösung sämtlicher von Reich erhobener Forderungen betrachtet werden könnte. Allerdings hat sich – scheinbar im Gegensatz zu Reichs Grundannahmen – gezeigt, dass diese sexuelle Liberalisierung nicht notwendigerweise auch eine politische Befreiung ist. Denn in der sexuell scheinbar befreiten Epoche neoliberaler Kapitalherrschaft schwinden politische Gestaltungs- und Kontrollmöglichkeiten hurtig dahin; aufmerksame Beobachter wie Peter Sloterdijk oder Slavoj Žižek erkennen Tendenzen zu einer »postdemokratischen Verbotsgesellschaft« sowie die umstandslose Aufgabe von bisher für unhintergehbar gehaltenen Zivilisationsstandards – zum Beispiel bei der nunmehr offen eingestandenen Anwendung von Folter in westlichen Gesellschaften.

Zudem zeigt sich in westlichen Gesellschaften nach der »sexuellen Befreiung« ein massiver Schwund des Begehrens.[1] Entgegen Reichs Forderung nach einer Befreiung der Sexualität von ihrer Unterdrückung scheint diese Entwicklung zu beweisen, dass die Sexualität, wie bereits der Apostel Paulus meinte,[2] mit ihrer Unterdrückung korrelativ ist: demnach reizt nur das Verbotene; ohne Verbot kein Begehren, es zu übertreten, so jedenfalls die dem Common Sense allzu geläufige Annahme. Das heute beobachtbare Wegfallen des Begehrens nach der Beseitigung vieler Verbote scheint diese Annahme zu bestätigen. Wenn man Sexualität will, dann müsste man demnach die Verbote bejahen, anstatt, wie Reich, für deren Beseitigung zu kämpfen. Im Sinn einer »Dialektik der Endlichkeit« hätte man anzuerkennen, dass das, was zunächst als Schranke und Hindernis erscheint, in Wahrheit die Existenzbedingung des Beschränkten und Behinderten ist. Jede »sexuelle Revolution« dagegen müsste demnach notwendig auf eine nachrevolutionäre Asexualität hinauslaufen.

Auch wenn die Argumente (ähnlich wie beim Freud'schen »Kesselargument«) kaum miteinander vereinbar sind: irgendetwas scheint immer gegen Reich zu sprechen. Entweder wurde die Sexualität gar nicht unterdrückt, oder aber sie kann ohne ihre Unterdrückung nicht existieren. Während Reichs Überlegungen jedenfalls eine Sexualität zum Thema hatten, die vieles wollte, aber so gut wie gar nichts durfte, sehen wir uns heute mit dem Paradoxon einer weitverbreiteten »Postsexualität« konfrontiert, die vieles darf (und mit Vorbildern dazu überfüttert wird), aber so gut wie nichts mehr will. Unter solchen Bedingungen mag ein Theoretiker, der die Sexualität gegen ihre Unterdrückung schützen möchte, vielleicht in ähnlicher Weise tragikomisch deplatziert erscheinen wie ein Eskimojäger auf Stadtbesuch, der meint, die Menschen schützen und seine Waffe ausgerechnet auf jenen Eisbären richten zu müssen, den die Städter längst liebevoll und nostalgisch im Zoo besuchen.

Auf theoretischer Ebene steht diesem erdrückenden Anschein immerhin in auffälliger Weise eine Bemerkung von Theoretikern gegenüber, die derselben Generation und derselben philosophischen Schule angehören wie Michel Foucault. Gilles Deleuze und Félix Guattari schreiben in ihrem »Anti-Ödipus«:

»So bleibt die grundlegende Frage der politischen Philosophie immer noch jene, die Spinoza zu stellen wußte (und die Reich wiederentdeckt hat): Warum kämpfen die Menschen für ihre Knechtschaft, als ginge es um ihr Heil? Was veranlaßt einen zu schreien: Noch mehr Steuern! Noch weniger Brot!« (Deleuze/ Guattari 1977: 39)[3]

Wie verhält sich also der Wilhelm Reich von Deleuze/Guattari zu dem von Foucault? In welcher Beziehung steht Reichs Wiederentdeckung der »grundlegenden Frage« politischer Philosophie zu dem von Foucault konstatierten Defizit? Und wie lässt sich das Verhältnis einer kritischen Theorie zu einer Realität begreifen, die sich selbst gern als Einlösung aller Forderungen beziehungsweise sogar als Kritik und Überwindung ebendieser Theorie ausgibt?

1. Repressionshypothese? Foucaults Missverständnis

Michel Foucaults Studien zur Geschichte der Sexualität beginnen mit einer fundamentalen Kritik an der Position Wilhelm Reichs. Foucault wirft Reich vor, eine »Repressionshypothese« vertreten zu haben: Nach Reichs Auffassung werde die Sexualität (samt dem Reden über sie) im Kapitalismus unterdrückt; im Kampf gegen diesen gelte es, jene wieder freizusetzen. Dagegen betont Foucault,

»daß der Sex nicht unterdrückt wird oder besser, daß er nicht über die Unterdrückung an die Macht gebunden ist« (Foucault 1983: 17)[4]

Reich habe eine zu simple, bloß repressive Auffassung der Macht vertreten. Die Macht aber, stellt Foucault fest, unterdrückt nicht nur, sondern sie schafft auch Anreize:

»Denn wenn die Macht nur Unterdrückungsfunktionen wahrnähme, wenn sie nur noch auf die Weise der Zensur, des Ausschließens, des Absperrens, der Verdrängung, in der Art eines großen Über-Ichs arbeitete, wenn sie nur auf negative Art ausgeübt würde, wäre sie sehr zerbrechlich. Wenn sie stark ist, dann deshalb, weil sie auf der Ebene des Begehrens positive Wirkungen produziert [...]« (Foucault 1976, S. 109)

Foucaults Kritik an Reich besagt also, dass die Macht nicht bloß als negative, Aktivitäten verbietende Kraft gedacht werden darf, da sie vielmehr auch motiviert und die Individuen zur Aktivität treibt und sie mit Hilfe von Freude involviert. Dies habe Reich übersehen.

Es ist auffällig, wie wenig dieser Kritik Foucaults an Reich widersprochen worden ist. Zwar hat Foucaults Befund reichlich Zustimmung und Rezitation gefunden, aber es ist kaum bemerkt worden, wie sehr seine Kritik ihr Ziel, die Position Reichs, verfehlt. Denn was Reich betont hat, war gerade der Umstand, dass die Macht in Bezug auf die Sexualität etwas produziert – oder, wie Reich sagt, etwas »schafft«:

> »Die Sexualverdrängung stärkt die politische Reaktion nicht nur durch den beschriebenen Vorgang, der die Massenindividuen passiv und unpolitisch macht; sie schafft in der Struktur des Menschen eine sekundäre Kraft, ein künstliches Interesse, das die autoritäre Ordnung auch aktiv unterstützt.« (Reich 1986: 50)

Reich vertritt also keine »negative« Auffassung der Macht. Vielmehr sieht er in ihrer »produktiven« Fähigkeit, sexuelle Interessen der Individuen anzusprechen, sie umzulenken und in Dienst zu nehmen, ihre entscheidende politische Kraft. Indem die Macht politisch in die sexuellen Verhältnisse der Individuen eingreift, erreicht sie, Reich zufolge, dass die Individuen sich ihrerseits sexuell auf die politischen Verhältnisse beziehen. Mit Hilfe von umgeleiteter sexueller Energie bringt die Macht die Individuen dazu, spontan und von sich aus sogar jene Tendenzen zu bejahen und zu bejubeln, die sich gegen ihre elementaren Lebensinteressen richten:

> »Die Sexualhemmung verändert den wirtschaftlich unterdrückten Menschen strukturell derart, daß er gegen sein materielles Interesse handelt, fühlt und denkt.« (Reich 1986: 51)

Die Sexualität wird also nach Reichs Auffassung nicht in dem Sinn gehemmt oder unterdrückt, dass sie zum Beispiel in einer autoritären Gesellschaft weniger vorhanden wäre als in einer selbstbestimmten. *Vielmehr ist die Sexualität*, wie Reich (der Freud in dieser Hinsicht treuer blieb, als diesem lieb war) festhält, *immer da*; nur nicht immer in derselben Form. Denn gemäß Freuds Annahme von der »Plastizität« der Sexualtriebe bleibt die Menge der vorhandenen Libido innerhalb ein und desselben psychischen Apparats immer gleich, nur ihre Gestalt lässt sich verändern – sie kann auch

Formen annehmen, die in der Umgangssprache und im Common Sense, dem die Psychoanalyse widersprochen hat, nicht als sexuell begriffen werden: als infantile Sexualität, als perverse oder auch als Sexualität des neurotischen Symptoms.[5] In Bezug auf das politische Feld bedeutet das Reich zufolge: Entweder die Sexualität kann sich im geläufigen, umgangssprachlichen Sinn entfalten, oder aber sie entfaltet sich als Bejahung von Klassenverhältnissen. Entweder hat man es also mit einer von Macht freien Sexualität zu tun; oder aber mit einer von Sexualität besetzten Macht.[6]

So weit ist Reich ein Verbündeter Foucaults – und nicht wie dieser (so wie viele Anhänger beider Autoren) fälschlich annahm, dessen Widersacher. Erst ausgehend von dieser Übereinstimmung aber lässt sich der entscheidende Unterschied zwischen Reich und Foucault erkennen – und damit jenes theoretische Moment, das Reich gegenüber Foucault voraus hat. Gerade ausgehend von der Erkenntnis der positiven, produktiven Natur der Macht weigert Reich sich nämlich, die naheliegende Schlussfolgerung aus Foucaults Theorie zu ziehen, dass es an der Sexualität nichts zu befreien gäbe. Reichs Forderung nach einer »sexuellen Revolution« muss in diesem präzisen Sinn verstanden werden: *dass es nicht nur in einer repressiven Macht, sondern gerade auch in einer Macht, die als produktiv begriffen werden muss, etwas an der Sexualität zu befreien gibt.* Innerhalb einer produktiven Macht muss die Sexualität aus jenen positiven, gesellschaftlich geprägten Formen von Affektorganisation befreit werden, die dazu führen, dass die Geschädigten einer bestimmten Politik ihre eigene Schädigung nicht nur hinnehmen, sondern sie sogar noch aktiv bejahen und betreiben.

2. Die Lust in der Unlust.
Die trübsinnigen Leidenschaften
und die Theorie der »Schere«

Wie Deleuze und Guattari erkannt haben, nimmt Reich mit seiner Idee, dass es eine aktive Unterstützung der Unterdrückten gegenüber ihrer eigenen Unterdrückung gibt, eine außergewöhnliche

Stellung innerhalb der politischen Theorie ein. Andere Theoretiker wie Etienne de LaBoetie oder Immanuel Kant hatten, wenn sie von »freiwilliger Knechtschaft« oder »selbstverschuldeter Unmündigkeit« der Menschen sprachen, darunter lediglich verstanden, dass die Menschen es aus Faulheit oder Feigheit verabsäumen, sich ihre Freiheit, deren sie doch fähig wären, auch zu nehmen. Reich aber fasst die »freiwillige Knechtschaft« als etwas Aktives auf, nicht nur als etwas Passives: nicht bloß als einen mangelnden Gebrauch von Freiheit, sondern vielmehr als *vollen Einsatz dessen, was von den Individuen als ihr freier Wille erfahren wird, zugunsten ihrer eigenen Unterdrückung.* Sie dulden sie nicht nur, sondern sie setzen sich sogar noch spontan und eifrig dafür ein und erleben diesen Einsatz mit dem Gefühl der Befreiung. Nur Spinoza hatte, wie gesehen, eine solche Auffassung von der trügerischen Freiheit vertreten und in seinem theologisch-politischen Traktat die Frage gestellt, auf die Deleuze und Guattari sich beziehen: »Warum kämpfen die Menschen für ihre Knechtschaft, als wäre sie ein Glück?« (Spinoza 1967: 10). Reich spricht diesbezüglich von einer »Schere« zwischen einer ökonomischen Entwicklung, die Widerstand erwarten ließe, und der ideologischen Reaktion breiter Bevölkerungsschichten, die sich überraschenderweise, der Erwartung ganz entgegengesetzt, in Form von Unterstützung gegenüber dieser Entwicklung äußert (Reich 1986: 31). Dass diese »Schere« nicht allein in der Zeit des aufkommenden Nationalsozialismus wirksam war, in der Reich sie erkannte, sondern auch heute auftritt, lässt sich an zahlreichen Phänomenen der neoliberalen Politik seit den 80er-Jahren in Europa beobachten: immer wieder wurden diejenigen, die offen Kürzungen im Sozialsystem ankündigten, genau von denjenigen gewählt, die unter den Kürzungen zu leiden hatten.

Unter den Bedingungen der »Schere« kommt es zu einer merkwürdigen Verkehrung: Die Beschwerlichkeiten der rechten Politik verwandeln sich in Attraktionen. Schwächen werden zu Stärken, Nachteile zu Vorteilen. Und die Bevölkerung scheint gleichsam »Jenseits des Lustprinzips« zu agieren. Nicht, dass sie sich durch nichts aus der Ruhe bringen ließe. Aber die Unruhe nimmt regelmäßig die verkehrte Form an. Die Bevölkerung empört sich – und sie empört sich auch in dem zu erwartenden Ausmaß –, aber nicht gegen die Ursachen der Empörung, sondern gegen das, was diese Ursachen beseitigen könnte. Die Wut verdreht sich in Begeisterung, oder aber sie bleibt Wut und richtet sich gegen die Falschen. Die Schere besteht in einer Umkehrung der Affekte: diese erheben sich quantitativ, in ihrer Stärke, entsprechend zu bestimmten Interessen, aber sie wenden sich qualitativ, in ihrer Ausrichtung, gegen diese Interessen.

Wieso aber können Menschen dazu gebracht werden, gegen ihre eigenen Interessen zu agieren? Welcher subjektive Faktor ist hier wirksam und führt zu dieser Umlenkung der Reaktionen auf die objektive Situation? – Gestützt auf die Psychoanalyse Sigmund Freuds war Reich in der Lage, dieses Paradoxon zu erklären. Seine Lösung lautet: *Es gibt einen Gewinn im Verzicht selbst. Die Unlust des Verzichts ist eine verkleidete Lust.* Es gibt ein Genießen, das zwar als unlustvoll erlebt wird, aber dennoch von den Leuten verteidigt wird, als wäre es ein kostbarer Schatz. Weil sie dieses Genießen nicht preisgeben wollen, kämpfen sie für ihr Unglück.

Auch Spinoza hatte diese Art verkleideter Lust in der offenkundigen Unlust erkannt und sie als »trübsinnige Leidenschaft« bezeichnet. Freuds Begriff für diese unlustvolle Art der Lust-Unterbringung lautet »Neurose«. Die Minimaldefinition der Neurose wäre darum: *Genießen, ohne es zu bemerken.* Das Entscheidende von Freuds Entdeckung des Unbewussten besteht ja nicht allein darin, gezeigt zu haben, dass wir Gedanken haben, ohne uns ihrer bewusst zu sein, sondern vor allem auch darin, vorgeführt zu haben, *dass wir Lustgefühle haben, ohne sie als lustvoll zu empfinden.* Es gibt eigenartige, verkleidete Lustgefühle, die den unverkleideten genau ähneln – man regt sich sehr auf, wie bei der sexuellen Erregung, aber man hat nur Fieber; man stöhnt vielleicht auch, aber nicht lustvoll, sondern eben aus Schmerz. Diese als Unlust erfahrene Erscheinungsform der Lust bezeichnet Freud als »neurotische Unlust«.[7] Im neurotischen Symptom, auch wenn es von den Neurotikern als noch so unlustvoll erlebt wird, steckt ein unbewusstes Genießen. Das zeigt sich am deutlichsten dann, wenn sie dem Versuch, sie von ihrem Symptom zu heilen, in der analytischen Kur Widerstand entgegensetzen.

Dieses Genießen, das sich in der »Schere« als Begeisterung für die eigene Unterdrückung äußert, erklärte Reich als einen Effekt der kulturellen Einwirkung auf die Sexualität. Er blieb dabei in seinen Grundannahmen der Sexualtheorie des jungen Freud treu: Wenn die genitale Sexualität der Menschen kulturell beeinträchtigt wird, verliert sie, Freud zufolge, ihre Fähigkeit, die frühkindlichen, polymorph-perversen Anteile unter dem Genitalprimat zu versammeln und in dessen Dienst zufriedenzustellen. Auch der gestaute Hauptstrom genitaler Libido selbst flutet dann, gemäß Freuds »hydraulischer« Konzeption, zurück in die früheren Seitenarme der Partialtriebe. Diese Überflutung von Kanälen, die keine adäquate Abfuhr ermöglichen, führt zu Neurose oder Perversion. Aus diesem Konzept Freuds erklärte Reich die gesellschaftliche Funktion der Sexualunterdrückung: Die dank der kulturellen Hemmungen neurotisch oder pervers gewordene Sexualität äußert sich als Bedürfnis nach Autorität und als neurotisches Genießen der eigenen Unterwerfung. Darum erblickte Reich in einer auf die kulturelle Ermöglichung und Wiederherstellung des Genitalprimats gerichteten Sexualpolitik eine entscheidende Waffe gegen die Produktion trübsinniger, reaktionärer Leidenschaften. An die Stelle einer der politischen Unterdrückung dienlichen Affektproduktion sollte mit Hilfe der Sexualpolitik eine andere, befreiende Produktion von Affekten gesetzt werden.

Eine nicht unbeträchtliche Leistung Reichs besteht darin, die Ideologie, die zur »Schere« führt, nicht als Propagandalüge oder nichtige Einbildung, sondern als Affektorganisation aufgefasst zu haben. Denn so eingebildet die Vorstellungen der Ideologie auch sein mögen (z.B. »die Juden« oder »die Ausländer«), so real sind doch die darin untergebrachten Affekte. Wie Freud (den Traumforscher Silberer zitierend) bemerkte: wenn jemand zum Beispiel in der Nacht von Räubern träumt und sich fürchtet, dann sind die Räuber zwar geträumt, aber die Furcht ist echt. Mit ihr muss man dann umgehen und ihr einen Ausweg ermöglichen. Solange hingegen den Affekten keine andere Betätigungsmöglichkeit und keine andere ideologische Organisationsform geboten wird, wird auch alle Kritik der Vorstellungen, an die sie sich heften, erfolglos bleiben.

3. Der postsexuelle Beuteverzicht

Eine kaum theoretisch formulierte, wohl aber gelebte Kritik an Reichs Theorie besteht heute in dem epidemischen, inzwischen mehr als eine Generation betreffenden Gefühl der »Postsexualität«. Gigantische Langeweile und Lustlosigkeit scheinen das nunmehr »befreite« Terrain des Liebeslebens erfasst zu haben. Scharen von Individuen in westlichen Wohlstandsgesellschaften erleben sich gegenwärtig als weitgehend asexuell; wenigstens überbieten sie einander in entsprechenden Beteuerungen. Fast scheinen sie sich darüber zu wundern, dass es – wie aus Zeugnissen aus Film, Kunst, Literatur etc. doch abzulesen ist – überhaupt einmal so etwas wie Begehren gegeben haben muss. Neue klinische Terminologien wie der Begriff »LSD« (Low Sexual Desire) mussten entwickelt werden, um diesen Realitäten (bzw. dem, was sich dafür ausgibt) Rechnung zu tragen.

Flankiert wird diese »Null-Bock«-Mentalität von massiven Formen von gesellschaftlich kultivierter Sexual-Angst bzw. Sexual-Ekel: das Phantasma des missbrauchten Kindes übt eine weit über die kriminologischen Tatsachen hinausreichende Faszination auf große Teile der Öffentlichkeit aus.[8] Alle Erwachsenen, die sich selbst als asexuell erleben, scheinen sich im Bild des »unschuldigen« Kindes, das – entgegen den Erkenntnissen Freuds – als asexuell aufgefasst wird, wiederzuerkennen. So kommt es zu den klinischen Erscheinungen von »FMS« (False Memory Syndrome) bzw. der sogenannten »Recovered Memory Syndromes«, die derzeit in epidemischem Ausmaß zu beobachten sind.[9] Aus der Tatsache der Aidsgefahr entstehen verschiedene Strategien von Regierungspolitik, die der Sexualangst und Einschüchterung jeweils auf ihre Weise Vorschub leisten: eine sich liberal gebende Gesundheitsministerin verteilt medienwirksam Kondome an Schulkinder; konservative Regierungen wie die US-amerikanische geben beträchtliche Budgetmittel für eine Propaganda aus, die junge Leute vom vorehelichen Geschlechtsverkehr abhalten soll. Angesichts der auffälligen Gleichzeitigkeit von Sexualfeindlichkeit und politischer Paralyse im neoliberalen Kapitalismus könnte man sogar an Michel Foucaults 1976 formulierter kluger These »*Ja zum Sex zu sagen, bedeutet nicht, Nein zur Macht zu sagen*« wieder Zweifel bekommen.

4. Postsexualität als Libidounterbringung

Wilhelm Reich folgend, wäre am Phänomen der »Postsexualität« zunächst eine theoretische Präzisierung anzubringen. Was sich hier als asexuell erlebt und geriert, ist in Wahrheit selbst sexuell; das heißt: eine Form von Libidounterbringung. Genau wie in den zuvor beschriebenen Formen trübsinniger Leidenschaften, die innerhalb neoliberaler kapitalistischer Gesellschaften so verbreitet sind, ist auch in der Postsexualität ein unbewusstes Genießen am Werk. Auch hier wird ein Elend proklamiert und verteidigt, als wäre es ein kostbarer Schatz. Und auch in der Affektorganisation der Postsexualität ist es gelungen, Individuen dazu zu bringen, dass sie gegen ihre Interessen handeln, denken und fühlen – in diesem Fall gegen ihre sexuellen Interessen.

Begehren zu können und imstande zu sein, sich selbst als sexuell zu erfahren, sind, wie die Erfahrungen mit der Postsexualität deutlich vor Augen führen, offenkundig keine anthropologischen Konstanten. Diese Fähigkeiten bilden vielmehr eine Beute gesellschaftlicher Kämpfe, die (je nach Ausgang dieser Kämpfe) entweder vielen oder aber nur wenigen zugänglich ist. Wenn es dabei Verlierer gibt (wie gegenwärtig), dann beginnen diese, von sich aus die Beute abzulehnen und ihren Verzicht libidinös zu besetzen. Ihre Sexualität, die auf dem Terrain der Gesellschaft keinen Platz als sexuelle Betätigung finden kann, betätigt sich dann gerade im Verzicht auf jeden solchen Platz und solche Betätigung.

Postsexualität ist darum – genau wie jedes andere Symptom nach der Auffassung der Psychoanalyse – nicht nur ein Problem, sondern vor allem eine Lösung. Sie antwortet auf zentrale Probleme der Libidounterbringung unter neoliberalen ökonomischen sowie postmodernen ideologischen Bedingungen. Als begehrend und triebhaft zu erscheinen – und zwar insbesondere in dem von Reich fokussierten heterosexuell-genitalen Sinn –, bringt heute zahlreiche Schwierigkeiten mit sich – wahrscheinlich sogar massivere als in der bürgerlichen Epoche Freuds. Heterosexuelle Männer setzen sich heute schnell den Vorwürfen der Rohheit und des unsensiblen Machotums aus; heterosexuelle Frauen dem Vorwurf mangelnden feministischen Bewusstseins und der Fraternisierung mit dem Feind innerhalb der Geschlechterverhältnisse. Und mehr als jene strengen viktorianischen Moralforderungen, deren Unerfüllbarkeit für die bürgerliche Epoche des späten 19. und frühen 20. Jahrhunderts ein offenes Geheimnis war, bringen die heutigen Normen die Individuen in Konflikt mit sich selbst, da sie nicht nur als gesellschaftliche Vorgaben, sondern als eigenes, selbst erarbeitetes gesellschaftliches und politisches Bewusstsein erlebt werden. Männer und Frauen haben darüber hinaus zu berücksichtigen, dass insbesondere in der zunehmend sexualfeindlichen protestantischen US-amerikanischen Kultur (sowie in den vielen Kulturen, die von ihr geprägt werden) die Prüderie als Zeichen gesellschaftlicher Distinktion, als »symbolisches Kapital« im Sinn Pierre Bourdieus fungiert. Das Manifestieren heterosexueller Interessen und Attraktoren kann darum leicht zu einem beträchtlichen Verlust an Sozialprestige führen – was angesichts der voranschreitenden Deklassierung immer größerer Teile der Gesellschaft keine unbeträchtliche Gefahr darstellt. Verführungsgebaren und erotische Explizitheit werden darum zunehmend jenen Klassen und ethnischen Gruppen überlassen und zugeführt, die auf den untersten Stufen der Gesellschaft stehen: der sogenannten »Unterschicht«, deren sexuelles Verhalten man in Reality-Formaten im Fernsehen als exotisch bestaunt; oder jenen ethnischen Gruppen, über deren politisch inkorrekten Hip Hop man gern die korrekte Ober- bzw. Mittelschichtnase rümpft.

Wie sehr die Sexualität gegenwärtig die Rolle eines »gesunkenen Kulturguts« spielt, kann exemplarisch an der Gruppe der Kunstschaffenden beobachtet werden. Galt die Kunstszene bis in die 80er-Jahre des 20. Jahrhunderts noch als eine promiskuitive Boheme mit Hang zu Exzessen, so ist sie seit den 90er-Jahren zu einer geradezu idealtypischen Askeseformation geworden, die sich selbst mit immer enger gezogenen Vorsichten, Rücksichtnahmen und Empfindlichkeiten paralysiert. Darum geht es bei jeder Party von

Journalisten, Wirtschaftstreibenden oder Anwälten heute um Welten bunter und sexuell interessierter zu als auf einer Festivität unter Kunstschaffenden. In dem Maß, in dem diese an gesellschaftlicher Achtung gewonnen haben und sozial aufgestiegen sind, hat sich die Sexualität sozusagen um Etagen nach unten bewegt. Nur ganz oben natürlich, an der schmalen Spitze der Gesellschaft, bei den Gewinnern der Beutekämpfe, trifft man sie (nach wie vor) noch an; sonst jedoch fast nur noch bei denjenigen, die durch ihren Anspruch auf die Sexualität alle übrigen Ansprüche verwirken und dies auch durch ihre Zurschaustellung den Angehörigen der etwas höheren Klassen warnend und beispielhaft vor Augen führen.

Auf diese Probleme antwortet das Symptom »Postsexualität«. Sie ist die Sexualbetätigung der politisch Sexualgeschädigten. Dass diese Betätigung nicht in gleicher Weise lustvoll erlebbar ist wie das, worauf sie verzichtet, liegt in ihrer Natur als neurotisches Symptom. Gegen neurotische Bildungen dieser Art – gegen solche durchweg positiven Produktionen im Sinn Foucaults – haben darum, wie Reich zu Recht gefordert hat, jene zu kämpfen, die daran interessiert sein müssen, ihre Lust, die immer da ist, auch als lustvoll erleben zu können.

5. Materialismus. Die hohe Kultur des Niedrigen

In getreuer Übereinstimmung mit den Annahmen der Freud'-schen Sexualtheorie hat Reich in der *unter dem Genitalprimat stehenden gegengeschlechtlichen Sexualität* die einzige Form von Sexualität erblickt, deren Realisierung erwachsene Individuen in lustvoll erlebbarer Weise glücklich macht und sie nicht der Neurose oder Perversion und mithin – wie Reich folgerte – dem Begehren nach der eigenen Unterdrückung preisgibt. Diese Position Reichs ist auf heftigen Widerspruch gestoßen – und zwar bereits in der Epoche der sexuellen Befreiungsbewegungen um 1968, als Reichs Theorie ihre größte Popularität erlebte. »Befreiung der Sexualität« hieß für die 68er-Bewegung, die antiautoritären Kulturrevolutionäre wie die Frauenbewegung, ebenso wie für die spätere Gender-

und Transgendertheorie, vor allem auch Befreiung von der Norm (monogamer) genitaler Heterosexualität. Die von Reich vollzogene »Fetischisierung der Genitalität« (Dahmer 1982: 332) und seine Betonung der Funktion des Orgasmus hingegen konnten als Parteinahme für die sogenannte »heterosexuelle Matrix« bzw. »Zwangsheterosexualität« erscheinen; insbesondere die Klassifizierung der Homosexualität als Perversion stieß auf Widerspruch[10] und scheint heute sogar hinter manchen inzwischen erreichten Toleranzstandards westlicher Gesellschaften zurückzubleiben; und auch die gewachsene Aufmerksamkeit für sexuelle Zwischenstufen, die gegenwärtig massiv unternommenen Versuche des »Gender-crossing« bzw. »Gender-bending« sowie die mehr oder weniger zarten Anzeichen für aufkommende Akzeptanz gegenüber bestimmten Formen nicht genitaler Sexualität (etwa im S/M-Bereich) können Reichs Position als eine zu eng gefasste, ja selbst repressive normative Utopie erscheinen lassen. Auf der Ebene der Metapsychologie wurde Reich vorgeworfen, die Begriffe des Triebes sowie des Orgasmus biologisiert zu haben (s. Dahmer 1982: 333–337).

So begründet diese Kritik sein mag, läuft sie doch Gefahr, ein entscheidendes Moment der Reich'schen Position zu übersehen – ein Moment, das notwendig ist, um den politischen Stellenwert der diesbezüglichen Fragen adäquat bestimmen zu können und das darüber hinaus in Bezug auf die Gegenwartskultur von entscheidendem kritischen Wert ist. Es ist wahr, Reich eliminiert die psychologische Dimension des Freud'schen Triebbegriffs und spricht vorzugsweise von Natur oder Biologie (wobei er mitunter in die Nähe einer essenzialistischen Anthropologie – die Annahme einer in ihrem Wesen guten, aber kulturell verschütteten Menschennatur – gerät). Auf die gesellschaftliche Bedingtheit des Begehrens – etwa im Sinn der Bemerkung von La Rochefoucauld: *»Manche Menschen würden sich nie verlieben, wenn nicht so viel von der Liebe die Rede wäre«*[11] –, mag er dabei wenig Rücksicht nehmen. Dies erscheint umso auffälliger, als Reich ja wie kaum ein anderer Theoretiker vor ihm die Institutionen der Sexualität und die Aussichten ihrer Befriedigung für historische und veränderbare Gegebenheiten und keineswegs für biologische oder anthropologische Konstanten ansieht.[12]

Diese scheinbare Ungereimtheit wird jedoch verständlicher, wenn man bedenkt, dass Reich nicht den philosophischen Fehler begeht, die Welt in eine natürliche, objektive und eine geschichtliche, subjektive Hälfte zu spalten und in der Folge allein die zweite für veränderbar zu halten (entsprechend der irreführenden Formel »was vom Menschen gemacht ist, kann der Mensch auch verändern«). Diese philosophische Fehlannahme hat große Teile der marxistischen Theorie im 20. Jahrhundert geprägt (und sie scheint sich in der Gender-Theorie heute noch manchmal zu wiederholen). Louis Althusser hat diesem Fehler den Namen »theoretischer Humanismus« gegeben und seine Struktur analysiert und kritisiert.[13] Gerade humanistische Theoretiker, die gerne zwischen Objekten und Subjekten unterscheiden, haben Reichs Eliminierung des »Subjekts« zornig kritisiert, ohne allerdings zu bemerken, dass bereits Freuds Psychoanalyse radikal anti-humanistisch ist und den von ihnen vorausgesetzten Begriff des Subjekts einer vernichtenden Kritik unterzogen hat. Wenn Reich in Bezug auf die Sexualität von Natur spricht, so muss das darum in Bezug auf ein anderes Problem als die Frage nach geschichtlicher Bedingtheit oder Veränderbarkeit verstanden werden. Dieses andere Problem wird vielleicht deutlicher, wenn man Reichs Auffassung der Sexualität mit Bertolt Brechts Versen über die Notwendigkeit des Essens vergleicht. In Brechts »Einheitsfrontlied« heißt es:

»Und weil der Mensch ein Mensch ist
Drum will er was zu essen, bitte sehr!«[14]

So, wie die Notwendigkeit des Essens sich für den Hungrigen aus seiner allgemeinen menschlichen Natur (und nicht etwa aus seinen individuellen Entschlüssen) ergibt, muss auch die »Natur« der Sexualität bei Reich begriffen werden: Die Sexualität erscheint den begehrenden Menschen als Bedürfnis; als etwas Naturhaftes, Fremdes, dessen Forderungen für die Individuen zwar, ähnlich wie die Flucht des Pferdes, vielleicht in ihrer Richtung lenkbar, aber in ihrer Macht kaum verhandelbar sind. Diese »Natur« lässt sie spüren, dass ihr Ich nicht »Herr im eigenen Haus«, sondern lediglich Teil einer »dezentrierten« Einheit ist.

Diese Tatsache ist Menschen meist peinlich – und zwar, je nach der Kultur, in der sie leben, in unterschiedlich hohem Maß. In der aktuellen Kultur zum Beispiel ist sie enorm peinlich, denn zeitgenössische, postmoderne Individuen wollen *ganz sie selbst* sein. Das ist auch, wie gesagt, der Grund, weshalb sie im Gegensatz zu früheren Generationen keine »großen Erzählungen« oder politischen Utopien mehr akzeptieren: nicht etwa, weil sie klüger geworden wären als die früheren Generationen, sondern weil ihre Sehnsucht, an sich selbst zu glauben, so stark geworden ist, dass sie eben an nichts anderes mehr glauben können außer an sich selbst; keiner noch so vernünftigen Sache wollen sie sich mehr unterordnen. Der kategorische Imperativ der Postmoderne »Be yourself!« hallt im Hip Hop wider; in auffälligem Gegensatz zu den 70er-Jahren, als die Popmusik noch mehr forderte und »die Welt« wollte (»We want the world, and we want it now«).

Eine solche narzisstische Kultur der »Intimität«, deren Angehörige sowohl in der Umwelt wie an sich selbst immer nur das Eigene zulassen wollen, lebt vorzugsweise »wunschgerecht«, und nicht »realitätsgerecht«. Die Vorgaben und Forderungen einer materiellen Wirklichkeit werden als kränkende Einschränkungen so gut wie möglich ignoriert. Auch in Bezug auf die Sexualität werden nur die Wünsche gepflegt; die Realität der Bedürfnisse dagegen wird ausgeblendet. Angehörige einer narzisstisch verfassten Kultur ergehen sich darum gerne in der Vorstellung, ihre sexuelle Identität und Orientierung selbst frei gewählt zu haben (etwa gemäß der von Michel Foucault propagierten »Ästhetik der Existenz«). Nicht was wir wollen, sondern was wir uns zu wollen wünschen, führen wir uns als postmoderne Individuen gern vor Augen.[15] Wo wir hingegen auf Fremdheit und Materialität (und sei es die unseres eigenen Begehrens) stoßen, reagieren wir angewidert und mit Panik; denn wir wittern Heteronomie.

Demgegenüber hat Reich wie vor ihm Spinoza an dem Gedanken festgehalten, dass die Unfreiheit der Menschen nirgends deutlicher zutage tritt als dort, wo sie sich (in Unkenntnis der wahren Ursachen) selbst für frei halten. Der Begriff der »Natur« bei Reich muss in diesem Sinne verstanden werden. Er bezeichnet eine *Fremdheit, die keine Heteronomie darstellt.* Vielmehr ist es genau umgekehrt: Heteronomie entsteht, Reich zufolge, dann, wenn man diese Fremdheit nicht wahrhaben – und nicht haben – will. Wie Spinoza zeigte: Genau dann, wenn man nicht der Notwendigkeit der eigenen Natur folgt, ist man heteronom – das heißt, man beginnt, mit dem Gefühl der Freiwilligkeit den Notwendigkeiten einer fremden Natur zu assistieren. Eine Kultur, welche die Individuen dazu anstachelt, ganz sie selbst zu sein, wird sie dazu bringen, die Notwendigkeiten ihrer eigenen Natur zu verleugnen und von sich aus – und sogar noch mit dem Gefühl der Befreiung – auf den Anteil am gesellschaftlichen Leben zu verzichten, der diesem Bedürfnis entspricht. Sie werden zu willigen Agenten ihrer Heteronomie, weil sie das Fremde und Notwendige an sich selbst nicht zu dulden gelernt haben.

Durch diese Flucht vor ihrer eigenen Natur landen die postmodernen Individuen übrigens noch keineswegs automatisch in der Kultur; sondern höchstens in der affirmativen, den Klassenverhältnissen dienlichen Kultur, die – wie bereits Freud bemerkte – diesen Namen in Wahrheit kaum verdient.[16] Gerade weil sie die Natur im Sinne Reichs leugnen, sind sie zugleich fern von jeglicher Kultiviertheit. Denn Kultiviertheit besteht ja nicht darin, die Natur zu übergehen, sondern vielmehr darin, im Umgang mit ihr geschickter zu werden. So bemerkte der griechische Philosoph Aristipp: »Die Lust beherrscht nicht, wer sich enthält, sondern wer sie genießt, aber sich nicht mitreißen lässt; wie auch Schiff und Pferd nicht beherrscht, wer sie nicht nutzt, sondern wer sie lenkt, wohin er will.«[17] Zu solcher Kultiviertheit gehört auch, dass man sich von jener Propaganda, welche die Natur diffamiert, nicht einschüchtern lässt. Wie Bertolt Brecht schrieb:

»Bei den Hochgestellten
Gilt das Reden vom Essen als niedrig.
Das kommt: sie haben
schon gegessen.
[…]
Wenn die Niedrigen nicht
An das Niedrige denken
Kommen sie nicht hoch.«[18]

Die Rede von der Natur bei Wilhelm Reich muss darum von allen anthropologischen Spekulationen entlastet und lediglich in dieser Funktion, als theoretisches Minimum einer materialistischen Philosophie, betrachtet werden. Dann wird klar, worin der entscheidende theoretische Gewinn dieser Position Reichs besteht. Der späte Louis Althusser hat eine Formel gefunden, die er als »die einzige Definition des Materialismus« bezeichnete: »*sich keine Geschichten erzählen*«.[19] Entsprechend dieser Formel lässt sich der Materialismus von Reich in dem folgenden Rat zusammenfassen: »*Erzählt euch keine Geschichten, in denen ihr euch euren neurotischen Beuteverzicht zu einem Beweis eurer Willensfreiheit oder Kultiviertheit zurechtlügt.*«

Wie nur wenige andere Theoretiker hat Reich die großen und entscheidenden Fragen – die Einzigen, über die es nachzudenken lohnt, wie Epikur bemerkte – in Angriff genommen: *Was wollen wir? Und wie können wir es haben?* – Mit bestechender Klarheit und in völlig unprätentiöser, schlichter Darstellung hat er die entsprechenden Probleme gestellt und Lösungen entwickelt. Nicht alle seine Lösungen mögen gelungen sein (obgleich viele es durchaus sind), aber das ist kein Grund, von den Fragen abzulassen. Die Fragen nicht zu stellen hätte in Reichs Augen wohl die theoretische Spielart des Beuteverzichts dargestellt.

12. Die Buchstäblichkeit der Leidenschaften
Über den Zauber der Kunst und die Komödie der Psychoanalyse

1. Die Misere der psychoanalytischen Kunsttheorie

Wenn die Psychoanalyse jemals wertvolle Beiträge zur Theorie der Kunst geleistet hat, dann jedenfalls nur selten dort, wo sie ausdrücklich von Kunst spricht. Schlimmer noch: Man sollte nicht verschweigen, dass gerade in Bezug auf die Kunst wohl die schwächsten und beschämendsten Leistungen der psychoanalytischen Theorie entstanden sind. Wenn es jemals vulgäre Psychoanalyse gab, dann vorzugsweise und regelmäßig hier: reduktionistische Interpretationen, in denen die konkrete Form eines Gegenstandes auf allgemeine Inhalte und Stereotypen zurückgeführt wird, die an ganz anderen, sehr verschiedenen Gegenständen mindestens ebenso gut hätten festgemacht werden können; behäbige oder peinliche Erläuterungen, die meist eher als Projektionen erscheinen denn als Analysen und die in keiner Weise etwas zur Erklärung des ästhetischen Effekts beizutragen vermögen.

Jede psychoanalytische Schule hat hier wohl ihr eigenes Register an Verfehlungen. Seit den klassischen freudianischen Studien, die problemlos in jedwedem Material sofort entweder Sexualsymbole oder aber Indizien auf die Künstlerpathologie zu erkennen vermochten, gibt es eine lange Tradition, in der immer wieder ein hemmendes Moment wie eine Schwerkraft auf das psychoanalytische Denken einwirkt und die Entwicklung einer ernst zu nehmenden und brauchbaren psychoanalytischen Kunsttheorie zu behindern oder auf Ausnahmeerscheinungen – die erst allmählich zahlreicher werden[1] – zu beschränken scheint. Selbst die lacanianische Kritik konnte sich, obwohl sie doch eine Theorie des Signifikanten ist, dieser Gefahr nicht immer entziehen: sie beginnt in ihren schwächsten Momenten angesichts des Kunstwerks zum Beispiel gerne nach

Einschnitten und Löchern zu suchen, die als Belege für die Präsenz eines »Mangels« hervorgehoben werden können. Und auch die kunsttheoretischen Anwendungen der Lacan'schen Unterscheidung von »Auge« und »Blick« sind, wie es scheint, in ihrer überwiegenden Mehrzahl äußerst schwerfällig geraten und verraten meist nur wenig über die ästhetische Struktur des untersuchten Werks.

Dies passiert regelmäßig und mit einer bestimmten Notwendigkeit: Denn wie Louis Althusser in seinen wissenschaftstheoretischen Studien betont hat, bestimmt sich eine Theorie nicht durch ihren Gegenstand, sondern durch die Fragen, die sie an ihn stellt.[2] Eine Theorie kann darum von Kunst sprechen, und doch etwas ganz anderes als eine Kunsttheorie sein; oder sie kann von etwas ganz anderem sprechen und dennoch eine sehr brauchbare Kunsttheorie sein. Gilles Deleuze hat diesem Gedanken einmal einen kurzen Text gewidmet. Sein Titel lautet: »Wie die Philosophie Mathematikern und sogar Musikern dienen könnte – besonders, wenn sie nicht von Musik oder Mathematik spricht« (Deleuze [1979]).

Wo sich die Psychoanalyse ausdrücklich mit Kunst beschäftigt hat, war ihr Interesse meist ein vorwiegend klinisches; sie untersuchte dann zum Beispiel die Frage, *inwiefern sich aus einem Kunstwerk* (z.B. einem Gemälde von Hans Holbein) *etwas über die Metapsychologie lernen lässt*; oder zum Beispiel auch die Frage, *welche Pathologie in der Kunst vorliegt* – und das trägt unter Umständen etwas zum Verständnis der Metapsychologie oder der Pathologe bei, aber nicht zur Erkenntnis der Kunst.

Genau diese Art von Interpretation ist es, gegen die Susan Sontag 1964 ihr Pamphlet »Against Interpretation« geschrieben hat. Sontag nennt ausdrücklich die Psychoanalyse sowie die marxistische Theorie als prototypische Beispiele verfehlter Herangehensweisen an die Kunst. Sie stellt fest, dass solche Interpretationen nichts von jener »Magie« zu erfassen vermögen, die Kunstwerken eigen ist.[3] Denn diese Interpretationen unterstellen dem Werk eine nur unvollkommene, nicht ganz gelungene Ausdrucksweise. Dementsprechend hegen sie, wie Sontag bemerkt, ein »merkwürdiges Verlangen nach Umformung des Textes«. Sie operieren nach dem Muster: »Was X eigentlich sagen wollte, war Y«.

Weil sie von der Vorstellung ausgehen, »dass das Kunstwerk mit seinem Inhalt identisch« wäre, ersetzen solche Interpretationen die Form des Kunstwerkes durch das, was sie für dessen Inhalt halten: sie wollen »das Phänomen neu formulieren, letztlich ein Äquivalent für das Phänomen finden«. Damit machen die Interpretationen die Welt, wie Sontag feststellt, »arm und leer [...] – um eine Schattenwelt der ›Bedeutungen‹ zu errichten«.[4]

2. Die stillschweigende Kunsttheorie der psychoanalytischen Klinik

Eine ganz andere Art von Kunsttheorie jedoch entwickelt die Psychoanalyse dort, wo sie nicht von Kunst spricht. Das lässt sich zum Beispiel an einer Episode sehen, die mit Kunst höchstens insofern zu tun hat, als darin vorkommt, wie Sigmund Freud den Namen eines Malers vergisst. Die Analyse aber, die Freud in seiner »Psychopathologie des Alltagslebens« dazu entwickelt hat, zeigt die komplexe, geradezu künstlerische Perfektion dieser Vergessensleistung: wie das Vergessen des Namens »Signorelli« und das ersatzweise Auftauchen der Namen »Botticelli« und »Boltraffio« mit einem zuvor geführten Gespräch über den Fatalismus türkischer Patienten in Bosnien und Herzegowina in Bezug auf den Tod (»Herr, was soll man da sagen ...«) zu tun hat – sowie mit einer zweiten, aber nicht erwähnten Anekdote über das ganz anders geartete Verhältnis solcher Patienten in Bezug auf sexuelle Impotenz (»Herr, wenn das nicht mehr geht ...«); und schließlich mit einer Geschichte vom Selbstmord eines unter Impotenz leidenden Patienten Freuds in Trafoi, von der Freud nicht nur nicht sprechen, sondern an die er auch selbst gar nicht denken möchte.

Die Bezeichnung »Herzegowina und Bosnien« bildet darin gleichsam eine Schiene, auf der sich alle Elemente, die mit dem Wort »Herr« zu tun haben (wie der erste Teil des Namens »Signorelli«), in Richtung von Worten verschieben lassen, die mit der Silbe »Bo« anfangen; und Freuds Wunsch, nicht an die schlimme Trafoi-Episode zu denken, fungiert als mächtige Zugkraft, die alle Elemente entlang dieser Schiene verschiebt. Dadurch kehrt genau das, was im Gespräch über die Patienten aus Bosnien und Herzegowina unterdrückt werden sollte, im neuen Zusammenhang wieder – im Gespräch über Kunst der Renaissance. Dort errichtet es sich in Form zweier unwillkommener Maler-Namen sozusagen ein hartnäckig im Weg stehendes Denkmal: »Trafoi« findet seinen Widerhall in »Boltraffio«.

Freud zeichnet ein bestechend klares Tableau vom Zusammenhang der Elemente (der Namen und Wortlaute), die an diesem Vergessen beteiligt sind. Seine Analyse und dieses Tableau können in ihrer Ergiebigkeit und Schlüssigkeit wohl als Vorbilder jeglicher Kunstinterpretation betrachtet werden. Denn darin wird die Form des Gegenstandes präzise rekonstruiert und analysiert; sie wird nicht etwa durch einen vorgefertigten Inhalt aus dem Repertoire psychoanalytischer Kenntnisse zu ersetzen versucht. Freud macht hier keinen Versuch einer »Umformung«, und es fällt auf, dass eine Analyse dieser Art, im Gegensatz zu den von Susan Sontag kritisierten, keineswegs dem Gegenstand etwas von dessen Faszination nimmt oder die Welt »arm und leer« macht. Freuds Analyse ermüdet nicht; im Gegenteil, genau diese Formanalyse steigert noch die Faszination durch das Objekt (auch wenn es in diesem Fall »nur« eines aus der Psychopathologie des Alltagslebens ist) und erhöht die Freude und den Genuss daran.

Hier haben wir das genaue Gegenteil zu der zuvor beschriebenen Situation, in der die Psychoanalyse angesichts von Kunstwerken immer nur die Pathologie in der Kunst zu erkennen vermochte. Bei der Untersuchung der Pathologie bemerkt Freud die Kunst, die in der Pathologie enthalten ist; und um ein adäquates Verständnis der Pathologie zu entwickeln, muss er von dieser Kunst Rechenschaft ablegen. Dabei entwickelt er eine am Signifikanten orientierte, detailfreudige Herangehensweise, die auch für jede Theorie der Kunst als vorbildlich betrachtet werden kann (und die erst Jahre später, zum Beispiel im russischen Formalismus, erste Pendants in der Theorie der Kunst gefunden hat [s. dazu Erlich 1973]).

Dasselbe gelingt Freud in seiner Untersuchung über den Witz. Dort bemerkt er, dass der Witz große Affektmengen in Bewegung setzen kann – und zwar nur mit Hilfe bestimmter Wortlaute. Freud entwickelt ein Verfahren der Substitution, in dem er probeweise bestimmte Elemente ersetzt, um festzustellen, wann die Witze nicht mehr witzig sind. Dadurch zeigt er, dass sich der Witz in bestimmten Fällen nicht »umformen« und paraphrasieren lässt; mit anderen Worten: dass die Fähigkeit des Witzes, Leidenschaften zu erregen, zu mobilisieren und zu lenken, hier von der Buchstäblichkeit abhängt, mit der er erzählt wird (s. Freud [1905c]: 21).

Dasselbe zeigt sich im Alltagsleben auch an anderen Arten des Sprechens, die, ähnlich wie der Witz, übrigens meist aggressiver Natur sind: beim Schimpfen und – näher an der »Magie«, von der Sontag spricht – beim Fluchen. Da kommt es darauf an, dass ganz bestimmte Worte, Kraftausdrücke, zum Einsatz gebracht werden, und zwar in einer ganz bestimmten Reihenfolge und in einem bestimmten, zum Beispiel von Wiederholungen geprägten Rhythmus. Insofern stehen Schimpfen und Fluchen dem Dichten nahe; sie sind, ähnlich wie die Zaubersprüche, Formen lyrischen Sprechens. In ihnen überwiegt die Form gegenüber dem Inhalt. Zu sagen: »Von Ihren Führungsqualitäten und von Ihrer Geschäftsmoral halte ich sehr wenig« mag inhaltsreich sein und die Wahrheit treffen, aber zur Beschimpfung taugt es nicht. Eine vollkommen abstrakte Lautkette wie zum Beispiel jene, die Little Richard angeblich wütend seinem Boss entgegenschrie, bevor er sie zu einem Lied machte – »Oah-bab-a-loo-bab-a-rock-bam-boo« –, bringt hingegen den ganzen Zorn wirksam zum Ausdruck (sowie zur Abfuhr).

Mit derselben kunsttheoretischen Herangehensweise wie beim Witz untersucht Freud auch den Traum und klinische Symptome wie zum Beispiel die Zwangshandlung. Dabei muss er zunächst der Selbsteinschätzung der Produzenten dieser Leistungen widersprechen: Gegen die Auffassung der Träumer und Zwangsneurotiker, die regelmäßig erklären, »dass das alles nichts zu bedeuten hätte«, insistiert Freud darauf, dass am Traum wie an der Zwangshandlung jedes Detail sinnvoll, notwendig, perfekt und darum nicht ersetzbar ist. Aber diese Annahme von Notwendigkeit und Sinn bedeutet eben nicht, dass die Psychoanalyse nun munter drauflosinterpretieren dürfte. Gerade weil das Detail notwendigerweise so ist, wie es ist, darf man ihm nicht mit Interpretation begegnen, sondern muss eine Deutung entwickeln.[5] Das ist etwas ganz anderes: Anstatt das Element X als einen unvollkommenen, etwas ungeschickten Ausdruck zu behandeln, ihm einen Inhalt Y zuzuschreiben und es in der Folge zugunsten dieses zugeschriebenen Inhalts zu vernachlässigen, muss die psychoanalytische Deutung vielmehr die Notwendigkeit, Perfektion und Unersetzlichkeit dieses Elements X nachweisen. Die Aufgabe der Theorie ist nicht, zu zeigen, dass das Element X für Y steht (z. B.: »Was Freud wirklich sagen wollte, war nicht ›Boltraffio‹, sondern ›Signorelli‹«), sondern, im Gegenteil: zu erklären, weshalb trotz der Tatsache, dass X für Y steht, die Sache sich dennoch nur in Form von X ausdrücken lässt (während beim Versuch, sie in Form von Y auszudrücken, das Entscheidende verloren ginge).

Immer, wenn es sich so verhält, so hat das, Freud zufolge, einen ganz bestimmten Grund: nämlich, dass X nicht allein für Y steht, sondern daneben auch noch für etwas drittes, für ein Z. Was das Element X so zwingend notwendig macht, ist seine Überdeterminierung – das heißt: der Umstand, dass dieses Element ein Kreuzungspunkt ist, in dem sich mehrere Gedankenlinien treffen. Diese Gedankenlinien hat die Theorie nachzuzeichnen (so, wie Freud es in der »Signorelli-Episode« vorgeführt hat) und damit die Unersetzlichkeit jenes Elements zu erklären, das ihren Kreuzungspunkt bildet. Im Gegensatz zur Interpretation, die auf den Inhalt abhebt und dabei den gegebenen Ausdruck, die Form, für unvollkommen und vernachlässigbar hält, ist die psychoanalytische Deutung darum formalistisch; das heißt, sie ist eine Theorie der Perfektion ihres Gegenstandes. Freud schreibt:

»Kurz, was nach Meinung der Autoren eine willkürliche, in der Verlegenheit eilig zusammengebraute Improvisation sein soll, das haben wir behandelt wie einen heiligen Text.« (Freud [1900a]: 493)

Der heilige Text ist für Freud jene Vorlage, an deren perfektem Wortlaut man nichts verändern darf und die man der Deutung unterziehen muss.

Mit diesem Konzept der Perfektion eines »heiligen Textes« widersetzt sich die psychoanalytische Theorie gleich zwei entgegengesetzten Positionen: der Annahme von Sinnlosigkeit und der Annahme eines Sinns. Die Annahme der Sinnlosigkeit schützt den Wortlaut nicht: wenn der Text bloß sinnlos oder »abstrakt« ist und nichts zu bedeuten hat, dann sind seine Elemente auch nicht notwendig. Sie brauchen nicht ernst genommen zu werden, denn sie könnten ebenso gut auch anders sein, und dürfen also ersetzt werden.

Die Annahme eines Sinns andererseits zerstört den Text ebenfalls: die Interpretation versucht, wie Sontag bemerkte, den Wortlaut des Textes zugunsten des angenommenen Sinns zu vergessen. Beide Verfahren sind insofern eigentlich Komplizen: sowohl die Annahme der Sinnlosigkeit als auch die eines (durch den Wortlaut nur ungenau ausgedrückten) Sinns zielen darauf, den Wortlaut selbst zu unterdrücken. Die Annahme der Sinnlosigkeit ist darum nur eine spezielle Variante des scheinbar entgegengesetzten Verfahrens, der Annahme von Sinn. Sinnlosigkeit ist ein Sinn unter anderen (darum gelangte Jacques Lacan zu der Formulierung »Das Symptom tritt auf unter der Bedeutung, keine Bedeutung zu haben«).

Die Deutung stellt diesen beiden komplizenhaften Varianten gegenüber ein drittes Verfahren, eine echte Alternative, dar. Sie hält an der Notwendigkeit des Wortlautes fest und versucht durch Rekonstruktion seiner Determinierungen dessen Perfektion kenntlich zu machen. Nur auf diesem Weg lässt sich zeigen, inwiefern jene beträchtlichen Affekte, die in solchen Phänomenen zur Abfuhr gelangen – zum Beispiel in Form von Auflachen, Triumphgefühl, Erschütterung, erotischer Erregung, Tränen der Rührung oder anderen Arten von ästhetischem Genuss –, durch die spezifische Buchstäblichkeit dieses Textes in Bewegung gesetzt werden.

Freuds Vergleich mit dem »heiligen Text« bedeutet also zunächst, dass an der Vorlage nichts verbesserbar oder unsinnig ist (und für diesen Gedanken findet er, mangels entsprechender kunsttheoretischer Verfahren, nur ein Modell in einer bestimmten Theologie). Zugleich scheint Freuds Bemerkung aber noch auf einen zweiten Tatbestand zu verweisen: nämlich darauf, dass wir es überall dort, wo wir auf solche Zeichen treffen, an denen alles notwendig und nichts unsinnig oder verbesserbar ist, und wo mit Hilfe solcher Zeichen große Affektmengen in Bewegung gesetzt werden, mit dem zu tun haben, was man als das Heilige in der Kultur bezeichnen kann. Das Heilige ist in der Kultur jener Bereich, in dem große Affektmengen mit Hilfe ganz bestimmter Zeichen in Bewegung gesetzt und gelenkt werden.

3. Das zwingende Heilige

Das Heilige tritt in der Kultur, wie gesagt, keineswegs nur dort auf, wo die uns vertrauten Religionen davon sprechen. Es zeigt sich vielmehr an einer ganz bestimmten gesteigerten Leidenschaft, die überall da entsteht, wo eine fiktive Sphäre des Spiels von der übrigen Wirklichkeit abgegrenzt wird. Die gesteigerte Leidenschaftlichkeit des »heiligen Ernsts« nimmt die Spielenden, wie Johan Huizinga feststellt, oft massiv »in Beschlag«. Vom heiligen Ernst des Spiels geht ein bestimmter Bann aus, den das Spiel über die Spielenden ausübt und der sie oft zu Gefangenen, ja regelrecht zu *Spielzeugen ihres eigenen Spiels* werden lässt. Obwohl zum Beispiel die Höflichkeit, wie bereits Immanuel Kant bemerkte, für alle Beteiligten klar als Spiel durchschaubar ist (»weil ein jeder andere, dass es hiemit eben nicht herzlich gemeint sei, dabei einverständigt ist«, Kant [1798]: 442), kann es doch passieren, dass gerade die Höflichen selbst plötzlich unfähig werden, den Bann ihrer eigenen Höflichkeit zu verlassen. Das macht sie, Henri Bergson zufolge, wegen des mechanischen, »automatischen« Anscheins, den sie dann erwecken, zum Gegenstand der Komik und des Gelächters (s. Bergson 1914: 52). Und nicht nur in der Komödie, sondern auch im wirklichen Leben werden Leute, die bloß spielerisch und zum Schein irgendetwas (wie zum Beispiel Liebe) dargestellt haben, oft plötzlich selbst zu den Düpierten der von ihnen erzeugten Illusion (und müssen sich nun wirklich verlieben).

An diesem Zwang, dieser Bezauberung, lässt sich das Heilige in der Kultur erkennen. Dies hat auch Freud festgestellt, als er an den Zwangshandlungen der Neurotiker die Ähnlichkeiten zu den Religionsübungen frommer Menschen bemerkte (s. Freud [1907b]). Ein wichtiger Teil dieses Zwanges besteht in der Buchstäblichkeit. Darum kommt keine Religion und keine Magie ohne bestimmte Gesten und Formeln aus, die bezeichnenderweise immer ganz genau so und nicht anders gesagt und gesetzt werden müssen – wobei die Ausübenden, wie Freud bemerkt, regelmäßig gar nicht wissen, was sie da eigentlich tun oder sagen. Während dieses scheinbar Sinnlose der zwingenden Gesten und Formeln jedoch in der Magie und in den Tabu-Religionen ganz offen zutage liegt, wird es in den meisten anderen Religionen hingegen wie ein Skandal unterdrückt und mit nachträglich erfundenen Motiven verdeckt.[6]

4. Die Magie und die Form

In der Magie jedenfalls liegt der Formalismus offen zutage. Das ist der Grund, weshalb alle Kulturtheoretikerinnen und Kulturtheoretiker, die von der Form sprechen, meist auch auf die Magie zu sprechen kommen (wie eben zum Beispiel Susan Sontag). Da der Formalismus der Magie (wie in Kapitel 4 gezeigt wurde) zugleich ein Materialismus ist, der auf Verwirklichung zielt und dementsprechend eine reiche materielle Kultur an Praktiken, Fetischen, Kultobjekten und Zaubersprüchen hervorgebracht hat, steht die Magie der Kunst nahe – und Freud hat nicht gezögert, die Kunst als Erbin der alten magischen Praktiken zu betrachten (s. Freud [1912–13]: 378).

Nicht nur in Magie und Kunst aber zeigt sich das Heilige in der Kultur. Es gibt viele Bereiche der Buchstäblichkeit auch in der Alltagskultur: Die Vorherrschaft des Gesagten über das Gemeinte und die Notwendigkeit der richtigen materiellen Ausführung prägt auch die Höflichkeit und kennzeichnet sie – was ja auch an dem zuvor erwähnten Moment des Zwanges erkennbar wurde – als eine »Alltagsmagie« der Zivilisierten. Denn auch in der Höflichkeit müssen bestimmte Formeln hier und jetzt gesagt und bestimmte Gesten gesetzt werden – und sie müssen richtig gesagt und richtig gesetzt werden. Dies bemerkt der Philosoph Alain, der schreibt:

»Unhöflichkeit ist immer Ungeschicklichkeit. Es ist boshaft, jemanden sein Alter spüren zu lassen; tut man es aber unüberlegt, ist man unhöflich. [...] Höflichkeit ist also eine [...] Fertigkeit. [...] Höflichkeit muß ebenso gelernt werden wie Fechten.« (Alain 1982: 204)

Genau wie in der Magie kommt es nämlich auch in der Höflichkeit immer auf die Taten an, und niemals auf die Absichten. Und an dieser Buchstäblichkeit hängen auch bei der Höflichkeit wieder beträchtliche Affektmengen: Würde man zum Beispiel bei einer Hochzeitsfeier dem Brautpaar beim Versuch, zu gratulieren, versehentlich den Rotwein übers Gewand schütten, so wäre die Feier wohl gründlich verdorben, und man würde sich zu Recht sehr schlecht fühlen, auch wenn die Glückwünsche ganz aufrichtig gemeint waren. Es kommt hier also auf die buchstäbliche Wahrung eines Augenscheins an: daran zeigt sich, dass für solche Praktiken wie Magie und Höflichkeit eine psychische Beobachtungsinstanz maßgebend ist, die vom Über-Ich, das die Absichten beurteilt, unterschieden werden muss. Es ist sozusagen ein »naiver Beobachter«, der keine Absichten kennt und darum ausschließlich anhand des Augenscheins für ungute oder glückliche Gefühle sorgt.[7]
Ganz wie das System der Höflichkeit – das Alain auch als »Komödie« bezeichnete – operiert übrigens auch die Psychoanalyse: auch sie achtet wenig auf das Beabsichtigte und hält sich vielmehr an die Buchstäblichkeit und den Augenschein des tatsächlich Gesagten oder Erreichten. Wenn zum Beispiel viele Leute in Bezug auf Kunst von »Zauber« sprechen, dann hält Freud das für aufschlussreich (sowohl in Bezug auf Kunst wie auf Zauberei) und nimmt es wörtlich und ernster als die Sprecher selbst. Und bei der Beobachtung bestimmter analer Charaktere – wie zum Beispiel der sogenannten »Pornojäger« – fällt der psychoanalytischen Betrachtung vor allem auf, dass sich hier jemand augenscheinlich sehr ausgedehnte Gelegenheiten zur Beschäftigung mit einer bestimmten Sache verschafft – und diese intensive Beschäftigung wirkt dann eigentümlich liebevoll, auch wenn der Akteur selbst die Sache als »Schmutz« bekämpfen zu müssen meint.

So sehr die Psychoanalyse, wie Jacques Lacan bemerkte, in den Schicksalen ihrer Analysanden auf Tragisches trifft,[8] ist sie selbst darum doch dem Prinzip der Komödie verpflichtet: Denn so wie die Komödie, die jede gespielte Liebe zur echten Liebe werden lässt, weil für sie der Augenschein zählt und nicht das, was die Akteure zu beabsichtigen meinen, verfährt auch die Psychoanalyse: auch sie hält am Prinzip der »naiven«, oberflächlichen, buchstäblichen Beobachtung fest und lässt sich durch die mitunter fanatischen Selbsteinschätzungen ihrer Darsteller nicht beeindrucken.

Derselbe Formalismus, dieselbe sozusagen magische Beachtung von Formen und Buchstaben wie bei der Höflichkeit tritt auch in anderen Bereichen der Alltagskultur auf – zum Beispiel in den Ritualen und Beschwörungsformeln der Liebe. Diese zeigen sich wohl am stärksten in deren etwas obskureren Formen, sozusagen den »Geheimsprachen der Liebe«; in jenen Formen, die sich nicht der vollen gesellschaftlichen Anerkennung erfreuen (wie es übrigens auch die Magie niemals tut) – zum Beispiel im Masochismus. In diesem Zusammenhang gibt es eine auffällige Kultur der Stereotypen; und man fragt sich, wie es möglich ist, dass individuelle Neigungen regelmäßig zu so gleichförmigen, allgemeinen Erscheinungen finden – etwa zu bestimmten Arten von Bekleidung, die nahezu immer derselben historischen Epoche entstammen, auch wenn die Masochisten den unterschiedlichsten Generationen angehören. Dies gilt auch für die gesprochenen Wortlaute: bestimmte konventionelle Reizwörter und -sätze müssen hier offenbar ausgesprochen werden; und so, wie Freud es von Kindern feststellt, die dieselben Geschichten immer wieder genau gleich erzählt bekommen möchten,[9] erwirbt man sich auch hier durch den Versuch der Originalität und Abwandlung offenbar kein Verdienst. Abermals hängen die intensiven Leidenschaften auch in diesen Praktiken offensichtlich von einem Element der Buchstäblichkeit ab.

5. Magie: eine Praxis für Ungläubige

Da wir die Phänomene der Buchstäblichkeit sowie der gesteigerten Leidenschaften in der Kultur mit der Magie in Zusammenhang gebracht haben, muss an diesem Punkt eine entscheidende Erkenntnis der Psychoanalyse in Erinnerung gerufen werden: Magie ist etwas für Leute, die nicht daran glauben. Dies hat Freud unmissverständlich erkannt. So zeigt er zum Beispiel in seinem Aufsatz über den Fetischismus, dass sich der Fetisch der *Überwindung* einer Illusion verdankt – und nicht etwa deren Präsenz oder Beibehaltung.[10]

Dasselbe hatte Freud bereits früher in seiner Studie über das Unheimliche bemerkt. Das Unheimliche ist, wie er schreibt, der Effekt einer Wiederkehr: einst vertraute und geliebte Illusionen müssen aufgegeben worden sein, damit sie im Moment der Wiederbegegnung Angst erregen. Solange wir die Illusionen hingegen noch haben, sind sie nicht schrecklich. Darum sind die Geister im Märchen nicht unheimlich – denn es setzt ihre Existenz voraus; in der Gespenstergeschichte, die auf dem Boden einer aufgeklärten Welt ohne Geister spielt, sind sie es hingegen schon.[11]

Ebenso argumentiert Freud auch in Bezug auf ein anderes unheimliches Element: Unter Verweis auf Heinrich Heines Text »Die Götter im Exil«[12] stellt Freud fest, dass die alten Götter erst nach ihrem »Sturz« – das heißt: erst als man aufhörte, an sie zu glauben – zu Dämonen wurden. Es gibt also keine anderen Dämonen als solche, an die man nicht glaubt. Fetische und Dämonen entstehen durch Überwindung einer Illusion.

Einen der stärksten Beweise für diesen Zusammenhang zwischen materieller magischer Praxis und Nichtglauben aber liefern, wie Freud bemerkte, die Religionen selbst: nämlich mit jenen »Reformschüben«, worin sie regelmäßig einen Großteil ihrer eigenen tradierten Rituale für obsolet oder unwürdig erklären und abschaffen. Wie es scheint, nehmen diese Religionen ihre eigenen Rituale plötzlich nicht als Ausdruck des Glaubens, sondern im Gegenteil als Ausdruck des Nichtglaubens – mithin als Magien – wahr.

6. Die plötzliche Angst der Kunst vor ihrem Zauber

Diese Erkenntnis Freuds – dass die lust- und angstvollen Praktiken und Affekte von Fetischismus und Unheimlichem das Nichtglauben zu ihrer Bedingung haben – ist angesichts der Entwicklungen in der aktuellen Kunst von nicht zu unterschätzendem Wert. Denn etwa seit Beginn der 90er-Jahre, und speziell in einem bestimmten, relativ großen Sektor, der sich als aufgeklärt und politisiert begreift, bietet die Kunst das nicht ganz unkomische Bild eines Zauberlehrlings, der sich vor seinen eigenen Kunststücken zu fürchten begonnen hat.

Die Kunst dieses Sektors (der in den letzten *documenta*-Ausstellungen, auch bereits der von Catherine David kuratierten documenta 10 sowie Okwui Enwezors documenta 11, wohl seinen prominentesten und programmatischsten Ausdruck gefunden hat) weicht plötzlich ihrem eigenen Zauber aus, so gut sie nur kann. Hier ist eine seltsame, den von Freud bemerkten Tendenzen aus der Geschichte der Religionen vergleichbare Formfeindlichkeit entstanden; eine Haltung, welche die künstlerische Form unter Magieverdacht stellt und sich selbst im Gegensatz dazu als Ausdruck einer – wohl etwas problematisch konzipierten – Aufklärung begreifen möchte; dementsprechend werden nun plötzlich massiv die Inhalte favorisiert und forciert.

Man könnte darum sagen: heute behandelt die Kunst sich selbst genau so schlecht, wie sie (bzw. Susan Sontag) es früher der Psychoanalyse mit Recht vorgeworfen hat. Vielleicht ist genau das die Situation, in der die Psychoanalyse der Kunst manches zurückgeben könnte, was sie früher an ihr übersehen hat; und zwar, indem sie nicht nur Kunstwerke analysiert, sondern auch dazu beiträgt, einige Ängste und libidinöse Fixierungen aufzulösen, die sich im Kunstbetrieb als hemmende, fixe Ideen und Illusionen festgesetzt haben.

Die formfeindlichen Entwicklungen in der Kunst haben mit vielen strukturellen Ursachen zu tun – der Krise des (Ende der 80er-Jahre überhitzten) Kunstmarktes, der Abhängigkeit von schwindenden (und zunehmend regionalen oder kommunalen) öffentlichen Geldern, der Entscheidungsschwäche der politisch Verantwortlichen, dem (z. B. durch die Kommerzialisierungsschübe des Fernsehens bedingten) Verlust von Öffentlichkeit, der Vorherrschaft der Kuratoren, der Abspaltung des neuen low-budget-Feldes von dem nach wie vor existierenden, aber inzwischen hochgradig kapitalisierten und monopolisierten Kunstmarkt etc.

Aber die entsprechenden Gegenstrategien werden – ganz so, als wären sie nicht aus der Not geboren, sondern einem erfindungsreichen philosophischen Kopf entsprungen – zu einem Programm erhoben und mit rationalen Begründungen legitimiert (bzw. zementiert). Die Träger dieser Bewegung suggerieren sich, Protagonisten eines Aufbruchs zu sein. Es scheint ihnen notwendig, endlich eine von tradierten Mythen befreite Kunst zu erzeugen, die der Rationalität mächtig und der Politisierung fähig ist. Dementsprechend versuchen sie, das Magische aus der Kunst zu verbannen – so als ob dessen Existenz ein Produkt naiven Glaubens wäre und nicht, wie die Psychoanalyse entdeckt hat, des Nichtglaubens.

Alles, was an den Zauber der Kunst erinnert – das Extravagante ihrer Formen, ihr Glamour, der Starkult, das Ekstatische, Exzessive, Auratische, Überraschende, Hinreißende, Obsessive, das Charisma, die Ansprüche auf Größe und überzeitliche Geltung –, all das wird nun misstrauisch beäugt, wenn nicht bekämpft und aus dem Betrieb ausgeschlossen; ganz so, als hätte man soeben zum ersten Mal in der Geschichte erkannt, dass es sich dabei nicht um Wahrheiten, sondern um Mythen handelt. Die früheren Habitusformen der Kunst werden nunmehr als autoritär und übertrieben feierlich betrachtet, und darum erlebt und feiert man jenes Programm, das der Kunsttheoretiker Wolfgang Ullrich unter der Maxime »Tiefer hängen!« treffend zusammengefasst und analysiert hat, als eine Befreiung.[13]

Die Auswirkungen dieses neuen Paradigmas der »Entzauberung«, das weite Teile der jungen Kunst erfasst hat, zeigen sich auf vielen Ebenen; hier sollen nur drei davon – in idealtypisch vergröbernder und der Deutlichkeit halber ein wenig karikierender Darstellung – genannt werden. Erstens herrscht nun Diskursivität statt Obsession und Hermetik: Anstatt Rätsel aufzugeben oder Fragen aufzuwerfen, signalisiert der Künstler zum Beispiel unmissverständlich, dass er Foucault gelesen hat. Seine Arbeiten bestehen vorwiegend aus »Informationen« und sehen darum genauso aus wie die Projektbeschreibung, die er im Vorhinein abliefern musste. Sie lassen sich also ohne Verlust paraphrasieren. Es gibt keinen Überschuss des Signifikanten. Alles wird einem einzigen, klar benennbaren (und anderswo mindestens ebenso gut nachlesbaren) Signifikat untergeordnet.

Zweitens löst eine Art »Demokratie« nun den bisherigen Zwang der Kunst ab. Statt einer herrischen Form, die unbedingt so sein musste (auch wenn möglicherweise niemand begründen konnte, warum), gibt es nun Partizipation. Alle können mitmachen und sich sozusagen plebiszitär an der Entstehung einer temporären, prozesshaften, flachen, aber wohlwollenden Geselligkeit beteiligen, welche zur Erleichterung aller die strenge Aura sowie die Schwierigkeit und Materialität früherer Kunstwerke ersetzen soll.

Schließlich dominiert Bescheidenheit über früheren Glamour. Zum Beispiel schließt eine Kuratorin alle Künstlerinnen aus ihrem Programm aus, die nicht bereit sind, die Tatsache, dass sie Frauen sind, in anklagender Weise in den Vordergrund zu stellen, und die sich in ihrer Arbeit nicht in eindeutiger, nacherzählbarer und möglichst dokumentarischer Form mit Gender-Fragen beschäftigen. Aspirationen auf künstlerische Autonomie oder obsessive Eigenwilligkeit werden zu überholten männlichen Attitüden erklärt. Der Zugang zu einer eigenen formalen Sprache wird Künstlerinnen damit heute ironischerweise von Frauen und im Namen feministischer Theorie noch grundsätzlicher verwehrt, als es früher durch male-chauvinistische Vorherrschaft geschehen ist. Letztere hatte die Frauen aus der avancierten Kunst mit der Begründung ausgeschlossen, dass Frauen so etwas nicht könnten; heute hingegen werden sie aus demselben Bereich mit der Begründung ausgeschlossen, dass sie es gar nicht sollten und dass sie keine Feministinnen wären, wenn sie es versuchten.

Es kommt freilich in einzelnen Fällen vor, dass auch die »tiefer gehängte« Kunst zu interessanten und reizvollen, ja sogar bestechenden Ergebnissen findet. Allerdings scheint dies meist eher trotz als wegen des Paradigmas zu geschehen: zum Beispiel, indem die künstlerische Arbeit das Programm strikt befolgt, nur um sich zugleich ein wenig darüber lustig zu machen.[14] Im Allgemeinen erweckt die dem Mainstream der letzten 15 Jahre verpflichtete Kunst jedenfalls einen eigenartig gehemmten und gebremsten Eindruck. Etwas Faszinierendes gelingt ihr so gut wie nie.[15] Weil sie weitgehend darauf verzichtet, mit formalen Mitteln zu arbeiten und mit Hilfe von Überdeterminierungen neue Signifikanten zu produzieren, vermag sie kaum jemals größere Affektmengen in Bewegung zu setzen.

Das bedeutet allerdings nicht nur einen Verlust an ästhetischem Genuss, sondern auch an politischer Wirkung. Die vermeintliche »Politisierung« schwächt nicht nur die ästhetische Faszinationskraft der Kunst, sondern auch ihre politische Interventionskraft. Wenn der Kunst nämlich jemals wirksame politische Interventionen gelungen sind, dann ist das immer dank bestimmter Signifikanten und durch Bewegung der Leidenschaften geschehen. Denn das politische Feld, an dem die Kunst teilhat, ist das der Ideologie. Die ideologischen Kämpfe aber finden nicht auf der Ebene der Informationen statt, sondern auf der Ebene der Affekte und ihrer Organisation; ihr Einsatz sind, wie Louis Althusser gezeigt hat, nicht Ideen, sondern Identifizierungen.[16] Es ist darum niemals Unwissenheit oder Desinformation, welche die Leute davon abhält, sich gegen Unterdrückung zu wehren, oder sie sogar dazu bringt, diese noch aktiv zu befürworten. Vielmehr ist es immer ein durch Signifikanten organisiertes und gelenktes Begehren.

So konnte zum Beispiel die Propaganda der Nationalsozialisten Mitte der 30er-Jahre in Deutschland die entstehenden Engpässe in der Versorgung mit einer infamen Parole ideologisch in einen Vorteil verwandeln. Die Parole lautete »Kanonen statt Butter«. Ein Mangel auf der Objektseite wurde damit in eine lustvolle Identifizierung übergeführt: Anstatt über den matten Eratz in Form von Margarine zu murren, konnten die Deutschen nun beginnen, sich groß und heldenhaft zu fühlen.

Dem Künstler John Heartfield aber ist es gelungen, eine Strategie gegen diese Affektorganisation zu entwickeln: eine seiner Collagen zeigt, wie sich eine ganze Familie bis hin zum Hund beim Essen über alten Schrott hermacht, und dazu steht geschrieben »Hurrah! Die Butter ist alle!« Damit gelang es ihm, die propagierten asketischen

Ideale wieder zum Objekt materialistischen Gelächters zu machen. Nichts an diesem Kampf jedenfalls betraf Fragen der Information, und keine der beiden Seiten steuerte irgendwelche Neuigkeiten bei; dass es keine Butter gab, wurde vielmehr von allen als bekannt vorausgesetzt. Offen und umkämpft war nur die Frage, welche Leidenschaften und Identifizierungen sich rund um diese bekannte Tatsache mit Hilfe von Parolen aufbauen ließen.

Angesichts der massiven ästhetischen wie politischen Nachteile, welche die zum Programm erhobene »Entzauberung« in der Kunst mit sich bringt, stellen sich zwei allgemeine kulturtheoretische Fragen. Erstens: Was bedeutet es – vor dem Hintergrund der Erkenntnis, dass Fetische Produkte des Nichtglaubens sind –, wenn eine Kultur im Namen von »Aufklärung« massiv beginnt, an der Zerstörung ihrer Fetische, ihrer Mythen und glamourösen Elemente zu arbeiten? Und zweitens: Was ist ein rationaler Umgang mit irrational anmutenden Praktiken und Objekten?

7. Die Vernunft und ihre unvernünftigen Objekte

Aus psychoanalytischer Perspektive lassen sich diese beiden Fragen beantworten, und dies gehört vielleicht zum Wertvollsten und Wichtigsten, was die Psychoanalyse heute der Kunst liefern kann. Erneut liegen diese Verdienste der Psychoanalyse nicht dort, wo sie ausdrücklich von der Kunst spricht; sie stammen vielmehr aus Erkenntnissen, welche die psychoanalytische Theorie an ganz anderen Gegenständen, in ihrer Funktion als Kulturkritik, in der Untersuchung von Religionen, Tabugesellschaften, sexuellem Fetischismus und zwangsneurotischem Aberglauben, gewonnen hat.

Auf die erste Frage, nach der kulturgeschichtlichen Bedeutung von Magiefeindlichkeit, antwortet die Psychoanalyse ausgehend von ihrer Erkenntnis über Fetische, Unheimliches und Dämonen: alle diese »irrationalen« Objekte und die ihnen entsprechenden sexuellen, ästhetischen oder magischen Praktiken setzen die Überwindung der entsprechenden Illusionen voraus. Darum wird jede Zerstörung solcher Praktiken aus psychoanalytischer Sicht als Versuch gewertet werden, diese Überwindung, diesen gewonnenen Abstand zur Illusion, zu kassieren: die Feindseligkeit richtet sich somit in Wahrheit nicht gegen die Illusion, sondern vielmehr gegen die lustvolle Distanz zu ihr. An deren Stelle soll dann eine Illusion inthronisiert werden, zu der kein solcher Abstand mehr möglich ist. So wie Freud in seiner Auseinandersetzung mit den »Reformschüben« in der Geschichte der Religionen wird die psychoanalytische Theorie darum hinter magiefeindlichen Aktivitäten eine religiöse Bestrebung der Verinnerlichung erkennen – analog zu Max Webers Einschätzung der »Entzauberung der Welt« als einem zutiefst religiösen Vorgang.[17]

Dies liefert bereits das Stichwort zur Beantwortung der zweiten Frage. Was ein rationaler Umgang mit irrational anmutenden Praktiken ist, hat die Psychoanalyse wie kaum eine andere Wissenschaft vorgeführt, und sie verfügt (zum Beispiel in der Theorie des Fetischismus und des Unheimlichen) über die dafür notwendigen Begriffe. So hat Sigmund Freud sich entschlossen mit den Phänomenen des Aberglaubens, der Magie, des Tabus oder auch der Telepathie auseinandergesetzt.[18] Der wissenschaftliche Anspruch, den Freud dabei vertrat, ist der einer radikalen und selbstbewussten Vernunft: es geht ihm darum, diesen Phänomenen nicht auszuweichen, sondern in der Auseinandersetzung mit ihnen deren Wirkungen und Erfolge zu erklären – und zwar mit rationalen Mitteln, ohne Zuhilfenahme metaphysischer Annahmen.

Jene »Aufklärung« hingegen, die in der aktuellen Entzauberung der Kunst am Werk ist, vertritt, verglichen damit, eine viel ängstlichere Position. Sie will mit der Magie, an die sie nicht glaubt, auch nichts zu tun haben. Darum verbannt sie sie aus ihrem Feld. Das ist, genau besehen, eine eigentümliche, symptomatische und darum verräterische Doppelbewegung: Denn erst wird etwas für unmöglich erklärt (»Wir haben erkannt, dass es gar keine Magie gibt«), und dann wird es sicherheitshalber auch noch zusätzlich verboten (»Bringt uns bitte ja nichts Magisches«).[19] Das ist der Standpunkt einer ängstlichen, postmodernen Halbvernunft, die auf dem Terrain ihres Gegners nichts gewinnen oder erkennen zu können glaubt und sich darum auf das zurückzieht, was ihr vermeintlich bleibt. Eben dadurch aber verliert sie auch noch dieses Eigene und wird selbst zur Unvernunft: eine Rationalität, die sich durch die Irrationalität begrenzen lässt, ist eben selbst eine. (Denn eine Sache kann, wie Spinoza bemerkte, immer nur durch eine andere begrenzt werden, die von derselben Natur ist.)

Die Psychoanalyse hingegen hat die Magie studiert, um sie rational zu erklären und um das so gewonnene Wissen in ihrer Praxis selbst anzuwenden. Sie arbeitet mit dem Prinzip der Buchstäblichkeit. Dementsprechend hat Freud darauf hingewiesen, dass das Wort ein mächtiges Instrument ist: es kann »unsagbar wohl tun« oder auch »fürchterlich verletzen«; daran zeigt sich, dass es auch in unserer Kultur immer noch einiges von seiner früheren magischen Kraft besitzt. Mit dieser Kraft kann die Psychoanalyse operieren.[20] Aus demselben Grund hat Jacques Lacan den Versuch unternommen, innerhalb der Analyse eine an den vieldeutigen, rätselhaften Äußerungen der antiken Orakel orientierte Sprechweise zu entwickeln.[21]

Die Position der Psychoanalyse besteht darum in einem universellen Anspruch von Rationalität: Sie fordert, das Heilige in der Kultur als Realität anzuerkennen, und die Vernunft nicht in dessen Ignoranz oder Vernichtung, sondern in dessen Erklärung (sowie in den Lehren, die daraus zu ziehen sind) zu suchen. Nicht allein die magischen und glamourösen Praktiken aber erscheinen ihr des Analysierens wert, sondern vor allem auch jene auf Verdrängung zielenden Maßnahmen, die dagegen ergriffen werden. Denn viel irrationaler als das, was ganz offen als solches auftritt, ist eine dagegen ankämpfende Schein-Vernunft, die um ihre eigenen Beweggründe nicht Bescheid weiß und die ihre ganze Energie für die nachträgliche Fabrikation von Rationalisierungen ihrer zweifelhaften Initiativen aufbringt.

Für die Kunst hat die Psychoanalyse darum heute eine doppelte Botschaft, die zugleich beruhigend wie auch verstörend wirken kann. Sie lautet erstens: »Ihr braucht euch vor eurem Zauber nicht zu fürchten.« Und zweitens: »Ihr solltet euch genauer ansehen, aus welchen Gründen ihr euch so heftig dagegen wehrt.« Hier habt ihr allerdings Grund, euch vor der Psychoanalyse zu fürchten.

IV.
EIN HAUCH VON WELT

13. Das vertraute Fremde, das Unheimliche, das Komische
Die ästhetischen Effekte des Gedankenexperiments

1. Der beträchtliche Charme einer zweifelhaften Methode

> »Ich bin Poet.
> Das macht mich interessant.«
> *(Majakowski 1982: 7)*

Schon das Wort »Gedankenexperiment« macht hellhörig. Sein Gebrauch enthält eine kühne Behauptung: nämlich, dass man bloß in Gedanken unbekannte Tatsachen oder Gesetzmäßigkeiten erkennen könne – eine Behauptung, die entweder zum Widerspruch reizen oder aber zum Selbstversuch anregen mag. Die Ungewissheit dieser Behauptung scheint dabei ihrem Reiz nicht abträglich zu sein. Im Gegenteil: das Gedankenexperiment wird zu einer umso faszinierenderen Vorstellung, je weniger seine Leistungsfähigkeit außer Frage steht. Während die Vorstellung gesicherterer Verfahren des Erkenntnisgewinns uns durchaus gleichgültig lassen mag, erscheint die Idee einer in ihrem Wert so ungewissen Methode eigentümlich reizvoll. Das erste Paradoxon des Gedankenexperiments besteht in dieser Disproportion, in diesem unausgewogenen »Reiz-Leistungs-Verhältnis« sozusagen.

Zur reizvollen Ungewissheit, welche die Vorstellung des Gedankenexperiments umgibt, dürfte die Mehrdeutigkeit des Begriffs erheblich beitragen: Was bezeichnet er eigentlich genau? Handelt es sich beim Gedankenexperiment um eine den empirischen Verfahren analoge Vorgehensweise in Gedanken, mit dem Ziel, empirische Versuche vorzubereiten, ihren Sinn zu präzisieren oder sogar deren mögliche Ausgänge vorherzusagen? Kann ein Experiment in

Gedanken wirkliche Experimente ersetzen, wo diese nicht durchführbar sind? Ist es ein Ausflug in die Fiktion mit (eventuell unvorhergesehenem) wissenschaftlichem Nutzen? Ist es ein Instrument der Ethik, das es den Leuten erleichtert, mit Hilfe realitätsferner Annahmen richtige Handlungsentscheidungen in ihrem Individualleben zu treffen?[1] Oder handelt es sich um die künstlerische Darstellung einer unwirklichen Welt, von der wirkliche Menschen, ohne irgendwelche Erkenntnisse gewonnen zu haben, eigentümlicherweise dennoch mindestens so stark beeindruckt und ergriffen werden wie von anderen künstlerischen Darstellungen? – Die Verschiedenartigkeit jener Typen von Gedankenexperimenten, die in einem kurzen gedanklichen Parcours als Erste zur Hand sind, zeigt, dass das Nichtsein, um das es im Gedankenexperiment geht, mindestens ebenso sehr »auf vielfältige Weise ausgesagt wird«, wie Aristoteles es vom Sein festgestellt hat.

1.1

Die theoretische Fragwürdigkeit des Gedankenexperiments betont auch der Philosoph Ludwig Wittgenstein – wobei zugleich die Mehrdeutigkeit dieses Begriffs wieder zutage tritt. Was den theoretischen Wert betrifft, vertritt Wittgenstein dezidiert die Auffassung, dass man in Gedanken keine Experimente machen könne:

»In der Vorstellung eine Tabelle nachschlagen, ist so wenig ein Nachschlagen einer Tabelle, wie die Vorstellung des Ergebnisses eines vorgestellten Experiments das Ergebnis eines Experiments ist.« (Wittgenstein 1980: 147 [§ 265]).

Andererseits aber ist Wittgenstein vielleicht einer jener Philosophen, die am stärksten und eindrucksvollsten gerade mit dem operieren, was man als Gedankenexperiment bezeichnen möchte; er fehlt darum in kaum einer Abhandlung über das Thema. Der Reiz seiner Philosophie rührt zu einem beträchtlichen Teil daher, dass er immer wieder die amüsantesten, abwegigsten und überraschendsten Ideen entwickelt, um mit ihrer Hilfe seinen Argumentationsgängen (darunter sogar seinen abschlägigen Bescheiden über das Gedankenexperiment selbst) eine Wendung zu geben: »Warum kann meine rechte Hand nicht meiner linken Geld schenken?« »Stell dir vor, der Diener lasse das Teebrett mit allem was darauf ist, mit den äußeren Zeichen der Sorgfalt, zu Boden fallen.« »Warum kann ein Hund nicht Schmerzen heucheln. Ist er zu ehrlich?« (Wittgenstein 1980: 148, 112, 142 [§§ 268, 173, 250])

Nun gibt Wittgenstein allerdings einen Hinweis darauf, was der Nutzen und der Einsatzort dieser paradoxen Interventionen ist: Denn was uns von der Wahrheit trennt, ist nicht allein bloße Unkenntnis. Vielmehr sind es oft auch vorgefasste, gewohnte Vorstellungen: »ein Bild hielt uns gefangen« (Wittgenstein 1980: 80 [§ 115]). Genau dort, wo das der Fall ist, muss mit einem Gegenbild interveniert werden:

> »Ich wollte dies Bild vor seine Augen stellen, und seine Anerkennung dieses Bildes besteht darin, daß er nun geneigt ist, einen gegebenen Fall anders zu betrachten […] Ich habe seine Anschauungsweise geändert.« (Wittgenstein 1980: 93 [§ 144])

Das Gedankenexperiment bei Wittgenstein ist dieses Gegenbild. Der Nutzen, den es mit sich bringt, besteht nicht in einem Gewinn an Kenntnis von bislang Unbekanntem, sondern in einem Verlust an bislang selbstverständlichen theoretischen Voreingenommenheiten.

Der Gegenstand, der mit Hilfe eines solchen Gedankenexperiments bearbeitet wird, ist somit nicht das Objekt, über das wir etwas wissen wollten, sondern die fixe Idee, die wir von diesem Objekt hatten. Nach einem erfolgreichen Gedankenexperiment wissen wir darum von diesem Objekt in der Regel noch weniger als vorher; wir können nur unsere Fragen besser stellen. Empirische Experimente liefern Antworten auf Fragen; Gedankenexperimente hingegen ermöglichen Fragen, wo bislang nur voreilige Antworten bestanden hatten.

Durch seine bildliche Kraft interveniert das Gedankenexperiment in jenen Bereich, den der Wissenschaftstheoretiker Gaston Bachelard als das »Imaginäre des wissenschaftlichen Geistes« bezeichnet. Das

Gedankenexperiment durchbricht die »Erkenntnishindernisse« (obstacles épistémologiques), welche dieses Imaginäre errichtet hat.[2] Solche Durchbrüche sind von entscheidendem theoretischen Wert: Erst durch sie gelangt eine Theorie zu einem Objekt und wird fähig, Fragen nach diesem Objekt zu stellen. Bachelard zufolge gibt es keine Wissenschaft, die sich nicht durch einen solchen Durchbruch allererst als Wissenschaft etabliert hätte. Die Verfremdungskraft einer theoretischen Konstruktion gegenüber unseren vertrauten Annahmen und Anschauungen wird seither von den konstruktivistischen Wissenschaftstheorien, in Übereinstimmung mit Bachelard, als eines der entscheidenden Leistungskriterien theoretischer Arbeit betrachtet.[3]

1.2

In dieser auf das Imaginäre gerichteten Kraft dürfte jedoch auch der Grund liegen, weshalb das Gedankenexperiment selbst bei größter Ungewissheit über seinen theoretischen Nutzen immer in höchstem Maß faszinierend erscheint: Das Imaginäre handelt, entgegen dem Anschein, den es erwecken möchte, nicht von Gegenständen, sondern vielmehr von den Subjekten, die diese Gegenstände vorstellen; und es hat viel weniger mit dem Erkennen als mit dem Wünschen zu tun. Bachelard bemerkt:

> »Es genügt uns, von einem Objekt zu sprechen, um zu glauben, wir seien objektiv. Doch durch unsere erste Auswahl bezeichnet eher das Objekt uns, als daß wir es bezeichnen würden, und was wir für unsere grundlegenden Gedanken über die Welt halten, sind oft vertrauliche Mitteilungen über die Jugendlichkeit unseres Geistes.« (Bachelard 1974: 134)

Während echte Erkenntnisse für die meisten Leute fast immer ohne jedes Interesse sind und sich dadurch für sie geradezu in eine Enzyklopädie des »nutzlosen Wissens« einreihen lassen, hat das Gedankenexperiment also immer mit uns selbst, unseren Vorstellungen und Wünschen, zu tun und ist dadurch selbst bei geringem oder nichtigem Erkenntnisgewinn immens interessant. Hierin scheint sich die zentrale These des Stoikers Epiktet zu bewahrheiten, derzufolge es niemals die Tatsachen sind, welche die Menschen in Aufruhr versetzen, sondern immer ihre Einbildungen von den Tatsachen.[4] Genau darum – weil das Gedankenexperiment mit den Einbildungen und nicht mit irgendwelchen Tatsachen zu tun hat – vermag es in (meist freudigen) Aufruhr zu versetzen. Seine Effekte sind in dieser Hinsicht ästhetischer, nicht theoretischer Natur. Das Interesse am Überwinden von Einbildungen und Erkenntnishindernissen ist somit auch ein ästhetisches: Einbildungen losgeworden zu sein – das heißt: zwischen mehreren Bildern wechseln zu können, anstatt auf einer fixen Idee verharren zu müssen, ist ein angenehmes Gefühl. Das Erkennen ist dadurch noch keineswegs vollständig erledigt, allerdings wird ihm auf diesem ästhetischen Weg ein wichtiger Vorschub geleistet. Das mag einer der Gründe dafür sein, weshalb philosophische, auf die Überwindung von Erkenntnishindernissen zielende Kritik sich – wie beispielsweise Jonathan Culler bemerkt hat[5] – von der Philosophie sowie von den Einzelwissenschaften eigentümlich abgelöst hat und in den letzten Jahrzehnten vor allem ein Geschäft der Kunst (und der mit ihr verbundenen theoretischen Praktiken) geworden ist.

1.3

Thomas Macho und Annette Wunschel haben in der Einleitung des von ihnen herausgegebenen Bandes über das Gedankenexperiment die anregende Frage gestellt: »Was wollen wir eigentlich wissen, wenn wir [im Gedankenexperiment] solche Fragen aufwerfen?«[6] – Um darauf eine Antwort zu versuchen, möchten wir aus diesen Überlegungen eine Schlussfolgerung ableiten: nämlich dass Leute, die Gedankenexperimente anstellen, dadurch sehr oft gar nicht zu Wissen gelangen wollen – wie ja überhaupt seitens der lacanianischen Psychoanalyse (entgegen Freuds Annahme vom »Wisstrieb«) bemerkt worden ist, dass eine der stärksten menschlichen Bestrebungen hinsichtlich des Wissens darauf gerichtet ist, bestimmte Dinge nicht zu wissen.[7] Ein Großteil der Gedankenexperimente in Literatur und Film handelt darum nicht von den Gesetzmäßigkeiten einer fremden (aber aus unerfindlichen Gründen doch für uns interessanten), unser bisheriges Wissen bereichernden Welt, sondern gerade von unserer eigenen Welt, nur in einer zur Kenntlichkeit entstellten, parabelhaften oder parodistischen Form. Die Präambel »*Wie wäre es, wenn …*« ist darum nur eine charmant verschleierte Form der Aussage »*So ist es jetzt, und bei uns*«.

Die Grundidee des Films »Minority Report« (USA 2002) zum Beispiel – dass man Verbrecher noch vor ihren Taten ausfindig machen könne – bezeichnet eine in den aktuellen Sozialwissenschaften bereits verfolgte Hypothese; in neueren psychologischen Testverfahren will man bereits heute zum Beispiel grenzpsychotische, latent gewaltbereite Täter von anderen, leichter durchschaubaren Charakteren unterscheiden können. Der in den 70er-Jahren in der ČSSR gedrehte Science-Fiction-Film »Planet der Frauen«, der eine Welt beschreibt, in der Männer und echte Marmelade abgeschafft bzw. verboten sind, handelt in humorvoller Weise von leicht wiedererkennbaren Elementen der realsozialistischen Welt: von Dissidentinnenzirkeln, die heimlich echte Marmelade naschen, sowie vom Prinzipienverrat der Eliten, die in Wahrheit männlichen Geschlechts sind. Und »Matrix« (USA 1999) handelt nicht nur von dem unter Bewohnern der sogenannten »ersten Welt« verbreiteten Gefühl, in einer künstlichen Ökonomie sowie in einer auf gefälschten Informationen beruhenden Welt zu leben,[8] sondern auch – gegen den Strich gelesen – von einer Bande genussfeindlicher Metaphysiker, die ohne jeden Grund lieber die rote Pille einer vermeintlichen Wahrheit als die blaue Pille des angenehmen Lebens schlucken, worin sich unschwer die der neoliberalen Politik so förderlichen asketischen Tendenzen innerhalb der aktuellen Alltagskultur erkennen lassen, denen zufolge alles, was Genuss verschaffen kann, zunehmend zu einem gerichtlich verfolgenswerten Gräuel wird (ganz ähnlich übrigens wie in der Welt von »Planet der Frauen«).

Die Gedankenexperimente dieser Art entführen uns also niemals in fremde, sondern immer in »vertraute fremde Welten«.[9] Die Wirkungen, auf die solche Gedankenexperimente abzielen, sind nicht theoretischer Natur, sondern ästhetischer. Sie wollen nicht Erkenntnis vermitteln, sondern Genuss bereiten – zum Beispiel den des Distanzgewinns im Wiedererkennen.

2. Auflachen oder Erschrecken

> »Alle meine Stücke sind Tragödien – sie werden nur komisch, weil sie unheimlich sind.«
>
> *(Horvath 1978, Bd. 8: 664)*

Wenn es gelingt, die eigene, vertraute Welt mit Hilfe der Präambel »Wie wäre es, wenn…« in einem Gedankenexperiment in der soeben beschriebenen Weise zu verfremden, dann können zwei Arten von Genuss entstehen: entweder wir fühlen uns beim Vorstellen der fremden Welt in eigenartig unheimlicher Weise an unsere eigene Welt erinnert, oder wir lachen erheitert auf, weil wir dasjenige, was eben noch als eine fremde Welt erschien (in einem früheren Moment; oder für irgendjemand anderen), ganz klar als unsere eigene erkennen können.

Das Gedankenexperiment als Mittel zur Herstellung ästhetischer Effekte, die auf dem Prinzip des vertrauten Fremden beruhen, spielt darum eine entscheidende Rolle bei zwei speziellen ästhetischen Genres: im Komischen der Komödie und im Unheimlichen. Diese beiden Genres weisen eine eigentümliche Strukturanalogie auf, die bislang wenig bemerkt worden ist.[10] Immerhin zeigt die Alltagssprache eine gewisse Sensibilität dafür – zum Beispiel in der Redewendung »ich hatte so ein komisches Gefühl«, die sich viel eher auf etwas *Unheimliches* als auf die vertrauten Charakteristika der Komödie bezieht. Umgekehrt werden manche Dinge mitunter als »unheimlich komisch« bezeichnet, was wiederum viel weniger auf jenes besondere Angst erregende verweist, aus dem das Unheimliche besteht, als auf eine verstärkte *komische* Seite an diesen Dingen.

In wenigstens vier Punkten erscheinen das Komische der Komödie und das Unheimliche deckungsgleich. Diese vier Punkte möchten wir wie folgt benennen: Auftreten symbolischer Kausalität, Gelingen, Wiederholung, Double. Um wenigstens anzudeuten, inwiefern diese Punkte ein System bilden, wollen wir versuchen, ihren Zusammenhang ausgehend von einem sehr augenscheinlichen Genremerkmal der Komödie zu entwickeln.

Als eines der hervorstechendsten und bedenkenswertesten Merkmale der Komödie erscheint uns deren *polygame Position*. Die Polygamie der Komödie ist offensichtlich. Nicht nur, dass Ehebruch, Mehrfach-Eheschließung oder auch über die Zahl 2 hinausreichende Liebesbeziehungen sehr häufig vorkommen (wobei übrigens die Verbindung mit der Heiterkeit sich keineswegs von selbst versteht)[11] –, oft proklamiert die Komödie solche Polygamie auch als Glücksvorstellung:[12] Viele Happy Ends bei Lubitsch beispielsweise bestehen darin, dass eine Menage à trois über die Monogamie obsiegt hat und triumphierend davonzieht; eines der (wie die Gattung der Komödie überhaupt) seltener gewordenen aktuellen Beispiele davon bildete vor kurzem das Gespann Cate Blanchett/ Billy Bob Thornton/Bruce Willis in Barry Levinsons wunderbarer Gangsterkomödie »Bandits« (USA 2001).

Dem liegt eine erste Struktureigenschaft der Komödie zugrunde: nämlich das Gesetz »aus Spaß wird Ernst« bzw. »aus Darstellung wird Dargestelltes«. Viele der polygamen Abenteuer in den Komödien entstehen nämlich dadurch, dass (aus Gründen der Intrige) Liebe gespielt werden muss und dass aus dieser gespielten Liebe dann echte Liebe wird. So muss zum Beispiel William Powell in Jack Conways Screwball-Comedy »Libeled Lady« (USA 1936) im Auftrag einer Tageszeitung erst zum Schein Jean Harlow ehelichen, um dann als verheirateter Mann mit Hilfe von gespielter Liebe in einer Affäre den Ruf von Millionärstochter Myrna Loy zu ruinieren. Klarerweise entsteht, dem Gesetz der Komödie entsprechend, aufseiten beider Damen sowie auch der Powells selbst plötzlich echte Liebe, was zu nicht unerheblichen komischen Temposteigerungen und Komplikationen führt.

Diese Gesetzmäßigkeit, wonach aus Spiel Wirklichkeit wird, kann man auch – mit Lévi-Strauss (1978) – als *Auftreten symbolischer*

Kausalität bezeichnen. Das Auftreten symbolischer Kausalität entspricht der *anti-psychologischen* Position der Komödie. Anders als die Tragödie gibt die Komödie immer dem Existierenden, dem Dargestellten, dem Augenschein, dem Offensichtlichen recht – und nicht den Intentionen der Akteure. »Wenn Liebe dargestellt wird, dann ist sie wirklich da«, argumentiert die Komödie. Insofern ist die Position der Komödie materialistisch und (was hier dasselbe ist) strukturalistisch. Die Tragödie hingegen vertritt grundsätzlich die Auffassung, dass die Akteure mit ihren Absichten, Gefühlen und Überzeugungen im Recht wären gegen das Existierende, das Dargestellte, den Augenschein, das Offensichtliche. »Nicht die Darstellung, sondern das, was die Darsteller in ihrem Inneren fühlen, ist entscheidend«, behauptet die Tragödie.[13] Die Position der Tragödie ist darum idealistisch und metaphysisch. Die aus dem alltäglichen Leben doch so vertraute Tatsache, dass aus Darstellung tatsächlich das Dargestellte hervorgehen kann, ist für die Tragödie darum notwendigerweise undarstellbar. Dass Ernst ein Effekt des Spiels sein kann, ist für die um den Ernst so besorgte Tragödie ein unerträglicher Gedanke.

Anders als in der Tragödie jedoch verhält es sich im Genre des Unheimlichen. Das Unheimliche entsteht – genau wie das Komische der Komödie – sehr oft dadurch, dass aus einer Darstellung das Dargestellte selbst hervorgeht bzw. daraus hervorzugehen scheint. Freud berichtet beispielsweise von seiner Lektüre einer englischen Erzählung, worin »ein junges Paar eine möblierte Wohnung bezieht, in der sich ein seltsam geformter Tisch mit holzgeschnitzten Krokodilen befindet. Gegen Abend pflegt sich dann ein unerträglicher, charakteristischer Gestank in der Wohnung zu verbreiten, man stolpert im Dunkeln über irgendetwas, man glaubt zu sehen, wie etwas Undefinierbares über die Treppe huscht, kurz, man soll erraten, dass infolge der Anwesenheit dieses Tisches gespenstische Krokodile im Hause spuken oder dass die hölzernen Scheusale im Dunkeln Leben bekommen oder etwas Ähnliches« (Freud 1919h: 267). Es handelt sich also um ein Auftreten symbolischer Kausalität; oder, wie Freud sagt: um den Fall, dass »ein Symbol die volle Leistung und Bedeutung des Symbolisierten übernimmt« (ebd.). Auch das anti-psychologische Moment, das uns bei der symbolischen

Kausalität in der Komödie begegnet war, tritt hier wieder auf: Gegen das bessere, innere (»psychologische«) Wissen der Akteure, wonach es sich bei den geschnitzten Krokodilen »bloß um Symbole« handle, setzt sich der oberflächliche Eindruck, der Augenschein, dass es doch anders sein könnte, in ein eigentümliches Recht. Dies kann, was das Unheimliche betrifft, am folgenden Punkt noch deutlicher gezeigt werden.

Neben dem Gesetz »aus Spiel wird Wirklichkeit« lässt sich aus der Polygamie der Komödie eine zweite Struktureigenschaft ableiten: nämlich das Paradigma des Gelingens. In der Komödie gelingt alles, ja es gelingt oft sogar zu viel. Dem armen William Powell gelingen in »Libeled Lady« statt einer bloß gefälschten amourösen Eroberung gleich zwei echte. Dem tapferen Schauspieler Josef Tura in »To Be Or Not To Be« gelingt im Hauptquartier der Gestapo der Beweis, wonach er selbst der Professor Siletsky sei, und nicht der ebenfalls anwesende tote, echte, und auch viel echter anmutende Siletsky. Aber nicht nur das: gleich darauf gelingt seinen als SS-Trupp hereinplatzenden Schauspielerkollegen auch noch die »Rettung« Turas, indem sie nun Tura wieder als Schwindler »entlarven« und »abführen«.

Während die Tragödie auf dem Prinzip des Scheiterns aufbaut, arbeitet die Komödie mit dem Prinzip des Gelingens. In Bezug auf die Liebe hat das zur Folge, dass es in der Tragödie, wenn überhaupt, dann scheiternde Liebe gibt – wobei das Scheitern der Liebesbeziehung von der Tragödie als Beweis ihrer Echtheit gewertet wird: alles was echt ist, ist für die Tragödie (aufgrund ihrer metaphysischen Position) nicht von dieser Welt. In der Komödie hingegen gibt es dank dem Paradigma des Gelingens immer reichlich gelingende Liebe – wenn nicht sogar Liebe im Überfluss, Mehr-Liebe sozusagen, »surplus-love«;[14] wobei hier das Gelingen durchaus als Beweis der Echtheit gewertet wird: denn alles, was großartig ist, ist für die Komödie (aufgrund ihrer materialistischen Position) von dieser Welt – wenn nicht sogar noch einige Dinge mehr.

Wie die Komödie basiert auch das Genre des Unheimlichen auf dem Prinzip des Gelingens. So schreibt Freud über einen der seiner Ansicht nach »unzweifelhaften Fälle des Unheimlichen«:

»Im ›Ring des Polykrates‹ wendet sich der Gast mit Grausen, weil er merkt, dass jeder Wunsch des Freundes sofort in Erfüllung geht, jede seiner Sorgen unverzüglich vom Schicksal aufgehoben wird. Der Gastfreund ist ihm ›unheimlich‹ geworden.« (Freud 1919h, 261 f.)

Auffällig an diesem Beispiel ist, dass das Unheimliche hier als reines Gelingen, noch ohne jede ersichtliche Beimengung von offenkundig Schrecklichem, auftritt. Der Gast des Polykrates erklärt sein Gefühl daraus, »dass der allzu Glückliche den Neid der Götter zu fürchten habe« (Freud ebd., 262).

Aufgrund der Fragwürdigkeit dieser Auskunft erläutert Freud das Unheimliche solchen Gelingens dann mit einem weiteren Beispiel – einer Anekdote aus dem Leben des sogenannten »Rattenmannes«, an der allerdings auch das Schreckliche offenkundig ist:

»In der Krankengeschichte eines Zwangsneurotikers habe ich erzählt, daß dieser Kranke einst einen Aufenthalt in einer Wasserheilanstalt genommen hatte, aus dem er sich eine große Besserung holte. Er war aber so klug, diesen Erfolg nicht der Heilkraft des Wassers, sondern der Lage seines Zimmers zuzuschreiben, welches der Kammer einer liebenswürdigen Pflegerin unmittelbar benachbart war. Als er dann zum zweiten Mal in diese Anstalt kam, verlangte er dasselbe Zimmer wieder, mußte aber hören, daß es bereits von einem alten Herrn besetzt sei, und gab seinem Unmut darüber in den Worten Ausdruck: Dafür soll ihn aber der Schlag treffen. Vierzehn Tage später erlitt der alte Herr wirklich einen Schlaganfall. Für meinen Patienten war dies ein ›unheimliches‹ Erlebnis.« (Freud 1919h: 262)

Am Gelingen dieser Verwünschung ist das unheimliche Moment leicht erkennbar. Wäre das Ausmaß des verursachten Unglücks geringer, könnte die Sache allerdings auch leicht ins Komische umkippen – zum Beispiel, wenn jemandem beim Beobachten eines Fußballspiels die Verwünschung eines gegnerischen Elfmeterschützen gelingt. Am reinen Gelingen des Polykrates hingegen ist der Grund für das Gefühl des Unheimlichen weniger evident. Die Durchlässigkeit hin zum Komischen jedoch ist auch hier gegeben: unverhoffte Gewinne im Lotto nach zufälligem Loserwerb oder bei Geschicklichkeitsspielen haben bisweilen etwas Komisches an sich.

In einem Punkt scheinen sich die beiden Beispiele Freuds allerdings zu unterscheiden: Polykrates *tut nichts* für sein erstaunliches Glück; er lebt einfach in einer wunschgerechten Welt. (Dies ist für jeden, der wie der Gast die feste Auffassung vertritt, dass die Welt nicht so ist, eine unheimliche Anmutung.) Der Rattenmann dagegen tut etwas – allerdings *nicht für sein Glück*. Er wünscht ja dem alten Herrn gar nicht wirklich den Tod. Unheimlich ist an diesem Gelingen vielmehr das In-Kraft-Treten der Verwünschung trotz ihres Nichternstgemeintseins. Im Fall des Rattenmanns ist das Gelingen zugleich ein Auftreten symbolischer Kausalität.

Die symbolische Kausalität tritt überdies für den Rattenmann nicht nur gegen seine Absicht auf, sondern auch gegen seinen Verstand: Hatte er selbst gemeint, dass seine Äußerung nur ein Scherz, »bloß Worte«, gewesen wären, so antwortet ihm die Realität, als ob sie es anders verstanden hätte. Sein vernünftiges Wissen, dass er nicht zaubern kann, dass seine Worte nicht töten können, scheint hier außer Kraft gesetzt. Darin zeigt sich sehr deutlich jenes antipsychologische Moment des Unheimlichen, das uns zuvor bereits an der Komödie aufgefallen war: Es kommt nicht auf die Absichten, das Wissen und Verständnis der Akteure an. Die Realität scheint vielmehr dem Augenschein zu folgen – das heißt in diesem Fall: einer oberflächlichen Interpretation dessen, was der Mann gesagt hat. Damit entsteht auch ein unheimlicher, unserem alltäglichen Verständnis entgegengesetzter, anti-psychologischer Typ von Schuld: Der Rattenmann fühlt sich schuldig, obwohl er weder etwas Böses beabsichtigt noch solches getan hat. Die Schuld des Unheimlichen beruht vielmehr auf symbolischer Kausalität; für solche *magische Schuld* ist der Augenschein hinreichend.[15]

Das dritte Genreelement, das die Komödie mit dem Unheimlichen teilt, besteht in der Wiederholung von Szenen. Ein legendäres Beispiel hierfür bildet in Lubitschs »To Be or Not To Be« das verdoppelte Zusammentreffen zwischen Professor Siletsky und Konzentrationslager-Erhardt, wobei der Schauspieler Tura erst als

Erhardt, dann als Siletsky figurieren muss.[16] Ebenso kennt das Unheimliche die Wiederholung – und auch hier ist sie übrigens mitunter nicht ohne Bezug zur Polygamie: Freud selbst berichtet von seinem peinlichen Spaziergang durch eine italienische Stadt, als ihn sein Weg, trotz gegenteiliger Anstrengung, wiederholt in jene Straße zurückführte, »über deren Charakter ich nicht lange in Zweifel bleiben konnte. Es waren nur geschminkte Frauen an den Fenstern der kleinen Häuser zu sehen [...]« (Freud 1919h: 260). Bei dieser Gelegenheit merkt Freud auch die Möglichkeit des Umschlagens ins Komische an.

Und schließlich zeigt sich die Strukturidentität von Komödie und Unheimlichem im Merkmal der Verdoppelung von Figuren. In Chaplins Komödie »The Great Dictator« (USA 1940) gibt es nicht nur einen Hitler, sondern zwei. Und Lubitschs Klassiker zum selben Thema liefert ein regelrechtes Furioso von Verdoppelungen: zwei Hitler, zwei KZ-Erhardts, zwei Professoren Siletsky, mit zwei falschen Bärten. Als Element des Unheimlichen tritt die Verdoppelung in der reichlich kommentierten Gestalt des Doppelgängers auf (s. Freud 1919h: 257 ff.; Rank 1993). Zwar mag hier, im Unterschied zum Doppelgängertum der Komödie, die Verdoppelung des *Ich* eine besonders privilegierte Rolle spielen, doch auch die übrigen Formen von menschlicher Multiplizität können unheimlich wirken. Pascals berühmte Bemerkung, wonach zwei ähnliche Gesichter, »von denen keines für sich allein lächerlich wirkt, [...] gemeinsam durch ihre Ähnlichkeit zum Lachen [reizen]«,[17] könnte darum leicht auch im Sinn des unheimlichen Effekts reformuliert werden.

Wenn wir mit der Behauptung dieser an vier Punkten vorgeführten Strukturidentität von Komödie und Unheimlichem recht haben, dann stellt sich die Frage, ob nicht das Gedankenexperiment geeignet ist, sie zu erklären. Vielleicht bildet es den Schlüssel zum Verständnis dieses ständig wiederkehrenden unheimlichen bzw. komischen Zusammentreffens von Unheimlichem und Komischem.

3. Das Gedankenexperiment im Unheimlichen und im Komischen. Arten des Umgangs mit Illusionen

> »Denke, ich sage von einem Freunde: ›Er ist kein Automat.‹
> – Was wird hier mitgeteilt, und für wen wäre es eine Mit-
> teilung?«
>
> *(Wittgenstein 1980: 283)*

Warum ist das Gedankenexperiment so geeignet, die ästhetischen Effekte des Unheimlichen und des Komischen hervorzurufen? Oder umgekehrt gefragt: Inwiefern beruhen Unheimliches und Komisches auf einem Gedankenexperiment?

Zunächst fällt auf, dass gerade das, was Gegenstand von Gedankenexperimenten ist, oft auch den Inhalt des Komischen wie des Unheimlichen ausmacht: der Gedanke zum Beispiel, dass menschliche Figuren in Wahrheit Automaten sein könnten, ist für Descartes ein Gedankenexperiment.[18] Für Bergson dagegen bildet dieser Gedanke die Quelle des Komischen.[19] Für Freud schließlich liegt im Automatentum der Menschen ein Grund für das Gefühl des Unheimlichen: Zwar hält Freud hinsichtlich E. T. A. Hoffmanns Erzählung »Der Sandmann« (gegen die Auffassung von E. Jentsch) noch fest, »daß das Motiv der belebt scheinenden Puppe Olimpia keineswegs das einzige ist, welches für die unvergleichlich unheimliche Wirkung der Erzählung verantwortlich gemacht werden muß, ja nicht einmal dasjenige, dem diese Wirkung in erster Linie zuzuschreiben wäre« (Freud 1919h, 251). Regelrecht unheimlich erscheinen Freud dann aber jene Fälle, wo sich der Wiederholungszwang als unerbittlicher Mechanismus im Verhalten der Menschen geltend macht und sie gegenüber seiner Eigendynamik hilflos erscheinen lässt.[20]

Diese Motiv-Identität zwischen Gedankenexperiment auf der einen und Unheimlichem/Komischem auf der anderen Seite wird ermöglicht durch eine einfache Gesetzmäßigkeit: Unheimliches und Komisches setzen ein Gedankenexperiment voraus. Denn der Eindruck des Unheimlichen oder des Komischen entsteht immer dann,

wenn die Welt selbst in einem Moment und an einem bestimmten
Punkt so erscheint, als ob sie einem Gedankenexperiment entsprechen
würde – zum Beispiel wenn Menschen sich einen Moment lang so
bewegen, als ob sie tatsächlich jene Automaten wären, die Descartes
in seinem Gedankenexperiment sich vorzustellen versucht. Die allgemeine Formel dieser Struktur gibt Freud in Bezug auf das Unheimliche wie folgt an:

> »[...] daß es nämlich oft und leicht unheimlich wirkt, wenn die
> Grenze zwischen Phantasie und Wirklichkeit verwischt wird,
> wenn etwas real vor uns hintritt, was wir bisher für phantastisch
> gehalten haben [...]« (Freud 1919h: 267).

Das bedeutet, dass für das Unheimliche und das Komische zwei
Bedingungen erforderlich sind: erstens muss die Welt selbst die
Anmutung eines Gedankenexperiments aufweisen; aber zugleich
darf, zweitens, das »Phantastische«, »Experimentelle«, Fiktive daran
nicht verschwinden. Würde man etwa aus einer solchen seltsamen
Anmutung bloß die Schlussfolgerung ziehen, dass die Welt eben
so sei (dass also z. B. die Menschen wohl eben Automaten seien),
dann käme weder ein unheimlicher noch ein komischer Effekt zustande.

Es muss also ein Widerspruch zwischen der einzelnen Erfahrung
und unserer allgemeinen Überzeugung entstehen. Und dabei muss
die einzelne, seltsame Erfahrung Teil einer ganzen (»phantasti-
schen«) Erzählung sein, die mit unserer (»wirklichkeitsgetreuen«)
Auffassung von der Welt nicht vereinbar ist. Denn nicht jedes seltsame Detail ist gleich unheimlich oder komisch – manche sind
bloß interessant, regen zu weiterer Erforschung an etc. Nur wenn
das unstimmige Element auf eine ganze phantastische, gedanken-
experimentelle Erzählung verweist, die uns bekannt ist und die wir
ohne zu zweifeln für fiktiv erachten,[21] dann entsteht der Eindruck
des Unheimlichen oder Komischen. Ist uns hingegen keine derartige Erzählung bekannt, dann unterbleibt der unheimliche bzw. komische Eindruck. (Darum sind manche Erfahrungen für bestimmte
Kulturen unheimlich bzw. komisch, für andere nicht.)[22]

Damit der unheimliche bzw. komische Eindruck entsteht, muss

jedenfalls gegen den Augenschein der entsprechenden Erfahrung daran festgehalten werden, dass die Erzählung, die sie nahelegt, doch eine Illusion ist. Die Fiktion des Gedankenexperiments muss somit im Unheimlichem wie im Komischem von vorneherein *als Fiktion*, als suspendierte Annahme, ins Leben gerufen werden. Die Formel »Wie wäre es, wenn …« bedeutet hier zunächst: »Klarerweise ist es nicht so, aber dennoch scheint es, als ob …«.

Indem eine Fiktion als Fiktion behandelt wird, wandert sie als Illusion auf die Seite der anderen. Nicht wir sind es, die das glauben, was die Fiktion ausmalt, sondern allenfalls irgendwelche anderen – andere, die wir gelegentlich noch als Personen vor Augen haben oder wenigstens glauben, uns vorstellen zu können; bisweilen verschwenden wir auch keinen Gedanken an sie.[23] Insofern produziert die Präambel des Gedankenexperiments genau das, was Octave Mannoni in der Klinik, im Alltagsleben sowie in der Ästhetik bemerkt und mit der Formel »Ich weiß zwar, dennoch aber…« bezeichnet hat.

Was ästhetische Effekte betrifft, ist Mannonis Formel äußerst erhellend. Obwohl Mannoni selbst sie hinsichtlich der Kunst in erster Linie in Zusammenhang mit den heiteren Illusionen der Komödie verortet,[24] zeigen doch einige seiner Beispiele auch, dass genau dieselbe Struktur ebenso gut die Wirkungen des Unheimlichen hervorrufen kann.[25] Dies wirft die Frage nach der »ästhetischen Neurosenwahl« auf – d. h. die Frage nach dem Kriterium, demzufolge die eine Struktur, die sich in so unterschiedlicher Weise äußern kann, in der einen oder aber in der anderen Wirkung zutage tritt. Wann also produziert die aufgehobene Illusion des Gedankenexperiments den Effekt des Komischen, und wann den des Unheimlichen?

4. Unheimlich oder komisch? Why not sneeze, Rrose Selavy?

»Das Niesen beansprucht alle Kräfte der Seele, ebenso sehr
wie der Geschlechtsakt; doch leitet man daraus nicht dieselben Schlußfolgerungen gegen die Größe des Menschen
ab, weil es gegen seinen Willen geschieht.«

(Pascal 1965: 131; Übers. R. P.)

Zunächst könnte es scheinen, dass die Illusion, die im Komischen
als aufgehobene wirkt, genau dann unheimlich wird, wenn sie ihre
Suspendierung verliert. Mannonis Interpretation einer Episode Ca-
sanovas scheint in diese Richtung zu zielen: Was für Casanova als
heiterer Zaubertrick beginnt, mit dem er anderen, naiven Personen
imponieren will, wird für ihn zu einer unheimlichen Erfahrung
in dem Moment, in dem diese anderen geflüchtet sind und somit
niemand mehr da ist, der das glauben könnte, was Casanova selbst
nicht glaubt. Diese Abwesenheit, diese »défaillance des crédules«,
lässt nun bei Casanova selbst Angst entstehen: »si sa croyance à la
magie retombe pour ainsi dire sur lui-même, il est saisi d'angoisse«
(Mannoni 1985: 30).

Wenn die anderen weg sind, fällt die Illusion gleichsam auf ihn
selbst zurück; sie verliert ihre Aufhebung, die durch die Präsenz der
anderen, Leichtgläubigen, gesichert gewesen war. Die anfangs komische Sache würde somit aufhören, ein Gedankenexperiment zu
sein, und genau dadurch unheimlich werden. Dieser Tatbestand
würde uns somit – hinsichtlich der Frage des Kriteriums – zu der
folgenden Antwort veranlassen: *Das Komische ist das Unheimliche
der anderen.* Was für uns komisch ist, weil es eine Illusion beinhaltet,
der wir nicht verfallen, ist für andere, Naiv-Schutzlose, unheimlich.[26]
Wenn wir dagegen selbst schutzlos sind und der Illusion verfallen,
ist sie für uns unheimlich, während sie gerade dadurch für andere
komisch werden mag.[27]

Allerdings scheint dieser Befund unserer gesamten bisherigen
Entdeckung zu widersprechen: was uns zunächst so sehr beschäftigt
hatte, war ja die Strukturidentität von Komischem und Unheim-

lichem; die Tatsache, dass in beiden ein Gedankenexperiment, eine aufgehobene Illusion, am Werk zu sein schien. Nun hingegen wäre das Gedanklich-Experimentelle nur im Komischen, nicht aber im Unheimlichen gegeben.

Gegen diese Auffassung gibt es jedoch massive Einwände. Dass gerade die Empfindung des Unheimlichen an die Bedingung einer aufgehobenen Illusion gebunden ist, stellt Freud fest: er bemerkt, dass wir bestimmte Überzeugungen »überwunden« haben müssen, um der Empfindung des Unheimlichen fähig zu sein (Freud 1919h: 270, 271).[28] So ist es zum Beispiel notwendig, den Glauben an Geister oder an symbolische Kausalität überwunden zu haben, um eine Gespenstergeschichte oder eine Geschichte, in der geschnitzte Krokodile lebendig werden, als unheimlich zu erfahren. Genau darin besteht Freud zufolge der Unterschied in der Ästhetik der Gespenstergeschichte von der des Märchens: Die Gespenstergeschichte setzt voraus, dass es keine Gespenster gibt; dass es dann dennoch so scheint, als ob es sie gäbe, erzeugt die unheimliche Wirkung. Im Märchen dagegen sind die Voraussetzungen anders: »Die Welt des Märchens [...] hat den Boden der Realität von vornherein verlassen und sich offen zur Annahme der animistischen Überzeugungen bekannt. Wunscherfüllungen, geheime Kräfte, Allmacht der Gedanken, Belebung des Leblosen, die im Märchen ganz gewöhnlich sind, können hier keine unheimliche Wirkung äußern [...]« (Freud 1919h: 272). Genau wie das Komische beruht also auch das Unheimliche gerade auf der Suspendierung der Illusion, auf einem »Ich weiß zwar, dennoch aber ...«. Nur wer die Illusion durch solches bessere Wissen »überwunden« hat, kann von der Empfindung des Unheimlichen erfasst werden. Die Illusion darf somit nicht auf einen selbst zurückfallen – sie muss eine Illusion der anderen bleiben, sonst ist mit dem Abstand zu ihr auch das Unheimliche dahin.

Das bessere Wissen, das durch Mannonis Formel benannt wird, ist also notwendig, damit von der Illusion die Wirkung des Unheimlichen ausgeht. Nur als überwundene kann sie Furcht erregen. In dieser paradoxen Konsequenz besteht die Pointe von Mannonis Formel hinsichtlich des Unheimlichen: *Nicht mangelnde Aufklärung, sondern, im Gegenteil, das Wissen selbst macht uns ängstlich.*[29] Nur wenn wir wissen, dass es keine Geister gibt, können sie uns ängstigen. Richtig erschrecken kann man darum nur Leute, die nicht an Gespenster glauben.

Anders als Mannoni scheint Freud, obwohl er das Überwundensein der Illusion als Bedingung des Unheimlichen klar betont, doch zu der vertrauteren, dem Common Sense näheren Auffassung zu neigen, dass das Auftauchen des Unheimlichen einer nicht ausreichend »gründlichen und endgültigen Erledigung« der illusorischen Auffassungen zu verdanken wäre (s. Freud 1919h: 270). Entscheidend hinsichtlich dieser theoretischen Spannung innerhalb von Freuds Text ist jedoch sein Hinweis, dass das Unheimliche, als etwas ehemals Heimliches, d.h. Vertrautes und Lustvolles, nur nach seinem »Sturz«, d.h. nach seiner Überwindung, überhaupt den unlustvollen Charakter des Furchterregenden erhält. Unter Verweis auf Heine bemerkt Freud: »Der Doppelgänger ist zum Schreckbild geworden, wie die Götter nach dem Sturz ihrer Religion zu Dämonen werden« (Freud 1919h: 259). Wäre nicht bereits ein Sturz der Illusion durch besseres Wissen erfolgt, so könnte der Gegenstand dieser Illusion keine Furcht erregen. Ohne Aufklärung würden wir in der Welt des Märchens leben, die keine unheimliche ist. Solange wir an die Dämonen glauben, bleiben sie Götter; erst nachdem wir aufgehört haben, an sie zu glauben, haben wir Grund, sie zu fürchten. Es gibt keine anderen Dämonen als solche, an die nicht geglaubt wird.

Wenn nun also, wie diese Belege zeigen, auch das Unheimliche auf der Bedingung einer aufgehobenen Illusion beruht – können wir dann unsere zuvor aufgestellte Formel, das Komische sei das Unheimliche der anderen, in irgendeiner Weise retten? Wenn Komisches und Unheimliches gleichermaßen auf einer suspendierten Illusion beruhen – wie lässt sich dann ihr Unterschied, den wir mit unserer Formel bezeichnen wollten, theoretisch fassen?

Ein weiteres Beispiel von Mannoni ist vielleicht geeignet, Licht in diese Angelegenheit zu bringen: Wenn, so Mannoni, ein Schauspieler, der einen Toten darstellen soll und reglos auf der Bühne liegt, vielleicht ein wenig Staub in die Nase bekommt und niesen muss, dann wird das Publikum lachen müssen.[30] Scharfsinnig analysiert Mannoni die Eigenart dieses Lachens: Das Publikum lacht ja nicht deshalb auf, weil es von der traurigen Überzeugung befreit worden wäre, dass der Mann tot sei. Vielmehr ist das Publikum, so Mannoni, durch das Niesen des Schauspielers von der Verpflichtung zur Aufrechterhaltung der theatralischen Illusion befreit worden: »Alles scheint dafür eingerichtet zu sein, die Illusion hervorzubringen, aber bei irgendeinem anderen – so, als ob wir [das Publikum] mit den Schauspielern unter einer Decke steckten« (Mannoni 1985: 163 f.). Nicht die erfreuliche Neuigkeit, dass der Mann doch lebt, sondern das vorstellbare Erstaunen eines naiven Dritten, der den theatralischen Illusionen Glauben schenkt und von Schauspielern und Publikum gemeinsam getäuscht wird – und für den der Eindruck vom Niesen des Toten darum wohl unheimlich wirken müsste –, ist der Gegenstand solchen Lachens.

Unschwer lassen sich nun an diesem Beispiel die Parameter derart verändern, dass der Effekt des Unheimlichen entsteht: Würde jemand, den wir für tot halten, plötzlich niesen, so wäre dies wohl für uns selbst unheimlich. Nun spielten wir die Rolle jenes Naiven, der in Mannonis Beispiel der naive Dritte ist. Doch auch dem Fall unseres eigenen unheimlichen Erschreckens liegt eine Nicht-Naivität, eine suspendierte Illusion, zugrunde. Denn damit uns die Erfahrung vom Niesen eines vermeintlich Toten unheimlich sein kann, müssen wir die Illusion überwunden haben, dass Tote niesen können. Nur in einer Kultur, in der Märchen vom Weiterleben der Toten (einschließlich ihres Niesens) kolportiert werden, können wir mit einer solchen Illusion in Berührung gekommen sein. Und nur, wenn wir sie überwunden haben, sind wir der Empfindung des Unheimlichen fähig. Weil wir nicht an die (uns durch unsere Kultur vertrauten) Märchen glauben, wonach Tote Lebenszeichen von sich geben, darum berührt uns ein solches Zeichen in der Form des Unheimlichen.

Damit kann nun die Gemeinsamkeit sowie das Moment der Unterscheidung von Unheimlichem und Komischem in Angriff genommen werden. Die Empfindung des Unheimlichen beruht zunächst immer auf der Suspendierung einer ersten Illusion: zum Beispiel, dass Tote niesen können. Diese erste Illusion möchten wir die *Illusion des Unheimlichen* nennen. Sie ist im Unheimlichen genau wie im Komischen als suspendiert vorausgesetzt: Sowohl für diejenigen, die sich schrecken, als auch für diejenigen, die sich erheitern, muss der Gedanke, dass Tote niesen können, ein Märchen – das heißt: eine Illusion der anderen – sein.

Erst auf einer zweiten Ebene trennen sich Unheimliches und Komisches. Es ist eine zweite Illusion – die »Illusion des Komischen«, wie Mannoni sie nennt –, die im Unheimlichen geglaubt, im Komischen dagegen suspendiert wird. In unserem Beispiel ist dies die Illusion, dass der Mann auf der Bühne tot wäre. Wenn diese Illusion unsere eigene Auffassung ist, dann ist das Niesen des Mannes unheimlich. Wenn sie für uns dagegen eine Illusion der anderen ist, dann ist das Niesen komisch; dann lachen wir nämlich gerade über diese anderen, die wir in jenem Moment implizit vorausgesetzt haben, in dem wir die Illusion für uns suspendierten.

Unheimliches und Komisches hätten also gemeinsam, dass sie beide die Illusion des Unheimlichen als suspendiert voraussetzen. Was das Komische vom Unheimlichen dann trennt, ist der Umstand, dass nur das Komische auch die zweite Illusion, die des Komischen eben, als aufgehobene handhabt. Das Unheimliche dagegen ist genau dasjenige, was in der Illusion des Komischen gefangen bleibt. Hinsichtlich der Illusion des Komischen können wir nun unsere zuvor gefundene Formel, das Komische sei das Unheimliche der anderen, rehabilitieren: Im Komischen lachen wir über diejenigen, die nicht imstande sind, sich der Illusion des Komischen zu entziehen, und die darum schutzlos der Wirkung des Unheimlichen ausgeliefert sind.

Auf diese Weise können wir nun auch das Beispiel vom menschlichen Automatismus erläutern. Die Illusion des Unheimlichen besteht in diesem Fall in der Vorstellung, dass die Menschen Automaten wären. Diese Vorstellung muss als Illusion suspendiert sein, damit der Eindruck des menschlichen Automatentums seine unheimliche Wirkung entfalten kann. Nur wer die Vorstellung, dass die Menschen Automaten wären, für eine Illusion erachtet, kann von dem gegenteiligen Eindruck unheimlich berührt werden. Man muss diese Vorstellung kennen und »wissen«, dass Menschen keine Automaten sind, um darüber zu erschrecken, wenn es anders scheint.

Das Spezielle an diesem Fall besteht nun darin, dass genau das, was als besseres Wissen die Illusion des Unheimlichen suspendiert, seinerseits die Illusion des Komischen ausmacht. Im Komischen des menschlichen Automatentums lachen wir genau darüber, dass Menschen glauben, etwas ganz anderes als Automaten zu sein, und die wahren Motive ihres Handelns hinter ihren bewussten Intentionen verbergen. Diese Selbsttäuschung, die auch die Bedingung für das Empfinden des Unheimlichen bildet, ist Gegenstand der komischen Erheiterung. Das Komische beruht somit auf der Suspendierung der komischen Illusion von der Verschiedenartigkeit zwischen Menschen und Automaten; es basiert auf dem Wissen vom psychischen Automatismus der Menschen sowie von ihrer Tendenz zur Selbsttäuschung über ihn.[31] Abermals zeigt sich hier die generelle, antipsychologische Position des Komischen der Komödie, auf die wir bereits zuvor gestoßen waren: »ihr seid viel verwechselbarer (d. h. automatischer, reproduzierbarer), als ihr meint.«[32]

Durch die Unterscheidung der zwei Ebenen von Illusion – jener des Unheimlichen und jener des Komischen – ist es uns gelungen, die Formel vom Komischem als dem Unheimlichen der anderen zu legitimieren, ohne den Grundsatz fallen zu lassen, dass das Unheimliche selbst immer die Aufhebung einer Illusion zur Bedingung hat. Dadurch sind beide dieser ästhetischen Effekte als Ergebnis eines Gedankenexperiments erklärbar. Nicht zuletzt übrigens erweisen sie sich darin als Formen eines kultivierten Umgangs mit der Illusion: solche Fiktionen werden nicht entwickelt, um (wie es Descartes möchte) mit der Fiktion ein für alle Mal Schluss zu machen. Vielmehr zeigt sich in den kulturellen Formen des Unheimlichen und des Komischen die Fähigkeit, solche Fiktionen als Fiktionen zu durchschauen und gerade deshalb liebevoll an ihnen festzuhalten. Nicht alle Epochen in der Geschichte haben diese Fähigkeit gleichermaßen gezeigt. Die *Heidenangst* und der *Heidenspaß*, die dem Unheimlichen und dem Komischen innewohnen, scheinen zu verraten, dass in ihnen eine Spur der Kultiviertheit der klassischen Antike fortlebt.

14. Glanz und Geheimnis der Evidenzen: Psychoanalyse und Philosophie in der Kunst von Erwin Wurm

1.

Eine der robusteren ästhetischen Erfahrungen, die Erwin Wurms Arbeiten ermöglichen, eröffnet sich ihren Betrachterinnen und Betrachtern ziemlich unmittelbar: Wurms Arbeiten erzeugen Heiterkeit. Seine »One Minute Sculptures«, »fat cars« und »fat houses«, seine verdickten und verdoppelten Personen, die zu verfänglichen menschlichen Interaktionen veranlassten Heldinnen und Helden oder auch die Akteure der von ihm gestalteten prekären Objektbeziehungen prägen sich mit einer Art von bestechender Evidenz sofort ins Gedächtnis ein und reizen, wenn nicht zu lauthalsem Lachen, so doch mindestens zum Grinsen oder Schmunzeln. Diese Qualität ist trotz einer gewissen Situationsbezogenheit der Arbeiten dem Publikum spontan und nahezu allgemein zugänglich, vermutlich sogar über die meisten interkulturellen Barrieren hinweg. Ein derart internationaler Stil, eine solche modernistische Behauptung von Universalität, steht im Gegensatz zu vielen aktuellen künstlerischen Initiativen, die bei der Bemühung, ihrem Publikum z.B. durch dessen Beteiligung ganz nahezukommen, oft nur eine sehr kleine community zu berühren vermögen; um den Preis, jeglicher nicht unmittelbar anwesenden Öffentlichkeit verlustig zu gehen.

2.

Den Witz von Wurms Arbeiten erkennen und als lustvoll nachempfinden zu können erfordert keine großen Vorkenntnisse oder interpretatorischen Anstrengungen. Gerade das aber stellt die Interpretation vor eine umso schwierigere Herausforderung. Denn Wissenschaft kann es, wie Gaston Bachelard lehrte, nur vom Verborgenen geben; Wurms Arbeiten aber geben von vorneherein bereits eine ganze Menge großzügig und unverborgen preis. Darum läuft eine theoretische, zum Beispiel psychoanalytische Herangehensweise Gefahr, sich als genau dasjenige lächerlich zu machen, als das Wurm sie – in einer Art von künstlerischem »forechecking« gegen die Theorie – ohnehin etwas spöttisch herbeizitiert: »*Kneel down and think about Sigmund Freud*« (2003).

So, wie Menschen bei Wurm leicht zu *Objekten ihrer Objekte* werden, kann es auch der psychoanalytischen Theorie ergehen: sie hat es nicht einfach, Wurms Arbeiten zum Gegenstand zu nehmen, da sie ja selbst bereits – und dies in nicht unkomischer Weise – Gegenstand dieser Arbeiten ist. Es erfordert also eine ganze Menge Scharfsinn, um zu entdecken, wo Scharfsinn hier überhaupt vonnöten ist. Oder, ähnlich wie Marx es in Bezug auf den »Fetischcharakter der Ware« und dessen Geheimnis bemerken musste: das erste Geheimnis dieses blendend evidenten Objekts besteht darin, dass es hier überhaupt ein Geheimnis gibt.

3.

Allerdings hat gerade die Psychoanalyse einen methodischen Vorteil gegenüber interpretierenden Herangehensweisen: sie sucht ihr Objekt nicht in der Tiefe. Denn gerade die Psychoanalyse sah sich von Anfang an veranlasst, anzuerkennen, dass das Verborgene auch an der Oberfläche verborgen sein kann, wie Jacques Lacan in seinem Kommentar zu Edgar Allan Poes »Entwendetem Brief« beispielhaft demonstrierte (s. Lacan 1991): Wo mit Verborgenem gerechnet wird, kann man eine Sache auch bestens verbergen, indem man sie ganz unverborgen an die Oberfläche legt. Ebenso kann man dort, wo eine Lüge erwartet wird, lügen, indem man die Wahrheit sagt – wie Sigmund Freud am Beispiel des Witzes von den beiden Männern im Zug vorführte:

»Zwei Juden treffen sich im Eisenbahnwagen einer galizischen Station. ›Wohin fahrst du?‹ fragt der eine. ›Nach Krakau‹, ist die

Antwort. ›Sieh' her, was du für ein Lügner bist‹, braust der andere auf. ›Wenn du sagst, du fahrst nach Krakau, willst du doch, dass ich glauben soll, du fahrst nach Lemberg. Nun weiß ich aber, dass du wirklich fahrst nach Krakau. Also warum lügst du?‹« (Freud [1905c]: 109)

Freud erklärt die Wirkung dieses Witzes zunächst durch die »Technik des Widersinnes«, die auch manchen Arbeiten von Wurm nicht fremd ist. Darüber hinaus aber bemerkt Freud in diesem Witz einen »ernsteren Gehalt«, nämlich die Frage nach den Bedingungen von Wahrheit: »Ist es Wahrheit, wenn man die Dinge so beschreibt, wie sie sind, und sich nicht darum kümmert, wie der Hörer das Gesagte auffassen wird?« (Freud, ebd.) Freud erblickt das Ziel, das Witze dieser Art angreifen, in der Sicherheit unserer Erkenntnis selbst, einem »unserer spekulativen Güter«, und zieht die Schlussfolgerung: »Der Name ›skeptische‹ Witze würde also für sie der entsprechende sein« (Freud [1905c]: 110).

4.

Ein skeptischer Zug ist auch den Arbeiten von Erwin Wurm wiederholt attestiert worden (s. dazu Rugoff, in: Wurm 2004: 022: »perhaps even a sceptical metaphor of artmaking itself«), und Wurms eigene Bezugnahmen auf bestimmte Philosophen wie zum Beispiel Ludwig Wittgenstein scheinen mitunter geradezu *buchstäblich* in diese Richtung zu weisen: In der Arbeit mit dem Titel »Crooked Stomach Cavity: Wittgenstein (Philosophy – Digestion)« (2004) sieht man eine Person, die mit dem Oberkörper über eine Tür hängt, und man kann sich an die Bemerkung Wittgensteins über das Zweifeln erinnert fühlen:

»D. h. die Fragen, die wir stellen, und unsre Zweifel beruhen darauf, daß gewisse Sätze vom Zweifel ausgenommen sind, gleichsam die Angeln, in welchen jene sich bewegen. […] Wenn ich will, daß die Türe sich drehe, müssen die Angeln feststehen.« (Wittgenstein 1970: 89)

Crooked Stomach Cavity: Wittgenstein (Philosophy – Digestion).

Das Zweifeln hat bekanntlich die Postmoderne zu ihrer Sache erklärt, insofern sie sich sicher war, an nichts Gewisses und an keine
»großen Erzählungen« mehr so richtig glauben zu können; und auf
den ersten Blick scheinen einige Züge von Wurms Arbeit den Prinzipien postmoderner künstlerischer Skepsis zu entsprechen: zum
Beispiel die flüchtige, temporäre Ausrichtung seiner Werke, die einen Verzicht auf überzeitliche Präsenz und Geltung zu signalisieren

scheint; das selbstironische und spaßige Element, das den Aufwand einer kunsthistorischen Perspektive oder gar einer geschichtsphilosophischen Betrachtung möglicherweise erspart; die Verwendung unspektakulärer, dem Zufall verdankter, naheliegender Materialien (s. Wurm 1996: 3); oder auch die Einbeziehung des Publikums, das jene Situationen herstellen muss, in denen die ausgestellten Objekte – die somit, für sich genommen, kaum mehr als Requisiten sind – erst zu ihrem Status als Elemente eines kurzweiligen Kunstwerks kommen. In diesen bescheidenen Zügen, die allesamt einen Verzicht auf frühere, hohe und selbstbewusste Ansprüche der künstlerischen Moderne verkörpern, scheint Wurms Arbeit geradezu beispielhaft jenem postmodernen Imperativ zu entsprechen, den der Kunsttheoretiker Wolfgang Ullrich mit der Formulierung »Tiefer hängen!« prägnant zusammengefasst hat (s. Ullrich 2003).

Dem allerdings stehen bei Wurm einige sehr feste, dem Zweifel nicht unterworfene Positionen gegenüber. Indem Wurms temporäre Anordnungen von Staub, Leere oder flüchtigen menschlichen Haltungen für das Medium der Fotografie existieren, verschaffen sie sich eine mediale Dauer und Verbreitung, die sie vor Ort und in ihrer Präsenz nicht besitzen; ebenso gelangen die zufälligen, vorläufigen und mitunter etwas grindig anmutenden Materialien dadurch zu einer immerhin geruchsfreien, c-print-haften, werkorientierten Würde. Am stärksten schließlich zeigt sich die gegen die Konventionen der Postmoderne gerichtete Haltung Wurms in seinem Umgang mit der Beteiligung des Publikums: Wurm gibt nämlich klare und eindeutige Anweisungen, die man entweder befolgen oder nicht befolgen kann. Man kann sie aber kaum jemals etwa *besser* oder *schlechter befolgen* oder gar eigenständig interpretieren; es gibt in diesem Spiel keinen Spielraum, kein »Spiel« (in dem mechanischen Sinn, in dem man z. B. sagt, dass eine Lenkung »Spiel hat«).

Musikalische Notationen, die sowohl von Concept Art als auch von Aktionskunst als Vorbild genutzt wurden (s. dazu Weibel, in: Wurm 2002: 14 f.), räumen den Interpreten Möglichkeiten eigenständiger Gestaltung bis hin zum Glamour von Stars ein; interaktive Installationen und partizipative Anordnungen gewähren den Beteiligungswilligen immerhin meist Wahlmöglichkeiten aus mehreren zur Verfügung stehenden Alternativen. Bei Wurm hingegen kann man durch Mitspielen nicht zum Star werden (man kann allerdings bereits einer sein), und man kann auch nicht wählen: mitmachen oder nicht, das ist die einzige, binäre Alternative, die Wurm einem lässt.

So sehr die seit Ende der 90er-Jahre entstandenen, leichten, leutseligen, scheinbar an der Spaß- und Mitmachkultur geschulten »Instructions« und »One Minute Sculptures« sich in ihrer Anmutung vom getragenen Ernst und der modernistischen Strenge der frühen Staubskulpturen und leeren Vitrinen Wurms der Jahre um 1990 unterscheiden, zeigt sich doch auch an ihnen ein spezifisch moderner Zug: Wurms Handlungsanweisungen sind klare Befehle, in denen sich die nicht von Zweifeln geplagte Stimme dessen vernehmen lässt, was in der Epoche der Moderne ein Autor war.

5.

Die Beteiligung des Publikums am künstlerischen Prozess dient in der Postmoderne vor allem dazu, das Publikum zur »Kreativität« und »aktiven« Mitgestaltung zu animieren; die Aufhebung der Arbeitsteilung zwischen Produzierenden und Rezipierenden in der »Partizipation« wird dabei als Beseitigung einer unnötigen Hierarchie und als Ermöglichung unmittelbaren Verständnisses, sozusagen als eine auch für die übrige Gesellschaft vorbildhafte Demokratisierung erlebt: wenigstens alle Anwesenden – und wer sonst, wenn nicht sie – sollen etwas von der Sache haben.

In den klassischen Avantgarden der Moderne allerdings hatte die »Offenheit« der Kunstwerke eine ganz andere Bedeutung: dort war das Publikum nichts anderes als der Wind oder eine zufällig gefundene Notiz in der Zeitung – ein »blindes«, absichtsloses und insofern völlig passives Element (es brauchte nicht einmal zu wissen, dass es einbezogen war). Es wurde benutzt, um die Werke mit möglichst heterogenem Material anzureichern und zur Entstehung einer sperrigen, »modernen« Form beizutragen, die von allem Intendierten oder auch nur Intendierbaren weit entfernt schien und die Interpretation vor massive, neue Herausforderungen stellte. Diese Form zielte unverhohlen nicht allein auf ihre Gegenwart, sondern mindestens ebenso sehr auf eine ferne Zukunft, in der das Werk vielleicht erst zu seinem adäquaten Verständnis finden würde.

Die List von Wurms Strategie besteht darin, unter dem Anschein des Ersteren das Zweite durchzusetzen. Die Leute, die er in seine Arbeiten einbezieht, müssen nicht die geringste Kreativität oder Intelligenz einbringen – außer vielleicht der, zu begreifen, dass dies eben nicht der Moment ist, um originell oder smart zu sein (immerhin, wenn sie das begreifen, dann können sie selbst, ähnlich wie der Künstler, humorvolle Freude an dieser »Partizipation« entwickeln). In diesem Sinn hat Peter Weibel völlig recht, wenn er bemerkt, dass es bei Wurm zu einem »bundling together [of] the claims […] of twentieth century avantgarde and neo-avantgarde« kommt (s. Weibel, in: Wurm 2002: 18): hinter einem ironischen, postmodernen Gestus versteckt sich bei Wurm eine avantgardistische, auktoriale Strenge.

6.

So bescheiden und witzig Wurms Arbeiten sich also geben, gleichsam als Nadelstiche, die mit diebischer (oder eventuell leicht hysterischer) Freude gegen einen behäbigen, traditionellen Begriff von Skulptur geführt werden, so anspruchsvoll bleibt dennoch die Position, von der aus sie vorgetragen werden: Hier gibt jemand eindeutig nicht das Heft aus der Hand, um dadurch großzügig alle Hinzugekommenen, ob sie es wollen oder nicht, zu gleichrangigen Mitspielern zu erklären. Was gespielt wird, bestimmt Wurm. Nur dadurch aber wird es möglich, dass etwas zustande kommt, was die postmoderne Partizipationskunst sich grundsätzlich versagt: nämlich etwas *Unvorhergesehenes*. Wurm produziert visuelle Formulierungen und Situationen, die fähig sind, mehr zu sagen, als auch Wurm selbst wusste. Vom Künstler gilt in dieser Konzeption dasselbe wie vom Analysanden: »denn wir wollen von ihm nicht nur hören, was er weiß und vor anderen verbirgt, sondern er soll uns auch erzählen, was er nicht weiß« (Freud [1940]: 412 f.).

Was hier ermöglicht wird, ist, psychoanalytisch formuliert, der Primat des Signifikanten: Wurms Bildfindungen bedeuten immer zuerst etwas, und erst dann kann man überlegen, was. Sie haben etwas unmittelbar *Überzeugendes, Perfektes* – und *Zwingendes*: sie zeigen deutlich, *dass sie so sein müssen und nicht anders* (darum haben selbst die Plagiatoren Wurms Entwürfe kaum zu variieren vermocht, s. Wurm 2002: 270 ff.).

Auch in seinem Umgang mit Sprache und Theorie zeigt sich diese Vorgängigkeit der Zeichen vor ihren Bedeutungen: Über sein Wörterbuch mit dem Titel »Cast-Abguß« sagt Wurm:

»Aus einem Englisch-Deutsch-Dictionary, wo das Englische alphabetisch geordnet ist und die deutsche Übersetzung auf der anderen Seite steht, habe ich nur die deutsche Übersetzung herausgeschrieben. Dadurch ist ein endlos langes Gedicht entstanden, der Abguß der englischen Sprache ins Deutsche.« (Wurm 1996: 8)

Nicht eine inhaltliche Absicht bestimmt also die Ordnung seines Textes, sondern die zufällige, alphabetische Abfolge fremdsprachiger Signifikanten.

Und wenn Wurm auf Philosophen Bezug nimmt, dann kommen diese Philosophen bei Wurm *als Namen* vor: »*Hold your breath and think of Spinoza*«. Anders als in vielen postmodernen künstlerischen Bezugnahmen auf Theorie benutzt Wurm diese nicht, um seine Arbeiten von vorneherein mit feststehenden, modischen und gut abgesicherten Bedeutungen zu versehen. »*Gilles Deleuze?*«, lautet eine Frage in dem sokratischen Dialog zwischen Wurm und Jérôme Sans; man weiß nicht, wer sie wem gestellt hat, aber es hat ganz den Anschein, dass sie eher dazu dient, den Vorredner ein wenig spöttisch auf bestimmte, von ihm unterstellte Klischees hinzuweisen, als dazu, der Sache nun sicherheitshalber das Prestige und die verlässliche Substanz der Philosophie hinzuzufügen (Wurm/Sans, in: Wurm 2002: 267).

7.

Wurms Arbeiten zeigen, dass sie so sein müssen, wie sie sind. Auch wenn zunächst, und vielleicht für längere Zeit, nicht leicht anzugeben ist, warum – und das wohl nicht einmal für Wurm selbst. Die Autorität eines Autors in Anspruch zu nehmen bedeutet also, es möglich zu machen, dass diese Autorität für sich selbst weitgehend undurchsichtig wird. Genau in dem Maß, in dem der Autor das Kommando über seine Arbeit übernimmt, verliert er es auch wieder und unterwirft sich selbst einem anderen Kommando – nämlich dem des Spiels der Zeichen. Der Spieler wird zum Spielzeug seines Spiels: das heißt jener Primärvorgänge, Verschiebungen und Verdichtungen, die in den Phasen einer unbewussten oder automatischen Bearbeitung am Zeichenmaterial vorgenommen werden (s. Freud 1927d: 281). Diese Vorgänge produzieren jene zwingenden »Herrensignifikanten«, die den »Primat des Signifikanten« ausüben.

Eine solche Vorgangsweise in Bezug auf das Prinzip der Autorschaft bedeutet eine bestimmte Entscheidung im Umgang mit dem Narzissmus, der in jeglicher künstlerischer Arbeit auf dem Spiel steht. Die Strategie der Postmoderne bestand im Versuch, dem Prinzip der Autorschaft auszuweichen (z.B. durch kollektives Arbeiten oder Publikumsbeteiligung). Denn sie erblickte in der individuellen Autorschaft eine narzisstische Pose – und Ansprüche auf eine selbsttransparente Subjektivität, die durch die Kritiken von Psychoanalyse und Strukturalismus philosophisch überholt schienen (s. dazu Michalka 1998).

Die Moderne der klassischen Avantgarden, in deren Tradition Wurm sich bewegt, hatte jedoch zuvor bereits das Gegenteil bewiesen: gerade durch individuelle Autorschaft wird »kopfloses« Gestalten (das die Gruppe um Georges Bataille als »acéphale« bezeichnete)[1] möglich. Zum Autor werden heißt hier darum, sich als Autorenperson auflösen und unpersönlich werden – wie es Giorgio Agamben in einem schönen Essay über den Genius bemerkt hat (s. Agamben 2005: 11). Wenn man in der Kunst der Avantgarde (selbst) spricht, dann um (von etwas anderem) gesprochen zu werden. Und nur wenn jemand die Rolle des Autors übernimmt, kann das zustande kommen, was Roland Barthes den »Tod des Autors« genannt hat (Barthes [1968]): eine unpersönliche, von jeglicher Individualität abgekoppelte artifizielle Stimme, die (in welchem Medium auch immer) einen bestechenden Text spricht.

8.

Diese Spur führt zu einer Antwort, und dadurch wird es möglich zu entdecken, was die Frage war – das heißt, worin das Rätsel von Wurms scheinbar so rätsellosen Arbeiten besteht: Das Auffällige, Erklärungsbedürftige, keineswegs Selbstverständliche dieser Arbeiten liegt gerade in ihrer bestechenden Evidenz – in jener *»perfekten optischen Anziehungskraft«*, dem mit besonderem Nachdruck zur Geltung gebrachten *»bildnerischen Prinzip Eingängigkeit«*, das ihnen auch von dem durchaus reserviert beobachtenden Theoretiker und Kritiker Rainer Metzger attestiert wird (s. Metzger 2002: 200).

Aus dieser Eigenschaft als perfekte *eyecatchers* lässt sich zunächst leicht erklären, weshalb sich Wurms Arbeiten besonders gut zur Ausbeutung und Plagiierung durch die Werbung eignen. Schwieriger zu erklären ist aber dann, warum diese Arbeiten in ihrer Existenzform als Kunst ihrer Gebrauchsweise in der Werbung dennoch etwas Bestimmtes voraushaben. Darin besteht das doppelte Rätsel der von Wurm zustande gebrachten Evidenzen: im Grund sowohl ihrer Eignung für die *publicity* wie für ihren Vorsprung gegenüber dieser.

9.

Wie Sigmund Freud gezeigt hat, gibt es bestimmte Kulturvorgänge, die – wie zum Beispiel der Witz oder der Traum – *vom spezifischen Ausdruck* abhängen: Man kann die Gedanken eines Witzes zwar auch mit anderen Worten wiedergeben, aber die bringen uns eben nicht mehr zum Lachen. Nur die bestimmten Signifikanten, in denen der Witz formuliert ist, sind in der Lage, eine solche massive Affektbewegung, eine solche Abfuhr, wie es das Lachen ist, – mithin eine ästhetische Erfahrung – zu erzeugen (s. Freud [1905c]: 21).

Alles, was einen solchen Effekt erzeugt; was so stark »einfährt« und spontan den Eindruck erweckt, dass es nur so sein kann, wie es ist, besitzt diese Qualitäten, wie Freud zeigt, deshalb, weil es »*überdeterminiert*« ist: in einem einzigen solchen perfekten Zeichen sind mehrere Gedankenlinien zusammengeführt. Darum sind sie nicht paraphrasierbar – jedenfalls nicht ohne Verlust. Man kann nur der Reihe nach die einzelnen Linien formulieren; aber dann geht eben das Großartige ihrer Kopräsenz in einem einzigen Zeichen verloren.

Der Triumph, den solche Herrensignifikanten auslösen, rührt daher, dass sie mehrere, oft sogar einander widersprechende Bedeutungen in sich vereinen. Sie setzen sich damit, wie es eben die Art von richtigen Herren ist, über alle Regeln hinweg: sie sagen, anders als die Sprache es sonst fordert, in einem Moment nicht nur das eine, sondern auch noch etwas anderes; sie ordnen sich nicht dem Satz vom ausgeschlossenen Widerspruch unter und behaupten nicht nur etwas, sondern zugleich auch noch dessen Gegenteil. Sie sind perfekte »Kompromissbildungen zwischen den verdrängten und den verdrängenden Vorstellungen« (Freud [1905c]: 83).

Wenigstens im Moment blitzt darum in solchen perfekten Zeichen das Totale einer Wunscherfüllung auf, die alle mäßigenden Einschränkungen jeglicher symbolischer Ordnung überschreitet: eine Befriedigung, auf die wir üblicherweise nicht mehr zu hoffen wagen, seit wir (wenigstens die meisten) uns – durch Sprechen, Denken etc. – der Eingliederung in die symbolischen Ordnungen gefügt haben.

Wir brauchen in solchen Momenten das Abzuwehrende, zu Verdrängende dann nicht mehr durch die Abwehr mühsam in Schach zu halten: Die perfekten Zeichen erlauben uns eine *totale Bejahung* (denn mit ihnen sind wir mehr als dafür; wir sind zugleich auch dagegen); wir können darum auch *sofort und spontan* zustimmen (denn alles, was an einschränkenden Vorbedingungen bedacht werden müsste, kann nun vergessen werden).

10.

Das Emblematische und »Eingängige« von Wurms Arbeiten rührt
also daher, dass sie überdeterminiert sind. Der unmittelbare, simple
Genuss, den sie ihren Betrachtern eröffnen, ist nur möglich, weil er
auf vermittelten, komplexen Produkten von »Witzarbeit« (Freud)
beziehungsweise künstlerischer Gestaltungsarbeit beruht.

Wurms Auseinandersetzung mit dem Dickwerden in den Doppelporträts mit Personen in Normalgröße und X-Large zum Beispiel produziert zunächst das unzweifelhaft Komische, wie es etwa
die Besucher von Spiegelkabinetten erheitert. Allein die Verdoppelung ist hier bereits geeignet, Belustigung zu erzeugen, und umso
mehr die Verzerrung – auch wenn diese bei Wurm keineswegs in
karikaturistischer Weise vorgenommen wird. Denn es ist viel eher
die Treue des Doubles zum Vorbild als seine verzerrende »Untreue«,
die zur ästhetischen Wirkung führt. Der Philosoph Pascal bemerkt
einmal:

»Zwei ähnliche Gesichter, von denen keines für sich allein lächerlich wirkt, reizen gemeinsam durch ihre Ähnlichkeit zum
Lachen.« (Pascal 1997: 40)[2]

Sigmund Freud hat diese Komik der Nachahmung darauf zurückgeführt, dass die Ähnlichkeit mehrerer Individuen uns einen
Verständnis-Aufwand erspart, der damit einer Abfuhr im Lachen
fähig wird (s. Freud [1905c]: 194 f.).

Im Vergleichen von etwas, das nicht komisch ist, mit einem Ähnlichen, das es auch nicht ist, gibt es aber noch eine andere Quelle
der Komik: der Vergleich lässt nämlich das eine Gesicht als Kommentar des anderen erscheinen – und dies ist komisch. Jedenfalls
bei anderen. Was uns selbst betrifft, sind wir beim Auftauchen von
kommentierenden Doppelgängern hingegen oft ein wenig emp-
findlich: Kränkend ist hier nicht so sehr der Eindruck, dass wir (wie
sie) aus einer aufwandsersparenden, seriellen Produktion – etwa
aus derselben Gussform – hervorgegangen sein könnten. Sondern
gerade die kleinen Differenzen im Kommentar machen uns aggres-
siv: sie können besagen, dass wir *in Wahrheit so sind* wie das Double

(Interpretation), oder umgekehrt, dass wir *so sein sollten* (Kritik). In beiden Fällen werden wir aus Eigenliebe schnell ärgerlich:

>In den unverhüllt hervortretenden Abneigungen und Absto-
ßungen gegen nahestehende Fremde können wir den Ausdruck
einer Selbstliebe, eines Narzißmus, erkennen, der seine Selbst-
behauptung anstrebt und sich so benimmt, als ob das Vorkommen einer Abweichung von seinen individuellen Ausbildungen
eine Kritik derselben und eine Aufforderung, sie umzugestalten,
mit sich brächte.« (Freud [1921c]: 96)

Neben dem Komischen aber lassen Wurms Bilder zugleich auch jenes Unheimliche anklingen, das dem Motiv des Doppelgängers an-haftet (s. dazu Freud [1919h]: 258; Rank 1993). Unheimlich werden diese Bilder in dem Moment, wo es zu einer minimalen Spaltung kommt. Einem sicheren Wissen über die Welt stellt sich dann ein entgegengesetzter Anschein gegenüber. Es entsteht eine nicht ge-glaubte, sozusagen *unpersönliche* Illusion von der Form *»man hätte glauben können«* – zum Beispiel: »ich weiß zwar, dass das ein und derselbe ist, aber man hätte glauben können, es wären zwei«; bezie-hungsweise, nicht weniger unheimlich, umgekehrt: »ich weiß, dass es zwei sind, aber es sieht aus, als wäre es ein und derselbe« (s. dazu Mannoni 1985; Pfaller 2002).

Auf die Frage »Why do you often use an image of twins?« scheint Wurm darum, um diese Spaltung hervorzuheben, mit den Gegen-fragen geantwortet zu haben: »Is there only one person or is that person represented twice? Or twins depicted as two separate people? Or two unrelated people shown as twins?« (Sans/Wurm, in: Wurm 2002: 268).

In der schönen »Installation view with twins« vom Taide Mu-seum, Pori, Finnland (1997, Abb. in: Wurm 2004: 96 f.) entsteht auf diese Weise eine den Effekten der klassischen trompe-l'œil-Malerei vergleichbare doppelte, unpersönliche Illusion: vor dem riesigen Wandbild »Jakob/Jakob fat«, von dem man vielleicht hätte glauben können, es zeige zwei verschiedene Personen und nicht nur eine einzige, sieht man zwei ebenfalls etwas unterschiedlich dicke Mädchen sitzen, von denen man (durch das Wandbild angeleitet) hätte glauben können, sie wären in Wahrheit eine einzige, bloß computerbearbeitete Person – und nicht Zwillinge. Es ist übrigens gleichgültig, was hier wahr ist; aber in beiden Fällen gelingt es Wurm, die Spaltung aufzubauen zwischen einem Wissen, das man bei sich selbst verortet, und einer Illusion, die man irgendwelchen unpersönlichen anderen zuschreibt. Und das eine Bildelement veranlasst dazu, diese Spaltung beim anderen Element genau mit den umgekehrten Annahmen vorzunehmen.

Das Gefühl des Unheimlichen entsteht, wie Freud gezeigt hat, immer im Widerspruch zu einem besseren Wissen. Es ist der Effekt einer »Wiederkehr« von Auffassungen, die wir bereits überwunden haben (s. Freud 1919h: 271). Wir müssen wissen (oder wenigstens

Installation view with twins.

Jakob/Jakob fat.

zu wissen meinen), dass die Wirklichkeit nicht so ist, und doch muss sie plötzlich den Anschein erwecken, als ob sie so wäre. Einer Anekdote zufolge soll es in einem Ort in der Nähe von Wien ein Paar von Zwillingsbrüdern geben, die beide Polizeibeamte sind. Sie sollen sich des Öfteren einen kleinen Scherz erlaubt haben. Der eine von ihnen hielt alle Autos auf, die zu schnell unterwegs waren und ermahnte die Lenker, nicht so riskant zu fahren. Einige Kilometer weiter wartete der andere Zwillingsbruder. Über Handy informiert, hielt er dieselben Autos wieder auf und sagte zu den Fahrern: »Habe ich Ihnen nicht gerade gesagt, dass Sie nicht so schnell fahren sollen?« Was für die Zwillingspolizisten wohl ein lustiger Scherz war, dürfte für die Fahrer eine etwas unheimliche Erfahrung gewesen sein – und zwar unter der Bedingung entgegengesetzten Wissens: wenn man weiß, dass selbst Polizisten nicht an zwei Orten gleichzeitig sein können, dann ist das unheimlich. (Würde man hingegen naiv an eine magische Allmacht der Polizei glauben, dann wäre es nicht weiter erstaunlich.)

11.

Das Gefühl des Unheimlichen entsteht darum oft dort, wo etwas zu *gelingen* scheint, das wir (aufgrund besseren Wissens) für unmöglich halten. Anders als die *Furcht*, die aus einem *Mangel* oder einem *Unvermögen* entspringt (z. B.: ich stehe einer Bestie gegenüber und habe nichts, um mich zu verteidigen), entsteht die Angst, die das Unheimliche charakterisiert, aus der unvermuteten *Abwesenheit eines solchen Mangels*, aus einem *Überschuss* (z. B.: ich greife in meine Tasche und finde dort eine Waffe, von der ich nichts wusste; eine Gravur mit meinen Initialen scheint mich als ihren Besitzer auszuweisen). Derselbe Überschuss zeigt sich im übermächtigen, zweimal anwesenden Polizisten und im beschützenden Doppelgän-

Two ways of carrying a bomb.

ger, der meine Existenz an einem zweiten Ort sicherstellt (s. Freud [1919h]: 258 f.) – sowie in abgewandelter Form (da sie auch in die gleichfalls unheimliche Richtung körperlicher Deformationen verweist) in den Bewaffnungen mit »Bomben«, mit denen Wurm seine Akteure ausstattet (»Two Ways of Carrying a Bomb«, 2002).

Auch Wurms Arbeiten aus der Serie »Brothers and sisters« (2001) präsentieren einen solchen, ziemlich verblüffenden Überschuss des Gelingens: Was in aller Welt bringt diese ehrwürdigen Schwestern und Patres aus dem Kloster dazu, die von Wurm aufgetragenen Posen einzunehmen und mit dem in den Mund gestopften Apfel oder mit den Fingern in der Semmel dazustehen – noch dazu mitunter in Sakralräumen? Mit welcher Erzählung konnte Wurm (sozusagen in einer Art von künstlerischer Allmacht) sie dazu veranlassen? Dass ein prominenter französischer Schriftsteller oder ein berühmter Modedesigner sich, mit Schreibstiften vor den Augen oder den Füßen in den Tellern auf dem Tisch, in die von Wurm entworfene dezente Lächerlichkeit fügen, verwundert vergleichsweise weniger; hier scheint das Faktum *vergleichbarer Prominenz* aufseiten des Künstlers – wohl mehr als persönliche Freundschaft – eine Brücke zu schaffen und das Kunststück möglich zu machen (womit Wurm übrigens einen zentralen Parameter klassischer Bildhauerei auf einer neuen Ebene thematisiert: das *Gleichgewicht*).

Das Gelingen zeigt sich in diesen Arbeiten auch noch in einer anderen Hinsicht. Seltsamerweise – so unglaublich die Posen auch anmuten – glaubt man diesen Fotos sofort, dass es sich um die echten Ordensleute und um die echten Prominenten handelt, und nicht um Schauspieler in Kostümen oder sogenannte *lookalikes*. Hier kann die Kunst etwas, das die Werbung offenbar nicht vermag. Die küssenden Nonnen, die vor einigen Jahren auf den Plakaten einer italienischen Modefirma zu sehen waren, hätten auch in weniger verfänglichen Posen immer wie Models ausgesehen; und selbst echte Nonnen in dezenten Posen hätte man in der Werbung nicht für echt gehalten. Im System Kunst ist es offenbar entscheidend, dass man wissen kann, dass die Personen echt sind; im System Werbung genügt es, dass man es hätte glauben können.

12.

Wurms dicke Personenverdoppelungen sind aber auch noch in einer ganz anderen Hinsicht unheimlich. Wovon diese Doubles handeln, sind die mit der bloßen Gewichtszunahme unweigerlich verbundenen Vorstellungen von Veränderung des Charakters (»der ehrliche Asket/der saturierte Zyniker«). Wurms Tableaus scheinen zu signalisieren: *ein paar Kilo mehr, und auch Sie sind sofort jemand ganz anderer.*

Mit einfachen taktilen und visuellen Verfahren wie dem Verdicken und Nebeneinanderstellen lässt Wurm damit das, was Leute gern als ihr Eigenstes und Unveränderlichstes betrachten, ihren Charakter, in seiner beschämenden Kontingenz und Abhängigkeit von den veränderlichen materiellen Parametern (wie Körperumfang oder -gewicht) erfahren. Was wir mit großer Gewissheit über uns selbst zu wissen meinen, wird darin in Frage gestellt zugunsten dessen, was man hätte glauben können – d. h. zugunsten eines Augenscheins, der gegenüber dem vermeintlichen Wissen recht behält.

Dasselbe Thema verfolgen auch das Video »Gesicht (1000 Porträts)« sowie die Videoserie der im Haushalt bei ziellosen Beschäftigungen beobachteten Personen »Fabio, Ruth, Ulli« (1996), die, ohne es zu ahnen, eine verstörende Gleichförmigkeit ihrer Bewegungen an den Tag legten (s. dazu Wurm 1997: 10, 30 ff.). Wurm operiert hier tatsächlich philosophisch; in seiner Kunst macht er spürbar, was eine lange materialistische Tradition als Kritik am narzisstischen, idealisierten Bild des eigenen Selbsts vorgetragen hat: nämlich dass wir gewohnheitsmäßig dem eigenen Ich mehr Freiheit, Wirkungskraft und Kontinuität zuschreiben, als es tatsächlich besitzt. Hier, bei Wurms Fadisierten in der Küche, kann man tatsächlich (wie Wurm es anderswo fordert) an Spinoza denken, der schrieb:

> »Ja, wenn sie nicht die Erfahrung gemacht hätten, daß wir vieles tun, was wir nachher bereuen, und daß wir oft, wenn entgegengesetzte Affekte uns bedrängen, das Bessere sehen und dem Schlechteren folgen, dann würde sie nichts abhalten, sogar zu glauben, wir täten alles freiwillig. So glaubt das Kind, es erstrebe freiwillig die Milch; ebenso der zornige Knabe, er wolle freiwillig

Rache, und der ängstliche, er wolle freiwillig die Flucht. Imgleichen glaubt der Trunkene, er rede infolge eines freien Beschlusses seiner Seele, was er nachher in nüchternem Zustand lieber verschwiegen haben wollte.« (Spinoza 1976: 115)

13.

Dass sich mit dem von Wurm untersuchten Motiv des körperlichen Zu- und Abnehmens auch intensivste und sogar widersprüchliche Antriebe verbinden können, hat Sigmund Freud am Fall eines Zwangsneurotikers gezeigt:

»Eines Tages kam ihm im Sommeraufenthalte plötzlich die Idee, er sei zu dick, er müsse *abmagern*. Er begann nun, noch vor der Mehlspeise vom Tische aufzustehen, ohne Hut in der Sonnenglut des Augusts auf die Straße zu rennen und dann im Laufschritt auf die Berge zu steigen, bis er schweißüberströmt Halt machen musste. Hinter dieser Abmagerungssucht kam auch die Selbstmordabsicht einmal unverhüllt zum Vorschein, als ihm auf einem scharfen Abgang plötzlich das Gebot laut wurde, da herunterzuspringen, was sicherer Tod gewesen wäre. Die Lösung dieses unsinnigen Zwangshandelns ergab sich unserem Patienten erst, als ihm plötzlich einfiel, zu jener Zeit sei auch die geliebte Dame in dem Sommeraufenthalte gewesen, aber in Begleitung eines englischen Vetters, der sich sehr um sie bemühte und auf den er sehr eifersüchtig war. Der Vetter hieß Richard und wurde, wie in England allgemein üblich, Dick genannt. Diesen Dick wollte er nun umbringen, er war auf ihn viel eifersüchtiger und wütender, als er sich eingestehen konnte, und darum legte er sich zur Selbstbestrafung die Pein jener Abmagerungskur auf.« (Freud [1909d]: 59)

Indem er sich dick fühlt und sich umbringen will, bringt der Patient sowohl die Tötungsabsicht gegen seinen Vetter als auch zugleich sein Bedürfnis nach Bestrafung für diese Absicht zum Ausdruck. Abzuwehrendes und Abwehr finden sich vereint in einem überdeterminierten Produkt – einem perfekten, beide Strebungen voll befriedigenden Kompromiss.

14.

Auch in Wurms Auseinandersetzungen mit dem Dicksein in den Doppelporträts, den »fat cars« und »fat houses«, sowie in der »entire wardrobe«-Serie gelangen zwei einander widersprechende Motive zur Überlagerung: denn das Dicke ist in westlichen Gesellschaften seit Kurzem ein Ausdruck sowohl von Reichtum wie von eklatanter Armut.

Was die Arbeit »Shopping« in Bordeaux (1995/96) betrifft, hat Wurm seinen (allerdings nicht sonderlich daran interessiert wirkenden) Gesprächspartner Obrist sogar ausdrücklich darauf hingewiesen, dass die Arbeit sich in diese entgegengesetzten Richtungen lesen lässt,

> »je nachdem ob es sich um jemanden handelt, der genügend Geld hat, sich alles einzuverleiben, oder jemand, der nichts besitzt und plötzlich die Möglichkeit bekommt, einzukaufen. Es gibt diese Angewohnheit von Obdachlosen, alles Hab und Gut mit sich herumzutragen.« (Wurm 1996: 12)

Dass körperliches Dicksein, in der Nachkriegszeit noch ein Zeichen wirtschaftlichen Wohlergehens, heute vor allem in der hegemonialen US-amerikanischen Gesellschaft zum ebenso sicheren Zeichen des Gegenteils geworden ist, lässt sich vor Ort und sogar im Fernsehen leicht feststellen: nur noch Reiche können sich dort offenbar jene Nahrungsmittel (und jene Informationen) leisten, die nicht zur Fettleibigkeit führen. Alle anderen sind diesem Schicksal unterworfen – entsprechend den alten, von Marx erkannten Notwendigkeiten zur Senkung der Reproduktionskosten der Arbeitskraft sowie den ganz neuen, biologischen und chemischen Möglichkeiten der Lebensmittelproduktion innerhalb eines weitgehend kontrollefreien Marktes.

Was die »dicken Autos« betrifft, die einst ebenfalls – sogar sprich-

Shopping in Bordeaux.

wörtliche – Statussymbole waren, hat Edelbert Köb präzise in Erinnerung gerufen, dass das Auto als notwendiges Element zu einem System gehört, innerhalb dessen es in den Vorstädten von Wien, Madrid oder Los Angeles das (dicke) Einfamilienhaus mit dem Supermarkt, dem Kindergarten, der Kegelbahn und dem Restaurant verbindet. »Perhaps Erwin Wurm does not know«, schreibt Köb, »that a scientific study of automobile has determined a disproportionately high level of obesity among car dependent dwellers of suburban zones.« (Köb, in: Wurm 2006: 13)

Das Auto inkorporiert also bei Wurm stellvertretend und sozusagen metonym die sozial bedingten körperlichen Eigenschaften seiner suburbanen Besitzer.

Bezeichnend erscheint, dass diese gesellschaftsanalytische Gedankenlinie in Wurms Arbeiten zwar nicht am Rand, sondern – gemäß der Überdeterminierung des Evidenten – durchaus im Zentrum ihrer Oberfläche auftaucht, aber jedenfalls nicht als ausdrücklich, durch die persönliche Stimme des Künstlers betontes Motiv. Sie scheint eher – wie Köb annimmt – auf der Seite des *Ungewussten* lokalisiert zu sein: Nicht dort, wo der Künstler selbst es weiß, sondern dort, wo die Arbeit *unpersönlich spricht* und mehr sagt, als der Künstler weiß oder zu sagen beabsichtigt. Dabei ist es nicht wichtig, ob er es tatsächlich weiß oder nicht; entscheidend für die (gleichermaßen unpersönliche) ästhetische Erfahrung ist vielmehr, dass man *hätte denken können*, er hätte es nicht gewusst oder nicht daran gedacht.

Wenn Politisches oder Soziales in der Werbung vorkommt, dann wohl niemals auf dieser Ebene. Die Werbung kann nicht anders, als ein solches Thema im plakativen Vordergrund abzuhandeln: weiße und schwarze Kinder in bunten Kleidern, arme fußballspielende Kleine in einem Land der dritten Welt, plötzlich unterstützt von den berühmten Stars, etc. Auch dem Großteil der vermeintlich politisierten Kunst der Gegenwart allerdings gelingt die Behandlung politischer Fragen kaum in anderer Weise: in dem Maß, in dem diese Kunst das Politische als Inhalt auffasst und diesen dann auf Kosten der Form privilegiert, bekommen ihre statements unweigerlich die durchsichtige Aussageform »*Ich (der Künstler) weiß, dass …*«. Das Publikum kann das dann meist nur noch müde zustimmend anerkennen.

Durch die Überdeterminierung seiner zwingenden Evidenzen gelangt Wurm hingegen zu einer ganz anderen Möglichkeit. Er lässt die Arbeiten sprechen, und *die müssen nicht sagen, was er weiß*. Dieses dialektische Verfahren hat der Philosoph Slavoj Žižek einmal an einem Witz über Rabinowitsch (eine legendäre Figur der sowjetischen jüdischen Witze) erläutert:

»Rabinowitsch kommt ins Moskauer Auswanderungsamt und äußert den Wunsch zu emigrieren. Der Beamte verlangt von ihm zuerst eine Begründung, worauf Rabinowitsch antwortet: ›Ich habe zwei Gründe. Erstens fürchte ich mich davor, daß die kommunistische Herrschaft in der Sowjetunion zusammenbrechen wird und daß dann die Reaktion, wie gewöhnlich, die Schuld für alle Fehler des Sozialismus wieder den Juden in die Schuhe schieben wird – erneut Progrome …‹ Der Beamte unterbricht ihn: ›Aber das ist ja vollkommen absurd! Die kommunistische

Herrschaft in der Sowjetunion ist unbesiegbar, bei uns kann sich nichts verändern ...‹ ›Nun‹, erwidert Rabinowitsch ruhig, ›das wäre mein zweiter Grund‹.« (Žižek 1991b: 33)

Die Wirksamkeit von Wurms Arbeiten eröffnet sich genau auf dieser Ebene: Sie sind überdeterminiert und haben darum, wie Rabinovitch, immer mindestens zwei Gründe – oft sogar zwei einander widersprechende. Dank einer vornehmen und diskreten Dialektik, wie sie nur eine formal orientierte Kunst zustande bringt, rücken sie als Erstes mit einem »Grund« heraus, der unzureichend erscheinen und zum Einspruch reizen mag: Sie sagen etwas, damit das Publikum *etwas ganz anderes erwidern* kann. Schließlich ist es ja viel wichtiger, dass die Betrachter das lebhafte Gefühl bekommen, dass sie selbst das Entscheidende wissen oder erkannt haben. Die Behauptung der angeblich autokratischen und monologischen Position eines Autors, wie sie Wurm vorführt, zeigt sich hierin listiger, dialektischer und dialogfähiger als eine Verfahrensweise, die von vorneherein in Harmonie und Einklang mit ihrem partizipierenden Publikum zu sprechen bestrebt ist: *noblesse oblige*, sozusagen.

Anmerkungen

Einleitung

1 »The Graduate«, USA 1967, R: Mike Nichols, D: Dustin Hoffman, Anne Bancroft.

2 Zur Epistemologie der »Nichtobjekte« eines theoretischen Feldes siehe Althusser, in: Althusser/Balibar 1972: 29.

3 »La grande bouffe«, F/I 1973, R: Marco Ferreri; »Ultimo tango a Parigi«, I 1972, R: Bernardo Bertolucci; »The Wild Bunch«, USA 1969, R: Sam Peckinpah; »Le souffle au cœur«, F 1971, R: Louis Malle; »Beaupère«, F 1981, R: Betrand Blier; »Le Trio infernal«, F 1974, R: Francis Girod; »Female Trouble«, USA 1974, R: John Waters; »La città delle donne«, I 1980, R: Federico Fellini; »Themroc« F 1980, R: Claude Farraldo.

4 Man sollte nicht vergessen, dass es in den 70er-Jahren in der westlichen Welt Justizminister wie Christian Broda in Österreich gab, die öffentlich die Utopie einer gefängnislosen Gesellschaft vertraten. Auch eine solche Position gehört zu den neuen Unmöglichkeiten unserer Kultur. Heute träumen westliche Justizminister allenfalls von elektronischen Fußfesseln.

5 S. Spinoza 1976: 84: »Die Idee ihrer Freiheit ist also die, daß sie keine Ursache ihrer Handlungen kennen.«

6 »Intimacy« (Intimité), F 2001, R: Patrice Chéreau; Vgl. dazu auch »The Ice Storm« USA 1997, R: Ang Lee; »Romance XXX«, F 1999, R: Cathérine Breillat; »Eine pornographische Beziehung«, F/B/Lux 1999, R: Frédéric Fonteyne, »Der Pornograph«, F/Can 2001, R: Bertrand Bonello, sowie die Romane von Michel Houellebecq und Cathérine Millet.

7 S. http://www.nichtraucherschutz.de/MRI/51/info033.html (accessed: 2007-08-01)

8 S. dazu Unterthurner 2005; vgl. auch Klein 1995; de Pracontal 1998; Walton (ed.) 2000.

9 S. zu diesem Beispiel Agamben 2005: 8.

10 S. Psalmen 111, 10; vgl. Augustinus, Predigt 347.

11 S. dazu Miggelbrink 1999; vgl. Grunberger/Dessuant 2000: 117ff.; Sloterdijk 2006: 25.

12 S. dazu http://derstandard.at/?url=/?id=3302771 (accessed: 2008-04-22).

13 S. http://www.csulb.edu/~karenk/20thcwebsite/439final/ah439fin-Full.00025.html (accessed: 2007-10-07).

14 S. Freud [1907b]: 21; [1909d]: 86; [1912–13]: 322f.

15 S. Freud [1923a]: 222; Ernest Jones hat – entsprechend der englischen Übersetzung in der »Standard Edition« – die Termini »ich-synton« bzw. »ich-dyston« vorgeschlagen. S. dazu Laplanche/Pontalis 1973: 202.

16 S. dazu Freud [1925h]: 374.

17 Grunberger/Dessuant 2000: 65; vgl. Schaeffer 2005: 56 f.

18 S. dazu Heine [1853]: 163; vgl. Freud [1919h]: 259.

19 Zum Unterschied der beiden Beobachtungssysteme siehe die Kapitel 3 und 7 in diesem Band. Mit seinem Originaltitel »Le samourai« verweist der Film »Der eiskalte Engel« auf jene spezifische, allein der Außenperspektive verpflichtete Qualität der japanischen Kultur, die von westlichen Beobachtern seit dem Zweiten Weltkrieg verstärkt wahrgenommen wurde. S. dazu Ruth Benedicts diesbezügliche Unterscheidung von »Schuld-« und »Schamkulturen« (Benedict 2006); vgl. auch die Analysen von Roland Barthes (Barthes 1981).

20 Rubiner/Eisenlohr/Hahn 1979: 7; vgl. Serner 1981.

21 Bayer 1977: 21; vgl. Wiener [1969]: lxii: »in solchen sachen sind wir jung und kräftig und stoßen zu und töten ohne applaus.«

22 Zur entscheidenden Rolle des schwarzen Humors innerhalb der klassischen Moderne siehe Breton, der feststellt, dass dieser »heute zum alleinigen Prinzip des anspruchsvollsten intellektuellen Verkehrs zu werden neigt« (Breton[1939]: 12).

23 S. Freud ([1928b]: 282 f.): »Der Staretz hat im Gespräch mit Dimitri erkannt, daß er die Bereitschaft zum Vatermord in sich trägt, und wirft sich vor ihm nieder. Das kann nicht Ausdruck der Bewunderung sein, es muß heißen, daß der Heilige die Versuchung, den Mörder zu verachten oder zu verabscheuen, von sich weist und sich darum vor ihm demütigt. [...] Der Verbrecher ist ihm fast wie ein Erlöser, der die Schuld auf sich genommen hat, die sonst die anderen hätten tragen müssen. Man braucht nicht mehr zu morden, nachdem er bereits gemordet hat, aber man muß ihm dafür dankbar sein, sonst hätte man selbst morden müssen.«

24 Vgl. dazu Klein 1995: 279.

25 S. dazu die Analyse von Žižek 2005: 190 f.

26 Dies bemerken Lau (2000: 12) und Mitchell (2005: 100, 107).

27 Zu diesem von der reinen Vernunft propagierten »tragischen Paradigma« siehe Critchley 1999, Pfaller (Hg.) 2005.

28 S. dazu Adorno 1973, Bd. 1: 171; vgl. dazu die Kritik von Sloterdijk 1983: 22. Auch Klaus Theweleits klassische und luzide Analysen faschistoid-männlicher Schmutzphobie (s. Theweleit 2000: Bd.1: 401 ff.) erscheinen nach der anderen Seite hin eigentümlich blind gegenüber der narzisstischen Dimension, die der pauschalen Ablehnung vermeintlich »genuin männlicher« Tugenden innewohnt – weshalb sie diese Tugenden ihrerseits bezeichnenderweise als »braunen« Schmutz wahrnimmt bzw. diffamiert. Sowohl die Linke als auch die Frauenbewegung können von einem solchen Beuteverzicht auf kämpferische Mittel nur schweren Schaden nehmen: diese Dinge sind eben weder genuin männlich noch genuin der Rechten eigen, wie diese selbst zu versichern versucht. Diese Annahme muss als Erste bestritten werden. Demgegenüber hellsichtig und pointiert schrieb Valentine de Saint-Pont im »Manifest der futuristischen Frau«: »Was den Frauen ebenso wie den Männern am meisten fehlt, ist Mannheit.« (de Saint-Pont [1912]: 237) – Eine zutiefst anti-essenzialistische und der Beute gegenüber aufgeschlossene Position.

29 S. dazu die pointierten Analysen von Hughes 1993 und 1994.

30 S. dazu Hahn/Pfaller 2005.

31 S. dazu Labica (Hg.) 1982: 413–419.

32 S. Pascal 2004: 841.

33 S. Spinoza 1976: 109.

34 S. Freud [1901b]; [1941d].

35 S. Sennett [1974]: 341.

36 S. zu dieser Auseinandersetzung Chiapello 2006: 34 f.

37 S. dazu Giorgio Agambens schönen Text über den Genius (Agamben 2005: 7–17). Agamben erscheint darum ein wenig voreilig, wenn er im selben Buch ein »Lob der Profanierung« vorträgt. Ähnlich wie der Walter Benjamin des »Kunstwerk«-Aufsatzes (und ganz im Gegensatz zu dem der Thesen »Über den Begriff der Geschichte«) tritt Agamben hier eine programmatische Flucht ins Geheure, Profane an. Agambens Grundgedanke, dass die Bewegung der Profanierung das ehemals Heilige den Menschen zum Gebrauch zurückgibt, erweist sich jedoch unter neoliberalen Bedingungen als Illusion: die Profanierung ist vielmehr genau die Bewegung, die dazu führt, dass die Menschen das Öffentliche von sich aus ablehnen und es für die Privatisierung durch neue Eigentümer freigeben.

38 S. dazu Kapitel 12 in diesem Band.

1. Gegen die Spektakel: Vernunft und Spielverderberei

1 Es gibt einen interessanten Widerspruch zwischen der *Methode* und der *Position* Tertullians: die Methode der Buchstäblichkeit wird eingesetzt, um eine Religion zu installieren, in der Buchstäblichkeit und Spektakel nichts mehr gelten sollen.

2 S. dazu Tylor 1871, Bd. 1: 63 ff.

3 Abbildungen in: Mauriès 1998; Milman 1984.

4 S. dazu Lilienthal/Philipp 2000.

5 Zur Struktur der »perspektivischen Illusion« siehe Pfaller 2002: 72–91.

2. Die visuelle Kultur und das gesellschaftliche Imaginäre

1 Die Begriffe der Einbildung und der Illusion werden hier synonym verwendet – genau in dem Sinn, in dem sie von Spinoza (»imaginatio«) und Freud (»Illusion«) gebraucht wurden. Das entscheidende Kennzeichen der Illusion ist ihre Herkunft aus dem Wunsch (sie muss darum nicht im Widerspruch mit der Realität sein, s. Freud [1927c]: 165). Weil sie aus dem Wunsch kommt, sagt sie in Wahrheit etwas über das Subjekt aus, und nicht über den vermeintlichen Gegenstand. Sie zeigt »keines Dinges Natur, sondern allein den Zustand des Vorstellungsvermögens« an (Spinoza 1976: 47).

2 Der Begriff des Lustprinzips wird hier in einem anderen Sinn gebraucht als bei Freud. Dort bezeichnet er das Theorem, demzufolge alle psychischen Vorgänge durch einen Zustand der Unlust ausgelöst werden und auf die Beseitigung dieser Unlust bzw. auf die Erzeugung von Lust gerichtet sind. Hier hingegen wird unter »Lustprinzip« nur jene Struktur verstanden, die dem Erleben von Lust zugrunde liegt.

3 S. dazu Veyne 1987; vgl. dazu Engels 1973: 14; Deleuze/Guattari 1973: 138.

4 Vgl. dazu Bozovic 1993: 99 f.

5 S. dazu Gadamer 1960: 256 ff.; Lukács 1988: 32. Neben der interkulturellen und der historischen Variante der perspektivischen Illusion, worin immer der jeweilige andere für »homogen« (d. h. nicht durch Aberglauben gespalten) erachtet wird, gibt es noch eine dritte Variante, die meist bei minoritären Kulturen und Subkulturen auftritt: sie besteht darin, *sich selbst für homogen zu halten – das heißt, zu glauben, dass man sich mit der eigenen Kultur gänzlich identifizieren könnte, wenn sie nur nicht von einer anderen*

unterdrückt würde. In Wahrheit aber gibt es keine *eigene* Kultur; dies ist eine Illusion, die sich lediglich der Unterdrückung verdankt. Denn jede symbolische Ordnung widersetzt sich der totalen Identifizierung (vgl. dazu das brillante Beispiel in Žižek 2002: 22, worin ein Einheimischer zu einem an den Ritualen interessierten Fremden sagt, »Warum wollen Sie sich lächerlich machen? Genügt es nicht, daß wir diese albernen Spielchen spielen?«). Nur dank der Unterdrückung der Kultur kann die Macht, die sie selbst gegenüber den Individuen ausübt (indem sie z.B. sie zu »Albernheiten« zwingt), als ein ihr fremder, von außen kommender Faktor wahrgenommen werden. (Von daher rührt die heimliche Komplizenschaft mancher Subkulturen mit jener Hochkultur, gegen die sie zu rebellieren vorgeben.) Ein Großteil der postmodernen Identitätspolitik beruht auf dieser Illusion: die vorherrschende Kultur wird als autoritär wahrgenommen; die unterdrückte hingegen so, als wäre sie gänzlich aneigenbar und ohne bindende Macht für die ihr angehörenden Individuen. Alles, was den Namen der Kultur verdient (und das kann sehr vieles sein), übt jedoch eine solche Macht aus und verträgt darum mit Notwendigkeit kein Possessivpronomen.

4. Die Rationalität der Magie und die Entzauberung der Welt in der Ideologie der Gegenwart

1 Penman 2004: 40.

2 Zum Beispiel wenn die Zeitschrift »Vogue« in ihrer Mai-Ausgabe 2006 unter dem Titel »Zauber der Kurven« über einen Trend hin zu weniger anorektischen Model-Körpern berichtet; oder wenn im Vorfeld der Fußball-WM 2006 von »Zauberfußball« gesprochen wird.

3 S. Tertullian, DS, §§ 1, 3, 25.

4 Sontag [1964]: 5 und 12.

5 S. dazu Warhol 1991: 77.

6 S. Frazer 1989: 70.

7 S. Spinoza 1976: 41.

8 S. dazu Macho 1981: 335.

9 Vgl. dazu Jarvie und Agassi 1978. Das fallweise Scheitern magischer Bemühungen kann jedoch niemals (wie Jarvie und Agassi meinen) zur pauschalen Aufgabe der Magie führen. Denn aus dem Scheitern eines solchen Aktes kann, wenn überhaupt, immer nur gefolgert werden, dass er fehlerhaft ausgeführt wurde oder dass es einen Gegenzauber gab (siehe dazu Macho 1981: 337). Und dies ist noch nicht einmal bezeichnend für eine etwaige epistemologische »Abgeschlossenheit« der Magie gegen jegliche

Falsifikation: Denn ebenso wenig würden zum Beispiel Techniker aus dem gelegentlichen Scheitern ihrer Planungen pauschal den Schluss ziehen, dass Berechnen als solches ein unbrauchbares Verfahren sei. Ein derartiger »Fortschritt« ist nicht nur in der Magie unmöglich (vgl. dazu Wittgenstein 1993: 140), sondern selbst in der Wissenschaft – und nicht zu ihrem Nachteil.

10 Wittgenstein 1993: 140.

11 Wittgenstein 1993: 136.

12 Wittgenstein 1993: 122.

13 S. dazu Huizinga 1956: 29: »Ein hintergründiges Bewußtsein von ›Nichtechtsein‹ fehlt nicht.«

14 S. dazu Böhme 2001.

15 Freud [1919h]: 272.

16 S. dazu z. B. Epikur, in: Hossenfelder 1996: 177; Epiktet 1920: 13.

17 Anatole France, zitiert nach Apter und Pietz (Hg.) 1993: 6.

18 S. dazu Freud [1909d]: 88.

19 S. Mannoni 1985: 9 ff.

20 Ich bin meinem Freund Ulf Stengl, Bochum, dankbar für den entscheidenden Hinweis bei der Klärung dieses Rätsels.

21 S. Descartes 1985: 52 und 38.

22 Zur Erörterung dieser Problematik siehe Pfaller (Hg.) 2000.

23 Cioffi 1998: 169.

24 Zum »kategorischen« Charakter des Tabus siehe Freud [1912–1913]: 292.

25 S. dazu Huizinga 1956: 64: »Das Ritual ist streng: der geringste Fehler macht die ganze Handlung unwirksam! Husten und Lachen wird mit der strengsten Strafe bedroht.«

26 Diese Oberflächlichkeit der Magie ist der Grund, weshalb wir bei unseren Redeweisen den eingangs erwähnten Eindruck des Metaphorischen haben: Wir meinen, wir sprächen bloß in Metaphern, denn es handle sich gar nicht um »richtige« Magie. Genau diese »uneigentliche« Magie aber ist die richtige; es gibt gar keine andere (hierin hatte Tertullian völlig recht).

27 Hubert/Mauss 1989: 60.

28 Agamben 2005: 8 f.

29 S. Freud [1912-1913]: 364 ff.

30 S. Freud [1919h]: 268.

31 S. Freud [1919h]: 262.

32 S. den Film »Candyman«, USA 1992. R: Bernard Rose, B: Clive Barker, D: Virginia Madsen, Tony Todd.

33 S. dazu Pfaller 2002, Kap. 9.

34 Žižek 1991: 52.

35 S. Freud [1907b]: 20.

36 Dasselbe hat Slavoj Žižek in seiner Interpretation des Gebrauchs der sogenannten »tibetanischen Gebetsmühlen« festgestellt: »Die Gebetsmühle [...] betet an meiner Stelle [...] ich kann mich den schmutzigsten und obszönsten Phantasien überlassen, das schadet nichts, weil ich – um wieder den guten alten stalinistischen Ausdruck zu verwenden – *objektiv* bete, was immer ich auch denken mag.« (Žižek 1991: 52). Diese »interpassive« Dimension aber ist ein Grundmerkmal jeglicher Rituale, nicht nur der tibetanischen (siehe dazu Pfaller 2003).

37 S. dazu Althusser [1969]: 140.

38 S. Weber [1905]: 94.

39 Sennett [1974]: 18.

40 Sennett [1974]: 22.

41 S. Foucault 1983: 31 ff.

42 S. dazu Verhaeghe 2005.

43 Zuerst wurde z. B. in den Hippie-Bewegungen die Sexualität »romantisiert« (s. Oberlehner 2005) und von allen gesellschaftlichen Schranken zu befreien versucht. Dann aber zeigte sich bald, dass auch die Sexualität selbst eine Ordnung mit eigenen Regeln und Gesetzen darstellt; dass sie, wie jede andere materielle Ordnung auch, auf Kenntnissen, Erfahrung und Geschicklichkeit beruht. »Höflichkeit muß ebenso gelernt werden wie Tanzen« – dieser Satz des Philosophen Alain (Alain 1982: 200) kann auch über die Ausübung von Sexualität gesagt werden. Auch insofern stellt sie sich somit als etwas Ich-Fremdes dar; etwas Objektives, wo zum Beispiel ein Missgeschick nicht einfach mit dem Hinweis auf eine gute Absicht entschuldigt werden kann.

44 S. Guillebaud 2001: 38 »Weil wir zu leichtsinnig alles über Bord geworfen haben, kehrt das Verbot zurück [...]«

45 In diversen Fernsehsendungen kann man derzeit beobachten, wie in sexualbefreiender Absicht z. B. die Behauptung vertreten wird, dass Masturbation »ja nichts Unanständiges sei«. – Die Frage ist nicht, ob das richtig oder falsch ist; sondern vielmehr, ob mit Hilfe einer solchen Konzeption eine Befreiung der Lust erreicht werden kann. Dies ist allerdings mehr als fraglich: wenn die Leute Derartiges nicht mehr als unanständig empfinden dürfen, sondern vielmehr auch noch das als ich-konform erleben müssen, steigt der Druck zur Identifizierung wohl in eine nicht mehr bewältigbare Höhe. (Ich bin Malou Thilges, Wien, dankbar für luzide Kommentare zu dieser Frage.)

46 Am Ideal der Monogamie zeigt sich damit ein narzisstischer Zug: für dieses Privileg der Zahl eins kann nämlich nur das eine Ich das Vorbild geliefert haben. Je mehr eine Kultur die Monogamie zum Ideal erhebt, desto stärker wird darum der Druck zur Identifizierung: sie beginnt dann, nach den Worten Freuds, »die Triebbetätigung durch die Vorzüge des Objekts zu entschuldigen« (Freud [1905d]: 60 [Zusatz von 1910]). Diese Tendenz in der postmodernen Kultur aber geht klarerweise an großen Teilen der Homosexualität ebenso vorbei wie an großen Teilen der Heterosexualität, die eben auf dem Prinzip beruhen, dass Begehren durch Spaltung zustande kommt: d.h. darauf, dass man oft etwas will, was man nicht »voll und ganz« will bzw. wollen kann.

5. Immer fleißig spielen! Profaner Realismus und heiliger Ernst zwischen Menschen und Maschinen

1 In Übereinstimmung mit Huizinga hatte darum auch Sigmund Freud festgestellt: »Der Gegensatz zu Spiel ist nicht Ernst, sondern – Wirklichkeit.« (Freud [1908e]: 171)

2 S. Weber [1905]: 94 ff.; vgl. dazu oben, Kapitel 3. Adorno und Horkheimer dagegen reproduzieren das Selbstmissverständnis der Aufklärung, wenn sie schreiben: »Das Programm der Aufklärung war die Entzauberung der Welt. Sie wollte die Mythen auflösen und Einbildung durch Wissen stürzen.« (Adorno/Horkheimer 1947:13). Ihnen entgeht, wie der Aufklärung selbst, dass bei dieser Unternehmung eine ganz andere Macht am Werk war als die Vernunft.

3 Solche distanzschaffenden Mechanismen in Tabu-Gesellschaften sind zum Beispiel der Gebrauch von formellen Anreden, vergleichbar unserem »Sie«, und der sehr diskrete Umgang mit den Eigennamen (s. dazu Freud [1912–13]: 303; 306; 347). Angehörige von implodierten Mediengesellschaften hingegen tendieren dazu, einander zu »duzen«, und nennen einander üblicherweise beim Vornamen (wie »Oprah« oder »Vera«), wenn nicht überhaupt gleich beim Kosenamen (wie »Mausi«).

6. Das Selbst – und das Andere nicht! Über kulturellen Narzissmus und politischen Verzicht

1 S. dazu oben, Kapitel 3.

2 S. dazu Hughes 1994: 45 f. In diesen undifferenzierten Wahrnehmungen des jeweiligen Gegners manifestiert sich das, was Grunberger/Dessuant als den »manichäischen Charakter des Narzißmus und seine Feindschaft gegen Nuancen« bezeichnen (Grunberger/Dessuant 2000: 71).

3 Daraus ergeben sich in einer älteren, schon fast in Vergessenheit gera-

tenen Sprache die auffälligen, für die Differenz zwischen biologischem Geschlecht und sozialer Geschlechterrolle aufschlussreichen Formulierungen wie »die Kunst, eine Frau zu sein« oder »sei ein Mann!« Zugleich deuten sie an, inwiefern aus der Auseinandersetzung mit der Identität Lust gewonnen werden kann: nämlich indem das, was der Identität entspricht, *gut* gemacht wird. Aus diesem Grund ist die postmoderne Idee, anstelle der bekannten Geschlechterrollen eine Pluralität von »Schneeflocken« anzuerkennen, nicht geeignet, die Individuen froher zu machen. Nur aus solchen Rollen nämlich, bei denen man etwas besser oder schlechter machen kann, entstehen Möglichkeiten des Lustgewinns. Übrigens braucht man es dazu nicht bis zur Weltmeisterschaft zu bringen: Freude entsteht schon, wenn etwas heute besser gelingt als noch gestern.

4 Dass es sich auch hierbei um Kulte handelt, hat mit der ihm eigenen Hellsichtigkeit bereits der militante frühchristliche Theologe Tertullian festgestellt, s. ders., »De cultu feminarum«.

5 S. dazu die paradigmatische Affäre, die 1989 in Manhattan zur Demontage von Richard Serras Arbeit »Tilted Arc« führte. Siehe dazu Lewitzky 2005; vgl. http://www.pbs.org/wgbh/cultureshock/flashpoints/visualarts/tiltedarc_a.html (accessed: 2008-03-14)

6 Zu Jacques Lacans Unterscheidung zwischen *Lust* (via symbolische Ordnung) und *Genießen* siehe Evans 1997: 91 f. Slavoj Žižek hat die hier beschriebene postmoderne Logik wie folgt analysiert: »Wenn die ›befriedende‹ symbolische Autorität außer Kraft gesetzt wird, besteht die einzige Möglichkeit, die lähmende Ausweglosigkeit des Begehrens zu umgehen, ihrer inhärenten Unmöglichkeit auszuweichen, darin, den Grund der Unzulänglichkeit an einer despotischen Figur festzumachen, die für den uranfänglichen *Genussmenschen/Luder* [jouisseur] steht; wir können nicht genießen, weil *er* sich allen Genuss aneignet ...« (Zizek 2001: 432). – Aus unserer Perspektive wäre hier nur noch eine einzige Ergänzung hinzuzufügen: Der vermeintliche »Urvater« ist nichts anderes als die (aus narzisstischer Perspektive als despotisch wahrgenommenen) symbolischen Imperative der Kultur, die es den Individuen erlauben würden, ihre narzisstische Unlust abzulegen und zum Gewinn von Lust überzugehen. Gerade das, was ihnen helfen könnte, ihr Genießen in Lust zu verwandeln, wird von ihnen als Genießen des anderen diffamiert und verabscheut.

7 Anstatt die Kultur (die symbolische Ordnung) als Ordnung von Verboten aufzufassen, könnte man sie auch – wie Johan Huizinga dies vorgeführt hat – als Spielregel begreifen (s. Huizinga 1956). Und das Spiel kennt einen strengen, universellen und dem Lustprinzip verpflichteten Imperativ: *Sei kein Spielverderber!*

8 S. dazu Bataille: »Das religiöse Verbot richtet sich grundsätzlich gegen eine bestimmte Handlung, aber es kann dieser Handlung auch einen neuen Wert verleihen. Zuweilen ist es möglich oder sogar vorgeschrieben, das Verbot zu verletzen, es zu überschreiten.« (Bataille 1993: 74)

9 Ein anderes Beispiel hierfür sind die auch in unserer Gesellschaft mit gleichem Zwang zum Hier und Jetzt auftretenden Gebote des Müßiggangs (siehe dazu Kapitel 10).

10 Zu diesem Begriff s. Freud [1930a]: 230, 235.

11 S. Freud: »Während dieser Periode totaler oder bloß partieller Latenz werden die seelischen Mächte aufgebaut, die später dem Sexualtrieb als Hemmnisse in den Weg treten und gleichwie Dämme seine Richtung beengen werden (der Ekel, das Schamgefühl, die ästhetischen und moralischen Idealanforderungen). Man gewinnt beim Kulturkinde den Eindruck, daß der Aufbau dieser Dämme ein Werk der Erziehung ist, und sicherlich tut die Erziehung viel dazu. In Wirklichkeit ist diese Entwicklung eine organisch bedingte, hereditär fixierte und kann sich gelegentlich ganz ohne Mithilfe der Erziehung herstellen. Die Erziehung bleibt durchaus in dem ihr angewiesenen Machtbereich, wenn sie sich darauf einschränkt, das organisch Vorgezeichnete nachzuziehen und es etwas sauberer und tiefer auszuprägen.« (Freud [1905d]: 78)

12 Derselbe Gedanke taucht bei Herbert Marcuse auf, der die »repressive Entsublimierung« als Vorgang in der Kultur begreift (s. Marcuse 1978: 76).

13 Zu diesem Begriff s. Kristeva 1980.

14 S. dazu Heine [1853]; vgl. Freud [1919h]: 259.

15 Um dazu noch ein auffälliges Beispiel zu geben: in einer konservativen Kultur, wie z. B. der Gesellschaft, die den Wiener Opernball besucht, sind die Geschlechterbeziehungen, bei aller Ironie, immer noch äußerst formell geregelt: man »siezt« sich; man begrüßt eine Dame eventuell mit Handkuss etc. Im Kontrast dazu aber werden beim Walzer auch fremde Damen angefasst, und man tanzt mit ihnen eng umschlungen. Die Nach-68-er-Kultur hingegen ist weniger formell, man »duzt« sich, aber umschlungen tanzen ist fast nur zwischen Liebespartnern möglich. Mangels eines kulturellen Gebots muss man allein tanzen. Dies ist hingegen beim Opernball-Walzer wieder verboten – wer das versuchte, würde wohl hinausgeworfen werden. (Ich bin Anna Stangl, Wien, dankbar für ein anregendes Gespräch zu dieser Frage.)

16 »Lieber frei als glücklich« – mit dieser berühmten Parole hat Simone de Beauvoir eine typische Grundposition des theoretischen Humanismus formuliert (s. Beauvoir 1960: 12: »Das bedeutet, daß wir, die wir uns für die Möglichkeiten des Individuums interessieren, diese Möglichkeiten nicht in

Begriffen des Glücks, sondern in Begriffen der Freiheit definieren werden.«). Der theoretische Humanismus, der die Welt immer in zwei ontologisch verschiedene Hälften spaltet (wie Natur/Geschichte, Menschliches/nicht vom Menschen Gemachtes, Glück/Freiheit etc.) ist eine regelmäßig auftretende philosophische »Kinderkrankheit« emanzipatorischer Bewegungen und hatte vor der Frauenbewegung auch den Marxismus befallen. Für Letzteren schlug Louis Althusser bekanntlich das Medikament Spinoza vor: Spinoza hatte gezeigt, dass das Glück die Freiheit ist und dass es außerhalb des Glücks keine Freiheit gibt (s. Althusser 1975: 58 f.; Spinoza 1990: 699).

17 Ich bin Mona Hahn, Wien, dankbar für zahlreiche Einsichten und ausführliche Erörterungen zu diesem Zusammenhang.

18 Die narzisstischen Impulse werden durch den tyrannischen Befehl des Über-Ich, »Genieße!«, angetrieben (s. Lacan [1972–73]: 10). Genau diesem Befehl widersetzen sich die kulturellen Imperative der Sublimierung. Sie bilden das, was der Philosoph Alain die »Pflicht, glücklich zu sein« genannt hat (s. Alain 1982).

7. Sind wir wirklich so erotisch? Peter Sloterdijks »Zorn und Zeit« und die Frage der Beobachtungsinstanzen

1 Sloterdijk 2006 (ZZ); in der Folge werden die Schriften Peter Sloterdijks entsprechend den im Literaturverzeichnis angeführten Siglen zitiert.

2 S. Žižek 2007a.

3 S. Sloterdijk 2006; Žižek 2004 und 2007b.

4 S. dazu Mandeville [1705]: 67, 79; Jacques Lacan hat diese Unterscheidung in seinem Seminar VII kommentiert (s. Lacan [1959–60]: 221).

5 Obwohl Sloterdijk der Psychoanalyse vorwirft, diesen Mangel eingeführt zu haben, ist sein Begriff verschieden von dem Lacan'schen Begriff des Mangels. In Sloterdijks Konzeption ist der Mangel auf dem thymotischen Pol situiert und beseitigt dadurch diesen Pol. Für Lacan hingegen befindet sich der Mangel auf der Seite der Erotik. Seine Einführung (durch symbolische Kastration) produziert erst den Dualismus von Objekt-Libido und Ich-Libido. In seinen früheren Arbeiten erschien Sloterdijk aufmerksamer für diesen Dualismus in der psychoanalytischen Triebtheorie (s. KzV 105).

6 S. DZ 16:»Ich habe in meinem Buch versucht anzudeuten, dass der Westen ohne eine gewisse thymotische Neubesinnung in einer solchen Situation schlecht aussieht.«

7 S. dazu Althusser [1969]; 1995.

8 Sloterdijks Auflistung der thymotischen Qualitäten lautet wie folgt:

»Stolz, Empörung, Zorn, Ambition, hoher Selbstbehauptungswille und akute Kampfbereitschaft« (ZZ 32). Es ist von entscheidender Bedeutung, dass der *Stolz* diese Liste anführt, und nicht der *Zorn* (der dem Buch den anspielungsreichen Titel gab). Diese Priorität des Stolzes rührt daher, dass der Zorn, im Gegensatz zum Stolz, nicht ausschließlich mit dem Thymos verbunden ist. Der Zorn ist ein »Symptom«, aber kein zuverlässiges Indiz für eine »Struktur«. Vielmehr kann er innerhalb verschiedener Strukturen auftreten. So gibt es den Zorn bereits vor dem platonischen, selbst-reflexiven Bewusstsein des Thymos: der Homerische Name für diesen ursprünglichen, blinden, grenzenlosen Zorn ist »Menis« (s. ZZ 42). Die zentrale Bedeutung, die Sloterdijk dem Stolz für die Bestimmung thymotischer Qualitäten zuerkennt, zeigt sich auch in der oben im Text zitierten Passage (ZZ 30).

9 S. Platon, Politeia 438d–443b.

10 Vgl. Nietzsche [1887]: 235: »Und wenn die Lämmer unter sich sagen ›diese Raubvögel sind böse; und wer so wenig als möglich ein Raubvogel ist, vielmehr deren Gegenstück, ein Lamm – sollte der nicht gut sein?‹ so ist an dieser Aufrichtung eines Ideals nichts auszusetzen, sei es auch, daß die Raubvögel dazu ein wenig spöttisch blicken werden […]«

11 Kunstforum international, Bd. 161, August – Oktober 2002: Die documenta 11: 137.

12 Vgl. dazu auch die Kritik von Žižek 2001: 298–318.

13 S. dazu auch Sennett [1974]: 351: »[Der populistische Politiker] läßt sich nicht vom Engagement für eine neue Ordnung, sondern vom reinen Ressentiment gegen die bestehende Ordnung leiten. Die gesellschaftliche Klasse, die er anspricht, haßt die Privilegien; an die Abschaffung der Privilegien denkt sie jedoch nicht. Wenn diese Menschen gegen das Establishment Sturm laufen, dann in der Hoffnung, es werde sich dem einzelnen ein Türchen öffnen, durch das er hineinschlüpfen kann.«

14 »C'est être superstitieux de mettre son espérance dans les formalités, mais c'est être superbe de ne vouloir s'y soumettre.« (Pascal 2004: 1020)

15 Wie Pascal ist sich auch Sloterdijk der entscheidenden Rolle von Beobachtungsinstanzen für jegliche Frage des Stolzes bewusst (s. ZZ 147, 314 f., 355).

16 Es ist entscheidend, dass »Unterwerfung« für Pascal hier immer *Unterwerfung des Geistes unter die Äußerlichkeiten* bedeutet. Diese Äußerlichkeiten können manchmal selbst als Ausdruck von Unterwerfung erscheinen (z. B. beim Niederknien). Aber das muss nicht immer der Fall sein. Eine Unterwerfung des Geistes unter ein Äußerliches, das *elegant* oder sogar *arrogant* anmutet, ist auch eine Unterwerfung.

17 S. dazu Hughes 1994, Bruckner 1997, Berkel 2006.

18 S. Mannoni 1985: 18; vgl. dazu Pfaller 2002, Kapitel 9.

19 Once Upon A Time In The West, USA 1969; R: Sergio Leone. Zur Struktur »erzwungener Spiele« und des »negativen Fetischismus« in diesem Film siehe Pfaller 2002: 269–284.

20 S. Brecht 1984: 1116.

8. Vom Kanon zum Schibboleth. Sieben Thesen über Parteilichkeit und Erbarmen in der Kultur

1 S. dazu Fowler 1994.

2 S. Marinetti [1909]: 35, 36.

3 S. dazu Balibar, in: Balibar/Wallerstein 1992: 29 ff.

4 S. Benjamin [1940]: 696. Harold Blooms treffende Formulierung von der »anxiety of influence« gibt einen Aspekt dieses notwendigen, vom Kanon erzeugten Grauens präzise wieder.

5 Eine Dokumentation der BBC über das sowjetische Sturmgewehr »Automat Kalaschnikow« (AK 47) enthielt ein diesbezüglich interessantes historisches Detail: im Koreakrieg beschloss das US-Militär, die eigenen Soldaten mit dem AK 47 auszurüsten. Denn bei einem raschen Vormarsch hätte man die US-Truppen nicht ausreichend mit amerikanischer Munition versorgen können. Indem man jedoch die Waffe des Feindes einsetzte, konnte man auf die Munition aus den eroberten feindlichen Depots zurückgreifen.

6 S. dazu Liessmann 2006; Hörisch 2006.

7 S. dazu Žižek 1997: 162 f.; vgl. Pfaller 2002: 16-20.

8 Zu diesem Beispiel und seiner psychoanalytischen Erklärung siehe Žižek 1992a: 28.

9 Die Idee, die Fremdheit des Kanons aufzuheben und ihn so zu gestalten, dass sämtliche Gruppen einer Gesellschaft sich in ihm wiedererkennen und mit ihm identifizieren können, beruht auf einer Illusion. Die Fremdheit des Kanons rührt nicht daher, dass er nur der der dominanten Gruppe wäre; ihr ist er nämlich genauso fremd. Ein Kanon ist immer »Kanon der anderen«. So deckt sich z.B. die 2001 von 10000 Österreichern erstellte Literaturliste »50 Klassiker fürs Leben« in frappierendem Ausmaß mit der von dem Künstler Julius Deutschbauer zusammengestellten »Bibliothek der ungelesenen Bücher« (s. http://www.thing.at/bibliothek.ungelesener. buecher/). Das »Interessante« in der Kultur ist immer das, was für irgendwelche anderen interessant ist – nicht für eine(n) selbst.

10 S. dazu Aichele 2001.

11 Schließlich verfügt nicht jede unterdrückte oder marginalisierte Gruppe immer über eine intakte, in ausreichendem Maß überlieferte, eigenständige kulturelle Tradition. Das ist eine der Auswirkungen ihrer Unterdrückung.

12 S. Žižek 2001: 306–311.

13 Vgl. dazu Benvenuto 2000.

14 S. Bachelard 1993; Althusser, in: Althusser/Balibar 1972; Vgl. Balibar 1994

15 S. dazu Althusser, in: Althusser/Balibar 1972: 59; Foucault 1986: 282

16 S. Freud 1905d: 129 (Zusatz von 1920); 1923b: 283; vgl. Žižek 1998a. Vgl. Altes Testament, Buch der Richter 12:4–6. Die Ephraimiten sprachen in ihrem Dialekt bei diesem Wort das *sch* wie ein *s* aus. Daran erkannten die Gileaditer sie als Feinde und erschlugen sie.

17 Vgl. dazu z.B. den Schibboleth-Gedanken in Walter Benjamins Kunstwerk-Aufsatz: »Die im folgenden neu in die Kunsttheorie eingeführten Begriffe unterscheiden sich von anderen dadurch, daß sie für die Zwecke des Faschismus vollkommen unbrauchbar sind.« (Benjamin [1935]: 435)

18 Ich habe diesen Begriff in Anlehnung an den von Vattimo und Rovatti für die postmoderne Philosophie eingeführten Terminus des »schwachen Denkens« (pensiero debole) vorgeschlagen (vgl. Vattimo/Rovatti [1983]). Die präziseste Beschreibung und Analyse dieses Paradigmas in der Kunst hat Wolfgang Ullrich geleistet (s. Ullrich 2003).

9. Populismus: Der Schmutz der Saubermänner

1 S. Lacan [1963:] 136.

2 Vgl. dazu den Kommentar des Kunstkritikers Matthias Dusini, der in Bezug auf die *documenta 12* bemerkte, sie sei »eine Art Kunstparaolympiade, deren ethische Intention zwar respektabel ist, für deren Resultate sich aber niemand ernsthaft interessiert.« (Dusini 2007: 55)

10. Doing Nothing: Über materielles Nichtstun und immaterielle Arbeit

1 Zur Präzisierung von Nietzsches Begriff des aktiven Nihilismus sowie zum Problem der Angst vor der »nicht ausgefüllten Zeit« siehe Zupančič 2003: 63; 43.

2 S. dazu Paoli 2001 sowie http://www.dieglücklichenarbeitslosen.de/ dieseite/seite/glueck.htm (accessed: 2007-08-24).

3 S. dazu Moulier-Boutang 1998: 7–11.

4 Zit. nach Asholt/Fähnders (Hg.) 1991: 12.

5 S. Lazzarato 1998a: 39. Diese Begriffswahl ist auch innerhalb der operaistischen Tradition nicht unumstritten. S. dazu Franco »Bifo« Berardi, der gegen Lazzarato klarstellt, dass Arbeit nie immateriell ist (s. das Gespräch mit Stephan Gregory http://www.nadir.org/nadir/periodika/jungle_world/_2000/24/15a.htm, last visited: 2008-05-08).

6 Denselben Fehler machen Hardt/Negri, wenn sie schreiben, dass der Einsatz des Computers die Arbeit »in Richtung abstrakter Arbeit« verschiebe (Hardt/Negri 2002: 304).

7 S. dazu Althusser [1963]: 186–197; [1965]: 14-31.

8 S. dazu Grunberger/Dessuant [1997]: 121 ff.; 272.

9 S. dazu Freud [1912–13]: 311; vgl. Marinelli (Hg.) 2000.

10 S. dazu z. B. Albrecht 1993; Thomas 1996; Jochum 2000.

11 Zu Recht hat darum Paul Lafargue in seiner Verteidigung der Utopie der Faulheit mehrfach auf das Heilige – insbesondere des Heidentums – verwiesen; s. Lafargue [1883]: Vorwort und passim.

12 S. dazu Althusser 1975: 74, wo er Spinoza als die »antizipierte Wiederholung« Hegels charakterisiert.

11. Gegen die Diffamierung der Beute: Zur Aktualität Wilhelm Reichs

1 S. dazu Lau 2000; Guillebaud 2001; Oberlehner 2005.

2 Römer 7, 8: »Die Sünde aber gebrauchte dieses Gebot des Gesetzes, um in mir alle möglichen Leidenschaften zu wecken.«

3 Nur ein Detail hat sich gegenüber dem Erscheinen dieses Buches geändert: Dieselben Leute, die Deleuze und Guattari damals im Blick hatten, rufen heute aus denselben Gründen nicht nach mehr, sondern nach weniger Steuern (für Unternehmen).

4 Vgl. dazu ders.: »[…] die Machtmechanismen [bestünden]in Unterdrückung – diese Hypothese würde ich aus Bequemlichkeit die Hypothese Reichs nennen […]« (Foucault 1978: 72).

5 S. dazu Freud: »Die Symptome sind […] die Sexualbetätigung der Kranken.« (Freud [1905d]: 72).

6 Die Verbindung von Sexualität und Politik ist für Reich also keine prinzipielle; Sexualität ist nicht genuin politisch. Die Verbindung ist vielmehr selbst

politisch bedingt: Es hängt von den politischen Verhältnissen ab, ob es eine Verbindung zwischen Sexualität und Politik gibt oder nicht.

7 S. dazu Freud: »Die Einzelheiten des Vorganges, durch welchen die Verdrängung eine Lustmöglichkeit in eine Unlustquelle verwandelt, sind noch nicht gut verstanden oder nicht klar darstellbar, aber sicherlich ist alle neurotische Unlust von solcher Art, ist Lust, die nicht als solche empfunden werden kann« (Freud [1920g]: 220).

8 S. dazu Berkel 2006.

9 S. dazu Guillebaud 2001: 124; Žižek 2001: 505; Lau 2000: 117.

10 Vgl. dazu Günter Amendt: »Ich war nie Reichianer. Dessen penetranter Heterozentrismus samt der dazugehörigen Homophobie stand im Widerspruch zu dem, was ich unter Emanzipation und Befreiung verstand« (Amendt 2006: 164).

11 La Rochefoucauld 1988: 38.

12 Selbst in Bezug auf diese Historisierung der Sexualität kann Reich sich auf Freud stützen. Dieser unterschied bzw. schrieb: »Der eingreifendste Unterschied zwischen dem Liebesleben der Alten Welt und dem unsrigen liegt wohl darin, daß die Antike den Akzent auf den Trieb selbst, wir aber auf dessen Objekt verlegen. Die Alten feierten den Trieb und waren bereit, auch ein minderwertiges Objekt durch ihn zu adeln, während wir die Triebbetätigung an sich geringschätzen und sie nur durch die Vorzüge des Objekts entschuldigen lassen.« (Freud, [1905c]: 60 [Zusatz von 1910]).

13 S. dazu Althusser 1974: 168–195 sowie 1993: 222–245.

14 Brecht 1984: 652.

15 Vgl. dagegen Reich: »Wir [...] stellen uns mit unserer ganzen Autorität, dem Lustprinzip entgegen, auf den Boden des Realitätsprinzips« (zit. nach Dahmer 1982: 335).

16 1908 schreibt Sigmund Freud im Titel seines Textes »Die ›kulturelle‹ Sexualmoral und die moderne Nervosität« das Wort »kulturell« in Anführungszeichen (s. Freud [1908d]). Diese Feinheit verweist auf einen speziellen Kulturbegriff: ihm zufolge verdient den Namen *Kultur* nur, was dem Glück der Individuen zuträglich ist. Die Sexualmoral, wie Freud sie vor Augen hatte, verdiente diese Auszeichnung offenbar nicht.

17 S. Hossenfelder 1996: 50.

18 Brecht 1984: 633.

19 »›Ne pas se raconter d'histoire‹, cette formule reste pour moi la seule définition du matérialisme« (Althusser 1994: 247).

12. Die Buchstäblichkeit der Leidenschaften. Über den Zauber der Kunst und die Komödie der Psychoanalyse

1 Diese sollten hier allerdings auch Erwähnung finden: zum Beispiel, um nur einige zu nennen, die Arbeiten von Elisabeth Bronfen, Joan Copjec, Mladen Dolar, Hal Foster, Klaus Heinrich, Rosalind Krauss, August Ruhs, Renata Salecl, Karl Stockreiter, Slavoj Žižek und Alenka Zupančič .

2 »Denn der Gegenstand, von dem man spricht, ist für das Denken nicht unmittelbar kennzeichnend. [...] Nicht der Stoff der Reflexion charakterisiert und qualifiziert die Reflexion, sondern die *Modalität der Reflexion* [...], das heißt die grundlegende Problematik, von der aus die Gegenstände dieses Denkens reflektiert werden.« (Althusser 1960: 23)

3 Sontag [1964]: 5, 12.

4 S. Sontag [1964]: 7–9.

5 Zu dieser Unterscheidung siehe Laplanche/Pontalis 1973: 119 f.

6 »Die Motive, die zur Religionsübung drängen, sind aber allen Gläubigen unbekannt oder werden in ihrem Bewußtsein durch vorgeschobene Motive vertreten.« (Freud [1907b]: 18)

7 S. dazu Pfaller 2002, Kap. 9.

8 S. dazu Lacan [1959–60]: 293.

9 S. Freud [1920g]: 245.

10 S. Freud 1927e: 383: »[...] der Fetisch ist der Ersatz für den Phallus des Weibes (der Mutter), an den das Knäblein geglaubt hat [...]«

11 S. Freud [1919h]: 272.

12 S. dazu Heine [1853]; vgl. auch: Die Götter im Exil. Salvador Dali, Albert Oehlen u. a., Ausstellungskatalog Kunsthaus Graz, hg. v. P. Pakesch, Köln: Walther König 2006.

13 S. Ullrich 2003.

14 So macht sich zum Beispiel Vadim Fishkins Installation »Snow Show« (2000) lustig über die narzisstische Dimension interaktiver Kunst. S. http://www.dum-club.si/vaf/SNOW/snow.htm (accessed: 2006-09-08).

15 Vgl. dazu Hughes 1993 und 1994. Diese Kunst scheint sich darum als ein weiteres Beispiel in die Reihe der von Slavoj Žižek hervorgehobenen und analysierten Beispiele von postmodernem »Non-ism« einzufügen: Kaffee ohne Koffein, Sex ohne Körperkontakt, Kriege ohne (eigene) Verluste (s. Žižek 2004a). Nun also auch: *Kunst ohne Zauber.* Das Lustlose, das allen diesen Erscheinungen anhaftet, scheint auch in diesem Fall durch den in der Kultur der Postmoderne zum Durchbruch gelangten, asketischen Über-Ich-Imperativ »Genieße!« verursacht (Vgl. dazu Žižek 1991a: 9 ff.).

16 S. Althusser [1969]: 136 ff.

17 S. Weber [1905]: 94 ff.

18 In seinen Schriften »Zur Psychopathologie des Alltagslebens«, »Bemerkungen über einen Fall von Zwangsneurose«, »Totem und Tabu«, »Psychoanalyse und Telepathie« (Freud [1901b], [1909d], [1912-13], [1941d]).

19 Zur Theorie dieser symptomalen Doppelbewegung siehe Žižek [1989]: 164; 1991a: 12 f.

20 »[…] es wäre Zauber, wenn es rascher wirken würde. Zum Zauber gehört unbedingt die Schnelligkeit, man möchte sagen: Plötzlichkeit des Erfolges. Aber die analytischen Behandlungen brauchen Monate und selbst Jahre; ein so langsamer Zauber verliert den Charakter des Wunderbaren. Wir wollen übrigens das Wort nicht verachten. Es ist doch ein mächtiges Instrument [...], der Weg, auf den anderen Einfluß zu nehmen. Worte können unsagbar wohltun und fürchterliche Verletzungen zufügen. [...] das Wort war doch ursprünglich ein Zauber, ein magischer Akt, und es hat noch viel von seiner alten Kraft bewahrt.« (Freud 1926e: 279 f.)

21 S. dazu Fink 1997: 45 ff.

**13. Das vertraute Fremde, das Unheimliche, das Komische.
Die ästhetischen Effekte des Gedankenexperiments**

1 In diesem Sinn gebraucht Jacques Lacan den Begriff des Gedankenexperiments, s. ders. [1959–60]: 373; vgl. dazu Critchley 1999: 226. Demselben Typ gehört auch Kants ethisches Gedankenexperiment der »Galgenprobe« an (gegen dessen Ergebnis Lacan bekanntlich Einspruch eingelegt hat): »Setzet, daß jemand von seiner wollüstigen Neigung vorgibt, sie sei, wenn ihm der beliebte Gegenstand und die Gelegenheit dazu vorkämen, ganz unwiderstehlich: ob, wenn ein Galgen vor dem Hause, da er diese Gelegenheit trifft, aufgerichtet wäre, um ihn sogleich nach genossener Wollust daran zu knüpfen, er alsdenn nicht seine Neigung bezwingen würde« (Kant [1788]: 140; vgl. dazu Lacan 1963: 152ff.).

2 S. Bachelard 1978: 46 ff.

3 S. dazu Wallner 2002.

4 S. Epiktet 1920: 13 (§ 5).

5 Vgl. dazu Culler 1999: 9 ff.

6 S. Macho/Wunschel (Hg.) 2004: 13.

7 S. Žižek 2003: 116ff.

8 Vgl. dazu Žižeks analoge Interpretation zu »Truman Show«, Žižek 2002a: 12 f.

9 Vgl. dazu Stefan Vockrodt, http://morgenwelt.de/kultur/000828-filmplaneten.htm

10 In Sigmund Freuds berühmter Studie über das Unheimliche gibt es immerhin drei Stellen, an denen er das mögliche Umschlagen des Unheimlichen ins Komische bemerkt (Freud 1919h: 260, 269, 274). In der Theorie Jacques Lacans werden sowohl Unheimliches als auch Komisches in ihrer Struktur durch das Auftauchen des *objet petit a* bestimmt (s. dazu Lacan [1958]: 130 sowie [1962–63]: 155–172; vgl. Dolar 1991: 51 f., 57 f.).

11 Im Gegenteil: neuere Bearbeitungen dieses Themas lassen die Sache oft in einer Katastrophe enden. Vgl. dazu z.B. »The Ice Storm« (USA 1997, R: Ang Lee), »Marie-Jo et ses deux amours« (F 2001, R: Robert Guédiguian).

12 Vgl. dazu Engels 1973: 80.

13 Das gilt z.B. auch für die Frage der Verwechslung. Die Komödie sagt: *ihr seid viel verwechselbarer, als ihr euch gerne einbildet.* Die Tragödie dagegen vertritt die Auffassung: *ihr seid in Wahrheit mehr, als alle glauben* (Vgl. dazu Pfaller 2002: 194 f.).

14 Dies drückt sich auch in den zahlreichen das Thema der Polygamie berührenden Screwball-Titeln aus – wie z.B. »My Favorite Wife« (USA 1940, R: Garson Kanin) oder »I Love You Again« (USA 1940, R: W.S. van Dyke II).

15 In diesem Sinn hat Durkheim recht, wenn er schreibt: »Es gibt keine magische Sünde.« (Durkheim 1994: 407) Eben weil die Magie nicht auf Absichten und Taten beruht, gibt es in ihr keine Sünde, aber sehr wohl Schuld. Und auch Strafe – und zwar automatische Selbststrafe: Vgl. dazu Freud über die Tabu-Gesellschaft: »Der unschuldige Missetäter, der z.B. von einem ihm verbotenen Tier gegessen hat, wird tief deprimiert, erwartet seinen Tod und stirbt dann in allem Ernst.« (Freud 1912–13: 314). Noch in einem anderen ästhetischen Genre ist dieser Typ von Schuld thematisch – nämlich in der Schicksalstragödie. Deren Begriff *tragischer Schuld* (»subjektiv nicht anrechenbar, aber objektiv bestehend«, s. http://www.klassikerforum.de/Bodies/gattungen/tragoedie.php) entspricht dem, was wir als *magische Schuld* bezeichnet haben. Die antike Schicksalstragödie steht darum auf der Seite von Unheimlichem und Komischem; sie ist der modernen Charaktertragödie diametral entgegengesetzt.

16 Unschwer ist auch hinsichtlich der Wiederholung in der Komödie der Zusammenhang zur Polygamie auszumachen: am Ende von »To Be or Not To Be«, als der Liebhaber der Gattin des Hamletdarstellers schon einigermaßen befriedet scheint, verlässt wieder jemand anderer gerade am Beginn von Hamlets Monolog den Saal.

17 S. Pascal 1965: 73 (§ 115).

18 S. Descartes 1985: 52: »Was sehe ich denn aber außer Hüten und Kleidern, unter denen auch Automaten stecken könnten?«

19 S. Bergson 1914: 26 f.; vgl. ebd. 48: »Komisch ist jede Verkettung von Handlungen und Ereignissen, die uns die Illusion des Lebens und das deutliche Gefühl eines mechanischen Arrangements zugleich verschafft.«

20 S. Freud 1919h: 260; vgl. dazu Dolar 1991: 52.

21 Ein unstimmiges Detail alleine würde uns allenfalls etwas verunsichern oder uns zur theoretischen Verfeinerung unserer Auffassungen von der Welt veranlassen. Das Unheimliche dagegen hat, wie Dolar (1991: 64) zu Recht betont, nicht mit *Unsicherheit* zu tun, sondern mit *Gewissheit*. Denn das unstimmige Element scheint eine vertraute Erzählung zu bestätigen. Deren *narrative Geschlossenheit* befällt uns als jene fürchterliche Gewissheit, die sich über die *Offenheit unseres Wissens* hinwegsetzt.

22 In jeder Kultur scheint es ein ganzes Repertoire des »Unglaublichen« zu geben: Erzählungen, die als »Kinderkram«, »Ammenmärchen« etc. zirkulieren und die von denen, die sich für erwachsen halten, gebraucht werden, um ihren Abstand von der Kindheit zu markieren. Allerdings muss nicht in allen Fällen notwendigerweise angenommen werden, dass diese Erzählungen jemals von irgendjemandem geglaubt worden wären. Dieser Eindruck könnte vielmehr auch ein Produkt der *Nachträglichkeit* sein. Das »Heimliche« im Sinn Freuds würde demnach eine »Heimat« bezeichnen, *in der wir uns niemals befunden haben.* Das Unheimliche des weiblichen Genitales für neurotische Männer z. B. kann demnach nicht, wie Freud (1919h: 267) argumentiert, daher rühren, dass dieses »die alte Heimat des Menschenkindes« ist. Vielmehr muss es Ammenmärchen von der »Kastration« etc. geben, die einem solchen Anblick eine »phantastische« Bedeutung verleihen.

23 S. dazu Pfaller 2002.

24 S. insbes. seinen Aufsatz »L'illusion comique«, Mannoni 1985: 161–183; 2006.

25 Zu Mannonis Beispielen siehe im Folgenden. Ein Punkt, an dem Mannonis Formel bei Freud geradezu à la lettre in Bezug auf das Unheimliche auftritt, ist die Bemerkung über die erwähnte Krokodil-Erzählung: »Es war eine recht einfältige Geschichte, aber ihre unheimliche Wirkung verspürte man als ganz hervorragend.« (Freud 1919h: 267) – d. h., nach Mannoni: »Ich weiß, daß es Unsinn ist, dennoch aber ist es großartig schaurig«.

26 Vgl. dazu Freuds Erklärung: »Durch eine andere Konstellation wird uns der Eindruck des Unheimlichen in der Nestroyschen Posse *Der Zerrissene* erspart, wenn der Geflüchtete, der sich für einen Mörder hält,

aus jeder Falltür, deren Deckel er aufhebt, das vermeintliche Gespenst des Ermordeten aufsteigen sieht und verzweifelt ausruft: Ich hab doch nur *einen* umgebracht. Zu was diese gräßliche Multiplikation? Wir kennen die Vorbedingungen dieser Szene, teilen den Irrtum des ›Zerrissenen‹ nicht, und darum wirkt, was für ihn unheimlich sein muß, auf uns mit unwiderstehlicher Komik« (Freud 1919h: 274).

27 Dies würde mit Freuds Erklärung des Komischen durch »Aufwandsersparnis« (Freud 1905c: 174) zusammenstimmen: das Komische wäre dasjenige, bei dem wir uns jenen Aufwand ersparen können, den die Empfindung des Unheimlichen für andere mit sich bringt.

28 Dieser Begriff der »Überwindung« bezeichnet 1919 in Freuds Theorie genau jene Stelle, an der er später seine Auffassung über die *Verleugnung* entwickelt (s. Freud 1927e).

29 Diese Konsequenz zieht auch Dolar, wenn er das Unheimliche der Schauerromantik historisch als Produkt der Moderne verortet (Dolar 1991: 53).

30 S. Mannoni 1985: 163.

31 Der klassische Philosoph dieses komischen Wissens in Bezug auf die Automatismusfrage ist natürlich Blaise Pascal: »Denn man soll sich nicht verkennen: wir sind ebensosehr Automat wie Geist […]« (Pascal 1965: 234; Übers. R. P.)

32 Das Wort »anti-psychologisch« bezeichnet hier klarerweise keine Position, die jegliches psychische Leben ignoriert oder leugnet. Im Gegenteil: die Selbsttäuschung, welche die Menschen regelmäßig entwickeln, ist selbst ein psychisches Phänomen. Es ist Gegenstand der Psychoanalyse. Diese ist anti-psychologisch, insofern sie solchen Täuschungen zwar keinen Glauben schenkt, aber sie als Tatsachen dafür umso ernster nimmt (s. dazu Žižek 1991: 49).

14. Glanz und Geheimnis der Evidenzen: Psychoanalyse und Philosophie in der Kunst von Erwin Wurm

1 S. dazu Moebius 2006: 253 ff.; 277 ff.

2 »Deux visages semblables, dont aucun ne fait rire en particulier, font rire ensemble par leur ressemblance.« (Pascal 2004: 847)

Literaturverzeichnis

Adorno, Theodor W. 1973 *Philosophische Terminologie. Zur Einleitung*, 2 Bde., Frankfurt am Main: Suhrkamp
– 2003 *Ästhetische Theorie*, in: ders.: *Gesammelte Schriften*, Bd. 7, Frankfurt am Main: Suhrkamp
Adorno, Theodor W./Horkheimer, Max 1947 *Dialektik der Aufklärung. Philosophische Fragmente*, Amsterdam: Querido
Agamben, Giorgio 2002 *Homo sacer. Die souveräne Macht und das nackte Leben*, Frankfurt am Main: Suhrkamp
– 2005 *Profanierungen*, Frankfurt am Main: Suhrkamp
Aichele, George 2001 *The control of biblical meaning : canon as semiotic mechanism*, Harrisburg, PA: Trinity Press International
– *More about Me*
http://home.attbi.com/~gcaichele/bio_more.htm
Alain 1961 *Propos sur le bonheur*, Paris: Gallimard
– 1962 *Von der Liebe. Von der Arbeit. Vom Spiel [Les idées et les âges]*, Düsseldorf: Karl Rauch Verlag
– 1982 *Die Pflicht glücklich zu sein [Propos sur le bonheur]*, Frankfurt am Main: Suhrkamp
Albrecht, Horst 1993 *Die Religion der Massenmedien*, Stuttgart–Berlin–Köln
Althusser, Louis [1960] »›Über den jungen Marx‹ (Fragen der Theorie)«, in: ders., *Ideologie und ideologische Staatsapparate*, Hamburg/Westberlin: VSA, 1977: 9–44
– [1963] »Sur la dialectique matérialiste (De l'inégalité des origines)«, in: ders., *Pour Marx*, Paris: Éd. la Découverte, 1986: 161–224
– [1965] »Theory, Theoretical Practice and Theoretical Formation: Ideology and Ideological Struggle«, in: ders., *Philosophy and the Spontaneous Philosophy of the Scientists & Other Essays*, hg. und mit einem Vorwort von G. Elliott, London/New York: Verso, 1990: 1–42
– [1969] »Ideologie und ideologische Staatsapparate (Anmerkungen für eine Untersuchung)«, in: ders., *Ideologie und ideologische Staatsapparate*, Hamburg/Westberlin: VSA, 1977: 108–153
– 1974 *Für Marx*, Frankfurt am Main: Suhrkamp

- 1975 *Elemente der Selbstkritik*, Westberlin: VSA
- [1975] »Ist es einfach, in der Philosophie Marxist zu sein?«, in: ders., *Ideologie und ideologische Staatsapparate*, Hamburg/Westberlin: VSA, 1977: 51–88
- 1987 *Machiavelli – Montesquieu – Rousseau. Zur politischen Philosophie der Neuzeit*, Schriften, Bd. 2, Berlin: Argument
- 1993 *Écrits sur la psychanalyse. Freud et Lacan*, Paris: Stock/IMEC
- 1994 *L'avenir dure longtemps. Suivi de Les Faits*, Paris: Stock/Imec
- 1995 *Sur la Reproduction*, Paris: P.U.F.
- 1997 »The Only Materialist Tradition, Part I: Spinoza«, in: W. Montag/T. Stolze (Hg.): *The New Spinoza*, Minneapolis, London: Univ. of Minnesota Press, S. 3–20

Althusser, Louis/Balibar, Etienne 1972 *Das Kapital lesen*, 2 Bde., Reinbek: Rowohlt 1972

Amendt, Günter 2006 »Sexfront«. Revisited, in: *Zeitschrift für Sexualforschung* 19, 2 (2006): 159–172

Apter, Emily/Pietz, William (Hg.) 1993 *Fetishism as Cultural Discourse*, Ithaca/London: Cornell Univ. Press

Asholt, Wolfgang/Fähnders, Walter (Hg.) 1991 *Arbeit und Müßiggang. 1789–1914; Dokumente und Analysen*, Frankfurt am Main: Fischer

Bachelard, Gaston 1949 *Le Rationalisme appliqué*, Paris: P.U.F.
- 1974 *Epistemologie. Ausgewählte Texte* (hg. v. D. Lecourt), Frankfurt am Main u.a.: Ullstein
- 1978 *Die Bildung des wissenschaftlichen Geistes. Beitrag zu einer Psychoanalyse der objektiven Erkenntnis*, Frankfurt am Main: Suhrkamp
- 1993 *Epistemologie*, ausgewählt v. D. Lecourt, Frankfurt am Main: Fischer

Badiou, Alain/ Žižek, Slavoj 2005 *Philosophie und Aktualität. Ein Streitgespräch*, Wien: Passagen

Balibar, Etienne 1994 »Der Begriff ›epistemologischer Einschnitt‹. Von Gaston Bachelard bis Louis Althusser«, in: ders., *Für Althusser*, Mainz: Decaton

Balibar, Etienne/Wallerstein, Immanuel 1992 *Rasse Klasse Nation. Ambivalente Identitäten*, Hamburg/Berlin: Argument

Barthes, Roland [1966] *Kritik und Wahrheit*, in: ders.: *Am Nullpunkt der Literatur. Literatur oder Geschichte. Kritik und Wahrheit*, Frankfurt am Main: Suhrkamp, 2006: 175–231
- [1968] Barthes, Roland: »Der Tod des Autors«, in: ders., *Das Rauschen der Sprache (Kritische Essays IV)*. Frankfurt am Main: Suhrkamp, 2006: 57–63
- 1981 *Das Reich der Zeichen*, Frankfurt am Main: Suhrkamp

- 1985 *Am Nullpunkt der Literatur*, Frankfurt am Main: Suhrkamp
Bataille, Georges 1986 *Der heilige Eros [L'Érotisme]*, Frankfurt am Main/
    Berlin: Ullstein
- 1993 *Die Tränen des Eros*, München: Matthes & Seitz
Bateson, Gregory/Bateson, Mary Catherine 1993 *Wo Engel zögern. Unter-
    wegs zu einer Epistemologie des Heiligen*, Frankfurt am Main: Suhrkamp
Bayer, Konrad 1977 *Das Gesamtwerk*, hg. v. G. Rühm, Reinbek: Rowohlt
Benedict, Ruth 2006 *Chrysantheme und Schwert. Formen der japanischen
    Kultur*, Frankfurt am Main: Suhrkamp
de Beauvoir, Simone 1960 *Das andere Geschlecht. Eine Deutung der Frau*,
    Reinbek: Rowohlt
Béjin, André 1984 »Le mariage extra-conjugal d'aujourd'hui«, in: *Commu-
    nications*, 35: Sexualités occidentales, dirigé par Philippe Ariès et André
    Béjin, Paris: Seuil, 1984: 169–180.
Benjamin, Walter [1934] »Der Autor als Produzent«, in: ders., *Gesammelte
    Schriften*, Bd. II.2, Frankfurt am Main: Suhrkamp, 1980, S. 683–701
- [1935] »Das Kunstwerk im Zeitalter seiner technischen Reproduzier-
    barkeit«, in: ders., *Gesammelte Schriften*, Frankfurt am Main: Suhrkamp,
    1980, Bd. I.2 (WA Bd. 2), S. 431–508
- [1940] »Über den Begriff der Geschichte«, in: ders., *Gesammelte Schriften*,
    Frankfurt am Main: Suhrkamp, 1980, Bd. I.2 (WA Bd. 2), S. 691–704
Benvenuto, Sergio 2000 »Der amerikanische Cocktail«, in: *Lettre Interna-
    tional*, Nr. 50, III. Vj./00, S. 32–37
Bergson, Henri 1914 *Das Lachen*, Jena: Diedrichs
Berkel, Irene 2006 *Missbrauch als Phantasma. Zur Krise der Genealogie*, Mün-
    chen: Fink
Bertola, Chiara (Hg.): 1995 *Quasi per gioco. Das Spiel in der Kunst*, Aus-
    stellungskatalog, Graz: Neue Galerie/Bozen
Bloom, Harold 2000 *Die Kunst der Lektüre. Wie und warum wir lesen soll-
    ten*, München: Bertelsmann
- 2000a »Bloom extols pleasures of solitary reading«, in: *Yale Bulletin &
    Calendar*, vol. 29, number 1, Sept. 1, 2000, http://www.yale.edu/opa/v29.
    n1/story4.html
Böhme, Hartmut 2001 »Das Fetischismus-Konzept von Marx und sein
    Kontext«, in: Gerhardt, Volker (Hg.): *Marxismus. Versuch einer Bilanz*,
    Magdeburg: Scriptum Verlag, 2001: 289–319
Bozovic, Miran 1993 *Der große Andere. Gotteskonzepte in der Philosophie
    der Neuzeit*, Wien: Turia & Kant
Brandt, Daniel 1993 *Multiculturalism and the Ruling Elite*, http://radio-
    bergen.org/powergame/multi-1.html

Brecht, Bertolt 1984 *Die Gedichte von Bertolt Brecht in einem Band*, Frankfurt am Main: Suhrkamp

Breton, André (Hg.): [1939] *Anthologie des Schwarzen Humors*, München: Rogner & Bernhard, 1979

Bronfen, Elisabeth 2003 »Magische Ausstrahlungskraft: Die Diva. Ein Unfall im Starsystem«, in: *Kunstforum international*, Nr. 164 März-Mai 2003: 124–137

Büchler, Pavel 2004 »Making Nothing Happen. Notes for a Seminar«, in: *Visualizing Anthropology*, hg. von Anna Grimshaw und Amanda Ravedz, Bristol: Intellect, 2004: 152–167

Caillois, Roger [1939] *Der Mensch und das Heilige*, München: Hanser, 1988

– [1958] *Die Spiele und die Menschen. Maske und Rausch*, München/Wien: Langen/Müller, o. J.

Certeau, Michel de: »What We Do When We Believe«, in: Marshall Blonsky (Hg.): *On Signs. A Semiotics Reader*, Oxford: Blackwell, 1985: 192–202

Chiapello, Eve 2006 »Evolution und Kooption. Die ›Künstlerkritik‹ an Management und Kapitalismus«, in: *Kritische Gesellschaften. Ein Ausstellungsprojekt in vier Kapiteln*. Nürnberg: Verlag für moderne Kunst, 2006: 28-40

Cioffi, Frank 1998 *Wittgenstein on Freud and Frazer*, Cambridge: Cambridge Univ. Press

Clément, Catherine/Kristeva, Julia 1996 *Le féminin et le sacré*, Paris: Stock

Critchley, Simon 1999 »Comedy and Finitude: Displacing the Tragic-Heroic Paradigm in Philosophy and Psychoanalysis«, in: ders., *Ethics-Politics-Subjectivity. Essays on Derrida, Lévinas and Contemporary French Thought*, London/New York: Verso, 1999: 217–238

Culler, Jonathan 1999 *Dekonstrukton. Derrida und die poststrukturalistische Literaturtheorie*, Reinbek: Rowohlt

Cunningham, Graham 1999 *Religion and Magic. Approaches and Theories*, New York: NYU Press

Dahmer, Helmut 1982 *Libido und Gesellschaft. Studien über Freud und die Freudsche Linke*, 2., erw. Aufl., Frankfurt am Main: Suhrkamp

Danto, Arthur C. 1993 »Tiefeninterpretation«, in: ders., *Die philosophische Entmündigung der Kunst*, München: Fink, 1993: 71–93

David, Cathérine 1997 »Vorwort«, in: *short guide/Kurzführer documenta X*, Ostfildern: Cantz: 1997: 6–13

Debord, Guy 1996 *Die Gesellschaft des Spektakels*, Berlin: TIAMAT

Deleuze, Gilles [1979] »Wie die Philosophie Mathematikern und sogar Musikern dienen könnte – besonders, wenn sie nicht von Musik oder

Mathematik spricht«, in: ders., *Kleine Schriften*, Berlin: Merve, 1980: 24–26

Deleuze, Gilles/Guattari, Félix 1977 *Anti-Ödipus. Kapitalismus und Schizophrenie I*, Frankfurt am Main: Suhrkamp

Derrida, Jacques »Die Struktur, das Zeichen und das Spiel im Diskurs der Wissenschaften vom Menschen«, in: ders., *Die Schrift und die Differenz*, Frankfurt am Main: Suhrkamp, 1972: 422–442

Descartes, René 1985 *Meditationen über die Erste Philosophie. Aus dem Lateinischen übersetzt und herausgegeben von Gerhart Schmidt*, Stuttgart: Reclam

Die Götter im Exil. Salvador Dalí, Albert Oehlen u. a. 2006 *Ausstellungskatalog Kunsthaus Graz*, hg. v. P. Pakesch, Köln: Walther König

Dolar, Mladen 1991 »The Aesthetics of the Uncanny«, in: *Mesotes. Zeitschrift für philosophischen Ost-West-Dialog*, Nr. 3/1991, S. 51–66

– 2006 »Enigma of Sublimation«, in: *Spike Art International*, no. 8, summer 2006, pp. 12–17

Dubiel, Helmut (Hg.) 1986 *Populismus und Aufklärung*, Frankfurt am Main: Suhrkamp

– 2005 »The Populist Moment«, in: Michael Shamiyeh und DOM Laboratory (Hg.), *What People Want. Populism in Architecture and Design*, Basel et al.: Birkhäuser, 2005: 37–45

Durkheim, Emile 1994 *Die elementaren Formen des religiösen Lebens*, Frankfurt am Main: Suhrkamp

Elias, Norbert 1998 *Über den Prozeß der Zivilisation. Soziogenetische und psychogenetische Untersuchungen*, 2 Bde., 22. Aufl. Frankfurt am Main: Suhrkamp

Engels, Friedrich 1973 *Der Ursprung der Familie, des Privateigentums und des Staats. Im Anschluß an Lewis H. Morgans Forschungen*, Berlin: Dietz

Enzensberger, Christian [1968] *Größerer Versuch über den Schmutz*, Frankfurt am Main/Berlin/Wien: Ullstein, 1980

Epiktet 1920 *Handbüchlein der Moral, nebst anderen Bruchstücken der Philosophie Epiktets. Aus dem Griechischen übersetzt von Hans Stich*, Leipzig: Reclam

Erlich, Viktor 1973 *Russischer Formalismus*, Frankfurt am Main: Suhrkamp

Evans, Dylan 1997 *An Introductory Dictionary of Lacanian Psychoanalysis*, London/New York: Routledge

Even-Zohar, Itamar 1997 *Culture as Goods vs. Culture as Tools*, http://www.tau.ac.il/~itamarez/papers/gds-tls.htm (accessed: 2002-07-15)

Fink, Bruce 1997 *A Clinical Introduction to Lacanian Psychoanalysis. Theory and Technique*, Cambridge, MA/London, England: Harvard University Press

Foster, Hal: *The Return of the Real. The Avant-Garde at the End of the Century. An October Book*, Cambridge, MA: MIT Press, 1996

Foucault, Michel 1976 *Mikrophysik der Macht. Über Strafjustiz, Psychiatrie und Medizin*, Berlin: Merve

– 1978 *Dispositive der Macht*, Berlin: Merve

– 1983 *Der Wille zum Wissen. Sexualität und Wahrheit*, Bd. I, Frankfurt am Main: Suhrkamp

– 1986 *Die Archäologie des Wissens*, 2. Aufl., Frankfurt am Main: Suhrkamp

– 1988 *Schriften zur Literatur*, Frankfurt am Main: Fischer

Fowler, Robert M. 1994 *The Fate of the Notion of Canon in the Electronic Age*, http://homepages.bw.edu/~rfowler/pubs/canon (accessed: 2007-08-23)

Freese, Hans-Ludwig 1995 *Abenteuer im Kopf. Philosophische Gedankenexperimente*, Weinheim/Berlin: Quadriga

Freud, Sigmund [1901b] Zur Psychopathologie des Alltagslebens, Frankfurt am Main: Fischer, 1954

– [1905c] Der Witz und seine Beziehung zum Unbewußten, in: ders., *Studienausgabe*, Bd. IV, Frankfurt am Main: Fischer 1989: 9–219

– [1905d] Drei Abhandlungen zur Sexualtheorie, in: ders., *Studienausgabe*, Bd. V, Frankfurt am Main: Fischer, 1989: 37–146

– [1907b] Zwangshandlungen und Religionsübungen, in: ders., *Studienausgabe*, Bd. VII, Frankfurt am Main: Fischer 1989: 11–21

– [1908b] Charakter und Analerotik, in: ders., *Studienausgabe*, Bd. VII, Frankfurt am Main: Fischer, 1989: 23–30

– [1908d] Die ›kulturelle‹ Sexualmoral und die moderne Nervosität, in: ders., *Studienausgabe*, Bd. IX, Frankfurt am Main: Fischer, 1989: 9–32

– [1908e] Der Dichter und das Phantasieren. In: ders., *Studienausgabe*. Bd. X, 11. Aufl. Frankfurt am Main: Fischer, 1997: 169–180

– [1909d] Bemerkungen über einen Fall von Zwangsneurose, in: ders., *Studienausgabe*, Bd. VII, Frankfurt am Main: Fischer, 1989: 31–103

– [1912d] Beiträge zur Psychologie des Liebeslebens II, Über die allgemeinste Erniedrigung des Liebeslebens, in: ders., *Studienausgabe*, Bd. V, Frankfurt am Main: Fischer, 1989: 197–209

– [1912–13] Totem und Tabu, in: ders., *Studienausgabe*, Bd. IX, Frankfurt am Main: Fischer 1993: 287–444

- [1914c] Zur Einführung des Narzißmus, in: ders., *Studienausgabe*, Bd. III, Frankfurt am Main: Fischer, 1989: 37–68
- [1915c] Triebe und Triebschicksale, in: ders., *Studienausgabe*, Bd. III, Frankfurt am Main: Fischer, 1989: 75–102
- [1916–17] Vorlesungen zur Einführung in die Psychoanalyse, in: ders., *Studienausgabe*, Bd. I, Frankfurt am Main: Fischer, 1989: 33–446
- [1919h] Das Unheimliche, in: ders., *Studienausgabe*, Bd. IV, Frankfurt am Main: Fischer, 1989: 241–274
- [1920g] Jenseits des Lustprinzips, in: ders., *Studienausgabe*, Bd. III, Frankfurt am Main: Fischer, 1989: 213–272
- [1923a] ›Psychoanalyse‹ und ›Libidotheorie‹, in: ders., *Gesammelte Werke*, Bd. XIII, Frankfurt am Main: Fischer, 1999: 209–233
- [1923b] Das Ich und das Es, in: ders., *Studienausgabe*, Bd. III, Frankfurt am Main: Fischer, 1989, S. 273–330
- [1926d] *Hemmung, Symptom und Angst*, Frankfurt am Main: Fischer, 1986
- [1926e] Die Frage der Laienanalyse. Unterredungen mit einem Unparteiischen, in: ders., *Studienausgabe*, Ergänzungsband, Frankfurt am Main: Fischer, 1994: 271–341
- [1927d] Der Humor, in: ders., *Studienausgabe*, Bd. IV, 7. Aufl. Frankfurt am Main: Fischer: 275–282
- [1927e] Fetischismus, in: ders., *Studienausgabe*, Bd. III, Frankfurt am Main: Fischer, 1989: 379–388
- [1928b] Dostojewski und die Vatertötung, in: ders., *Studienausgabe*. Bd. X, 11. Aufl. Frankfurt am Main: Fischer, 1997: 267–286
- [1930a] Das Unbehagen in der Kultur, in: ders., *Studienausgabe*, Bd. IX, Frankfurt am Main: Fischer, 1993: 191-270
- [1940] Die psychoanalytische Technik (Aus: Abriß der Psychoanalyse), in: ders., *Studienausgabe*, Ergänzungsband, Frankfurt am Main: Fischer, 1994: 407–421
- [1941d] Psychoanalyse und Telepathie, in: ders., *Gesammelte Werke*, Frankfurt am Main: Fischer, 1999, Bd. XVII: 25–44

Frazer, James George 1989 *Der goldene Zweig. Das Geheimnis von Glauben und Sitten der Völker*, Reinbek: Rowohlt

Fromm, Erich 1976 *Haben oder Sein. Die seelischen Grundlagen einer neuen Gesellschaft*, Stuttgart: DVA

Fukuyama, Francis 2005 »The Calvinist Manifesto«, in: *The New York Times Book Review*, March 13th, 2005 http://www.nytimes.com/2005/03/13/books/review/013FUKUYA.html?ex=1268370000&en= b034755ae025b 76e&ei=5090&partner=rssuserland (accessed: 2007-08-24)

Greenblatt, Stephen 1995 »Schmutzige Riten«, in: ders., *Schmutzige Riten. Betrachtungen zwischen den Weltbildern*, Frankfurt am Main: Fischer 1995: 31–54

Grunberger, Béla/Dessuant, Pierre 2000 *Narzißmus, Christentum, Antisemitismus. Eine psychoanalytische Untersuchung*, Stuttgart: Klett-Cotta

Groos, Karl 1930 *Die Spiele der Tiere*, 3., umgearb. Auflage, Jena: Fischer

Guillebaud, Jean-Claude 2001 *Die Tyrannei der Lust. Sexualität und Gesellschaft*, München: Luchterhand

Hahn, Mona/Pfaller, Robert 2005 »Der verführerische Glanz der Unvernunft. Bemerkung über das Heroische«, in: *k2 kultur*, nr. 2/05, Wien u. a., 2005: 2–3

Haller, Gret 2002 *Die Grenzen der Solidarität. Europa und die USA im Umgang mit Staat, Nation und Religion*, Berlin: Aufbau-Verlag

Hardt, Michael/Negri, Antonio 2002 *Empire. Die neue Weltordnung*, Frankfurt am Main/New York: Campus

Hegel, Georg W. F. 1984 *Phänomenologie des Geistes*, in: ders., *Werke* Bd.3, Frankfurt am Main: Suhrkamp

Heine, Heinrich [1853] »Die Götter im Exil«, in: ders., *Sämtliche Werke*, Bd. I: Vermischte Schriften, Amsterdam: Binger & Söhne, 1854: 161–196

B. Henkel, M. Ponstingl, A. van der Straeten (Hg.): *Die sentimentalen Favoriten: Spiele in der Kunst*, Wien: Triton, 2000

Hoffmann, Justin 2007 Programmtext Phaenomenale 2007: Privatmaschinen, http://www.phaenomenale.com/programm.php?we=2 (accessed: 2007-01-25)

Hörisch, Jochen 2006 *Die ungeliebte Universität. Rettet die Alma mater!*, München/Wien: Hanser

Hossenfelder, Malte 1996 *Antike Glückslehren. Kynismus und Kyrenaismus, Stoa, Epikureismus und Skepsis. Quellen in deutscher Übersetzung mit Einführungen*, Stuttgart: Kröner

Hubert, Henri/Mauss, Marcel 1989 »Entwurf einer allgemeinen Theorie der Magie«, in: M. Mauss, *Soziologie und Anthropologie*, Bd. 1, Frankfurt am Main: Fischer, 1989: 43–182

Hughes, Robert 1993 *Denn ich bin nichts, wenn ich nicht jammern darf (Nothing if not critical). Kritische Anmerkungen zu Kunst, Künstlern und Kunstmarkt*, München: Kindler

– 1994 *Nachrichten aus dem Jammertal (The Culture of complaint). Wie sich die Amerikaner in ›political correctness‹ verstrickt haben*, München: Kindler

Huizinga, Johan 1956 *Homo Ludens. Vom Ursprung der Kultur im Spiel*, Reinbek: Rowohlt

Humphrey, Caroline/Laidlaw, James 1994 *The Archetypal Actions of Ritual. A Theory of Ritual Illustrated by the Jain Rite of Worship*, Oxford: Clarendon Press

Jarvie, I. C./Agassi, Joseph 1978 »Das Problem der Rationalität von Magie«, in: Kippenberg/Luchesi (Hg.): 1978: 120–149

Jochum, Christian 2000 *Fernsehen als Religion*, Innsbruck (kath.-theolog. Dipl.-Arb.)

Kant, Immanuel [1784] Beantwortung der Frage: Was ist Aufklärung?, in: ders., *Werkausgabe*, Bd. XI, Frankfurt am Main: Suhrkamp 1977: 53–61

– [1788] Kritik der praktischen Vernunft, *Werkausgabe*, Bd. VII, 2. Aufl. Frankfurt am Main: Suhrkamp, 1977

– [1790] Kritik der Urteilskraft, in: ders., *Werkausgabe*, Bd. X, Frankfurt am Main: Suhrkamp, 1977

– [1798] Anthropologie in pragmatischer Hinsicht, in: ders., *Werkausgabe*, Bd. XII, 2. Aufl. Frankfurt am Main: Suhrkamp, 1978: 395–690

Kerbs, Diethart 1970 »Das Ritual und das Spiel«, in: *Ästhetik und Kommunikation*, Heft 1, Juli 1970: 40–47

Klein, Richard 1995 *Schöner blauer Dunst. Ein Lob der Zigarette*, München/Wien: Hanser

Kippenberg Hans G./Luchesi, Brigitte (Hg.): 1978 *Magie. Die sozialwissenschaftliche Kontroverse über das Verstehen fremden Denkens*, Frankfurt am Main: Suhrkamp

Kristeva, Julia 1980 *Pouvoirs de l'horreur. Essai sur l'abjection*, Paris: Seuil

Kuspit, Donald 2004 *The End of Art*, Cambridge: Cambridge University Press

La Rochefoucauld, François de 1988 *Spiegel des Herzens. Seine sämtlichen Maximen*, Zürich: Diogenes

Labica, Georges (Hg.): 1982 *Dictionnaire critique du marxisme*, Paris: P.U.F.

Lacan, Jacques [1958] Die Bedeutung des Phallus, in: ders., *Schriften* Bd. II, 3. Aufl. Weinheim/Berlin: Quadriga, 1991: 119–132

– [1959-60] *Das Seminar, Buch VII: Die Ethik der Psychoanalyse*, Weinheim/Berlin: Quadriga, 1996

– [1960] Subversion des Subjekts und Dialektik des Begehrens im Freudschen Unbewußten, in: ders., *Schriften*, Bd. II, 3. Aufl. Weinheim/Berlin: Quadriga, 1991: 165–204

– [1962–63] *Le Séminaire. Livre X. L'angoisse*, 1962–63, hg. Jacques-Alain Miller, Paris: Seuil, 2004

– [1963] Kant mit Sade, in: ders., *Schriften*, Bd. II, 3. Aufl. Weinheim/Berlin: Quadriga, 1991: 133–164

- [1972–1973] *Le Séminaire. Livre XX. Encore*, 1972–1973, J.-A. Miller (Hg.), Paris: Seuil, 1975
- 1991 Das Seminar über E.A. Poes »Der entwendete Brief«, in: ders., *Schriften*, Bd. 1, 3. Aufl., Weinheim/Berlin: Quadriga, 1991: 7–60

Lafargue, Paul [1883] *Das Recht auf Faulheit. Widerlegung des ›Rechts auf Arbeit‹ von 1848*, http://www.sozialistische-klassiker.org/Lafargue/lafargue01.html (last visited: 2005-06-13), http://www.sopos.org/aufsaetze/3b0bf233eb8e3/1.phtml (accessed: 2007-08-24)

Lau, Mariam 2000 *Die neuen Sexfronten. Vom Schicksal einer Revolution*, Berlin: Alexander Fest Verlag

Lazzarato, Maurizio 1998a »Immaterielle Arbeit. Gesellschaftliche Tätigkeit unter den Bedingungen des Postfordismus«, in: Negri, T. et al., *Umherschweifende Produzenten. Immaterielle Arbeit und Subversion*, Berlin: ID-Verlag, 1998: 39–52
- 1998b »Verwertung und Kommunikation. Der Zyklus immaterieller Produktion«, in: Negri, T. et al., *Umherschweifende Produzenten. Immaterielle Arbeit und Subversion*, Berlin: ID-Verlag, 1998: 53–66

Leiris, Michel [1938] »Das Heilige im Alltagsleben«, in: ders., *Die eigene und die fremde Kultur*, 2. Aufl., Frankfurt am Main: Syndikat, 1979: 228–238

Lévi-Strauss, Claude 1978 »Die Wirksamkeit der Symbole«, in: ders., *Strukturale Anthropologie*, Bd. I, Frankfurt am Main: Suhrkamp, 1978, S. 204–225

Lewitzky, Uwe 2005 *Kunst für alle? Kunst im öffentlichen Raum zwischen Partizipation, Intervention und Neuer Urbanität*, Bielefeld: Transcript

Liessmann, Konrad Paul 2006 *Theorie der Unbildung. Die Irrtümer der Wissensgesellschaft*, Wien: Zsolnay

Lilienthal, Matthias/Philipp, Claus 2000 *Schlingensiefs AUSLÄNDER RAUS. Bitte liebt Österreich*, Dokumentation von Matthias Lilienthal und Claus Philipp, Frankfurt am Main: Suhrkamp

Looser, Devoney 1999 *Feminism and the Culture Wars*, http://muse.jhu.edu/journals/theory_&_event/v002/2.4r_looser.html

Löwith, Karl 1948 »Der christliche Gentleman. Über die Schizophrenie eines gesellschaftlichen Ideals«, in: ders., *Sämtliche Schriften*, Bd. 3: Wissen, Glaube und Skepsis, Stuttgart: Metzler, 1985: 163–170

Lukács, Georg 1988 *Die Theorie des Romans. Ein geschichtsphilosophischer Versuch über die großen Formen der Epik*, Frankfurt am Main: Luchterhand

Lütkehaus, Ludger 1999 *Nichts. Abschied vom Sein – Ende der Angst*, Zürich: Haffmanns

Macho, Thomas H. 1981 »Bemerkungen zu einer philosophischen Theorie der Magie«, in: H. P. Duerr (Hg.), *Der Wissenschaftler und das Irrationale*, Bd. I, Frankfurt am Main: Syndikat, 1981: 330–350

Macho, Thomas/Wunschel, Annette (Hg.): 2004 *Science & Fiction. Über Gedankenexperimente in Wissenschaft, Philosophie und Literatur*, Frankfurt am Main: Fischer

Majakowski, Wladimir 1982 *Her mit dem schönen Leben. Gedichte, Poeme, Aufsätze, Reden, Briefe und Stücke*, Frankfurt am Main: Suhrkamp

Mandeville, Bernard [1705] *Die Bienenfabel oder Private Laster, öffentliche Vorteile [The Grumbling Hive or Knaves turn'd Honest]* Frankfurt am Main: Suhrkamp, 1980 (German and English edition)

Mannoni, Octave 1985 *Clefs pour l'Imaginaire ou l'Autre Scène*, Paris: Seuil

– 2006 »Das Spiel der Illusionen oder das Theater aus der Sicht des Imaginären«, in: *Maske und Kothurn*. Internat. Beitr. zur Theater-, Film- und Medienwissenschaft, 52. Jg. 2006, Heft 1: Mit Freud, Wien: Böhlau, 2006: 17–36

Marcuse, Herbert 1978 [1964] *Der eindimensionale Mensch. Studien zur Ideologie der fortgeschrittenen Industriegesellschaft*, 11. Aufl. Neuwied/Berlin: Luchterhand

Marcuse, Ludwig 1984 *Obszön. Geschichte einer Entrüstung*, Zürich: Diogenes

Marinelli, Lydia (Hg.): 2000 »Meine … alten und dreckigen Götter«. Aus Sigmund Freuds Sammlung, 2. Aufl. Frankfurt am Main: Stroemfeld

Marinetti, Filippo T. [1909] »Gründung und Manifest des Futurismus«, in: U. Apollonio (Hg.), *Der Futurismus. Manifeste und Dokumente einer künstlerischen Revolution*, Köln: DuMont, 1972: 30–36

Markowitsch, Jörg Friedrich 1993 *Gedankenexperimente*, Wien (phil. Dipl.-Arb.)

Marx, Karl [1844] »Zur Kritik der Hegelschen Rechtsphilosophie. Einleitung«, in: Karl Marx, Friedrich Engels, *Werke*, Bd. I, Berlin: Dietz, 1976: 378–391

Marx, Karl/Engels, Friedrich [1845] Die heilige Familie oder Kritik der kritischen Kritik. Gegen Bruno Bauer und Konsorten, in: dies., *Werke*, Bd. 2, Berlin: Dietz, 1972: 3–223

Mauriès, Patrick (Hg.), 1998 *Trompe l'œil. Das getäuschte Auge*, Köln: DuMont

McLuhan, Marshall [1964] *Die magischen Kanäle. ›Understanding Media‹*, Düsseldorf/Wien: Econ, 1968

– 1987 *Understanding Media. The Extensions of Man*, London: Routledge

– 2001 »Das Medium ist die Botschaft. The Medium is the Message«, hg. u. übers. v. M. Baltes, Dresden: Verlag der Kunst

Metzger, Rainer 2002 »Du bringst zwei Dinge zusammen, und es ergibt sich etwas Neues. Gespräch mit Erwin Wurm«, in: *kunstforum international*, Bd. 158, Januar–März 2002: 198–213

Michalka, Matthias 1998 »Das Stottern der Helden oder: Was hat das Kollektiv, was das ›Ich‹ nicht hat?«, Vortrag 1998, http://www.xcult.org/texte/michalka/index.htm (last visited: 2006-07-27)

Milman, Miriam 1984 *Das Trompe-l'œil*, Genf: Skira

Mitchell, Juliet 2005 »Psychologische Implikationen demographischer Veränderungen: Ersetzt das kinderlose ›Gender‹ den mit Fortpflanzung verbundenen Geschlechtsunterschied? Was wir von Geschwistern lernen können«, in: *texte. Psychoanalyse. Ästhetik. Kulturkritik*, Heft 3/05, 25. Jg., Wien: Passagen, 2005: 96–109.

Mitscherlich, Alexander [1974] »Sinnieren über Schmutz«, in: ders./Antoni Tapiès, *Sinnieren über Schmutz*, St. Gallen: Erker-Presse, 1976

Moebius, Stefan 2006 *Die Zauberlehrlinge. Soziologiegeschichte des Collège de Sociologie (1937–1939)*, Konstanz: UVK

Moulier-Boutang, Yann 1998 »Vorwort«, in: Negri, T. et al., *Umherschweifende Produzenten. Immaterielle Arbeit und Subversion*, Berlin: ID-Verlag, 1998: 5–22

Mulvey, Laura 1980 »Visuelle Lust und narratives Kino«, in: Nabakowski, Sander, Gorsen (Hg.), *Frauen in der Kunst*, Bd. I, Frankfurt am Main: Suhrkamp, 1980: 30–47

Nietzsche, Friedrich [1887] Zur Genealogie der Moral. Eine Streitschrift, in: ders., *Werke*, Bd. III, Frankfurt am Main/Berlin/Wien: Ullstein, 1984: 207–346

Oberlehner, Franz 2005 »Sexualität und Bindung im Spätkapitalismus. Von der Normalneurose zur Normalperversion«, in: *texte. Psychoanalyse. Ästhetik. Kulturkritik*, Heft 3/05, 25. Jg., Wien: Passagen Verlag, 2005: 110–128

Paoli, Guillaume 2001 »Lasst euch nicht gehen. Weisheiten der Kampfkunst«, in: Carl Hegemann (Hg.), *Erniedrigung genießen. Kapitalismus und Depression III*, Berlin: Alexander Verlag, 2001: 60–84.

Parin, Paul 1991 *Es ist Krieg, und wir gehen hin. Bei den jugoslawischen Partisanen*, Berlin: Rowohlt

Pascal, Blaise 1965 *Pensées*, Texte établi et annoté par J. Chevalier, Paris

– 1997 *Gedanken über die Religion und einige andere Themen*, Stuttgart: Reclam

- 2004 *Les Provinciales. Pensées* [édition Sellier] et opuscules divers, Paris: Le livre de poche/classiques Garnier

Penman, Ian 2004 »Signless«, in: *The Future has a Silver Lining. Genealogies of Glamour*, hg. v. Tom Holert und Heike Munder, Zürich: JRP|Ringler, 2004: 39–45

Pfaller, Robert 2000 »Das Kunstwerk, das sich selbst betrachtet, der Genuß und die Abwesenheit. Elemente einer Ästhetik der Interpassivität«, in: ders. (Hg.), *Interpassivität. Studien über delegiertes Genießen*, Wien: Springer, 2000: 49–84

- 2002 *Die Illusionen der anderen. Über das Lustprinzip in der Kultur*, Frankfurt am Main: Suhrkamp

- 2002a »Das Undenkbare, die Höflichkeit und das Glück. Über die symbolische Wirksamkeit höflicher Gesten in den Philosophien von Kant und Alain«, in: B. Felderer/Th. H. Macho (Hg.), *Höflichkeit. Aktualität und Genese von Umgangsformen*, München: Fink, 2002: 119–143

- 2003 »Little Gestures of Disappearance. Interpassivity and the Theory of Ritual«, in: *Journal of European Psychoanalysis, Humanities, Philosophy, Psychotherapies*, Number 16, Winter–Spring 2003[/2004]: 3–16, http://www.psychomedia.it/jep/number16/pfaller.htm

- 2004 »Warum man beim Zaubern laut sprechen muß. Die Kultur der Magie und der Narzißmus der Aufgeklärten in der psychoanalytischen Theorie«, in: B. Felderer (Hg.), *Phonorama. Eine Kulturgeschichte der Stimme als Medium*, Karlsruhe/Berlin: ZKM/Matthes & Seitz, 2004: 227–241

- 2006 »Die Komödie der Psychoanalyse«, in: *Maske und Kothurn*, Heft 1, 52. Jg. 2006, Wien: Böhlau: 37–52

Platon *Nomoi*, in: ders., *Sämtliche Werke*, Bd. 4, Reinbek: Rowohlt, 1994: 143–574

Rank, Otto 1993 *Der Doppelgänger. Eine psychoanalytische Studie*, Wien: Turia & Kant

Reich, Wilhelm 1986 *Die Massenpsychologie des Faschismus*, Köln: Kiepenheuer & Witsch

Rubiner, Ludwig/Eisenlohr, Friedrich/Hahn, Livingstone: [1913] *Kriminalsonette*, München: Renner, 1979

de Sade, D.A.F. 1979 *Die hundertzwanzig Tage von Sodom oder Die Schule der Ausschweifung*, Dortmund: Die bibliophilen Taschenbücher

de Saint-Pont, Valentine [1912] »Manifest der futuristischen Frau«, in: Baumgarth, Christa (Hg.), *Geschichte des Futurismus*, Reinbek: Rowohlt, 1966: 236–239

Schaeffer, Jacqueline 2005 »Die Geschlechterdifferenz im Paar oder die gemeinsame Erschaffung des Männlichen und des Weiblichen«, in: *texte. Psychoanalyse. Ästhetik. Kulturkritik*, Heft 3/05, 25. Jg., Wien: Passagen Verlag, 2005: 53–71

Schiller, Friedrich 1961 *Über die ästhetische Erziehung des Menschen in einer Reihe von Briefen*, Stuttgart: Verlag freies Geistesleben

Sennett, Richard [1974] *Verfall und Ende des öffentlichen Lebens. Die Tyrannei der Intimität*, 12. Aufl. Frankfurt am Main: Fischer, 2001

Serner, Walter *Letzte Lockerung. Ein Handbrevier für Hochstapler*, München: Renner, 1981

Signer, David 1997 *Fernsteuerung. Kulturrassismus und unbewußte Abhängigkeiten*, Wien: Passagen

Sklovskij, Viktor 1972 »Die Auferweckung des Wortes«, in: *Texte der russischen Formalisten*, Bd. II: Texte zur Theorie des Verses und der poetischen Sprache, eingeleitet und herausgegeben v. Wolf-Dieter Stempel, München: Fink, 1972: 3–17

Sloterdijk, Peter KzV 1983 *Kritik der zynischen Vernunft*, 2 Bde., Frankfurt am Main: Suhrkamp

– WIR 2005 *Im Weltinnenraum des Kapitals. Für eine philosophische Theorie der Globalisierung*, Frankfurt am Main: Suhrkamp

– ZZ 2006 *Zorn und Zeit. Politisch-psychologischer Versuch*, Frankfurt am Main: Suhrkamp

– S 2006a »Niedergang der Sozialdemokratie«, Interview von Ronald Pohl und Klaus Taschwer, in: *Der Standard*, 25. 1. 2007: 31

– DZ 2007 ›Religion ist nie cool‹. Streitgespräch mit Walter Kardinal Kasper, in: *Die Zeit*, Nr. 7, 8. Februar 2007: 15–19

Smith, William Robertson 1899 *Die Religion der Semiten*, Freiburg u.a.: Mohr

Sontag, Susan [1964] »Gegen Interpretation«, in: dies., *Geist als Leidenschaft. Ausgewählte Essays zur modernen Kunst und Kultur*, Leipzig/Weimar: Kiepenheuer, 1990: 5–16

Spinoza, Benedictus de (Baruch) 1967 *Der Theologisch-politische Traktat*, Leipzig: Reclam

– 1976 *Die Ethik. Nach geometrischer Methode dargestellt*, Hamburg: Meiner

– 1986 *Briefwechsel*, 3. Aufl. Hamburg: Meiner

– 1990 *Die Ethik, lateinisch und deutsch*, Stuttgart: Reclam

Stanley, Bruce [1903] »Lexikon des Scheiterns«, in: Spindler, Gabriele (Hg.), *Scheitern*, Ausstellungskatalog Landesgalerie Linz, Weitra: Bibliothek der Provinz, 2007: 59–65.

Stendhal *Über die Liebe*, München: Goldmann, o. J.

Tertullian DS *Über die Schauspiele [De spectaculis]*
http://www.tertullian.org/articles/kempten_bkv/bkv07_14_de_spectaculis.
htm (accessed: 2007-08-20)

- DCF *Über den weiblichen Putz [De cultu feminarum]* http://www.tertullian.org/articles/kempten_bkv/bkv07_16_de_cultu_feminarum.htm
(accessed: 2007-08-20)

Theweleit, Klaus 2000 *Männerphantasien 1 + 2*, München/Zürich: Piper

Thomas, Günter 1996 *Medien – Ritual – Religion. Zur religiösen Funktion des Fernsehens*, Frankfurt am Main: Suhrkamp

Tönnies, Ferdinand 1912 *Gemeinschaft und Gesellschaft. Grundbegriffe der reinen Soziologie*, 2. erheblich veränd. u. verm. Aufl., Berlin: Curtius

Tylor, Edward Burnett 1871 *Primitive Culture: Researches into the development of mythology, philosophy, religion, art, and custom*, 2 Bde., London: John Murray

Ullrich, Wolfgang 2003 *Tiefer hängen. Über den Umgang mit Kunst*, 2. Aufl., Berlin: Wagenbach

Unterthurner, Gerhard 2005 »Schöne neue (rauchfreie) Welt – Glossen zur Biopolitik«, in: *kulturrisse*, 04, 2005: 46–47 (http://igkultur.at/igkultur/kulturrisse/1136908205/1136981499)

Vattimo, Gianni 1990 *Das Ende der Moderne*, Stuttgart: Reclam

Vattimo, Gianni/Rovatti, Pier Aldo (Hg.): [1983] *Il pensiero debole*. 7. Aufl., Milano: Feltrinelli, 1990

Veblen, Thorsten: [1899] *Theorie der feinen Leute. Eine ökonomische Untersuchung der Institutionen*, Frankfurt am Main: Fischer, 1987

- 1997 »Sport als Restbarbarei in der Moderne«, in: V. Caysa (Hg.), *Sportphilosophie*, Leipzig: Reclam, 1997: 14–28

Verhaeghe, Paul 2005 »Die Sexualität in der Bildung des Subjeks«, in: *texte. Psychoanalyse. Ästhetik. Kulturkritik*, Heft 3/05, 25. Jg., Wien: Passagen, 2005: 33–52.

Veyne, Paul 1987 *Glaubten die Griechen an ihre Mythen? Ein Versuch über die konstitutive Einbildungskraft*, Frankfurt am Main: Suhrkamp

Vishvapani, Dharmachari *Harold Bloom: The Embattled Canon and The Experiential Critic*, http://www.westernbuddhistreview.com/vol2/embattled_canon.html (accessed: 2007-08-23)

Wallner, Fritz 2002 *Die Verwandlung der Wissenschaft. Vorlesungen zur Jahrtausendwende*, hg. v. M. Jandl, Hamburg: Dr. Kovac

Warhol, Andy 1991 *Die Philosophie des Andy Warhol von A bis B und zurück*, München: Knaur

Weber, Max [1905] Die protestantische Ethik und der Geist des Kapitalismus, in: ders., *Gesammelte Aufsätze zur Religionssoziologie I*, Tübingen: Mohr, 1988: 1–206.

Wiener, Oswald 1972 *die verbesserung von mitteleuropa, roman*. Reinbek: Rowohlt

Winnicott, Donald W. 2005 *Playing and Reality*, London/New York: Routledge

Wittgenstein, Ludwig 1970 *Über Gewißheit*, Frankfurt am Main: Suhrkamp

– 1980 *Philosophische Untersuchungen*, 2. Aufl., Frankfurt am Main: Suhrkamp

– 1989 »Bemerkungen über Frazers *Golden Bough*«, in: L. Wittgenstein, *Vortrag über Ethik und andere kleine Schriften*, hg. u. übers. v. J. Schulte, Frankfurt am Main 1989: 29-46

– 1993 »Bemerkungen über Frazers *Golden Bough*«, in: ders., *Philosophical Occasions 1912–1951*, hg. v. James C. Klagge und Alfred Nordmann, Indianapolis/Cambridge: Hackett, 1993: 115–155

Writing Within an Androcentric Canon http://www.pulli.com/lynnett/ucd-thesis/ANDROCENTRIC.html

Wurm, Erwin 1996 *Ausstellungskatalog*, Galerie Krinzinger, Wien

– 2002 Katalog zur Ausstellung Erwin Wurm: *Fat Survival. Handlungsformen der Skulptur*, hg. v. Peter Weibel, Graz: Neue Galerie, 2002

– 2004 *I Love My Time, I Don't Like My Time*, hg. v. Berin Golonu, Yerba Buena Center for the Arts und Hatje Cantz Publishers, Ostfildern: Hatje Cantz, 2004

– 2006 *The Idiot*, Ausstellungskatalog Sala de Exposiciones Canal de Isabel II, hg. von Consejeria de Cultura y Deportes, Comunidad de Madrid

Žižek, Slavoj 1989 *The Sublime Object of Ideology*, London/New York: Verso, 6. Aufl., 1997

– 1991 *Liebe Dein Symptom wie Dich selbst! Jacques Lacans Psychoanalyse und die Medien*, Berlin: Merve

– 1991a *For they know not what they do. Enjoyment as a Political Factor*, London/New York: Verso

– 1991b *Der erhabenste aller Hysteriker. Lacans Rückkehr zu Hegel*, Wien: Turia & Kant

– 1992 »Psychoanalyse und deutscher Idealismus«, in: *Mesotes. Zeitschrift für philosophischen Ost-West-Dialog* 1/1992: 5–14

– 1992a »Genieße Deine Nation wie Dich selbst!«, in: *Lettre international*, Heft 18, III. Vj. 1992: 28–35 (engl. in: Žižek 1993: 200-1)

– 1993 *Tarrying with the Negative*, Durham: Duke Univ. Press

- 1995 »Ideologie zwischen Fiktion und Phantasma«, in: *Riss. Zeitschrift für Psychoanalyse*, 10. Jg., Nr. 29/30, Feb. 1995: 131–149
- 1997 »Das rassistische Schibboleth«, in: P. Weibel/S. Žižek (Hg.), *Inklusion : Exklusion. Probleme des Postkolonialismus und der globalen Migration*, Wien: Passagen, 1997: 145–170
- 1997a »Warum ist das cartesianische Subjekt das Subjekt des Unbewußten?«, in: *Riss. Zeitschrift für Psychoanalyse*, 12. Jg., Nr. 37/38, Feb./März 1997: 9–27
- 1998 »Ein Plädoyer für die ehrliche Lüge. Bill Clintons Affäre und das Freudsche Gespenst des Urvaters«, in: *Die Zeit*, Nr. 42, 8. 10. 1998: 72
- 1998a »Das Cogito als Schibboleth«, in: ders., *Das Unbehagen im Subjekt*, Wien: Passagen, 1998: 11-19
- 2001 *Die Tücke des Subjekts*, Frankfurt am Main: Suhrkamp
- 2002 *Die Revolution steht bevor. Dreizehn Versuche über Lenin*, Frankfurt am Main: Suhrkamp
- 2002a *Welcome to the Desert of the Real! Five Essays on September 11 and related dates*, London/New York: Verso
- 2003 »Glück als eine ideologische Kategorie«, in: *Madam, I'm Adam. The Organization of Private Life*, hg. v. Piet Zwart Institute u. Kunstuniversität Linz, Bereich Experimentelle Gestaltung, Rotterdam/Linz, 2003: 114–131
- [2004] *Passion In The Era of Decaffeinated Belief*, http://www.lacan.com/passion.htm (accessed: 2008-03-13)
- [2004a] *A Cup of Decaf Reality*, online-document http://www.lacan.com/Žižek decaf.htm (accessed: 2006-09-08)
- 2005 *Die politische Suspension des Ethischen*, Frankfurt am Main: Suhrkamp
- [2007a] »Knight of the Living Dead«, in: *The New York Times*, March 24, 2007-08-20 http://www.nytimes.com/2007/03/24/opinion/24Žižek.html?ei=5088&en=5cc462b42fa15635&ex=1332388800&partner=rssnyt&emc=rss&pagewanted=print (accessed: 2007-08-20)
- [2007b] »Spartakus sitzt nicht im Pentagon«, in: *Der Standard*, 21./22. 4. 2007, S. 31. http://derstandard.at/Text/?id=2852650 (accessed: 2007-08-15)

Zupančič, Alenka 2003 *The Shortest Shadow. Nietzsche's Philosophy of the Two*, Cambridge, MA/London, England: MIT press

Vilém Flusser
Kommunikologie weiter denken
Die Bochumer Vorlesungen
Band 18145

Anlässlich seiner ersten Gastprofessur in Deutschland im Jahr 1991 wollte Vilém Flusser seine Kulturkritik im Angesicht der neuen Medien noch einmal grundlegend durchdenken. Eine Neufassung seines Hauptwerks, der Lehre von der menschlichen Kommunikation, sollte daraus hervorgehen. Es musste bei den Vorlesungen bleiben. Wenige Monate später starb er bei einem Verkehrsunfall. Im Vilém-Flusser-Archiv sind die Bochumer Vorlesungen zu einem konzentrierten Text redigiert worden. Er ist das kommunikologische Vermächtnis des Prager Kulturphilosophen, der nicht nur eine Theorie, sondern auch eine scharfsinnige Diagnose unserer Informations- und Kommunikationsgesellschaft ausgearbeitet hat.

Fischer Taschenbuch Verlag

fi 18145 / 1